红色励志传记系列

朱德 的非常之路

开国元帅一生中的历次困境突围

武立金◎著

台海出版社

图书在版编目（CIP）数据

朱德的非常之路 / 武立金著. -- 北京：台海出版

社, 2020.6

ISBN 978-7-5168-1747-6

Ⅰ.①朱… Ⅱ.①武… Ⅲ.①朱德（1886-1976）—

生平事迹 Ⅳ.①K827=7

中国版本图书馆CIP数据核字（2018）第010050号

朱德的非常之路

著　　者：武立金

出 版 人：蔡　旭　　　　　　　　　封面设计：李爱雪
责任编辑：王　艳

出版发行：台海出版社
地　　址：北京市东城区景山东街20号　　邮政编码：100009
电　　话：010—64041652（发行、邮购）
传　　真：010—84045799（总编室）
网　　址：www.taimeng.org.cn/thcbs/default.htm
E－m a i l：thcbs@126.com

经　　销：全国各地新华书店
印　　刷：北京柯蓝博泰印务有限公司
本书如有破损、缺页、装订错误，请与本社联系调换

开　　本：787毫米×1092毫米　　　　1/16
字　　数：460千字　　　　　　　　　印　张：30
版　　次：2020年6月第1版　　　　　印　次：2020年6月第1次印刷
书　　号：ISBN 978-7-5168-1747-6

定　　价：88.00元

目 录
CONTENTS

第一章 弃教从戎 ……………………………… 1

被抓进县衙问罪 ……………………………… 2

智斗密探 ……………………………………… 12

牵首敢死队 …………………………………… 22

躲避追兵 ……………………………………… 32

滇北脱险 ……………………………………… 42

第二章 求学海外 ……………………………… 51

被拒之共产党门外 …………………………… 52

慑退右派学生 ………………………………… 61

被德国警察逮捕 ……………………………… 70

第三章 力挽狂澜 ……………………………… 79

紧急撤离 ……………………………………… 80

起义计划暴露 ………………………………… 89

危难关头显身手 ……………………………… 99

夜半枪声 ……………………………………… 108

蒋介石下达逮捕令 …………………………… 118

第四章 创建苏区 ……………………………… 129

舍命夺失地 …………………………………… 130

转战路上危机重重 …………………………… 140

我就是你要割下头颅的朱德 ·· 149

屈受处分 ·· 158

识破奸计 ·· 168

第五章 突破重围 ··· 177

无兵派将 ·· 178

白云山下呼声急 ·· 187

痛失膀臂 ·· 196

受到中央局批评 ·· 206

被剥夺红军指挥权 ·· 215

第六章 铁血征程 ··· 225

血染湘江 ·· 226

亲自上火线 ·· 236

赤水涉险 ·· 245

强渡大渡河 ·· 253

被张国焘软禁 ·· 263

智退偷袭之敌 ·· 273

第七章 跃马太行 ··· 283

单刀赴会 ·· 284

临危不乱 ·· 294

日军的轰炸惊动了延安 ·· 303

天无绝人之路 ·· 311

挫败顽固派的嚣张气焰 ·· 319

回延安之路 ·· 328

一竣跌出个南泥湾 ·· 336

生离死别 ·· 346

第八章 逐鹿中原 ············ 355

险遭敌机轰炸 ············ 356

司令向总司令下逐客令 ············ 365

与敌军同路而行 ············ 373

西柏坡退敌 ············ 381

第九章 立国兴邦 ············ 391

朱老总失踪了 ············ 392

坐镇剿匪 ············ 400

飞机降落有惊无险 ············ 409

受到林彪的恶毒攻击 ············ 418

养兰惹是非 ············ 427

第十章 动乱岁月 ············ 435

被大字报诬为"黑司令" ············ 436

被软禁从化 ············ 446

两腿瘫软站不起来 ············ 456

老骥伏枥壮心不已 ············ 465

第一章
弃教从戎

朱德：我们由讲武堂毕业出来，也不过一两个星期就给分派到营盘里去。但是，营盘里就不敢要，知道不好控制，结果还是每团要了九个人。我们那时学步、骑、炮的都有，不过一方面人家怕你革命，另一方面怕你把人家的地位拿去。

被抓进县衙问罪

久旱逢甘霖、他乡遇故知、洞房花烛夜、金榜题名时，中国古代称之为"人生四大喜事"。

一九○五年，川北山区有一个十九岁的青年通过府试考上了"童生"，并与他大舅的女儿刘氏结为连理，可谓"双喜临门"。

"童生"离士大夫阶层的"秀才"尚有一段距离，但这对于身处荒凉偏远的山村特别是祖祖辈辈都没出过读书人的朱家来说，已经是件相当了不起的事情了，顿时成了乡间村头的一大新闻。山川资俊杰，时势造英雄，这个喜上加喜的川娃子就是后来成为中华人民共和国三军总司令的朱德元帅。

朱德原名代珍，字玉阶，一八八六年十二月一日生于四川仪陇县马鞍场李家湾。他的父亲朱世林和母亲钟氏共生有十三个儿女，因贫穷无力全部养活，只留下六男二女。朱德在兄弟姊妹中排行第四，在男孩中排行老三。因伯父朱世连和伯母刘氏膝下无嗣，他两岁时就被过继给他们做儿子。

朱德祖籍广东韶州，清乾隆末年迁居仪陇。世业为农，辛勤劳作，到头来仍是房无一间，地无一垄，沦为贫苦的佃农。在朱德九岁那年，由于家里承受不了地主"丁阎王"加收的租子，被迫于风雪交加的年关退租。在告贷无门的情况下，这个"有规律有组织"的家庭不得不连夜分开，生父带领一家迁居陈家湾，朱德随养父和祖父、三叔、四叔迁居被当地人称作"朱家湾"的大湾。

幼小的朱德，就像琳琅山上那些郁郁葱葱、生机勃勃的小树，虽然环境恶劣，却迎着阳光茁壮成长。他长得颇像他的母亲，性格也像他的母亲一样勤奋、勇敢、善良。

盛夏的中午，正是孩子们到河里玩耍、戏水的时候。但村外的小河竟被几个阔少霸占着，只有等他们游玩后穷孩子才能下水，谁也不敢打破这个"规矩"。

烈日把几个孩子晒得汗流浃背，朱德实在忍不住了，就对小伙伴们说："这是啥子世道，种庄稼受气，上学也受气，难道洗澡也受他们的气！今天，我偏要改改这个不公平的规矩！"

说着，朱德"扑通"一声跳进了河里。其他穷孩子见朱德下了水，胆子也壮了，都纷纷跳下河痛痛快快地游起水来。

过了一会儿，只听岸上有人喊："穷小子，上来，都他妈给我上来，新河是我家的……"

朱德从水中挺起，喝道："小肥崽，不要嘴巴不干不净，河是地上开的，水是天上落的。谁能把河水一口吞了？是好样的就下来比试比试吧！"

小肥崽仗势欺人惯了，哪里咽得下这口气，再加上同来的人拍马起哄，便气势汹汹地下了河，径直向朱德扑去。朱德趁势钻入水中不见了，小肥崽扑了个空，抬头抹了一把脸，四下里寻找朱德。

突然，小肥崽的长辫子被朱德揪住了，连头带身子被按进水里，接连喝了几口水，吓得他苦苦哀求："饶命呀，饶命！"

被朱德拖到岸边的小肥崽受到了教训，哆哆嗦嗦上气不接下气地说："再也不敢冲壳子、冒疲皮了，以后你们想游就来游吧……"

朱德在他的弟兄中是最幸运的，在乡邻亲朋中也算是幸运者。由于朱家世代贫困，目不识丁的祖祖辈辈饱受着没有文化的苦痛，于是便把六岁的朱德送到塾堂接受教育。他们和做过望子成龙之梦的天下父母一样，哪怕勒紧裤带节衣缩食也要培养出个读书人来"支撑门户"。

朱德以建德的学名先后在离家不远的药铺垭私塾、丁家私塾、席家砭私塾三个地方苦读了十二个春秋，按照清朝科举考试的规定，通过县试和府试，终于在一九〇五年夏天如愿以偿地成为一名童生。长期受"唯书""唯上"封建思想熏陶的乡亲们沸腾起来了，纷纷前来祝贺，朱家全族人自然满堂欢欣。

为了一生不被埋没在大山褶皱里重复父辈的故事，同时也是为了圆家人的一个梦，朱德准备再接再厉，向只有一箭之遥的"秀才"这个金字塔尖攀登。就在父辈们眼看着"光耀门楣"的愿望即将实现时，突然传来了朝廷的诏令：自丙午年（一九〇六年）始，废止一切科考。

这年除夕之夜，全家人围坐在火盆旁一起守岁。待当家的老祖母举重若轻地把下一年每个人的活计安排停当，朱德一边吃着香喷喷的烤红薯，一边若有所思地说："奶奶，现在朝廷推行新政，废科举，办新学。既然考功名的路堵死了，我打算去顺庆府上新学。早点把书读出来，好找个差事做……"

"啥子新学？"养父不解地问。

"新学就是西学，由西方传入的新文化……"朱德把新学堂的考试制度、学习科目给他们讲了，还把私塾和新学作了比较，说新学学的东西比私塾管用。

但老人们仍是顾虑重重，生怕新学靠不住，而迟迟不作明确的答复。

朱德很理解老人们的心情，也没有要求他们很快就作出决定。但是时间一天一天地过去了，眼见着就要春暖花开，还是不见他们的回应。

朱德只好去求教他的启蒙老师席聘三，席先生也满口答应帮他的忙。旧时，老师的地位列于至尊，与天地君亲分享祀典。何况席先生又是个有见识、有正气的人，在当地很有威望。老先生亲自登门说服了朱家老人，家里不但同意朱德上新学，而且还为朱德东挪西借地筹措了学费。

一九〇六年初春，朱德进入南充县立高等小学堂就读。秋天，又考入了顺庆官立中学堂。在那里，他不仅学习地理、历史、日语和国文课，还学数学、物理、化学、法制、格致、美术、体育等课程。朱德对这些没有"子曰""诗云"酸腐气味的新学科很感兴趣，总是孜孜不倦地汲取新知识。

顺庆府高等小学堂的学督是张澜，中学堂的监督先后由张澜、刘寿川担任。在这两所学堂里，都有一些思想激进的教师。张澜是一位爱国的、名望很高的教育家，他的话对学生很有感染力。他常对学生讲：现在要亡国灭种了，应牺牲身家性命去救国家。刘寿川十九岁中秀才，后留学日本，在日本加入了中国同盟会。

朱德和刘寿川既是同乡，又是远亲，因此两人关系十分密切。在课余时间，他常去刘寿川家里观看从日本带来的理化仪器、幻灯片，还借了《革命军》等许多进步图书阅读。于是，他第一次接触到"革命"的字眼。刘寿川不仅在思想上、学习上帮助朱德，而且还支持他不少学习费用。

朱德在顺庆府新学堂读书虽只有一年时间，但这是他人生又一个重要转折点，是他读书为"支撑门户"转变为"读书不忘救国"思想的开端。同时，他了解的社会问题更多了，知道了不少省城里的情况。他的独立意识强了，志向高了，眼界宽了，遂产生了到省城放飞人生的想法。

一九〇七年年初，尽管是一年之春，但这川北的偏僻山村还留守在冬日之中，犹如太阳升起前的寒夜，依然不能改变人们的凄惶和忧郁。

这一天，头蓄长辫、身穿长袍的朱德怀里揣着借来的四五十块银圆，包袱里装着一套新衣服和一双新布鞋，独自一人踏上了去成都的驿道。他风餐露宿，跋山涉水，五天时间走了三百七十公里，终于到了省城。

成都不仅是四川的省会，也是中国西南地区的政治、经济、文化中心。这里正在发生着深刻的变化：银圆局、机器局、兵工局等新的工业机构相继成立，手工业也比较发达，商业更为繁荣，涌进了不少洋人和洋货，还办起了洋教堂。

朱德从闭塞的山村来到繁华的省城，一切都感到陌生和新奇。他在一个小客栈住下后，便迫不及待地去游逛大街。街头巷尾到处张贴着五颜六色的广告，四川省师范学堂和武备学堂的招生简章吸引了他的目光，他一遍又一遍地默念着，直到把全部内容背下来。

回到小客栈，朱德经过反复比较，觉得武备学堂学习时间只一年，吃穿都不花钱，给家里能节省不少负担。何况新军正在发展，国家也需要军队。但考虑到家里老人们有"好汉不当兵，好铁不打钉"的旧观念，最终还是放弃了武备学堂，改考四川省师范学堂附设体育学堂。

入学后，这所学堂给朱德的第一印象是教师们都没有留辫子，而是把一条假辫子缝在帽子上，可以自由取下。对这种敢于违反清廷法规的行为，朱德十分钦佩。还令朱德吃惊的是，学校里的女生大都天足，这无疑是对封建道德的反叛，让朱德感到振奋。

体育学堂虽然是一所规模不大的学校，师生总共也就二百来人，却分为两派。一边是拥护康有为、梁启超的君主立宪派，一边是追随孙中山的革命派。拥护孙中山的同盟会员在师生中展开了秘密活动，他们在悄悄地散发传单，传递信息，发展组织。

一天晚上就寝时，朱德突然发现枕头底下塞有同盟会的机关刊物《民报》。他如获至宝，立马收藏起来，悄悄地躲在无人处读了一遍又一遍，觉得革命派的主张都是自己想说的，而立宪派的实质仍然是维护腐朽没落的腐败朝廷。

读完《民报》后，朱德便焦急地盼着有人来同他接头、交谈，要是有那样一个人出现在自己面前，此人必定就是同盟会员了。由于同盟会在当时被清廷定为禁党，抓住了就得坐牢，甚至杀头。结果他盼了几天，也没有出现他想象的情况。

后来他也如法炮制，把《民报》藏在一位他认为可能是同盟会会员的枕头底下，并在暗中观察他的举止言行，等着他来与自己联系，同样也毫无结果。

朱德在体育学堂的这一年，是他读书以来最愉快的一年。仪陇县开明家庭子弟田玉和、张四维、李绍沆都是同期本科毕业生，他们计划回仪陇县立高等小学堂进行新课教授，刘寿川老师也已从顺庆府中学堂回到了仪陇，在县里任视学。他们都一致推荐朱德去小学堂教授体育兼庶务，朱德欣然同意。

在长距离的回家途中，当上了体育"教头"的朱德非常兴奋。他脚步轻盈，嘴里不时哼着小曲。他认为这下可好了，总算不要家里负担了，还可以补贴家用和偿还一些债务。他还天真地希望以普及体育来强健国人的体魄，改变国人被蔑为"东亚病夫"的形象。

朱德终于山一程、水一程地走到了山河依旧的朱家大湾，站在村头迎候的侄子老远就看到了他，高兴得又是呼喊又是挥手，还没等他回应，却一溜烟跑回家报信去了。朱德学有所成，并且在县城谋了差事，这对于老朱家政治上的彻底翻身，毕竟是一个标志性的事件。

朱德还乡，全家都忙活起来了，就像办喜事似的，有的扫地，有的煮饭……比上次参加科举考试回家还要隆重。待他走到院坝边时，男女老幼像夹道欢迎国宾似的站成两行，并毕恭毕敬地一一低头执礼。他的养父养母也都慈祥地笑脸相迎，恨不能将一脸的皱纹挤出水来。大家都认为朱家出了个有出息的大读书人，又是从省城回来的，真是了不得。

朱德到家后，得知家里负债累累，看到亲人们吃、穿、住还是那么差，又很辛苦，总觉得欠他们太多了，不免忧心忡忡，十分伤感。于是，他拒绝了全家人给他的一切特殊待遇，要和大家一样同吃同住同劳动。

略作安顿，朱德便去看望他的生身父母，然后再去探访一些亲朋好友，特别是恩师席聘三先生。亲友们听说朱德学成归来要在县里做事了，都来道喜，家里便杀鸡、宰鹅、做豆腐招待亲友们。

席间，孤陋寡闻的乡亲们便你一言我一语地问起朱德的情况："你在县里做啥子官哟？"

"我们这种跟泥巴打交道的人，是做不了官的，能做点事就不错了。"朱德没有正面回答。

"那，做啥子事呢？"好奇心重的亲友们刨根问底，想弄个明白，探个究竟。

"做啥子……"朱德略作沉吟，觉得还是应该如实告诉亲人们，于是实话实说，"在学堂里当体育教习，就是教体育的老师。"

"你再讲讲，你在县里做啥子？"朱德生父朱世林的脸像门上的竹帘一样耷拉着。

"当体育教习！"朱德一字一板地说。

"这个体育教习到底是搞啥子的？管多少人？挣多少钱？"朱世林脸忽然又变得像暴风雨来临前夕的天气，阴森可怕。

面对生父一连串的盘问，朱德不知如何回答是好。沉默了片刻，觉得还是应该耐心地向父母和亲朋好友讲清楚。于是说："我们这些农家子弟，在当今社会里是没有什么官好做的。我觉得，回到家乡当老师，办教育还是个正道。体育教习，就是教学生练操、练跑、练武艺，强健身体，卫国卫民……"

"家有五斗粮，不当孩子王。" 朱世林打断儿子的话，愤然起身大声斥责道，"全家人挨饿受累，省吃俭用，到处借钱让你读书，指望你能混个一官半职，为朱家争口气。你不考科举，偏要学什么体育，回来当娃娃王，简直是给朱家丢脸，没出息！"

还没等朱德再作解释，朱世林便气冲冲地摔门而去。一桌饭菜摆着，大家不欢而散。性情温柔的生母也伤心流泪，尽管她有千种遗憾万种伤感，但她心疼儿子，并未过多地"弟子规""圣人训"，只是劝朱德不要计较父亲的火暴性子。

第二天，朱德回到养父家，生父也在那里。他又反复向二位老人解释："世道在变化，一天一个样子。就是不废除科举，穷人家的子弟考上了秀才，又能怎么样？没钱没势的人家，是进不了官府做事的。官要花钱去买，我们花不起这种钱，也决不能去做这种贪官，干那些伤天害理的事。科举制度废除了，到处办起新学堂，开设新课程，很需要懂新学科的教师，国家要强盛，教育就要进行革新……"

生父听了仍不理解，但儿大父难为，也只好由着他，只要他不走歪道就阿弥陀佛了。而养父却一言不发，把手里的旱烟吸得咝咝响。

自尊、自制、自强使朱德逼迫自己斩断了心中的乱麻，无论家里人、乡亲们怎么看待自己的工作，他都要按照自己选择的道路毫不动摇地走下去。因为，他这时想到的不是什么升官发财、光宗耀祖，不是为了自己一个家，而是整个民族、整个国家。

一九〇八年年初，明晃晃的太阳投下微热的光芒，在抚摸着行走于山径上的一对人间父子。朱德带着一腔赤诚、两行热泪、三分遗憾去县立小学堂任教，一向疼爱他的养父一气送出好几里。最后分别时，养父语重心长地安慰道："我们乡下人晓得的事不多，不晓得的事，过后会明朗的，你就安心地去吧！你要照顾好自己，把学堂的娃儿们教好，常捎信回来就是了！"

朱德很感激养父对自己的理解和支持，热泪盈眶地说："放心吧，我会回来看你们的！您要保重身体啊……"

朱德来到坐落于金城山下的县立高等小学堂后，决心推行新教育，为家乡做点有益的事。与刘寿川、张四维、李绍沅、田玉如几位老师和同学一道积极宣传新学堂、革除旧学科、设立新课程，要求学生学好新课，认真参加体育活动，反对把学生培养成"四体不勤，五谷不分"的腐儒。

由于正值变革年代，新旧势力之间的冲突十分激烈，在仪陇这样一个偏僻小城更是如此。在保守势力的反对下，他们只招收了十二名学生，并遭到反对派的讥讽："十二学生五教员，口尽义务心要钱；未知此事如何了，但看朱张刘李田。"

保守势力还指使学生四处张贴这首打油诗，当成歌词唱，对朱德等五位教师进行中伤。他们正面临着一场严峻的挑战，尤其是朱德出身寒门，更成了众矢之的。由于朱德除了教授体育外，还兼管学堂里的庶务，保守势力对这个管钱管物的差事早就垂涎三尺。所以，对朱德更加嫉恨，总是千方百计地予以诋毁。

为了在上课时操练方便，朱德要求学生脱下长衫，穿上短裤，不料竟招来校内外那些守旧分子的强烈反对。一时之间，恶毒的诽谤，离奇的谣言，无耻的谩骂，像污水一样从各个角落冒了出来，什么"新学野蛮，有损国粹""朱建德教的体育课下流，有失风雅，不成体统""是假洋鬼子……"于是，围绕新学的斗争就这样展开了。

面对守旧分子的反对，朱德不为所动，继续宣传新学，继续施行新课。守旧分子串通一气，诬陷朱德，一张张状纸雪片似的飞向县衙。知县不问青红皂白，立即下令封闭学堂，把朱德等教师带进衙门。

知县摆出官老爷的架势，劈头问道："朱建德，你可知罪？"

"皇上废科举，办新学。县府将书院改为学堂。我等响应号召，在新学教书，何罪之有？"

"大胆！"知县一看朱德不但不低头认罪，反而还顶撞他，气得拍了桌子，"唆使学生脱长衫，穿短裤，伤风败俗，难道不是事实？"

"上体育课，穿着长袍、长裤怎么操练？"朱德反问一句。

"胆敢狡辩！你掌管庶务，有无多报少领、损公肥私的贪污行为？"

朱德听到这里，气得直咬牙。他大声答道："庶务账目一清二楚，一切开支有据可查，按时公布。朱建德做事光明磊落，走得正，行得端，不怕任何人检查。"

在众目睽睽之下，知县被朱德反驳得张口结舌。这时，突然有人来报："大人，不好了！衙门口聚集了很多人，他们要求释放……"

知县清楚这件事本来就理屈，现在又怕事态扩大，只好顺坡下驴，下令把朱德等新派老师当天释放回去，学堂立刻复课。

朱德胜诉，学校复课，新学在社会上的影响增大，支持新学的人也越来越多，学生也由原来的十二人增加到七十多人，朱德深得师生的敬重。

朱德在学校工作热情，作风民主，平易近人，以身作则。上课时，每项操作活动，他总是多次示范，使学生心领神会；为了节省经费，他亲手制作哑铃、木枪、棒槌、弹子等体育器械，供教学使用；对违纪学生，总是耐心教育，从不打骂、体罚、歧视学生；还和校工一起在学校种花栽树，美化校园。

那些顽固守旧分子生怕朱德的影响继续扩大，总是千方百计地予以诋毁。他们和社会上的地痞流氓勾结起来，寻衅滋事，故意把大便盆、垃圾桶推倒在校门口，在街头巷尾袭击朱德及支持办新学的教师和学生。

朱德平时对人宽宏大度，但对这种无理的横逆决不忍受服软。他教学生学习武术，实行自卫。为了保护师生，惩治地痞流氓，震慑幕后操纵的顽固守旧分子，他带领训练有素的学生，手持棍棒狠狠教训了前来闹事的流氓，并抓了几个歹徒送交县衙，大煞了这伙人的嚣张气焰。

一波未平，一波又起。顽固守旧分子并不甘心他们的失败，继续施展卑鄙手段，冷落、排斥、诬陷朱德。这年孔子诞辰，师生进行"祭庙"活动，按照惯例要给教师祭肉一两斤。学堂里的顽固守旧分子竟以朱德"非孔教门人"为由，一两也不给。朱德不以为然地说："不吃那点肉，我倒畅快些。"

一天，锅炉工招呼大家打开水，有个学生不排队打水，在跳闹中跌倒，却反诬"小工打学生"，一时舆论大哗。朱德坚持实事求是的态度，再三劝阻学生，说明真相。可事态仍未平息，为了使工友免遭歹徒暗算，朱德让那个锅炉工连夜出走，远避他乡。而那些顽固守旧分子又开始攻击朱德"唆使小工打学生，行为不轨！"

朱德在仪陇县立高等小学堂执教仅一年时间，这是他从家门到校门，又从校门进入社会大门，独立谋生开端的一年。在这一年中，悲惨的遭遇，严酷的现实，使他深深感到"教书不是一条生路"。这时他虽然还不是马克思主义者，但他已经十分透彻地明了整个旧中国只有用枪杆子才能改变。于是他毅然辞去教师职务，决定投身军界。临行前，他写下了这样的诗句：

> 志士恨无穷，只身走西东。
> 投笔从戎去，刷新旧国风。

智斗密探

一九〇九年春节刚过，空气中还弥漫着浓郁的烟花气味，朱德就背上一个小包袱和一捆草鞋，怀里揣着养母为他煮的几个鸡蛋，步履匆匆地走上了出山的大道，开始了他那从士兵到元帅的长途跋涉。

二月初，来到成都的朱德稍事休息，便和敬镕结伴前往"天高皇帝远"的彩云之南。一路上，朱德凭着这捆草鞋，经过嘉定（乐山）到了叙府（宜宾）。他们在一家小客栈住下后，就去打听往昆明的路线，寻找同路的伙伴。

他们结识了两个贩运盐巴的"足客"，从交谈中得知二人都是盐井的工人，因在南部闹工潮被官府通缉，不得已才隐名埋姓，流落此地。后来，这两个盐工与跑云南的马帮混熟了，为了有个照应，每次去云南总是跟着马帮走。

朱德说他去过盐井，敬镕说他就是南部人，于是他们越摆越近乎，越摆越亲切。"足客"主动约他们同行，说跟着他们既不会走错道，也不会出危险。还指点他们最好装扮成生意人，路上不致引人怀疑。

朱德觉得"足客"的话有道理，因为这样不仅有利于安全，而且还可以赚几个饭钱。于是他上街买了一只背篓和一些针头线脑等货物，还买了一块防雨的油布。

第二天清晨上路时，只见朱德头上缠着布巾，背上背着竹篓，手里摇着货郎鼓，俨然一个走乡串户的"小货郎"。他们跟在马帮的后面离开叙府城，沿着金沙江岸踏上了那条古老的驿道，在五连峰的原始森林里艰难地穿行着。

　　这条崎岖不平的茶马驿道，是古往今来中国西南边陲与越、老、缅进行文化、经济交流的通道。它盘桓于高耸入云的大凉山与乌蒙山之间，蜿蜒在金沙江畔，一边是陡峭的悬崖绝壁，一边是望不到底的万丈深渊。驿道的两侧古树参天，常年不见日光，路上布满了青苔，又湿又滑，一不小心就会滑落山涧。

　　当时正是初春雨季，阴雨连绵。穿着草鞋、背着竹篓的朱德紧跟在马铃叮当、马蹄嘚嘚的马帮后面，在密林里跋山涉水，只有到了晚上住店时，才知道走了多少路，到了什么地方。头一天，他和敬镕像哑巴一样低头不语地跟着马帮赶路，从天不亮走到天黑，足足走了十多个小时。太阳落山后，马帮来到他们熟悉的一个小客栈，那两个"足客"就忙着为马帮下鞍、遛马、喂草，朱德也学着人家的样子干起来。

　　"老弟是第一次出远门吧？"马帮的老板问朱德，"以前在哪儿发财？"

　　"一直在家种田，没有做过生意。"朱德很客气地回答，"路上还望老板多加关照！"

　　"听老弟说话，也不像是个长跑江湖的人，念过书吧？"马帮老板又问。

　　"读过几天书，也没读出啥子名堂。为了混口饭吃，出来做点小本生意！"朱德不紧不慢地说。

　　"我看你这个娃儿比较老成，又能吃苦，今天能一直跟上我们，就不简单哟！日后必有出息，好好干吧！"马帮老板觉得朱德、敬镕不是一般的年轻人，就夸了他们两句。

　　天黑住下，天亮赶路，每天都在重复昨天的故事。就这样，半个月过去了，同马帮的人也混熟了。朱德隐隐觉得这帮人非同一般，驮的货物也令人生疑，不都是盐巴，一些沉甸甸的箱箱包包，哪个晓得里面装的是啥子？

　　月亮升起来了，月轮很圆，如玉盘般洁净，辉光四溢，将会泽不大的县城罩上了一层洁白的轻纱。在这夜深人静之时，朱德对敬镕悄悄地说："我看这个马帮不是正经商人，驮的不一定都是盐巴。"

　　"正要跟你说哩！"敬镕睁大了眼睛，"我看到了那些箱子里装的全是火枪。好几次了，都不让我帮他们搬，都是他们自己人卸的。"

"啊……原来是这样！" 朱德忧心忡忡地说，"我们找个机会摆脱他们，再继续跟他们走怕是凶多吉少。"

"好……"敬镕表示同意。

其实，马帮老板一路上也在提防着他俩，生怕他们是官府的探子。退一步讲，不是官府的探子，一直跟着他们走，时间长了也会看出点名堂来。夜长梦多，不如早点甩掉这两个尾巴。主意打定，立即行动，就在这天夜里，马帮和两个"足客"不辞而别，提前起程了。

第二天，风照样刮，云照样飘，却不见了马帮和"足客"的踪影。虽说他们又成了天涯孤旅，但总算一块石头落了地。他和敬镕会意地笑了笑："他们倒抢先一步了！"

一声响雷过后，天下起了雨。他俩一商量干脆休息一天，问问路，合计一下以后的走法。虽说已进入云南地界，但在他们面前山重水复，旅程漫漫，昆明还在遥远的前方，少说还有三四百里。

朱德和敬镕鼓足勇气，日行夜宿，经过无数高山峻岭和浅溪深谷，一路曲折而来，终于到达他们的目的地，临时住在昆明城里景星街萧庆夫开办的客栈里。

这年夏天，云南陆军讲武堂开始招生，经新军中的川籍朋友介绍，朱德和敬镕参加了考试。成绩合格，他俩都很高兴。可万万没有想到，发榜时敬镕录取了，朱德却名落孙山。有人指着榜上"朱培德"的名字说是不是写榜的人粗心大意，把"建"字写成"培"字了。朱德摇摇头，一声不响地返回了住地。

按理说，朱德的成绩比敬镕要好，如果只录取一个，那也应该是朱德。看着百思不解的朱德一连数日都陷入苦闷之中，背着好友暗度陈仓的敬镕觉得过意不去，就带着歉意把他的奥秘讲了出来："建德，这件事也怪我。我担心外籍人不好录取，就在报名的最后一刻把我的出身改写成云南一个地主家庭。"

朱德半天没有说话。这个小小的把戏对于一向办事认真、为人诚实的朱德无疑是一个不小的打击。此时，刘寿川、张四维、田玉和、李绍沆和

三叔朱世和为他拼凑的盘缠已所剩无几，"独在异乡为异客"，下一步该怎么办？"从军救国"是他念兹在兹不可后退的一条血路，即使前面有刀山火海也在所不辞。他已从母亲身上学会了克服困难的勇气，毫无畏惧地去迎接一切挑战。

未能考进讲武堂，朱德决定降格以求。经那位川籍军友的介绍，他被补入了与讲武堂一墙之隔的云南新军第十九镇七十四协步兵标。在填写登记表时，他吸取了上次的教训，把籍贯改写成云南临安府蒙自县，把原名"朱建德"改为"朱德"。就这样，朱德由读书人变成了流水的兵。

走进兵营的朱德既满足又遗憾。由于他的文化程度高，又具有一副军人所需要的体魄，所以在入伍后的基本训练中经常取得优异成绩，并很快担任了队的司书。不久，又逢讲武堂招生，他被标统罗佩金推荐去报考。这一次，他终于如愿以偿地被录取了，成为一名军校的学员。

一九一〇年二月，朱德以春天般明媚的心情踏进了云南陆军讲武堂的大门，并作为丙班步兵科的学员开始了紧张有序的军训生活。这里的一切都是新鲜的，他非常珍惜这个来之不易的学习机会。

坐落于昆明市中心、翠湖西岸承华圃的云南陆军讲武堂，原系清朝为编练新式陆军、加强边防而建的一所军事学校，占地面积一千三百多平方米，与当时的天津讲武堂和奉天讲武堂并称三大讲武堂。这是一幢米黄色砖木结构的四合院式两层建筑，由东、西、南、北四座楼房组成，各楼对称衔接，并有回廊相通，楼端各设拱券门一道。

讲武堂课程设置完善，师资力量雄厚。学科和术科都是仿照日本士官学校模式设立的，有步、骑、炮、工等兵科，学生分甲、乙、丙班。教职员中的李根源、李烈钧、罗佩金、唐继尧、张开儒等都是日本士官学校的毕业生，其中多数都在日本参加了同盟会。

每天清晨，当响亮的军号声迎来朝霞之时，"枕戈待旦"的学生们便跳下床铺，穿衣洗漱，整理内务，然后在教官的带领下开始一天的紧张训练，广阔的操场上空便响起嘹亮的讲武堂堂歌：

> 风云滚滚，感觉它黄狮一梦醒。同胞四万万，互相奋起作长
> 城。神州大陆奇男子，携手去从军。但凭那团结力，旋转新乾

坤。哪怕它欧风美雨，来势颇凶狠。练成铁臂担重任，壮哉中国
民！壮哉中国民……

讲武堂堂歌虽然不甚悦耳，但却合着军人的步伐，显得非常整齐威武。每当唱起这支歌时，朱德就格外激动和自豪，感到每一句歌词都唱出了自己的心声。乃至几十年后，他还能清楚地记住这支使他振奋不已的军歌。

这年七月，滇军因军官缺乏，急待补充，从讲武堂丙班学生中挑选学习成绩较好的一百名组成特别班，朱德因成绩突出被列入其中。

进入讲武堂后，朱德深深受到浓烈反清情绪的感染。在资产阶级民主思想的影响下，教官和学生的思想极为活跃，他们开始组织社团，传播西方的科学与民主思想。朱德还约同范石生、杨如轩、唐淮源、李云鹄等人以五华山为名，成立了一个以互助互励、拯救中华为宗旨的"五华社"，并立下"有福同享，有难同当"的誓言。

在第一学期即将结束时，有一位要好的同学问朱德："玉阶兄，你听说过同盟会吗？"

"听说过！"朱德始而惊讶，继而皱眉，最后沉思说，"早在四川体育学堂读书时就听说过，还看过他们出版的《民报》呢！"

"那你愿意参加同盟会吗？"

"是孙中山先生建立的中国同盟会吧？"朱德不假思索地说，"愿意，当然愿意。"

"那可是一个反清组织，要是被官府知道了会杀头的。难道你就不怕？"

"有啥子好怕的！好男儿应当如此。"朱德急切地问，"怎么加入同盟会？"

"看得出你是一个要求革命的热血青年，只要你有为革命而牺牲的精神，我可以介绍你加入。"

不久，朱德歃血宣誓，加入了同盟会。随后，在朱德的介绍下，"五华社"的成员也都先后加入了同盟会。在同盟会的各种秘密活动中，他们除了热烈地谈论军事起义外，主要是阅读当时的进步刊物，用以武装头脑

和交流各地的革命信息。

推翻清王朝的革命运动在全国各地迅猛发展，各种各样的宣传和鼓动革命的书刊应运而生，《民报》《天讨》《汉声》《革命军》《警世钟》等，都秘密传入了云南讲武堂，许多进步青年争相传阅，从中汲取智慧和力量。其中有许多青年就是在这些书刊的直接影响下参加了同盟会，走上了民主革命的道路。

有一天，云贵总督李经羲接到提学使叶尔凯的密报，称有不少禁书流入云南，正在青年学生中传阅，尤以陆军讲武堂为最盛。于是，他立即下令昆明知府，要他们即刻派遣密探潜入陆军讲武堂，一旦发现有传阅禁书者，立即缉拿归案，严惩不贷。

知府衙门哪敢懈怠，马上搜罗一批横行乡里、无恶不作的地痞、流氓和恶棍，换上军衣装模作样地混入了讲武堂。

这天，又是一个难得的星期日。讲武堂里一改平时口令声、歌唱声、操练声的喧闹，显得格外安静。同学们经过一周的苦读和操练，好不容易盼来了休息日，都相约出外游玩去了，唯有朱德舍不得这"千金春宵"，仍然留在校园里手不释卷。

"将不知古今，乃匹夫之勇"，假日里读书已成为朱德的习惯。昨晚刚好从同盟会的同志手里借到一本书，他吃完早饭就钻进教室埋头读了起来，不知不觉到了中午，正看得"三月不知肉味"，以致有人走进教室，他都丝毫没有察觉。

突然间，鹰爪一般的小手拍在朱德的肩上，同时喊道："你是革命党，跟我走！"

朱德回头一看，原来是经常出没于讲武堂的那个外号叫""田螺精""的密探。此人腰间别着手枪，穿着一身不合体的军装，大盖帽帽檐投下的阴影遮住了他一张阴险的嘴脸。人生在世，难免有三灾六难，没想到这次竟被他抓了个现行，禁书就在手里，看来这一关很难闯过去了。

"你认错人了。我不姓'葛'，我姓朱，叫朱德。"揣着明白装糊涂的朱德不动声色地说。

"你不是革命党，那肯定是同盟会了！"满脸凶相的"田螺精"紧追不舍。

"长官，我不是'佟梦惠'，我真的叫朱德，在丙班步科。你若不信，可去问罗佩金教官和李根源总办。"

"你不要跟我扯垛子！既然不是革命党，也不是同盟会，那你坐在这里干什么？""田螺精"眨着一双肿泡眼诡秘地说。

"看书啊，我在看书！"朱德把书合起来，将书背朝上，书的正面翻扣在桌面上。

"田螺精"用两只鼠眼把朱德的一举一动看得真真切切，心想今天终于逮住了革命党，人赃俱在，就等回去报功领赏了。他在冷笑，小眼大嘴不分家："我知道你在看书，问题是你在看啥子书？老实对你讲，我早就盯上你了。今天，你就是插翅也逃不脱！"

"田螺精"说着，伸手一把夺过那本禁书，像偷油的老鼠眨巴着双眼，把禁书翻转一看，封面上画的却是"刘关张桃园三结义"，顿时脑壳嗡的一声响，难道这个姓朱的还会变戏法？

就在这时，朱德不慌不忙地说："长官，我在看《三国演义》。刚才正看到诸葛亮巧施空城计，着迷了，不晓得有人进来，对你失礼了，请多多原谅！"

"田螺精"歪着头斜着眼把那本禁书拿在手上，用拇指压着书页点钞票似的哗啦啦地摆弄着，里面密密麻麻的小字像蚊子一样乱飞。他心不在焉地应付道："好书！好书！"

"看来，你也看过《三国演义》！"朱德笑着说。

"看过看过，当然看过，古典名著嘛！""田螺精"红着脸，"关云长耍大刀，诸葛亮用计谋，那是哪个也比不了的……"

其实，知府衙门派到讲武堂来的密探，都是些不识几个大字的小混混。"刘玄德""关云长""诸葛亮"这些名字大都是看戏时听来的，这些人哪里读过《三国演义》？

朱德已看出"田螺精"的尴尬，便趁机戏弄他一下，好逼他把书还给自己。于是说："请你讲两段精彩的？我就不费工夫看了！"

"哦？不行不行！今天，本人公务在身。'三国'嘛，改天再讲，改天再讲！今天还是你自己看吧！""田螺精"说完把书扔给朱德，头也不回就灰溜溜地离开了教室。

朱德虽然平安地闯过一劫，却再也没有心气待在教室里看书了。他找到范石生、唐淮源、杨蓁，把同密探斗智一事讲给他们听，大家都笑得前仰后合，拍手称快。范石生说："玉阶兄没有白读《三国演义》，学会了巧用计谋。"

"禁书外面罩个别的书皮，这在兵书上叫作'偷梁换柱，李代桃僵'。用这个办法传阅禁书还真管用。以后，大家都照此办理。"唐淮源说。

"玉阶兄看三国——蒙人。"杨蓁竟把它编成了歇后语，用来打趣和嬉戏。

一九一一年，那是一个沧海桑田、大浪淘沙的时代。长江后浪推前浪，一代新人胜旧人。培养军事人才的云南陆军讲武堂，一批军事精英又从这里脱颖而出。

七月，讲武堂礼堂彩旗招展，军歌嘹亮，主席台上方挂着"云南陆军讲武堂特别班毕业典礼"会标。一百名特别班学员肃立于礼堂中央，台上列坐着云南的显赫人物：云贵总督李经羲和他的僚属，新军十九镇的统制、协统、标统们和陆军讲武堂的主要领导。

奏乐毕，大会按事先拟定的议程逐次进行。最后，由讲武堂总办李根源点呼学员领取毕业证书。

"特别班毕业生金汉鼎！"李根源刚喊出口，金汉鼎便急忙登上主席台，接过毕业证书后退回原位。

"特别班毕业生朱德！"

"在！"朱德虎声虎气地应道，并以挺拔有力的标准军人仪态走向主席台。

在给朱德发授毕业证时，对朱德青睐有加的李根源笑着说："朱德是我们讲武堂的优秀毕业生。你们可知道，他为了进这个讲武堂，从四川步行上千里山路，还冒充我们云南人，险些被我除名……"

"朱德与朱培德一字之差，这两个学生是讲武堂的高才生，同在丙班学习，在全班三百三十九人中，他俩品学兼优，学科和术科的成绩都很突出。"罗佩金悄声对蔡锷说，"操练时，他俩指挥队伍，下达口令，声音洪亮，气宇轩昂，动作干净利索，博得教官和同学们的一致好评。每次会操、检阅或者为外国领事表演，李总办不是指定朱德，就是朱培德来带队演练。所以，师生们都称他们为'模范二朱'。"

蔡锷（1882—1916），原名艮寅，字松坡，湖南宝庆人。他幼年聪明异常，曾有"神童"美誉。后入长沙时务学堂，师从梁启超。两年前东渡日本留学，与蒋百里、张孝准并称"中国士官三杰"。回国后，先后在江西、湖南、广西督办军事学堂任职。同年二月，应云贵总督的邀请，到云南新军第十九镇三十七协任协统，并兼任云南陆军讲武堂教官。

曾耳闻过朱德有关情况的蔡锷听到李根源和罗佩金的介绍，马上喜上眉梢，对朱德更加产生了好感："看得出来，朱德同学将来一定会有所作为的。"

听到蔡锷在夸奖自己，朱德立刻表露出谦逊的微笑："学生只是为了救国救民，才下决心来云南学习军事的。"

"说得好，说得好啊！"雄姿英发的蔡锷谈吐之间充盈着舒卷风云之气，"中国要谋求独立自由，必须建立起强大的军事武装。"

毕业典礼结束时，蔡锷还特地邀请朱德有时间到他的住处去聊聊。得到蔡锷的赏识，朱德暗庆自己三生有幸。那一年，蔡锷才二十九岁，只比朱德大四岁，然而那时蔡锷已经在进行他梦想中的大事了……

自从结识了蔡锷，朱德很快就被这位面容清癯、表情冷峻、不苟言笑的年轻将领所吸引。也许是出于对蔡锷那不凡经历的兴趣，也许是出于对蔡锷那敏捷的思路和干练的能力的敬佩，他希望能有更多的机会接触蔡锷。

然而，蔡锷却很少露面。他到底在忙些什么呢？一股好奇心驱使朱德走进蔡锷居住的小院。这是靠近讲武堂主楼的一处院落，原是讲武堂第一任总办高尔登的寓所。

朱德一踏入房间，只见蔡锷正在伏案疾书。为了不打扰蔡锷工作，朱德转身便走。这时，听到脚步声的蔡锷放下笔，喊了一声："是朱德同学吗？你过来呀！"

落座后，蔡锷问："曾国藩、胡林翼这两个人你晓得不？"

"晓得。"朱德点了点头，憨厚地一笑。

"这些天，我受镇统钟麟同委托，正在编写一篇训练部队的讲话稿。曾国藩、胡林翼这二人虽然不是武将，但他们所讲述的兵家之事见地颇深，他们讲的治兵方法值得借鉴。"蔡锷拿起讲稿说，"我把他们著述中有关治兵的言论辑录下来，加了按语，你可以看看。"

朱德从蔡锷手中接过稿子，聚精会神地翻看起来。朱德很钦佩蔡锷对曾国藩、胡林翼有关治兵言论的精辟分析，也为蔡锷"砥砺剑刃，扬我国威"的精神所折服。

这年八月，朱德作为云南陆军讲武堂的第三期毕业生被分配到云南新军第十九镇三十七协七十四标二营左队。于是，他与三十七协的协统蔡锷往来更加密切了，常到蔡锷的官邸披露肺腑，掬诚求教，并暗下决心要在蔡锷将军的麾下带好兵，打好仗。

见习期满后，朱德被任命为左队司务长，授少尉军衔。司务长一职，为朱德接触士兵提供了一个良好的平台。白天，他挑担上街买菜、买油、买粮，在伙房里帮助伙夫挑水、洗菜、烧饭，样样都干；晚上，他常去士兵的宿舍查看，摆龙门阵，嘘寒问暖，帮助写家信，深受士兵们欢迎。

牵首敢死队

时值金秋，飞鸟煽动着美丽的羽翅，扑打着弥漫的硝烟，撵过一片片缓缓飘移的浮云，匆匆忙忙地向远方飞去。很快，一个激动人心的消息飞越长江长城，跨过黄山黄河，传遍了神州大地——武昌举行了武装起义，敲响了清王朝的丧钟。

武昌起义的成功，鼓舞了全国各地的革命党人。他们闻风而动，纷纷举起推翻清朝统治的旗帜。云南革命党人在蔡锷、李根源等人领导下，果断决定在十月三十日（农历九月初九）举行起义以响应。

接到起义通知，朱德所在的左队担任前锋区队，但胆小无能的区队官临阵脱逃，朱德便义不容辞地接任前锋区队指挥官。他命令全队士兵剪掉辫子，举起写着"汉"字的大旗，率领部队在茫茫夜色中向昆明进发。朱德来到南门时，巡防营管带率二百多士兵投诚："我们愿意同你们一起参加起义。"

"革命不分先后，哪个参加我们都欢迎。"朱德高兴地说，"走，我们一起攻城去！"

云贵总督衙门坐落于昆明城南门内、五华山南麓，四周高墙壁垒，两道铁门紧闭。围墙内外都筑有碉堡，有卫队营、机枪连和辎重营防卫，是一座易守难攻的城中之城。朱德带着左队还未靠近，守敌的机枪就吐出凶恶的火舌，根本无法接近，起义军几次搭梯越墙均未成功。

在此紧急情况下，朱德请求炮营火力支援。"轰，轰……"在炮火的掩护下，朱德带着左队成功翻越了衙门的高墙，打开了大门。第十九镇统制钟麟同被击毙，总参议靳云鹏化装逃走，藏匿在萧巡捕家里的云贵总督李经羲被朱德搜获。

"光复了，共和了！"重九起义成功了，昆明城内一片欢腾。

十一月一日，大中华云南军都督府成立，蔡锷被推为都督。朱德在起义中虽然作战有功，但因资历尚浅，被任命为排长职位，担负城防巡逻任务。

十一月十五日，为援助四川革命党人，军都府派遣两个梯团入川，朱德随第二梯团开进。此后半年间，他又升任为连长，授上尉军衔。

一九一二年，是改天换地的一年。元旦之日，孙中山在南京就任临时大总统，宣告中华民国成立；二月十二日，清朝皇帝溥仪宣布退位，从而结束了清朝两百多年的统治，也结束了中国两千多年来的封建专制制度。

然而，清王朝的终结是以革命党人作出重大妥协让步换来的。在清帝退位二十多天后，孙中山被迫解职，由袁世凯继任临时大总统。"成者为王"是官场虽然残酷却又无奈的现实，袁世凯一登上历史舞台就穿新鞋走老路，组建了大地主、大买办阶级专制的北洋军阀政府。

四月，在成都、重庆两军政府合并宣告四川统一后，援川的滇军从四川撤回云南。在昆明举行的庆功会上，朱德因身先士卒、战功显赫，擢升为少校，并荣获"援川"和"复兴"两枚勋章。

八月二十五日，由同盟会联合其他四个政团组成的国民党在北京举行成立大会，朱德随之从同盟会会员转为国民党党员。而后，在滇军训练新兵的朱德被调任讲武堂区队长兼军事教官，负责管理学生和教授射击教范、步兵操典及野外演习等科目。

朱德从留法的几个教官那里了解到一些法国革命的情况，渴望弄清法国大革命为什么能够成功，而中国的革命为什么却搞成那样。由于这个令其深惑不解的问题一时还找不到答案，他的思想开始从辛亥革命时的兴奋和喜悦渐渐地产生出新的忧虑和不安。

"人过二十五，衣服没人补。"看到年轻有为的朱德仍像孤雁一般形单影只，各路媒人便群起而动"分进合击"。有一天，萧家客栈的公子来看望朱德，并神秘兮兮地笑着说："玉阶兄，我妹妹菊芳考进昆明师范学堂了。她今年十八岁……"

朱德想起当年投考讲武堂落第，又花光了身上的盘缠，一急之下病倒在萧家的客栈中。是萧老板伸出了援助之手，不但拿出钱来给他治病，还供给他生活所需。在萧家悉心照料下，朱德身体很快康复，由此与萧家结下了深厚的情谊。

听说萧菊芳考进了昆明师范，朱德高兴地说："女孩子能到师范学堂学习，那可不容易哟！我得去看一看她，向她当面表示祝贺！"

在萧家公子的安排下，朱德来到萧菊芳的住处。此时的萧菊芳已是窈窕淑女，十八佳人，不但是花儿一般的年纪，而且有着花儿一般的容貌。他见到萧菊芳先是一脸惊羡，很快又恢复到本来的端庄神态。萧菊芳对这位年轻英俊的少校本来就有好感，羞答答地同他说了一席话。虽然彼此都很拘谨，但在当时已算是相当"革命"的举动了。

见面后，朱德感到萧菊芳是一个诚实稳重的姑娘。他还发现一个秘密：萧菊芳没有缠足。这一大胆而进步的行为又使朱德对她增加了不少好感，内心深处接纳了这位新派女性，并开始鱼雁往来。

在"秋风起兮白云飞，兰有秀兮菊有芳"的金秋季节，朱德与萧菊芳在他们居住的常年被绿色包围的春城结婚了。当时，朱德的父母远在四川仪陇，他们无法向老人家通报喜事。不过需要略加说明的是，早在六年前，朱德曾经稀里糊涂地结过一次婚，那是一桩媒妁之言、父母之命、亲上加亲的"捆绑"婚姻，并非双方自愿，更无爱情可言。

一九一三年，春去夏来秋过半，朱德又回到原来的部队，升任云南陆军第一师第三旅步二团一营营长。萧菊芳继续留在师范学堂读书，住在学堂的集体宿舍，他们只有到周末才能团聚。每逢星期日，他们总是有说有笑，如胶似漆，你欢我爱，自不待言。

一九一四年初，朱德所部奉调滇越铁路沿线及边境的临安、蒙自、开远、个旧一带布防。这年秋天，朱德得知一个名叫方位的匪徒纠集十余人藏匿在冷水沟一家店堂里，便立即带兵围剿。匪徒负隅顽抗，拒不投降，直到后来见朱德的士兵放火烧店，这才纷纷跳窗逃命。匪首毙命，匪徒溃散，民众无不拍手称快。

在迤南异常艰苦的两个寒暑里，朱德在特殊的战场以特殊的战术进行着特殊的战斗，使其指挥作战能力迅速提高，逐渐养成了处变不惊、镇定自若的大将风度和善于化险为夷、转危为安的英雄气概。由于他在深山密林中剿匪屡建奇功，先后被提升为团副、团长，授上校军衔。

一九一五年，是中国政局最为复杂的一年。内乱不休，外患不止，东征西讨，南杀北伐，搞得民不聊生。特别是日本向中国提出"二十一条"要求后，全国掀起了护国讨袁的爱国运动，抗议、控诉、谩骂"袁贼"的声音从春天蔓延到夏天，又从夏天蔓延到冬天。

十二月十九日，在云南享有很高威望和号召力的蔡锷从北京机智地逃脱袁世凯的魔掌，辗转日本、香港、越南回到云南。他一到昆明，不仅坚定了唐继尧讨袁的决心，而且也壮大了讨袁军的声威。三天后，蔡锷、唐继尧等召集上校以上军官及外地来滇的爱国人士开会，宣誓效忠共和。

这年年底，朱德在蒙自街头遇到一位从昆明来的老朋友。那人急忙凑上前来向他行礼，顾不得寒暄便告诉他："今晚务必请你到城外的小庙会面，我有要事相告。"

当晚，朱德甩掉帝制派的跟踪，准时来到小庙。早已等候在那里的老朋友急忙掏出一块手帕大小的白布，朱德接过来一看，一行熟悉的字迹呈现在眼前，原来是蔡锷的亲笔手令："按传令人的命令行事。"

"蔡将军的命令，我朱德坚决执行。哪怕赴汤蹈火，我也在所不辞。"朱德激动地说。

"蔡将军已秘密回到昆明。"来人告诉朱德，"议定于本月二十五日宣布云南独立，起兵讨袁护国，届时请你务必率部返回昆明，参加起义。"

"袁贼不除，祸害无穷！"惊喜万分的朱德终于盼到了这一天，"我坚决执行命令，请你转告蔡将军，请他放心。"

十二月二十五日拂晓，朱德遵照蔡锷的命令，在蒙自县发动讨袁起义。他率部向师部发起进攻，帝制派的军官闻风逃遁。接着，他集合队伍，讲述了全国讨袁护国的大好形势，揭露袁世凯祸国殃民想当皇帝的罪行，宣布执行蔡锷将军的命令。全体官兵纷纷响应，并振臂高呼："拥护共和！""打倒大卖国贼袁世凯！"

响亮的口号，雄壮的歌声，回环激荡在西南原野上。起义部队浩浩荡荡地开赴车站，立即登上小火车，向昆明进发。

　　一九一六年元旦，袁世凯蓄谋策划的登基大典虽然告吹了，但想当皇帝的贼心不死，还是启用了"中华帝国"的臭名，并改用"洪宪"纪元。"洪宪"，是"弘扬宪法"的意思，袁世凯所谓的弘扬宪法，不过是欺世盗名的把戏而已。

　　也就在这一天，在中华大地的西南边陲响起了惊天动地的一声春雷：昆明举行了护国军誓师大会，发布了讨袁檄文，历数袁世凯"叛国称帝"的十九大罪状。以蔡锷为总司令的护国军第一军，军容整齐，威武雄壮，迈着整齐的步伐向川南挺进。

　　一月二十二日，北风呼啸，飞雪漫天，朱德所属第三梯团的六支队高唱着革命歌、行军歌、杀敌歌从昆明出发了。他骑着一匹高头大马，身后一杆绣有"朱"字的黄底黑边三角旗迎风招展，好不威风，引导着这支威武的队伍开向护国讨袁的前线。

　　二月六日，护国军的董鸿勋支队与护国川军刘存厚部的陈礼门团合力攻克了泸州对岸的蓝田坝。袁世凯立即派曹锟的第三师、张敬尧的第七师、李长泰的第八师一部及周骏的川军第一师向泸州增援。

　　二月九日，北洋军偷渡长江。由于双方兵力悬殊，加之陈礼门麻痹大意，所部猝不及防，纷纷溃逃，蓝田坝、月亮岩相继失守。护国军战败，陈礼门自尽身亡，董鸿勋虽率队冲出包围，却遭到严重损失。

　　朱德率六支队以每日百里的速度赶到永宁后，即得到董鸿勋失利的消息。这时蔡锷发来急电令他急速前进，接替董鸿勋的第三支队长职务。朱德率部经过两天的急行军，日夜兼程，终于赶到纳溪前线。

　　此刻，阵地上仍在进行着激烈的战斗，第三支队的余部仍在顽强地抗击敌人。这是一支朱德从蒙自带出来的队伍，战斗作风英勇顽强，尽管损失很大，但锐气依然不减。特别是看到老团长又来亲自指挥他们战斗，更是信心倍增。

　　朱德调整好部队，立即宣布战场纪律。他威严地说："要消灭北洋军，打倒袁世凯，就得不怕死，勇敢冲锋。在战斗中，士兵退，班长杀；班长退，排长杀；排长退，连长杀；连长退，营长杀；营长退，团长杀；我朱德退，全军杀！这是铁的纪律，人人都得遵守。"

　　随后，朱德指挥队伍向前冲锋，一鼓作气将敌军击退至三里之外，把部队布防在棉花坡正面高地上，同据守于红庙高地的北洋军形成对峙。

棉花坡距纳溪城约五公里，是坐落在金沙江与永宁河之间的一处高地，江河沿岸都是起伏的山峦，是通往纳溪的交通要道，为两军必争之地。北洋军在这里驻有重兵，倚仗着弹药充足和武器精良，昼夜不停地轰击护国军阵地。朱德率领三支队日夜坚守在阵地上，但部队伤亡很大。

护国军分三路进行反击，朱德亲自率领两个营附属一个炮兵连和一个机枪排从棉花坡向菱角塘进攻。双方交火后，北洋军凭借居高临下的有利地形和坚固的防御工事，拼命抵抗。

朱德采用迂回战术，以一个营从正面用猛烈的炮火牵制敌人，而将大部分兵力迂回到敌人的侧面。北洋军突然遭到出其不意的打击，损失惨重，随即组织兵力向朱部正面进行反扑，突破了几个缺口。朱德在友军的支援下，经过殊死搏斗才夺回失去的阵地。

护国军在激战中虽然取得了很大胜利，但双方兵力毕竟悬殊。三天鏖战，部队伤亡很大。于是，蔡锷下令暂时改取防御态势。

二月二十三日，面色苍白的蔡锷抱病来到纳溪，召集刘存厚、朱德等人开会。他在烛光下说："就实力而言，北洋军占有较大优势，而我军的兵源、粮饷一时得不到补充，相持日久，实为不利。因此，在军事上只有速战速决才能变不利为有利。否则，纳溪一旦失利，护国军将全军崩溃。"

回到三支队后，朱德彻夜难眠。他一直在思索着用什么战术才能出奇制胜地打败北洋军，最后决定组织敢死队突袭敌军阵地。第二天，他召集各营、连的主官，宣布了他的计划，并且部署了各营、连的具体战斗任务。

二月二十七日，夜色苍茫，万籁俱寂。数百名官兵聚集在营地上，等待朱德下达命令。他们知道，他们的支队长不但善于打攻坚战、白刃战，而且也善于打夜战。

在这长长的寒夜里，朱德环视着衣衫单薄但精神抖擞的士兵们，高声说："弟兄们，我们为了保卫共和远离家乡来到前线，同北洋军拼死作战。为共和而战，虽死犹荣。生为共和的人，死为共和的鬼。不推翻袁贼，我朱德死不瞑目。不打败北洋军，对不起我们的父母兄弟……"

官兵们被朱德慷慨激昂的动员所感染，振臂高呼：

"生为共和的人，死为共和的鬼！"

"不推翻袁贼，死不瞑目！"

"我们要血战到底……"

此时，朱德变得更加严肃了。他瞪着两只大眼睛向士兵们喊道："现在组织敢死队，挑选敢死队员。不怕死的，愿意跟我朱德去冲锋陷阵的，站出来！"

"呼啦啦"一声，几乎是全部士兵都站在了朱德面前。

"算我一个！"

"算我一个！"

"也算我一个……"

报名的呐喊声不断。朱德当场挑选了八十名精壮士兵组成敢死队。这时，来到前线阵地的蔡锷看到朱德也和敢死队员们一样背着装备，就怔住了。朱德快步走到蔡锷跟前，立正敬礼："蔡将军，我决定把这条命交给共和了！"

当晚，趁着夜深人静，朱德带着敢死队员神不知鬼不觉地深入到敌阵前的开阔地，无声无息地潜伏起来，单等护国军发起攻击时刻的到来。

第二天拂晓，随着护国军总攻信号的发出，朱德带着敢死队像一把尖刀猛然插入敌阵，同敌人展开了白刃战。北洋军面对突然袭来的护国军，还以为是神兵天将，早已吓得魂飞魄散，只顾四处逃窜。敢死队员们个个如猛虎下山，在一片喊杀声中，越战越猛，跃过堑壕，冲向敌群。

后续部队上来了，一杆绣有"朱"字的队旗指向敌阵，敢死队的队员们紧紧跟着掌旗人，接连夺下北洋军的几个阵地。

这一仗，朱德赢得了"勇敢善战""忠贞不渝"的声誉。在当地老百姓中流传着"黄（永社）拒盖、廖（月江）毛瑟，金（汉鼎）朱（德）支队惹不得"的佳话。几天前还默默无闻的朱德，现在便声名卓著，仿佛有人用巨笔把他的名字写到了天际。

然而，失败后的北洋军又重新集结兵力，向护国军阵地反扑而来，形势依然十分严峻。战斗旷日持久，仗越打越艰苦。可是朱德始终坚持在生死搏斗的第一线，表现出英勇无畏的战斗精神和顽强不屈的战斗作风。

三月三日，消息传来，护国军左路军被迫放弃叙府。第二天，蔡锷下令暂时撤出纳溪,退至大洲驿一线休整待机,浴血奋战十六个昼夜的朱德支队奉命担任后卫。

早春的浓云密雾终于散去,华南大地风和日煦,景色秀美。在此大好时节,广西将军陆荣廷宣布独立,立即出兵湖南,并准备向广东进军,对袁世凯又是一个沉重的打击。全国反袁称帝的护国运动发展很快,在一派护国讨袁的大好形势下,蔡锷决定对泸州再次发动进攻。

三月十五日,以顾品珍梯团为中路,何海清支队和刘存厚部为左路,朱德、金汉鼎支队和义勇军张煦、廖月江支队为右路,向纳溪推进。

在大洲驿总司令部,蔡锷召见了担负主攻任务的朱德,向他说明了作战意图:"逆军极无攻击精神,所以我军只需在正面配置少数兵力,而用主力攻其侧背,敌必然溃逃。千万要告诉各级将领,指挥官的手中一定要多留预备队,便于运用。"

三月十八日拂晓,朱德支队开始发起攻击。敌军为北洋军第七师吴新田旅的二十七、二十八两个团,不仅武器好、战斗力强,而且兵力超过朱德支队的三倍以上。这一带地形复杂,山峦起伏,路窄林密,渠沟纵横,易守难攻,前进十分困难。

经过五昼夜的激烈战斗,朱德支队连续突破了北洋军的几道防线,直插距离泸州只有十几里的南寿山附近。作战中,朱德不仅注重战术的运用,同时还得到了当地群众的支持。农民们不仅为护国军送食粮、运弹药、抬伤员,还为护国军送情报,甚至直接参加战斗。

一天,有个牧童跑来找朱德,神秘兮兮地说:"我知道北洋军的大炮藏在什么地方。我带你们去!"

朱德抚摸着牧童的脑袋,赞赏道:"你真是个了不起的好娃儿,敢冒死过来报告敌军炮兵阵地,还敢带我们去。要得,长大了也是个好样的!"

随即派出一支突击队跟着牧童迂回到敌后的炮阵地附近,隐蔽起来。当护国军进攻开始后,突击队出其不意地攻击敌炮阵地。朱德看到敌人后方滚滚浓烟腾空而起,知道奇袭成功,便命令部队发起冲锋。顿时,号声、喊声、杀声震撼山野。北洋军腹背受敌,还弄不清后院是怎么起火的。这时，又遭到三支队猛烈炮火的轰击，阵脚大乱，北洋军纷纷溃逃。

就在护国军节节取胜之际，袁世凯却处在内外交困的境地。他被迫在三月二十二日宣布取消帝制，并密令陈宦、张敬尧同蔡锷谈判停战。经多次磋商，双方定于三十一日起停战一周，后又延长为一个月，实际上两军的作战活动已经停下来了。

六月六日，众叛亲离的袁世凯于忧愤之中一命归天。消息传来，朱德极其兴奋地说："兄弟们，好消息！袁世凯被一副'二陈汤'送上西天，气死了！"

大家听说袁世凯死了，当然高兴，可又有些疑问："啥子叫'二陈汤'？"

"这'二陈汤'本是中药里的一剂汤头方。"朱德不紧不慢地解释道，"而这里说的'二陈汤'是指四川的督军陈宦、陕西的督军陈树藩和湖南的督军汤芗铭。袁世凯看着他的三个亲信一个接着一个地背叛他而独立，就气绝身亡了……"

朱德的第三支队因作战有功，受到总司令部的嘉奖，获得首先进入泸州的荣誉。朱德在护国战争中英勇善战，战功卓著，被提升为云南陆军第二军十三旅二十五团团长。

然而，福祸相依，悲喜交替。正当朱德为取得的胜利而欢欣鼓舞时，突然传来妻子萧菊芳病危的消息。

早在春天，听说妻子怀孕了，身在战场的朱德便欣喜万分。无数个漫长的难眠之夜，萧菊芳眼望明月，忍受孤独，在流不尽的泪水中放飞思念。也许是想念丈夫，也许是想回婆家，萧菊芳拖着沉重的身子毅然迁到了泸州。爱人在旁，孩子在侧，尽管时间短暂，朱德还是享受到了人间最高境界的天伦之乐。

这年九月，萧菊芳生下一个男婴。因孩子右耳有一根细细的"拴马柱"，朱德给他取名为"保柱"。萧菊芳为养育保柱日夜辛劳，却不知疾病已经缠身。她染上了奇怪的类似于赤痢的热病，在保柱出生后几个月，病魔就无情地夺走了她的生命。

美丽的事物总是像流星，当你还没看够时，很快就划过天际，消失在黝黝的夜空。中年丧妻，小儿丧母，朱德柔肠寸断，心如刀绞，陷入了悲痛之中。

福无双至，祸不单行。这年十一月，年仅三十六岁的蔡锷因肺疾客死于日本福冈大学医院。不久，另一位革命领导人黄兴也死于同一种疾病。民国接连倒下两面旗帜，云南护国军面临分裂的危险。

冬天的阳光灿烂迷人，却不能改变朱德情感的沉闷和忧郁。他很悲哀，也很无奈。

躲避追兵

　　一九一七年，走马灯一般的政权更迭，令中国政局乱象丛生。五月二十三日，国务总理段祺瑞因"府院之争"，被大总统黎元洪罢免；七月一日，张勋拥清帝复辟，黎元洪被迫弃职；十二天后，张勋被逐，由冯国璋继任大总统。段祺瑞复任总理后，却拒绝恢复《中华民国临时约法》。于是，孙中山在广州宣布"护法"，从而拉开了护法战争的序幕。

　　以经济富庶和地势险要著称的四川，自古就有"天下未乱蜀先乱，天下已治蜀未治"之说，向为南北军阀争夺的焦点。此时，假借"护法"之名实为图谋割据西南的云南督军唐继尧发出了"思惟北征，宜先靖蜀"的通电，对四川大举用兵。驻防南溪的朱德被委任为靖国军第二军十三旅少将旅长，奉命率部进驻泸州，卷入了这场战争。

　　九月中旬，刘存厚等部用重兵向川南发起猛攻。滇军因师出无名得不到当地人民的支持，节节失利，很快就从富顺、隆昌、永川退至叙府、泸州一线。泸州失守后，朱德率部向纳溪撤退。

　　十二月初，川南战场发生有利于滇军的转机，刘存厚等部被迫从川南各地撤退，局势的变化又点燃朱德希望的火焰。他致电唐继尧反攻泸州，并提出作战方案。还建议实行精兵政策，大事整顿队伍。全军整编为四个团，朱德任第一团团长，金汉鼎任第二团团长。

　　十二月十三日，朱德率部从泸州河下游泰安场渡江，向泸州城外的制高点五峰顶进攻。同时，金汉鼎、周宗濂等部也分途渡江，向泸州进攻。朱德采用步炮联合作战，并亲临炮阵地指挥射击，掩护步兵夺城，第二天泸州攻克。

十二月十五日，驻防重庆的川军熊克武在川东竖起"护法"旗帜，通电就任四川靖国各军总司令，推唐继尧担任川滇黔靖国联军总司令。

一九一八年一月，川滇黔各军分路进攻成都。月底，朱德所部由嘉明折向怀德，之后与云南靖国军其他部队分路攻下自流井、叙府、内江、资中。与此同时，熊克武部第五师和黔军也攻下安岳、遂宁、乐至。刘存厚等部败退陕南，川局顿时改观。

在胜利的欢呼声中，朱德以为进军北伐的时机总算盼到了。他在自流井召开的第二军军官会议上，提出"撤回部队，还政于民，川滇和解"的主张，并和金汉鼎等致电唐继尧，要求趁川军和解之机，息战回滇。然而，心怀野心的唐继尧对朱德等人的建议置之不理。

三月，移防泸州后，朱德兼任泸州城防司令和四川下南清乡司令。从频繁的战事中暂时得到解脱的朱德，时常身着便衣到城镇乡间访贫问苦，以舒民困，安定人心。

此时，由滇军张敬尧的残兵游勇和当地的地痞流氓结合而成的股匪到处滋扰，其中以"忠、崇、宜三镇尤甚。忠信介崇、宜之间，为匪集中地"。朱德十分同情饱尝兵灾匪患的黎民百姓，表示"既处此区域，忧患安乐，当与民同"，决心"以兵卫民"，并制定"奸首要，赦协从，缴械投诚者免死，仍给枪价"的剿匪政策。

这年夏天，朱德用一个多月的时间剿灭了泸县忠信地区的土匪。接着，又率领两团人马来到宜民镇，召集乡民大会，痛陈土匪的种种罪恶行径，规劝土匪缴械投降，重新做人。他还动员民众劝说和帮助参加土匪的人自新，并当场正法两个匪首。

为了安定民心，朱德还派人在各地张贴告示，分析匪患原因，提出剿匪办法，号召大众团结一心与匪作战。经过半年的艰苦奋战，宜民的匪患基本清除，社会秩序逐渐稳定，人民开始安居乐业。在清剿宜民匪患的同时，朱德还加强了对其他地方土匪的剿灭工作。

一九一九年，"五四运动"爆发。北京学生的爱国行动影响到泸州。作为一个立志救国救民的爱国将领，朱德非常支持学生的行动。在"五四"大潮的冲击下，马克思主义、无政府主义等思潮逐渐进入朱德的视野。由于接触到的思潮繁复驳杂，许多互不相容的思想在他头脑里兼收并蓄地混合在一起，一时又难以分辨清楚。

朱德在具有新思想的孙炳文帮助下，开始从一种新的角度去思考中国前途。他们经常埋头书斋，阅读《新潮》《新青年》《每周评论》等进步刊物，讨论共同关注的问题。这时，朱德虽然"相信资本主义制度有益于中国"，并表示"无论如何也要去外国学习，看看外国怎样维护它们的独立"。同时，俄国的十月社会主义革命，也引起了他和孙炳文的注意。

孙炳文（1885—1927），字浚明，四川南溪人。一九〇八年考入京师大学堂，不久加入中国同盟会。辛亥革命失败后，为躲避袁世凯的追捕潜回老家。后经老同盟会员李贞白介绍与朱德相识，并结为知己。前一年应邀到靖国军旅部任参谋，协助朱德处理军政事务。

当从书刊中看到那些介绍苏俄新社会制度的文章时，朱德的头脑确实被擦亮了几分火光。他对孙炳文说："中国用老的军事斗争的办法不能达到革命的目的，有必要学习俄国的新式革命理论和革命方法，来从头进行革命。"

"中国的革命一定是在某个根本性的问题上出了毛病，但毛病究竟出在哪里，一时还找不到答案。" 刚直不阿、坦荡如砥的孙炳文说，"我的太太任锐和李大钊是北洋法政学校的同学，我打算到北京去追随这个'五四运动'的领袖！"

"那好啊！"朱德高兴地说，"我愿与君同往。"

"你现在身居要职，舍得你的头衔和荣誉？"孙炳文开了个玩笑。

"只要再不涂炭生灵，中国的老百姓都能吃饱穿暖，我情愿丢掉这顶乌纱帽，回家去种田！"朱德肃然道，"我进入云南讲武堂和参加辛亥革命，是抱着救国救民的理想，并不是为了升官发财，我也没有想到会当上官。"

深沉的秋夜里，北斗星闪烁着明亮的银光。朱德与孙炳文经过彻夜长谈，最后商定在走上新的革命道路之前，先到外国去学习，看看外面的世界是个啥样子，去研究外国的政治和军事。孙炳文先行去北京，朱德待料理完军中事务，即去北京会合。

这年年底，朱德听说被他送进第二军的两个弟弟双双阵亡，极度忧伤的父亲又病死在返乡途中，令他千般悲痛，万般揪心。而云南军阀和四川军阀之间争权夺地的斗争仍无止休，在连续不断的混战中，多少将士战死疆场，多少百姓罹难战祸。朱德曾用这样的对联抒发内心的隐痛：

> 问沙场战骨，几人归是奇男，英雄两字空流血；
> 叹中国图版，诸君各怀异志，政客多门枉用心。

一九二○年五月，战事频仍的四川又燃起了熊熊战火，巴山蜀水之间硝烟迷漫，炮火连天，昔日护国讨袁的官军厮杀了起来。一直图谋称霸西南的"云南小皇帝"唐继尧为了控制四川，无视入川滇军将领的劝阻，排挤不听从其摆布的四川督军熊克武，以阻挠"北伐"为借口发动了"倒熊"战争。

随着战事的不断扩大，朱德愈来愈担心唐继尧出兵北伐的许诺将化为乌有。他接连向滇黔川军的将领们发出通电，呼吁三省息兵停战，永远睦谊，尽早出兵北伐，并慷慨激昂地陈述道："誓师江干，秣马关陇，能出者是也，不出者非也；一瞬千金，时不易得，急行者是也，犹豫者非也。"

四川、云南、贵州的一些将领都纷纷通电响应，而唐继尧却置若罔闻，仍令顾品珍的第一军、赵又新的第二军继续留在四川，全力作战，以完成所谓的"靖川"任务。

风云突变，四川的形势出现了逆转。

在"驱逐客军，川人治川"的口号下，川军各部很快在四川督军熊克武的主持下联合起来，共同反对滇军。此时的滇军同当年护国讨袁入川作战的滇军有了本质上的区别，士气一落千丈。唐继尧的所作所为，不仅遭到四川老百姓和川军的反对，就像朱德这样的滇军将领也不予支持。

七月上旬，滇、川两军为了争夺四川省城，在成都东郊龙泉驿血战九天九夜，孤立无援的滇军大败。朱德所率的第三混成旅死伤过半，只剩下一个团的兵力，也被打得七零八落。在一个无月无星的夜晚，川军冲破滇军防线打进成都。滇军撤退时陷入混乱，朱德与部队失掉了联系，只身冲出重围，向昭觉寺方向逃去。

位于成都北郊五公里的昭觉寺，建于唐贞观年间。寺内殿宇宏大壮观，有天王殿、先觉堂、圆觉殿、观音阁、藏经楼等大小殿堂数十座，寺内寺外林木葱茏，郁郁苍苍，风景秀丽，有西南"第一丛林"之美誉。

黑色的夜幕包藏着山川大地，也包藏着无穷无尽的生命活力。被夜幕包藏着的昭觉寺，墙高树密，山门紧闭，里面一片寂静。此时，远处传来的枪声已渐渐稀疏了，巡夜的和尚在窃窃私语，守门的和尚在抱棍打盹。

突然间，传来几声"砰砰砰"的敲门声，惊醒了两个守门的和尚。他们侧耳细听确定有人敲门后，扒着门缝一看是戴大盖帽的军人，当即认为来者不善。他们谁也没有应声，躲到一边继续埋头大睡。

朱德听到了守门和尚的动静，连声道："师父，开门，请快快开门……"

守门和尚牢记主持的吩咐："现时兵荒马乱，不论黑夜还是白天，都不得打开山门，外人一律不准入内。"任凭敲门人怎样央求都无济于事，他们就是不予搭理。

南面的狗吠声和枪声越来越清晰，看来追兵已经逼近，不能再犹豫了。朱德走下山门的台阶，沿着寺院的高墙来到一棵大树旁，双手抱着树干，噌噌噌几下就蹿上树杈，然后翻墙而过。当他落地还未站稳脚跟，就被几个挑着灯笼、提着哨棒的巡夜和尚围住了："你是啥子人？可晓得这是佛门之地？"

"晓得晓得，我是来找你们主持的。山门叫不开，后面又有追兵，不得已才越墙进来。实在是罪过！"朱德并不反抗，束手就擒。

巡夜和尚一看是个军人，腰间还别着手枪，心想肯定是个当官的。又见他态度和蔼，和尚们都有些纳闷。

这时，早有和尚通报主持，说捉住一个越墙而入要见主持的人，看样子还是个军官。

"只身一人夜闯寺庙，想必有急事，领他进来吧！"主持皱着眉头说。

"那人身上有枪！"

"有枪何妨？尽管放心，他绝不是来刺杀我的，快快带来。"

在众和尚带领下，走过几个院落，穿过几座庙堂，朱德来到主持住的禅房。主持一见来人是位威武的将军，心中陡生疑窦。他递了个眼色，待众和尚全部退下，这才双手合十念道："阿弥陀佛！这是佛门之地，施主深更半夜来此，有何要事？"

"我乃滇军第三混成旅旅长朱德，不幸在龙泉驿战败，逃命到此。后有川军穷追不舍，来到贵寺，久久叩门不开，这才出此下策，越墙而入，实为罪过。" 朱德抱拳致礼相求，"主持大慈大悲，能救我不死，功德无量，我知恩必报。"

主持一听"朱德"二字，突然想起听到的"黄拒盖、廖毛瑟，金朱支队惹不得"的传说，眼睛一下子亮了。没想到原来站在自己面前的这位威武军人，正是扛着"朱"字旗血战棉花坡的骁将朱德。

"阿弥陀佛！贫僧了尘在此有礼了！能面见朱将军，真是三生有幸！朱将军护国讨袁，威震巴蜀，久仰久仰！" 接着了尘又委婉地说，"只是这佛门之地，不便收留，请将军还是另谋良策为好！"

"古人云：救人一命，胜造七级浮屠！大师德高望重，昭觉寺广布善事，早已闻名天下。今日相遇，总不会见死不救吧，何况我只是借贵寺暂避一时风险！"

"这……"了尘为难了。他望着墙上"普度众生"的匾额在沉思，"这如何是好？"

突然有和尚进来禀报："师父，山门外有不少当兵的在敲门，说有人逃进庙里，要进来搜查。"

"山门不能开！" 了尘不假思索地说，"告诉他们此乃佛门净土，除僧人之外，并无他人。"

报信的和尚出去后，了尘对朱德说："阿弥陀佛，佛祖保佑！事已至此，那就委屈朱将军在寺内暂避一时吧！不过，这昭觉寺是千年古刹，佛门净土，将军千万动不得刀枪，以免惹起祸端！"

"请放心，一切听从主持的安排！"

"来人！" 了尘把门外的和尚叫进来，吩咐道，"朱将军到此之事，谁都不能讲出去。佛祖有眼，阿弥陀佛！"

然后，了尘领着朱德来到八仙堂，并再三叮咛："朱将军放心，有了尘在，有昭觉寺在，将军一定平安无事！"

"法师大恩大德，朱德没齿不忘！"

了尘安顿完朱德藏身之事，三步并作两步赶到前院的天王殿时，川军已破门而入。了尘率众和尚端立于大殿前，密密匝匝足有四五层，个个双手合十，口念："阿弥陀佛……"

一个当官模样的小头目，满脸凶相，走路端着双肩，呈八字步，一走一晃。他手里提着两把盒子枪，大声嚷道："听着，你们这些秃和尚，都给老子闪开！要晓得：你们会念经，它可不会念经，只会吐子弹，要是惹恼了它，这家伙可亲娘老子都不认，还管你啥子秃和尚！"

"阿弥陀佛，阿弥陀佛……"

"老子是川军，为四川人卖命！专抓吃人肉喝人血的云南蛮子。滇军的一个旅长领着几个南蛮子被我们追到这里不见了。"那个小头目在了尘眼前挥舞着手枪说，"秃和尚，你们说这前不着村，后不挨店，只有这座破庙，他们能跑到哪儿去？闪开，给老子搜，哪个不识相，就先敲掉他的脑壳！"

"阿弥陀佛！出家人以慈悲为怀，从不杀生。人世间的杀戮，与我佛门弟子毫不相干……"了尘以讲经布道的口吻向拥进来的川军解释着。

"搜，少听他放屁！不能放过每一间屋子。老子就不信，他是能上天，还是能入地，活见鬼了！"

闯入昭觉寺的几十名川军，一下子冲进了天王殿、先觉堂、圆觉殿、观音阁、涅槃堂，就连禅房和后面的藏经楼也不放过，但却不见那个旅长的人影。

那个小头目砸开八仙堂的大门后，听得里面"咣啷"一声，震得八仙堂都在颤动。他急忙后退一步，拉动枪栓说："真是踏破铁鞋无觅处，得来全不费工夫。原来你在这里藏着，可让老子好找哈！"

没有回声，八仙堂又恢复了平静。

"龟儿子，给老子乖乖爬出来，就饶你一条小命。要是想要啥子名堂，老子就敲掉你的脑壳，让你去见阎王！"小头目朝那帮当兵的喝道："打着火把，都进去给我搜！"

说得轻巧，可谁也不敢进去。在小头目的再三威逼下，八仙堂里的灯点着了，可谁也不敢越"雷池"一步，一是怕真碰上追捕的那个旅长，自己在明处，对方在暗处，那还不是一枪一个去送死；二是怕得罪了菩萨，惹来三灾六难，谁家没个老小，自己受罪不说，还得连累家人。俗话说：常烧香，多磕头，积德行善。怎么能鬼迷心窍，钻到庙里来胡闹，这不是招灾惹祸嘛！

那个小头目看到当兵的你瞧瞧我、我瞧瞧你，谁也不敢进去搜查，就气急败坏地骂了一声"胆小鬼"，然后一边壮着胆猫着腰跨进八仙堂，一边大声喊道："龟儿子，莫耍花子了。你藏在那里，我早就看到了。是你自己爬出来呢，还是叫老子把你揪出来？你说哈！"

这一切，朱德都听得清清楚楚，也看得清清楚楚。这家伙还确实有点花花肠子，不过想用这种欺诈的伎俩达到目的，也真是太幼稚可笑了。

几分钟短暂的寂静后，小头目不耐烦了。他大吼一声："再不出来，老子就开枪了！"

小头目一脚踢翻了香案，抬头两眼死盯着天花板的藻井。突然大喝道："龟儿子，你跑不了啦！"

双手扣动扳机，"啪啪"就是两枪。随着枪响，在天花板掉下来的同时，落下一堆血肉模糊的东西，灰尘布满八仙堂，灯也被扑灭了。等再打起火把看时，地上躺着一只血淋淋的大白猫。原来在八仙堂搞小动作、捉弄这帮川军的就是这只偷吃供果的大白猫。

八仙堂里的枪声惊动了整个昭觉寺，了尘主持也被震惊了，以为出了大事，便匆忙赶过来。当他看到这般情景，才把心放回肚子里："阿弥陀佛！戒杀生，是我佛门之规，这可如何是好！"

一个当兵的凑到小头目耳边，低声说："大哥，这寺庙是佛爷住的地方，不比平常百姓家。得罪了佛爷，怪罪下来可不是好玩的，犯不着，还是撤了吧！"

小头目定睛看看八仙堂里的众神仙，个个都不再面带笑容，而是怒目圆睁。他眨了眨眼睛，再仔细瞧时，更觉得都在瞪着自己，就差走下神坛同他拼个你死我活了。他真有点害怕了，要是神仙显灵降灾于己如何了得。

"走，去别处看看！"小头目一挥手，当兵的像一群马蜂拥向另一座佛堂。

这帮川军横冲直撞，砸锁撬门，一直折腾到天大亮，一无所获才作鸟兽散，悻悻地离开了昭觉寺。

朱德摆脱川军的追捕和搜查后，在昭觉寺这个避难所里暂时住了下来。他在暮鼓晨钟中听和尚念佛诵经，晚上纳凉时和了尘方丈谈古论今。他留给了尘的印象是："一言一行，都表现出自然的毫不做作的谦虚的品格。"

夕阳在天边很热烈地燃烧着，整个寺院笼罩在绯红色的霞光中。朱德和了尘在树荫下对弈。朱德试探着问："了尘法师，你这法号起得太妙了！"

"出家时，师父给起的。"了尘挪动一颗棋子。

"了尘，了尘，了却了尘缘，寓意深刻。这恐怕就是人们常说的看破红尘吧！"

"有这层意思。出家人，最要紧的是要断了与尘世的恩恩怨怨，一心修行诵经。师父的用意就在于此。"

"上学的时候读过《红楼梦》，记得开头就有一首《好了歌》，讲的也像是'了尘'的意思。这首歌给我留下了极深的印象，至今还能记得！"朱德说着就背起了《好了歌》，"世上都晓神仙好，惟有功名忘不了！古今将相在何方，荒冢一堆草没了。世上都晓神仙好，只有金银忘不了！终朝只恨聚无多，及到多时眼闭了……"

"朱将军真是位儒将，实在令贫僧敬佩！"了尘若有所思地说，"这几天，我一直在想一件事，百思不得其解，不知问得问不得？"

"问得，问得。有啥子尽管问就是了！"

"将军智谋超群、勇敢过人，又能征善战，北洋军都能打败，为何败给川军，落到如此地步？"

"咳！"朱德长叹一声，"摆起来，话就长了。最根本的一条就是为战争的性质所决定。护国讨袁，得到了人民和官兵的拥护；这次打仗，是为唐继尧个人图川，遭到川人的反对，同样也遭到滇军官兵的反对，官兵厌战，瘟疫蔓延，又无援军和补充，岂能不败！从失败中，我看清了军阀混战的结果，所以下定决心，不再为他们卖命，已与朋友相约，打算出国去学习新的救国救民真理。"

"成也滇军，败也滇军。"了尘深有所悟地说，"听了将军这一番高论，令贫僧肃然起敬，茅塞顿开。将军是国家栋梁之材，定能为民族干出一番惊天动地的事业来！"

朱德在昭觉寺住了月余，等外面一切平静之后，才去川南追赶队伍。

临别时，昭觉寺的和尚把朱德送到山门外。了尘主持双手合十诵道："阿弥陀佛，祝好人一路平安，万事如意！"

"各位师父请回吧！"朱德依依不舍地说，"我忘不了昭觉寺，有机会一定回来拜见各位，感谢救命之恩……"

滇北脱险

一九二一年，中国大地上依然战火纷飞。在川滇地区，军阀们的内讧与争斗给出生入死的军人们带来了阴郁的雨季。希望与失望，追求与彷徨，阵阵苦闷伴随着料峭的春寒向军人们袭来。千折百回，痛定思痛，他们悟出了一个道理：三军可夺帅也，匹夫不可夺志也。

二月六日，率部退回滇北昭通的朱德等将领联名致电唐继尧："为大局计，为西南计，为吾滇计，为公自身计，实有不能不请我公暂避贤路。"

唐继尧接到电报，知道大势已去，顿时心乱如麻，脑子里仿佛钻进一群虫子，百爪抓挠，万嘴噬咬。在这"春眠不觉晓"的春夜，他在床上却辗转反侧，第二天便带上一家老小和金银细软离开昆明，不久又躲到香港。

倒唐的目的实现后，朱德即向滇军总司令顾品珍提出辞呈，准备离开云南另谋出路。但众多朋友和同事都再三挽留，他只好暂时留在昆明，为新政权的建设尽一些绵薄之力。他被任命为云南陆军宪兵司令官，不久又兼任云南省催收铁路局借款处专员及复查锡务公司账项委员长。

青翠遍地、彩云满天的昆明别有一番韵味。十年的军旅生涯，朱德大部分时间都是在枪林弹雨中度过的，现在总算过上温馨的家庭生活了。他常常脱下军装换上布衫和新婚妻子陈玉珍骑马奔游于昙华寺、碧玉泉、黑龙潭等泉林景区；或到禹门寺内的育贤女子中学，向英文教师许岫岚学习英语，作出国留学的准备。

萧菊芳病逝以后，许多热心人都劝朱德再婚。考虑到没娘的孩子确实需要人照料，朱德就同意了。

于是，朱德的部属陈平辉给他介绍了自己二十一岁的堂妹，也是朱德挚友孙炳文的外甥女，名叫陈玉珍。这是一个受过新式教育的姑娘，也是天足，曾参加过辛亥革命。

陈玉珍有一个惊世骇俗的前提条件，即婚前必须与求婚者亲自面谈，朱德接受了这个温柔的"挑战"。马上看壮士、月下观美人，见面后彼此都产生了好感，而且志同道合，不久二人便在昆明水晶宫小梅园巷三号居所结合了。陈玉珍非常喜欢保柱，视保柱为己出。

在穷兵黩武的岁月里，朱德的三口之家仿佛是一个避风港，一个与世隔绝的小天地。陈玉珍是一把理家的好手，总是把他们的爱巢布置得简朴、新颖、整洁。当她知道朱德喜欢养花时，就在庭院里摆满了鲜花。闲暇时，陈玉珍弹琴，朱德吹箫或拉胡琴，夫妻俩时常徜徉在音乐的海洋里。

当地有些进步青年经常到朱德的寓所聚会，为此陈玉珍还布置了一间精致的书房，买了两个漂亮的书柜，搜集了一些宣传革命的图书，订阅了《新青年》《新潮》等杂志，还选购了《水浒传》《三国演义》《孙子兵法》等中国名著。

其间，朱德在昙华寺结识了那里的住持映空法师，并对其"无人无我，有相无相"的佛家境界表示羡慕。后来他写了一篇诗文赠映空法师，文中有对过去军旅生涯的回顾、个人心志的表露，也反映了他对现实的无奈与彷徨。映空主持对这篇诗文十分珍重，马上请人镌刻于碑立在昙华寺后朱德前妻萧菊芳墓侧。

一九二二年元旦刚过，朱德又接到新的命令，他被委任为云南省警务处长兼省警察厅厅长。二月十六日，朱德又兼任云南省禁烟局会办。

那是一个散发着黄泥气息的寒冷春天，云南的政局又出现了动荡。孙中山命令滇军出兵讨伐北洋军阀，顾品珍将滇军集结于宜良，云南边境一带出现了真空。"死而未僵"的唐继尧以为天赐良机，遂秘密潜回云南，纠集旧部并收买了吴学显、莫卜等土匪武装，从蒙自发兵向昆明进攻。

顾品珍率部仓促应战，由于判断失误，战略上处于被动，在小河口竹园战役中被土匪武装黄诚伯部偷袭时击毙。顾部的杨希闵、范石生、蒋光亮等率其主力一部败退广西。此时，宁静的昆明城已乱作一团，人心惶惶，纷纷出逃。

三月二十七日，只知养肥马打仗、磨快刀杀人的唐继尧一回到昆明，就下令四处搜捕忠于孙中山、拥护北伐的原滇军将领。为报被驱逐出滇的一箭之仇，他对朱德、金汉鼎发出了通缉令。一时之间，战伐之声甚嚣尘上。

曾威震川南、被民间誉为"金朱惹不得"的滇军代理总司令金汉鼎从未见过这种惨败的局面，便一筹莫展地对朱德说："这可如何是好？"

"没什么了不起，胜败乃兵家常事。"朱德安慰道，"我们不妨先离开云南退到缅甸，再从长计议。"

太阳在人们的心慌意乱中沉落下去，在地上留下一层时有时无的轻纱。朱德和金汉鼎、刘云峰、唐淮源等带着一连人马突出西门，直奔楚雄。他们刚到安宁休息，没料到罗佩金率四十多人的卫队和二十多匹驮马也赶到了。英雄末路、落魄风尘的时候与患难之友不期而遇，他们都格外高兴。

夜已经很深，月亮被一团棉絮遮挡着，残星闭上了疲倦的眼睛。远处传来一阵阵枪声，给会合的场面增添了浓浓的兵家气氛。突然有人传来驻楚雄的滇军司令华封歌倒向唐继尧的消息，这无疑对他们是一个沉重的打击。

"去缅甸是不可能了，看来只能北上。"朱德对金汉鼎和罗佩金说，"莫得办法，这是被逼上梁山了！"

"莫得事，我们继续往南走。"罗佩金满怀信心地劝说大家，"华封歌是我的老部下，我最了解他，他还是很重友情的。看在我的面子上，他会放大家一马，让出路来叫大家过去的。"

"华封歌是个见钱眼开的势利小人，他的友情和良心早已在银圆的叮当声中消失了。"朱德看人看事总是清澈透亮，"他会把最后一个老朋友出卖给唐继尧，来换取高官厚禄的。我们绝不能相信这种有奶便是娘的龟儿子，应该立即掉头北上，到四川后再顺江而下，经上海转广州，去投奔孙中山先生。"

"往北去？谈何容易！一路险山恶水，盗匪出没，凶多吉少啊！"

罗佩金坚决反对，"再说，就是能到四川那也是去送死，现在四川掌权的新军阀是同滇军不共戴天的刘湘和杨森，他们不会放过我们的。"

"人各有志，不敢强求。"朱德见各说各的理，意见很难统一，只好非常遗憾地说，"看来，我们只好分道扬镳了。但愿我们后会有期，能在云南这块土地上再次相见！"

事实证明了朱德对局势的正确判断，罗佩金一到楚雄，即被华封歌抓捕，送给了唐继尧，后来在昆明街头斩首示众。遗憾的是，这位出身教官有文化的将军却死于一种文化，一种重节操、重仁义的传统。

且说朱德一行翻身上马，乘着月色而去。为了摆脱追兵，他们避开人口密集的城镇，专走人烟稀少的偏僻小道，穿越在滇北的崇山峻岭之中。就在此时，华封歌派出的一营骑兵正在穷追猛赶，并重金悬赏捉拿朱德、金汉鼎。于是，逃亡者快马加鞭，日夜兼程，只盼尽快甩掉敌人，进入安全地带；追捕者马不停蹄，星夜追踪，一心只想捉到朱德等人好去领赏发财。

一阵滚雷之后，大雨像密集的枪弹撒落下来。冒雨赶到盐丰的朱德一行，深夜遭到普小洪土匪的袭击，土匪凭着人多势众、地形熟悉，打了他们一个措手不及。在朱德的指挥下，经过顽强战斗，虽然打退了敌人，但人马损失过半，一个连只剩下十来个军官和几十名士兵。

为了安全起见，朱德在每次出发之前，都派出一个小分队，由刘云峰带领边探路边侦察，以防不测。在抵达金沙江边的前一天，刘云峰在前面中了埋伏，被桃花山上的土匪绑架而去。当朱德听到枪声飞马赶到时，土匪早已逃之夭夭。

四月二十一日，朱德一行穿林海攀悬崖，沿着过去走过的茶马古道来到了金沙江上游会理县的陶家渡。只见两岸的大山如刀砍斧劈一般陡峭壁立，莽莽苍苍的林木遮天蔽日，金沙江活像一群被激怒的狮子咆哮着，在山涧里狂奔不停。

长风劲吹，涛声灌耳，两岸一片苍凉。朱德牵着他的大黑马站在江边，不见一个人影，不见一只渡船。他仰望蓝天，思绪万千，长叹一声："难道真是苍天无眼，人间无情，我们就莫得法子渡过江去？我朱德自信现在还没有到该见阎王的时候！"

眼前的现实是需要一只救命的船，哪怕是一只小船。朱德的双手放在嘴边作喇叭状，面对白浪翻滚、涛声轰鸣的金沙江呼喊道："有船吗？过江喽！"

在山谷传来的回声中，朱德的双眼像篦子一般把滩头、江湾、江汊的犄角旮旯都睐了一遍，仍不见船的影子。当他扫到对岸时，突然露出了惊喜之色：船，那边有一只船！但他又有些不敢相信，用手揉了揉眼睛仔细再瞧时，的的确确是一只船。

"有船了，快来看，一个人从山上下来了，正在上船！"这一奇迹的出现，使朱德极为兴奋。

"有希望了，他向我们划来！"朱德一行像即刻操练的士兵齐刷刷地一字摆开，站在江边向对岸招手欢呼，"船老板，过江喽……"

小船乘风破浪，横江而行，很快就靠岸了。艄公是个上了年纪的人，两只划桨的手干瘦而有力，满脸挂着经验和老练。朱德迎上前去，同老艄公寒暄一番，希望能把他们渡过江去，必有重谢。

老艄公仗义豪爽，一听说是当年护国讨袁的滇军，站在面前同他讲话的正是血战棉花坡的朱德，更是倍感亲切。他非常激动地说："我在对岸观察多时，觉得你们不像土匪，也不像坏人，看来定有急事要渡过江去。这不，我才冒险过来，没想到竟遇见了贵人！"

"老人家贵姓？是当地人吧？"朱德亲切地问。

"我姓曾，叫曾海若，是丽江永兴人，一直在江上摆渡谋生。前些日子听说唐继尧杀回昆明，到处悬赏捕杀护国军将领，出的价码都吓死人了，高的十几万，低的也是几万。"曾海若气愤地说，"唐继尧这个老贼，心都黑透了。他为了独霸云南，已经六亲不认了，花钱买人头的事，迟早是要遭报应的。我们再穷，也不去干那种丧尽天良的事。要是我遇到他要杀的人，一定摆过江去，让他们逃命！"

没想到在金沙江边，曾海若真的遇到了唐继尧悬赏捕捉的朱德和金汉鼎。他认为这正是天公的安排，也是对他良心的考验。他把胸脯一拍说："请放心，有我姓曾的在，就有你们在。前面别说是金沙江，就是刀山火海，我也要把各位老总送过去！"

此时，乌云翻滚，眼看就要变天。在江边更不能久留，便决定先摆一趟过江，留下的人等下趟一块过江。

朱德、金汉鼎、唐淮源等带着几个贴身警卫，拉着战马，登上了小船，直驶对岸。真是吉人天相，江上风向突然变换，吹起一阵舒缓的东南风。曾海若笑着说："各位老总，是你们的好福分借来了东风，一路顺风，平安过江了！"

只见曾海若借着风势，挥舞船桨划向江心。小船被托上浪峰，瞬间又跌向波谷，一高一低在波谷浪尖上颠簸，翻滚的巨浪劈头盖脸地向船上泼来，朱德他们个个都被浇得透湿，就像刚从水里捞出来的一样。

过江以后，朱德拿着一个布包对曾海若说："老人家冒死摆渡，才使我们脱离险境，本该重金酬谢，只因我们是慌忙出走，没带贵重之物。相信后会有期，你的救难之情、救命之恩来日相报。留下这一百钢洋，你买点酒暖暖身子，驱驱风寒吧！"

"你这不是打我的老脸吗？要是为了钱，我姓曾的就不摆几位老总过江了！"曾海若坚持不收，"再说，你们出门在外，这江湖上用钱的地方太多了，还是留下自己用吧！我只求朱旅长题几个字留作纪念。"

"要得要得！"朱德满口答应，找来一张红纸，像过年写春联一样不假思索地挥毫写就"侠义可嘉"四个力透纸背的大字，然后在落款处写上"朱德题赠"。

曾海若如获至宝，高兴地说："这比什么都金贵，我一定好好保存……"

告别了曾海若，朱德一行在大水井伍祥贞家借宿一夜，第二天拂晓就由伍祥贞的弟弟带路赶往盐边。上路不久，突然飞来一队人马，全是彝人装束，拖枪挎刀，耀武扬威，还未等他们弄清是咋回事就被团团围住了，枪口直对着朱德等人，只要一扣扳机，准有人去见阎王。

那彝人小头目瞪着一双大眼睛，操着带有浓重口音的四川话喊道："给老子都放下家伙，举起双手！哪个反抗，就先敲掉他的脑壳。"

"放下家伙……"其余的喽啰们也跟着嚷嚷起来。

"来将不通姓名，就要收枪，未免有点不近情理了。"朱德强压住心头怒火，"弟兄们都是闯荡江湖的人，我先把话说在明处，如何处置，那就悉听尊便了。"

不等对方答话，朱德觉得滇军这块破烂招牌还得打起来，也许可以抵挡一阵子，于是用拇指往后一指："这位是滇军总司令金汉鼎将军，那位是唐淮源将军，敝人是朱德……"

小头目本来就觉得同自己说话的人威严庄重、不卑不亢，绝非等闲之辈，而讲的又是地道的川音，正在纳闷，一听说是让北洋军闻风丧胆的朱德，一下子就慌了神，立即滚鞍下马，连忙施礼道："小的有眼不识泰山，不知是各位将军到此，失礼之处还望海涵！我们是边防军的巡逻队，各位老总有何吩咐？"

朱德一听是四川边防军，心里的石头才算落了地，预感到一场厮杀将要避免。于是说："我们有紧急军务途经此地，望能借贵方一条便道通过。我等绝不会在此停留打搅。"

"此事实难做主。" 小头目犹豫片刻说，"望派一代表前去同我大哥雷云飞商量，各位可在这里休息两天，等候回话。"

朱德同金汉鼎等商量之后，便派出一位副官去同雷云飞谈判。

雷云飞，号星如，四川盐边人。原来是个贫苦的农家子弟，自幼上过几年私塾。早年参加"袍哥"，从事反清活动。辛亥革命爆发，他在川南一带拉起一支农民武装，在川康滇三省交界的金沙江畔占山为王。后来，四川的新军阀把他收编为四川边防军，大小也算给了个"司令"当。

两天后，朱德一行正在焦急等待消息的时候，突然有一支马队从北面呼啸而来，等到可以看清来人面孔时，朱德一眼就认出里面有派去的副官等人，看来交涉还算顺利。待马队来到面前时，只见一个短小精干的汉子翻身下马，向朱德行了一个军礼："雷云飞特来迎接各位将军！"

接着便拉开架势用跪江湖拜码头的对试方法打着手势，然后用"袍哥"的黑话向朱德盘问"海底"。

辛亥革命时期，哥老会接受革命党人的领导，朱德加入哥老会后，常以"袍哥"的身份去做士兵工作，哥老会里通行的这一套礼节、规矩、手势和黑话虽然多年不用，但仍谙熟于胸。他对雷云飞的盘底对答如流，应付自如。在一旁的金汉鼎、唐淮源还有雷云飞手下的大小头目，个个都目瞪口呆，惊奇赞叹。

最后，雷云飞双膝跪地，泪流满面地对朱德说："久闻大名未曾相识，我们原本就是一家人。今日相见，算我雷云飞三生有幸！"

"常言道：大水冲了龙王庙，一家人不认一家人。弟兄们在患难中萍水相逢，既然是一家人，也就免礼了！"朱德上前扶起雷云飞。

雷云飞把朱德一行接到乌拉山双龙村的山寨，按"袍哥"的规矩和当地的习俗举行了庆典。他们杀猪宰羊，大摆宴席，三百人出来作陪，其规模之盛大，气氛之热烈，绝不亚于娶媳妇过年。

朱德以把酒论天下的豪迈与雷云飞同饮了结盟的鸡血酒，发誓"患难相顾，富贵同享，永世不忘"。朱德将刻有自己名字的一支德国造勃朗宁手枪取下，连同八支长枪赠予雷云飞，作为见面礼；雷云飞拿出三百钢洋和一些礼物回赠朱德。

雷云飞穿行席间，频频举杯向一个个名不虚传、威风八面的客人祝酒。最后，他恳求朱德留下，为他出谋划策，以图共同发展。朱德坦言自己遭到唐继尧的攻击和追捕，准备北伐的滇军已经四分五裂，土崩瓦解。一则要去南方向孙中山复命，再则他本人觉得国民革命已经无望，决心出国学习，寻求救国良方，另辟蹊径。

他们在山寨里休整了十天，等待扮作商人的衣装做好后，朱德将六十名卫队和六十多支长枪短炮和他心爱的坐骑大黑马留给雷云飞，并叮嘱："这些人马留下于你，一兵一卒、一枪一弹都要用在正道上！"

商人打扮的朱德骑着雷云飞的"八百红"小矮马，唐淮源骑着大骡子，金汉鼎坐着凉轿，在雷云飞挑选的六名神枪手护卫下到了会理。然后，朱德折转北上，渡过白浪滔滔的大渡河，再翻越白雪皑皑的大相岭，一路艰险尽在不言中，于五月中旬回到了陈玉珍的娘家南溪。

第二章 求学海外

　　朱德：一九二二年十月，我到达柏林，当时我大约三十六岁。我一找到了党，便立即加入。这是一九二二年十月的事。在柏林我待了一年，学习德文，然后去哥廷根，进了一所大学，学了两学期的社会科学——部分原因是为了掩护我继续待在德国。

被拒之共产党门外

这是一个北洋政府掌管中国命运的时代，军阀纷争，烽烟四起，"你方唱罢我登场""城头变幻大王旗"，今天斯是官，彼是匪；明天彼是官，斯是匪。整个就是一部官为盗、盗为官、官盗不分、官盗一体的历史。

回到南溪与妻儿团聚的朱德，向他的亲朋好友倾诉了劫后余生的经历，打算放弃功名利禄，走出巴山蜀水去圆他那个新的"强国之梦"。大家听到这个违背常理的决定，都以为他脑子出了问题，唯独朱德的妻子陈玉珍支持他。因为这位如同秋瑾"身不得，男儿列，心却比，男儿烈"的知识女性，深知从黑暗中冲杀出来的夫君为的是追寻一条光明大道。

人生就是这样不停地聚聚散散，虽然谁都不愿面对离别，但为了人生那些美好的愿望，又情愿总是沉浸在送别的眼泪中。这次和陈玉珍惜别后，朱德一度听说陈玉珍被四川军阀杀害了，直到三十八年后才相见，中间只通过一回信。

临行前，朱德突然接到川东军阀杨森的邀请电。考虑到已接任川军第二军军长兼重庆警备司令的杨森是自己的小同乡，又是自己在顺庆府中学堂时的同窗，且在讲武堂及滇军共事期间交情不错，有请不去，有失礼谊，便决定履约顺访。

在海棠如雪、红榴似火的仲夏，朱德告别了妻儿，同金汉鼎乘船来到重庆。此时，踌躇满志的杨森正想争雄四川，所以对麾下无兵的"败军之将"朱德和金汉鼎仍以高接远迎。他懂得"千军易得，一将难求"的道理，以为有朱、金二将辅佐，定能成其大业。

朱德和金汉鼎一到重庆,杨森便施出浑身解数进行拉拢,陪着他们游山玩水,品尝佳肴,叙旧忆往。他们谈到了家乡的顺庆府,谈到了顺庆府的中学堂,谈到了云南的讲武堂,还谈到了纳溪之战。为了套近乎,杨森还乘兴吟诵了朱德的一首小诗。

这一天,杨森终于道出了"请将出山"的正题:"玉阶兄,四川需要你,川军也需要你!望念多年之契好,留在家乡助老弟一臂之力,把川军整饬得像滇军那样,成为一支不垮的铁杆队伍。眼下,可先在第二军弄个师长当当,将来队伍发展了,弄个军长、司令当当,凭你的才干,绝对不成问题!"

"子惠兄,实话对你说吧,我已厌倦了军旅生活!"决心不再与军阀为伍的朱德婉言谢绝道,"十年戎马,出生入死,那是为了革命。可是到了今天,革命却不知哪里去了,失望呀!一腔热血为国家,到头来革命也夭折了,痛心呀!所以,我准备出国留学……"

"留学?"杨森哈哈大笑起来,"玉阶兄真是奇人一个!我若没记错的话,仁兄今年应该是年过三旬了,还漂洋过海,像娃儿学话那个样子,跟着洋人牙牙学语,不是太累了嘛!我真搞不懂,你到底图个啥子哟!"

"我出国留学,主要想去看看人家的革命是怎么个搞法……"朱德把他那酝酿已久的如一坛泸州老酒的想法倒了出来。

杨森见朱德去意已决,只好十分惋惜地说:"玉阶兄,学成归来,望能重返故里,老弟这里是虚席以待!"

六月上旬的一天,朱德终于跳出川滇黔的小圈子,走向了更为广阔的世界。江轮缓缓驶出朝天门码头,顺江而下。在渔火点点的夜色中,朱德站在甲板上,挥手告别了送行的亲朋好友,告别了巴山蜀水的故乡,告别了硝烟弥漫的战场,出三峡,过汉口,经南京,一路抵达上海。

上海,对朱德说来非常陌生。他只是在图片上和画报上看到过,究竟是个啥样子并不清楚。他想象中的大上海肯定是一座美丽文明的城市,然而当他第一天踏入上海时,给他的印象却是另外一番情景。

来到上海后,朱德穿过森林一般的高楼大厦,直奔法租界的圣公医院,去戒除在军阀部队中染上的鸦片烟瘾。以前,朱德一直是靠鸦片入眠。烟瘾的苦恼非语言所能形容，断了鸦片，顽强的失眠症开始发作，他便找来许多宣传进步思想的书刊，以阅读来抵挡漫漫的无眠之夜。

进入戒毒的攻坚阶段了，朱德被折磨得"一佛出世，二佛升天"。凭着对新生活的向往和追求，挺过一段天旋地转、柳暗花明的煎熬，他终于迎来了一个非凡之日、骄傲之日、胜利之日，并以一种化蝶而去的感觉走出了圣公医院的大门。

朱德在肇家滨路一个朋友家住下后，便开始游览十里洋场的上海滩。他亲眼看到了在黄浦江上横行无忌的帝国主义军舰和挂满万国旗的外国商船；他亲眼看到了外滩上矗立着高大的哥特式、罗马式、巴洛克式等西洋建筑；他还亲眼看到英国巡捕房的"红头阿三"在租界里耀武扬威。

使朱德最为痛心的是在外滩公园门口看到挂着"中国人和狗不得入内"的牌子，一下子激怒了这位身经百战的将军。他无比愤怒地说："格老子，上海是哪个的天下？少数人花天酒地，穷奢极欲；多数人日夜奔波，忍饥挨饿。上海是富人的天堂，穷人的地狱。上海已经不是中国人的上海，的的确确是个冒险家的乐园！"

七月初，朱德怀着一种急切的心情离开了上海。在这个盛夏之季，空气在燃烧，朱德的心也在燃烧。蒸汽机车像哮喘病发作呼哧呼哧地一路北上，他透过车窗看到的是一片凄凉景象。连年战乱，满目疮痍，田园荒芜，人烟稀少。面对此情此景，他忧心如焚，整个中国的老百姓都在受苦受难呀！

朱德走出正阳门火车站，雇了一辆人力车，就到顺治门（今宣武门）外的方壶斋胡同去找孙炳文。

分离年余，中间又各有风风雨雨，能重逢北京，两人自然格外欢欣。孙炳文拉着朱德的手说："玉阶兄，一路辛苦了！我料定你会来的，可没想到你来得这么快呀！为啥子这么突然，连个电报也不打，我好去车站接你哟！"

"多谢啦！"朱德笑着说，"我朱德说话从来都是算数的。与你相约出洋，是我梦寐以求的事，怎么会爽约呢！"

"这是我的太太任锐。"孙炳文介绍完妻子后，又指着一个男子说，"这是我的连襟黄志煊。"

住下后，朱德向孙炳文详细介绍了唐继尧趁滇军响应孙中山的号召出师北伐之际，又杀回云南，顾品珍战死，罗佩金出逃，他和金汉鼎等一批滇军将领被追捕、抄家和通缉的情况。他极为愤慨地说："是唐继尧逼着我亡命天涯，去另谋生路的！"

第二天，朱德在孙炳文、黄志煊的陪同下走马逛京城。古老的紫禁城尽管雄风依旧，但随着清王朝的覆灭已失去昔日的魅力，金碧辉煌的琉璃瓦已暗淡无光，丛生的野草更衬托出今日的凄凉。

"这里面住的仍是宣统皇帝。"孙炳文指着紫禁城说，"玉阶兄，你对北京的印象如何？"

"北京就像一个臭气熏天的大粪坑，封建主义的味道特别浓厚。旧官僚、军阀在这里玩弄权术、吃喝嫖赌，并且把中国待价而沽。"朱德自行武起就养成了说话简练的习惯。

"与上海有什么不同？"孙炳文又问。

"北京与上海之区别，就在于一个是封建的没落的腐朽的，一个是殖民地式的丑陋的罪恶的。"朱德心情沉痛地说，"中国已是破烂不堪了！"

几天之后，在黄志煊的邀请下，朱德和孙炳文乘火车北上旅行。车过居庸关，朱德看到眼前的长城已衰微破败，杂草丛生，不禁感叹唏嘘。然而，当看到中国铁路工程师詹天佑设计的"人"字形铁路，他又为中国人解决了火车在崇山峻岭中爬坡的难题，在铁路建筑史上重重地写下了一笔而感到自豪。

朱德换乘汽车来到鸡鸣山煤矿，在井下看到了矿工们的繁重劳动，就像他过去看到的川南盐工和个旧锡工一样干着牛马不如的重活，于是说："矿工是埋了未死的，军人是死了未埋的，干的都是危险的职业，却终日不得温饱，这世道太不公平了！"

离开鸡鸣山，朱德与孙炳文继续北上，先后到了归绥（今呼和浩特）和大同。他们凭吊了古战场，参观了王昭君墓和大同石窟。雄伟壮观的长城、星罗棋布的烽火台，这些历史悠久的文化古迹和广袤无垠的大漠荒原，给朱德留下了极深的印象。

一路上，孙炳文向朱德谈起了铁路、煤矿工人不堪忍受资本家的残酷剥削和压迫，不断地闹起工潮。工潮的声势越大，军阀和外国资本家就越恐慌。

"对了，我的朋友李大钊去年参与组织一个新党，叫中国共产党。"孙炳文兴奋地说，"这个党的纲领是反对帝国主义列强，反对封建军阀，解放劳苦大众，建立无产阶级专政的。"

"反对封建军阀，解放劳苦大众。真的，这可是个好党！"朱德很感兴趣地说，"这正是我要找的党呀！你能介绍我和李大钊见面吗？"

"很不巧，李大钊不在北京，他去上海了。据说共产党的领导人陈独秀也在上海。"孙炳文又说，"这样吧，去欧洲得从上海乘船，到时我们再去找陈独秀！"

"要得！"朱德赞同道，"那我们就尽快动身回上海……"

八月中旬，朱德与孙炳文顶着火辣辣的太阳，迎着炙人的热浪来到上海。恰巧这时金汉鼎也到了上海，他乡遇故知，朱德分外高兴。

金汉鼎递给朱德一支烟，朱德拱拱手说："我刚刚戒了烟，谢谢！"

"有个好消息，中山先生最近从广州来到了上海，他很想见一见滇军的将领，不知你是否愿意见他？"金汉鼎边点烟边问朱德。

"当然要见！"朱德毫不犹豫地说，"中山先生是我仰慕已久的革命领袖，一定要去晋见。你约个时间吧！"

孙中山比朱德大二十岁，是朱德从青年时代起就十分景仰的革命先驱。所以，辛亥革命前，他就秘密加入了孙中山领导的同盟会。孙中山这次来上海，是因为六月间他所依靠的粤军将领陈炯明在英帝国主义和直系军阀的支持下发动了叛乱。目前，他正在谋划如何夺回广州，重建共和政府。

这天，朱德、金汉鼎和孙炳文在上海莫利爱路二十九号（今香山路七号）的一幢寓所里，见到了仰慕已久的孙中山。

孙炳文同孙中山在日本工作多年，二人非常熟悉。他向孙中山介绍了朱德的情况，孙中山握着朱德的手说："你就是蔡锷麾下的勇将朱德，早已闻名。好好好，你们都是讨袁护国的有功之臣！"

"作为革命军人，理应忠于职守，讨平国贼，责无旁贷。"朱德会见大人物不再像当年从乡下到县城那般局促不安了。

"广州事件，是我在革命道路上遭受的最为惨重的失败。" 孙中山坦然讲述了陈炯明在广州叛变的经过后接着说，"三十多年来，我虽屡遭失败，但从没有这样惨，这样使我痛心！过去失败，毕竟是败在敌手之中，而这次却败于自己长期信赖的人手中，教训沉痛啊！这都是我缺乏知人之明，错用陈炯明的结果！"

"不能这样说！"朱德激动地站起来说，"陈炯明、唐继尧这些本来就是钻进革命队伍的坏蛋，岂能怪大总统用人失察？"

"现在，我想借助在广西的滇军和桂军去讨伐陈炯明，夺回广州，再造共和。"孙中山满怀期待地说，"因此，我希望你们能尽快回到滇军中去，重振军威！为使部队能迅速调动，可以由香港先付十万大洋作为军费！"

金汉鼎顿时热血沸腾："大总统令出如山，金汉鼎赴汤蹈火，万死不辞！"

朱德却踌躇不语。他从十来年的亲身经历中，对国内长期的混战已不再抱什么希望了，对孙中山依靠这个军阀反对那个军阀的老办法也不感兴趣了，更不赞同。但他非常尊敬孙中山，作为学生和崇拜者，他不便当面去否定孙中山的做法。

朱德看了看金汉鼎，然后嗫嚅着说："我恐怕去不了啦，很抱歉！我准备出国，正在办理护照。不过，汉鼎兄可以去，他是一个很优秀的将领！"

"出国？"孙中山有些惊讶，"为什么要出国？"

"我决定到国外留学，研究共产主义。"朱德实话实说，"我认为，俄国人的革命之所以能成功，肯定有我们从未听说过的理论和方法。"

多次去过美国、熟悉美国情况的孙中山问朱德："你既然决定留学，为什么不到美国去？美国没有封建背景，又有很多进步制度。"

"是这样，我没有到美国去念书和居住的款项。再说，美国也许对美国人好，可是对我们为共和国而进行斗争的人并不好。"朱德解释道，"我选择欧洲，是因为欧洲已经出现了新的社会形态，社会主义运动的力量在欧洲很强大，这也许对我们更有好处。另外，我是一个军人，还想亲眼看看欧洲大战的痕迹，学一学那次大战的经验教训。"

"这个想法好，学成归来，仍然可以报效祖国嘛！" 对共产主义无偏见的孙中山额首道。

此时的朱德已不再是当年为谋求职业而四处奔波的蜀中汉子了，而是已经有了那种职业革命者挽救大中华、铁肩担道义的责任感。他向孙中山表示："学成后，我会回来的，因为我是中国人！"

临别时，孙中山紧紧握着朱德的手说："革命的前程远大，虽然各人志向不同、道路不同，但都是为了中华民族的复兴和强盛。好自为之吧！"

八月下旬的一天，万里无云，太阳越发显得明亮。汗流浃背的朱德和孙炳文怀着一颗赤诚之心，沿着被高楼大厦挤压的狭窄街道，在公共租界闸北的一所普通房子里找到了中国共产党中央执行委员会委员长陈独秀。

朱德轻轻地叩门，等了好一会，房门才闪开一道缝，从门缝中露出一张略显疲倦的脸。朱德急忙彬彬有礼地凑上前："请问陈独秀陈先生在吗？"

"你找陈先生有事？"那人用狐疑的目光上下打量着朱德。

"我是从云南来的，有重要事情要和陈先生面谈，请你转告他一下。"朱德满脸含笑地说。

门随即开大了，朱德面前站着一位身穿陈旧而笔挺的湛青色绸袍的中年人。他笑了笑说："我就是陈独秀，请进！"

朱德和孙炳文跟随陈独秀穿过一段狭窄阴暗的过道，走进一个塞满书籍的房间。陈独秀指了指书架旁的一把旧藤椅热情地说："请坐，不知你们有什么事情要同我谈？"

面对这位崇仰已久的共产党重要人物，朱德一时不知道从何说起。他沉思片刻，把自己报考云南陆军讲武堂、在滇军中担任少将旅长、参加护国战争和护法战争等九曲回肠般的经过讲完后说："我从亲身经历中，认识到用老的军事斗争的办法不能达到革命的目的。辛亥革命的成果已被反革命篡夺了，孙中山先生利用军阀反对军阀的办法也失灵了。这一切证明建立资产阶级共和国的方案在中国是行不通的，必须学习俄国的新式革命，从头搞社会主义革命。为此，我这次到上海来，就是想参加共产党。"

听朱德讲少年时期的贫穷生活时，陈独秀十分认真，但当他得知朱德是滇军中的一名少将旅长时，脸色骤变，双眉蹙在一起。因为在此之前，他还没见过一位在旧军队中有这么高职位的人要求参加共产党的。在他的心目中，旧军队中的高级将领大多都是一些勋章满怀、胸无点墨、艳妾成群、杀戮成性的鲁夫。他不明白这位"军阀"为什么要加入穷人的党，是不是在滇军里混不下去了才来另谋生路的。因此，他对朱德提出想参加共产党的请求显得很冷淡。

在一阵难耐的沉默之后，陈独秀掏出一个黑乎乎的烟斗，划根火柴抽了起来，喷得书架都缠蕴着烟雾。他突然若有所思地问："你认为共产党和国民党有什么不同？你为什么要加入共产党？"

"为个人的升官发财和光宗耀祖，我可以在功名利禄中选择，可以在滇军、川军中选择，也可以在旅长、师长中选择；而为国家民族，我却要在国民党和共产党中选择，在资产阶级和无产阶级中选择。"朱德直截了当地说，"如今，摆在我面前的有两条路，但我要走的只能是后者，也可以说别无选择。我可以舍弃一切，只要求跟着共产党走。我要求加入共产党，绝不后悔，也永不背叛。"

听完朱德的回答，陈独秀沉思片刻后说："要参加共产党，必须以无产阶级的事业为自己的事业，并且随时准备为它献出宝贵的生命。"

"请相信我，我能做到。只要组织需要，就是肝脑涂地，也在所不辞！"朱德宣誓般地回答。

以貌取人的陈独秀不以为然地摆手："不客气地说，像你这种身份的人，还需要经过长时间的学习和真诚的申请，再经过长期的锻炼和考验，共产党才会接受。"

朱德笑了笑，语调显得格外恳切和真诚："当然，我要与广大工人阶级和劳苦大众一起战斗，是需要进行思想转变的。但是，我申请参加共产党的想法已经思考很久了，请你们相信我的决心……"

"恕我直言，你还是不要加入为好，应该回到你的军队里去，那样对革命和你自己都会有好处的。"陈独秀吐出一口烟雾，略有所思地说，"我看你是个典型的军人，不适合搞政治。"

陈独秀的这番话，如一瓢冷水泼在朱德的头上，使他的心一下子掉进了冰窟。这分明是要把他拒之于共产党的大门之外。他拼死从旧营垒中冲出来，不仅不被陈独秀欢迎，还要把他再推回去。他顿感人格受到了污辱，便带着满腹的委屈和惆怅，走出了陈独秀那间小屋。

在返回的路上，朱德问孙炳文："革命，为什么这么难？世界上为什么还有不准别人革命的人？我的一只脚虽然还在旧秩序中，但拔出的这只脚却不能在新秩序中找到落脚之地。"

"革命，我们是革定了，绝不能动摇。"孙炳文鼓励道，"党一时入不了，不要紧。我们还可以去争取！我们已经迈出的这只脚，应该一直朝前走，不能退回去！"

"我有生以来一直是朝前走的，从未后退过。放心吧！"倾心为国志不违的朱德说。

陈独秀无情的拒绝，没有使朱德对共产主义失去希望和信心。经过几番思考，反而使他争取加入共产党的决心更加坚定了。他首先明白了共产党和国民党的区别——不是什么人都可以加入的。正因为如此，更说明共产党是一个好党。

从失望的痛苦中走出来后，朱德坚定地对孙炳文说："我认为共产党才是真正地为国家和民族的利益，我一定要争取成为一名共产党员。今年不行，明年；一年不行，两年，三年。我深信最终会有那么一天，我会成为一个共产党员的！"

孙炳文见朱德追求真理和进步的信念没有动摇，就说："为了实现我们的愿望，我们就按照原来的计划，到欧洲去，到马克思的故乡去找原汁原味的革命真理……"

惬退右派学生

九月初，身上穿着西洋服、脑子里装着新观念的朱德乘法国邮船"安吉尔斯"号离开上海十六铺码头，开始了漫长的海上航行。这艘写着法国字、飘着万国旗的邮船行驶在浩瀚无垠的大海上，几只海鸥如亲密的朋友和忠实的卫士一路随行。

大海，和大上海一样，对生在大山中、长在大山中、最熟悉大山的朱德来说是陌生的。连绵不断的大巴山，高耸入云的大雪山，神秘莫测的大凉山，他都见识过。水，他也不算陌生，孩童时期游过家乡的新河，长大了渡过激流滚滚的大渡河。后来，他又看到过一泻千里的长江和万马奔腾的黄河。

江河是雄伟壮观的，但比起大海来，就渺小得多了。看到了连接世界各地的大海，看到了中国大陆以外的世界，朱德的心胸开天幕似的一下子敞亮了起来。站在甲板上，面对白浪滔天的大海，他凝望着、沉思着、遐想着大海的彼岸该是个什么样子。

在这次难忘的航行中，朱德结识了许多新朋友，与他同船而行的除老朋友孙炳文之外，还有房师亮、章伯钧、李景泌等十多人，大多是四川老乡，也有几位福建、安徽的。这些将要步入异国他乡的莘莘学子，常常聚集在甲板上"摆龙门阵"。他们相互作着自我介绍，畅谈个人的出洋打算和未来抱负。

当知道三十六岁的朱德曾是蔡锷麾下的一名将军、在同行者中年纪最长时，房师亮怀着敬重的心情问："玉阶兄已过而立之年，放着威风凛凛的将军不当，却漂洋过海，不辞万里，亦将有以利吾国乎？"

"何必曰利。吾将为国而上下求索！"朱德浓浓的川音诙谐而爽朗，"年龄大点，有啥子要紧的。听说勤工俭学的先行者蔡和森的妈妈葛健豪是五十四岁时举家赴法，去勤工俭学；徐特立是四十三岁，黄齐生是四十岁才出国留学的。你们说，他们哪个比我小呀……"

邮船经过香港、西贡、新加坡，穿过马六甲海峡，进入印度洋，过科伦坡、孟买入红海，再过苏伊士运河，进入地中海。邮船行驶得很慢，每到一个口岸都要停留一两天，甚至三四天，以便补充淡水、燃料和食品。朱德便抓住这个机会，赶紧上岸去了解当地的风土人情。

夕阳无情地沉入大海，西边升起火红的晚霞，海面被映成巨大的水彩画。在甲板上散步的朱德毫无观海听涛的兴致，却是在蹙眉沉思，心情像海水撞击石岸一样难以平静。这时，孙炳文走过来，轻轻地在朱德肩上拍了一下，关切地问："想家啦？"

朱德摇了摇头，两眼依然注视着那起伏不定的神秘海面，然后感叹道："这一路所看到的与我想象中的外国完全是两个样子。在南洋一带，许多离乡背井去谋生的骨肉同胞连一个栖身之地都没有，过着贫困不堪的日子，而花园洋房里大腹便便的资本家，却过着穷奢极欲的生活。"

"听说西贡有来自广东、福建的华侨二十多万，他们在法国殖民当局的统治下，忍受着极不公平的苛捐杂税，每人每年仅人头税就得交十八元，而当地人只交五元。"孙炳文愤然道。

"这都是因为华侨没有强盛的祖国作后盾，所以他们专门欺辱我们中国人！"朱德非常感慨地说。

"黑人的生活更悲惨。"孙炳文摇了摇头，"那简直是非人的世界，黑人是白人的奴隶。黑人苦力一贫如洗，没有一件衣服，身上只围个裙裙，实在太惨了！"

"看来悲惨的事情，不单中国有，在这个世界上到处都是。"朱德目睹着这一幕幕惨状深有感触地叹道，"这算什么世道哟？"

"安吉尔斯"号邮船经过四十多天的漫长航行，于十月中旬到达法国南部的马赛港。朱德一出码头，耳边就响起了早已成为法国国歌的《马赛曲》，那高昂激荡的旋律，催人奋进。关于《马赛曲》的故事，朱德早在国内就听说过，今天能亲耳听到，他倍感亲切。

晚秋的海风，虽然迟了些，依旧温馨。朱德没有时间游览这座慕名已久的具有光荣历史的城市，于当天换乘火车去了巴黎。

巴黎，这个号称世界"花都"的城市，经过第一次世界大战的摧残，也不再那么美丽动人了，到处是一派破败不堪的景象。法国虽然是第一次世界大战的战胜国，但战祸使其大伤元气，战争的阴影依然笼罩着这座文明古城，沿街有不少衣衫褴褛的寡妇、孤儿、伤兵向过路行人乞讨。

朱德一到巴黎，便和孙炳文兴致盎然地去游览名胜古迹。他看到香榭丽舍大街上的凯旋门虽已斑驳陆离，失去昔日风采，却依然宏伟壮观，它上面的图案记录着法国光彩夺目的历史。登上塞纳河畔的埃菲尔铁塔时，巴黎的全景尽收眼底，他们对铁塔的浩大工程和精巧结构赞不绝口。他们还参观了记录着法兰西文明和革命历史的卢浮宫、共和国广场、拿破仑墓、拉雪兹神甫墓地的巴黎公社社员墙。

在巴黎期间，朱德和孙炳文寄居在一位商人家里。那是一个在年轻时就来法国谋生的华人，但他依然眷顾着家乡。一有空闲，他就请朱德介绍祖国发生的事情，同时也向朱德讲一些巴黎的见闻。

一天，房东对朱德说："你们这些来自祖国的学生年轻气盛，敢想敢干，令人钦佩。听说学生们组织了一个叫共产党的团体，在宣传鼓动革命……"

说者无意，听者有心。这一意外的消息，又一次燃起了朱德找党的希望之火。朱德忙问："这些人在哪里？"

"我也只是听人家说说，更多的情况就不清楚了。如果你有兴趣，我可以帮助打听一下。"房东拿出一本书来，"这是他们出版的刊物，你拿去看看吧！"

这是新近出版的《少年》杂志第二号，上面刊登着周恩来写的论文《共产主义与中国》。朱德翻着翻着，就被其中的一段文字吸引住了："资本主义的祸根在私有制，故共产主义者的主张乃为共产制。私有制不除，一切改革都归无效。共产主义在今日世界上已成为无产阶级全体的救世良方。"

周恩来早年进天津南开中学学习，曾留学日本，回国后在天津参加五四运动。两年前来欧洲勤工俭学，发起组织旅欧中国少年共产党。此时，他是中国共产党旅欧组织的负责人之一，同时担任旅欧中国少年共产党中央执委会委员，正在柏林考察德国的劳工运动。

朱德指着《少年》对孙炳文说："周恩来的主张正是你我多年所探索和追求的。"

第二天，房东带着朱德和孙炳文去找他的朋友，终于弄清了最近成立的是旅欧中国少年共产党，负责人叫周恩来，不巧的是周恩来已到工人运动蓬勃发展的德国，恐怕一时还不能回来。那个朋友还把周恩来在柏林的地址抄给了他们。

十月二十二日，列车驶入风景如画的柏林，已是霞光满天的黄昏时分。

朱德和孙炳文按照地址找到柏林近郊瓦尔姆村皇家林荫路的一幢楼房，心情既兴奋又忐忑。周恩来会不会也像陈独秀那样，把自己挡在革命大门之外呢？一个多月过去了，与陈独秀见面的阴影还没有在朱德心中消除。

迟疑之中，朱德叩开了房门，一位面目清秀的年轻人站在他们面前，笑容可掬地问："你们找谁？"

"我们刚从中国来，想找一位叫周恩来的先生。"朱德施礼道。

"我就是周恩来！你们远道而来，辛苦了！"那位年轻人非常热情地把他们领进房间，一边沏茶一边含笑谦让，"坐，快坐下呀！有什么事需要我帮助吗？"

朱德上下打量着周恩来，不敢相信眼前的这个年轻人就是周恩来。他想作为共产党的领导人，能写出那样的文章，年龄总不会比自己小。没想到，这时的周恩来才二十四岁，比他小十二岁，他们都是一个属相，都生于戌年。

"我，姓朱名德，字玉阶。"朱德自我介绍后又指着孙炳文说，"他，姓孙名炳文，字浚明。我俩是同乡、同志，这次又一同来到欧洲学习。"

一番寒暄过后，谈话转入正题。朱德用韵味十足的川音一字一板地叙述着他走过的道路和追求革命的经历。从他祖辈在"湖广填川"时由广东韶关移居四川仪陇，讲到全家人节衣缩食供他上学；又从他弃教从戎，奋身军界，抱着军事救国的理想，讲到参加辛亥革命、护国战争；最后，讲到他亡命天涯去找党，拒绝了杨森的挽留和孙中山的重托，抛弃高官厚禄，一心想加入共产党，然而又被陈独秀拒之于党的大门之外……

"我决心加入中国共产党，不再回到旧的生活中去了，这次到德国来就是最好的证明。我一定努力学习和工作，派我做什么都行。"朱德结束了他长时间的倾诉后，向比他年轻一轮的周恩来歉意地笑了笑，"不好意思，占用了你很多时间。"

孙炳文也表示了同样的决心。

两眼闪着光的周恩来一直在聚精会神地听着，不时地在一个小本子上记着。朱德前半生的经历是丰富多彩的，其中有苦难艰辛，也有厮杀拼搏，刀光剑影、悲欢离合，样样都有，人生道路上的酸甜苦辣都占全了。周恩来和陈独秀的感觉一样，在他结识的人中还未曾有过这样一个从旧营垒中冲杀出来的将军，他被朱德异乎寻常的经历和执着的追求深深感动了。

"哦，光顾说话了！你们吃饭了没有？"沉思片刻后的周恩来突然问道，"如果没有，我们吃饭去，然后先住下来！谈话有的是时间。"

他们彻夜长谈，相见恨晚。他们从国内形势、各种思潮以及对共产主义的认识、中国革命的道路，作了详细交谈，气氛十分融洽。周恩来不像陈独秀那样要求革命组织"纯而又纯"，为了壮大革命组织，他不搞出身论，英雄不问来路。

经过几次交谈后，周恩来说："我同意你们的入党要求，由我来作你们的入党介绍人。这样吧，在你们的入党申请没有得到国内批准之前，暂时接收你们为候补党员。"

"真的吗？"朱德和孙炳文喜出望外，热泪盈眶。

"真的！"周恩来抚慰道。

"我……朱德，闯荡半生，今天终于……终于像唐僧取经一样，得成正果，得遇……得遇知己！"朱德喜极而泣，从心底里挤出三个字，"谢谢你！"

这年十一月，经周恩来、张申府介绍，朱德、孙炳文被批准加入了中国共产党。

在把这一喜讯告诉朱德时，周恩来还特地叮嘱："你加入共产党的事情，一定要严格保密，不能张扬让别人知道你是共产党员。这是革命斗争的需要，对外不要公开共产党员的身份。因为，像你这样具有社会背景的人便于去团结更多的人。"

于是，朱德就以国民党党员的身份在德国留学生中开展工作。"从那以后，党就是生命，一切依附于党。"他用一生的奋斗实践了向党组织表示的决心："我一定努力学习和工作，派我做什么都行……"

朱德刚到德国时，面临最大的困难就是语言障碍。对年已三十六岁、毫无德文基础的朱德来说，语言不通，既不能与当地人交流，又不能阅读当地的书籍，简直就像一个聋哑人。但他没有被困难吓倒，而是迎难而上。在柏林的半年时间里，他把主要精力都放在学习德文和德语会话上，比常人付出了十倍的艰辛。

朱德学习的方法非常独特，他不是把自己关在房间里死啃书本，而是紧密联系实际，学用结合。他买了一本柏林市区图，请库尔提老师作指导，把上面的地名用中文注上读音和含义。他每天挤出时间，按照交通路线由近及远，边走边看，边问边记，沿途的教堂、学校、剧院、公园、博物馆等，他都停下来仔细辨认着德文招牌，观察着德国人的风俗习惯。有时，偶尔在公园里还同游人交谈。

朱德带着军事家的眼光走遍了柏林的大街小巷，并对这座陌生的世界名城产生了浓厚的兴趣，不仅记下了街道和建筑物的名称和位置，而且也渐渐地学会了用德语进行日常生活对话。勤奋者天不负，有志者事竟成。通过几个月的刻苦学习，他终于可以用德语在社会上交流了。

这时，朱德多么希望能更多地走走看看，更多地去了解德国的文化和人民的生活。他除了参加中共旅德支部的活动外，经常同一些中国留学生结伴去参观博物馆，考察世界大战的遗址，访问工厂、农村和军人。

资本主义制度下的社会情况，给朱德留下了深刻的印象。他对资本主义的认识从抽象到具体，又从具体到抽象，经过多次反复，总算认识了它的本质。原来认为"资本主义可以救中国"的梦想，彻底破灭了。

一九二三年五月，朱德和孙炳文迁居莱纳河畔的小城哥廷根，受到当地中国留学生会的欢迎。中国留学生会会长魏嗣銮与他们是同乡，所以格外亲切、热情。以后，朱德就在魏嗣銮的帮助下，继续学习德文。

朱德住在文德路八十八号，房东是一位当过将军的男爵，现在已远离军界赋闲，以文学与历史自娱。朱德为了深入了解世界近代战争，买了许多军事书籍，请那位将军为他辅导，并请他讲解第一次世界大战的典型战例，研究其战略战术。他在这里住了五个月，享受了计时收费的学习。

中共旅德支部哥廷根小组每周三召开一次会议，进行学习和讨论。开会的地点，有时在哥廷根郊区，有时在啤酒店的雅间里，有时在朱德的住处。他们把《共产党宣言》《社会主义从空想到科学的发展》《帝国主义是资本主义的最高阶段》《唯物史观》《共产主义ABC》等著作作为必读书。此外，还学习了《向导》《国际通讯》上刊登的文章，一起探讨中国革命和世界革命的具体问题。

一九二四年三月，朱德以德文名字"达第诺夫"进入乔治·奥古斯塔大学哲学系，专修社会学。他虽然每天都到大学里上课，但令他最感兴趣的还是党务活动。在留学生中，朱德的年龄最大，待人诚恳，受到大家的敬重。不久，他被推选为哥廷根中国留学生会的负责人。

国民党召开第一次全国代表大会后，孙中山实行了"联俄、联共、扶助农工"的三大政策。不久，柏林成立了中国国民党驻德支部，朱德被中共旅德支部派往国民党驻德支部工作。

十二月下旬，朱德在哥廷根市政局办了移居手续，乘火车回到柏林。此时，他已被推选为国民党驻德支部的执行委员，负责组织工作。

国民党改组后，党内的右派势力反对国共合作。国民党左派和右派之间的斗争，也影响到留德的学生。所以，学生会分成两派，展开了激烈的辩论，有时甚至动起手来。这时，朱德主持创办了一份《明星》报，向留学生宣传新三民主义和国共合作的政策，以争取中间立场的学生，同右派势力作斗争。

中国留学生总会设在柏林市中心繁华的康德大街一二二号。这是一座带阁楼的两层小楼，共有七八个房间，共产党和国民党左派的学生经常在这里活动，来往柏林的一些同志也常在这里打尖歇脚。由于是留学生总会，各派学生都有钥匙，可以自由出入。为了避免发生矛盾，朱德曾对学生说："人就是要能够忍耐，不要急躁，做事要谨慎小心，不要骂人，要大度。"

这时，打着"青年党"旗号另立门户的国民党右派学生想独占此楼。他们突然把大门的锁换掉了，并宣布占领了留学生总会，贴出一张布告，声称"此楼过去被共党霸占，现在要收复失地"等等。

左派学生面对这种无理挑衅，毫不示弱。他们用斧头砸开门锁，重新装上一把新锁，也贴出一张布告，严正申明："留学生总会受孙中山先生的国民党驻德支部领导，留学生都有权使用，任何个人和组织都无权独占。"

右派学生眼看着夺到手的小楼又丢掉了，并不甘心，企图再抢回去。

这一天，朱德、孙炳文、阚尊民等几个人正在楼里整理刚刚印好的《明星》报，突然从大门拥进一帮右派学生，个个挽着袖子，攥着拳头，瞪着眼睛，脸红得像发怒的公鸡冠子，摆出一副打斗的架势。领头的一个人冲着朱德张牙舞爪地嚷道："我们要收复失地，限你们八小时之内滚出去。不然，就不客气了！"

片刻之间，一直很祥和的小楼便成了烟雾缭绕的险境。阚尊民看他们人多势众，担心真要动起手来朱德会吃亏，就对孙炳文说："是不是要去报警？"

还没等孙炳文回答，只见双眉倒立、脸色铁青的朱德飞起一脚，挑起身边的一把椅子，趁椅子还未落地，就伸手抓住往地上一摔，只听"咔嚓"一声，一把好端端的椅子就散了架。他顺手拣起两根椅子腿，立在墙根，冲着右派学生龙嘶虎啸地吼道：

"你们这些不要脸的东西，还奢谈什么收复失地？好啊！你们去收复台湾、琉球、香港、澳门，还有那些数不清的租借地。去呀，找日本人、英国人、美国人算账去！在自己同胞面前逞威风充好汉，可耻！滚出去，立即给我滚出去，否则别怪我手下无情！"

被激怒的朱德一改平时对同胞、同学、朋友那种宽厚、和善、友好的面孔，转眼间变成了一个怒目金刚，吓得右派学生一个个灰溜溜地逃跑了，速度之快像经过专业训练的特种兵。那个领头的还一面后退一面虚张声势地叫着："朱德，你不要吓唬人，我们不怕你，这个事没完……"

一场风暴过后，小楼又恢复了平静。大家都用惊疑的眼神看着朱德，似乎要重新认识一下他。阚尊民则开起了玩笑："认识这么长时间，今天我才算领教了朱将军的威风。我想当年讨袁护国战争中，纳溪大战把北洋军张敬尧打得落花流水，那是真刀真枪，肯定比今天更加痛快淋漓！"

"哈哈哈，情急无好话，我也只是吓唬吓唬他们！" 朱德笑着说，"说实在的，这些乳臭未干的黄口娃儿，哪是我的对手，不给他们点颜色看看，还以为老虎是病猫呢！他们就欠一顿鞭子，不然提升不了他们的素质……"

从此以后，右派学生老实多了，再未敢过来胡闹。他们私下里传说：朱德力大过人，武艺高强，浑身是胆，是一个惹不得的将军……

被德国警察逮捕

过完圣诞节，便是一九二五年元旦，德意志人用烟火、灯光、音响等不同于中国"新桃换旧符"的方式来辞旧迎新。朱德和平时一样，仍在废寝忘食、夜以继日地工作着，就像他的誓言"终身为党服务"那样，他把自己的全部精力都投入到办报的工作中。尽管如此，他还是没有放弃赴苏联学习军事的努力。

三月七日，朱德在给辗转德国到莫斯科东方劳动者共产主义大学学习的李季、陈莘农的信中这样写道：

转托中国代表一封介绍信，往德共总部，使我加入他们的军事组研究数月，即来莫入东方大学，再入赤军研究军事，归国后即终身为党服务，作军事运动。此种计划，在莘农同志留德时已定，我始终竭力办此事，均未有效。去冬欲偕莘农同志往莫，莫方以额足为拒……似此种种困难情形，看来或是我党员资格太差，或是我行动太错，不能来莫研究，或有同志中不了解我的，说我是军阀而官僚而小资产，终不能做一个忠实党员的吗？以上种种疑误，是我的环境使然，不明我的真相的人，绝不晓得我是一个忠实的党员，我现在决心两月以后即动身来莫。如东方大学准我入，我即加入听课。如不许我入，我亦当加入莫组受点训练。即在外住几月，亦所不辞。

朱德的信，言辞坦诚，信念坚定，标志其在思想上产生了一个新的飞跃。当初在救国救民思想影响下，他立志做一名军人。后来，当陷入军阀混战的泥潭而无力自拔时，他又脱离了军队，出洋留学。现在，接受了马克思主义教育的他，充分认识到无产阶级革命的意义，从而重新认识了自己，他毅然选择了"终身为党服务，作军事运动"的道路。

就在朱德的这封信发出不久，国内发生了一场震惊中外的惨案。五月三十日，上海学生两千余人在租界内散发传单，发表演说，抗议日本纱厂资本家镇压工人大罢工、打死打伤工人，声援工人并号召收回租界，被英国巡捕逮捕一百多人。下午万余群众聚集在南京路老闸巡捕房门口，要求释放被捕学生，高呼"打倒帝国主义"等口号。英国巡捕竟开枪射击，当场打死十三人，重伤数十人，逮捕一百五十余人，造成震惊中外的"五卅惨案"。

当"五卅惨案"的消息传到柏林时，中国留学生群情激愤。中共旅欧支部立即发动留学生组织声援活动。朱德连夜编排一期《明星》，介绍"五卅惨案"的经过并揭露英国和日本帝国主义屠杀中国人民的滔天罪行。他还组织中国留学生上街游行，声援"五卅运动"，发表演说，散发传单。

不久，军阀政府派特使徐树铮到德国进行卖国活动。朱德得到这一消息后，立即带领留学生包围了中国驻德使馆，要求公使魏宸祖出来答复大家的要求。在久等不出的情况下，愤怒的留学生在朱德带领下，冲过警察的警戒线拥进使馆的大厅，却一直没有找到魏宸祖。

朱德把大手一挥："搜，难道他钻到墙眼地缝里不成！"

学生们一拥而上，从一楼搜到三楼，终于从一个衣柜里把公使"请"了出来。学生们当面向他表达了爱国的心愿，要他立下字据，担保特使徐树铮不向德国借债，不买军火，不搞卖国勾当，徐树铮立即回国。在朱德等中国留学生驱赶下，徐树铮终于灰溜溜地离开了德国。

这一爱国行动，不仅在留学生中产生了深刻的影响，而且改变了西方对华人的看法。德国人称赞中国学生运动的成功，钦佩朱德的指挥才能。他们说："没想到原来领导中国留学生运动的是一位能征善战的将军！"

留学生的游行活动和占领使馆的行为，令狼狈不堪的魏宸祖耿耿于怀。他厚颜无耻地向德国政府提出请求，务必把参与活动的留学生驱逐出境，朱德的名字赫然列在第一位。

中国留学生的正义行动，得到了德国人民的同情与支持。德国共产党在机关刊物《红旗报》上发表文章痛斥英帝国主义，他们组织的支持中国人民革命斗争的活动竟长达一个多月。

六月十八日晚，德共在柏林市立陶乐珊中学的广场上组织演讲会，声援中国、南非和保加利亚人民的革命斗争。朱德带领柏林的部分中国学生应邀参加集会，数千名来自各个国家的留学生集结于广场上，有不少人走上讲台发表演说，控诉帝国主义和殖民主义暴行。

此时，突然下起了大雨。尽管学生们的衣服淋湿了，却丝毫没有影响他们的高昂情绪，整个会场的气氛十分热烈。就在集会即将结束时，会场突然冲进一大批警察，他们一边喊叫"抓住他，不要让带头闹事的朱德跑掉"，一边疯狂地捕人。

朱德等三十五名与会者被押上敞篷汽车，关进了亚历山大广场旁的警察监狱。这是一座为了防备犯人逃跑和劫狱而专门设计的古堡式监狱，五层楼高的建筑竟看不到门窗，也没有走廊，只有一条狭窄的悬梯直通楼顶，然后再从顶楼一层一层下到各个牢房。

和朱德同时被捕的中国留学生有孙炳文、房师亮、章伯钧、廖焕星、阚尊民等。他们被带进监狱的第三层，一人一间被单独监禁起来。坐在班房里，同外界隔绝了，大家都焦急不安，不知如何是好。

这时，突然从关押朱德的牢房传出德语的吼声："我抗议，你们逮捕中国留学生是非法的！我要见你们的法官！我要见中国公使！"

没想到，这一招还真灵。牢房里的沉寂被打破了，其他牢房立即响应，纷纷提出同样的要求："抗议非法逮捕！""我们要见中国公使！""我们要见法官！"

就在一个月前，朱德曾被关进过一次监狱。那次是为了声援保加利亚的革命活动，朱德与几十位不同国籍的同志在一家咖啡馆集会，遭到德国警察的逮捕。二十八小时后，在中国留德学生会的努力下，由中国驻德公使保释出狱。这一次，得知被关进监狱的朱德是共产党员后，幸灾乐祸的中国公使当然不肯再出面保释了。

抗议声，吵闹声，此起彼伏，不绝于耳。看守警察前来制止，也毫无效果。

一阵抗议声过后，突然间又传来朱德的歌声。他唱起了《国际歌》，大家也都跟着唱了起来。一曲歌罢，朱德又唱起了《马赛曲》。虽然他们被分别关在牢房里，但那慷慨激昂的歌声和愤怒的抗议声却把大家紧紧地凝聚在一起，进行着顽强的斗争。这歌声鼓舞着大家团结战斗，这歌声也搅得那些警察日夜不得安宁，因为他们知道领头的是中国的"朱将军"。

第二天，德共中央的《红旗报》发表消息，揭露德国当局对中国留学生的迫害，质问执政的社会民主党：中国留学生抗议英帝国主义，何罪之有？政府当局悍然出动警察逮捕中国留学生，岂不是说明政府和英帝国主义站在一边吗？这是背叛德国人民的行为。德共还要求社会民主党公开表态，究竟是站在英帝国主义一边，还是站在中国留学生一边？

德共巧妙地把德国社会民主党推上了被告席，弄得他们威风扫地，迫于舆论的压力和人民的反对，三天后柏林当局不作任何解释就悄悄地把中国留学生放了。但是，朱德等人的护照却被无理吊销了，要把他们驱逐出境。

"这是中国使馆同德国当局的一笔肮脏交易。"朱德对他的同乡阚尊民说，"不过，此地我已不想久留，'驱逐'正合吾意。"

"那下一步，你怎么办？"阚尊民担心地问。

"我已和在莫斯科的李季和陈荩农写了信，请求他们帮助联系赴苏学习军事。"朱德建议道，"你也跟我到苏联去吧，那才是一片自由的天地！"

"好，你是我的入党介绍人，又是我的大哥，我听你的，咱们一起去苏联！"二十三岁的阚尊民赞成道。

几天后，朱德接到通知，他前往苏联的申请得到批准，近期内即可启程。这时，德国共产党领导人、国会议员、德国红色救济会负责人皮克替朱德办理了护照，并买了船票。

七月四日，朱德带着三个装满书籍、地图和文件的箱子离开柏林，和李大章、林蔚、周唯真、阚尊民、贺治华等三十人一起登上了开往列宁格勒的轮船，去实现他那"终身为党服务，作军事运动"的宏图大愿。

　　"五卅运动"爆发后，中国革命进入了一个前所未有的迅猛发展时期。此时中共中央更加意识到人才的缺稀，因而接连致信共产国际和中共旅莫支部，要求立即从西欧派遣五十人，并将在莫斯科的所有没有问题的党团员全部派回国内工作。

　　第一批旅欧党团员于七月到达莫斯科，即在旅莫支部的安排下休整、参观，等待第二批旅欧党团员到达后一同回国。但不料"随西欧同志来到，中央命令其余留俄不忙回国"，结果待到两批旅欧回国人员齐聚莫斯科后，这些人员究竟如何安排一时成了问题。

　　还在八月上旬，当第二批旅欧回国人员到达莫斯科之后，在旅莫支部的参与下，已组织了党和团两个执行委员会对归国人员进行管理。旅莫支部执行委员会委员刘伯坚、武胡景和穆清等参加执委工作，朱德也被选为执行委员，同时兼任党的六个小组中的第六小组长。

　　此时，国民党左派邓演达从德国来到莫斯科，旅莫支部决定对其开展宣传影响工作，由德高望重的朱德与他谈旅莫团体精神及来莫后感想，刘伯坚谈唯物史观，武胡景谈阶级斗争，潘家辰讲述俄国现状，穆清、周唯真、林蔚亦乘机宣传并提供一份上海事变的提纲。

　　当然，朱德等人这一时期最主要的工作还是"武装训练"，实际上就是旅莫支部提议并得到苏联有关部门大力支持的留苏学生的暑期野营活动。这种带有军训性质的野营活动，是苏联学生包括中国留学生暑期的一种固定安排。但对于朱德来说，这种短期的训练则具有更特别的意义，因为旅莫支部安排的这一训练，在相当程度上还带有对这些回国人员进行各方面能力考察的内容。

　　八月中旬，萧朴生带第三批人员到达莫斯科。此时在莫斯科待命回国的旅欧党团员已达六十一人，鉴于暑期即将结束，多数人又不必急于回国，旅莫支部正式向共产国际东方部要求在莫斯科东方大学开设一个一年期的学习班，并由军校教员开办一个实际工作短训班，以便培训从西欧来莫斯科的这批人员。

　　同时，考虑到这三批来莫人员的情况各有不同，有些岁数较大，有相当一些人不大识字，也有一些具备相当工作能力和工作经验，因此旅莫支部根据个人情况对这六十一人作了安排，有的回国，有的去东方大学，有的则进行短期培训。朱德就是在这种情况下被旅莫支部决定留在苏联学习的。

关于朱德等人的去留问题，是在九月四日旅莫支部的党部会议上正式决定的。这次会议的议事日程是"决定西欧同志的去留问题"，袁庆云代表旅莫支部解释了对于这些回国同志下一步去留问题的安排和考虑。

袁庆云在会上说："对于西欧来的同志，旅莫支部经过与共产国际协商，决定采取三种办法：一、送一批人回国，有作用的人或年龄较大者；二、留一批人往东大，认识浅和行动未团体化者；三、留一批人学一短时期者。这些同志在俄经过短时期的训练有进步，但有两种缺点：一组织能力欠缺，二不会做秘密工作。留短时期的同志可派到工会或其他组织学习，在短时期可以学习军事操练及秘密工作。"

对于六十一人的安排，在公布的名单上是这样写的：

一、回国者（分为两部分）

派回国工作者：孙炳文、陈发兰、帅本立、史光庆、萧朴生、熊季光、曹鲁东

由红色救济会送回国者：白立贵、郭成昌

二、留东方大学者

霍家新、陈声煜、王成荣、田愚甫、金百溶、熊正心、徐寿松、王学步、徐有富、阚尊民、李畅英、向培嘉、彭鸿章、袁彻、贺治华、杨载鲲、潘锡光、雷定琨、林修杰、资道琨、张贵源、刘傅锰

三、学习实际（秘密）工作者

邱少元、朱德、唐兆尼、武兆镐、房师亮、彭仲英、宋得里、杜基祥、王德林、李为栋、贺学礼、秦治谷、谢陈常、卢政纲、周唯真、林蔚、魏裔真、颜克玲、丁宝珍、沙居光、王佩璜、欧阳钦、钟汝梅、南炬焜、左纪常、焦海、郑家康、徐增生、奚佐尧、蔡疾呼

通过上面的名单，可以清楚地看出，派回国者九人，其中除两人因岁

数较大外，萧朴生、孙炳文等七人被认为工作能力较强、回国后在工作上"有作用的人"。留东方大学学习为二十二人，这些人在旅莫支部看来是属于"认识浅和行动未团体化者"。

朱德则被安排在第三部分人当中。第三部分有三十人，是被认为经过短时期训练有进步，但在组织工作及秘密工作方面尚有不足者。这些人的任务，是留在苏联一段时间，专门学习军事及秘密工作的方法。

九月下旬，朱德等人正式参加东方大学军训班学习。军训班在莫斯科郊外以农庄掩护的莫洛霍夫卡营地举办，教官大多是苏联人，朱德担任学生队队长，协助教官进行军事教程的讲解。他用自己的军事知识和实际经验帮助大家学习使用机关枪、迫击炮等兵器，讲解如何利用地形、地物，如何保存自己、消灭敌人，如何侦察、袭击、进行街垒战和游击战。

在东大军训班，朱德特别注意了解和研究苏俄内战时期的游击战术，并从中找到游击战与中国革命之初的战争联系。教官问朱德回国后怎样打仗，朱德根据他总结出来的一套游击战法说："部队大有大的打法，小有小的打法""打得赢就打，打不赢就走""必要时拖队伍上山"。虽然没有得到苏联教官的认可，但事实证明他的论断是非常正确的。

一九二六年四月，朱德和贺治华在莫斯科郊区生下一个女儿。四十岁得一千金，朱德有说不出的高兴，亲自为女儿起名"四旬"。

贺治华，原名贺稚番，生于一九〇三年，四川开江人。曾任县女子中学教员。她性格开朗，举止大方，模样更是百里挑一。十七岁那年，她在云南盐津与朱德部下谭善洋结合，朱德从昭通赶往祝贺，由此结识。

朱德从云南来到德国后，贺治华也追随而来，并结为夫妻。后来，朱德转赴苏联学习军事，身怀六甲的贺治华也一同前往。朱德把她安置在莫斯科郊外的一个农庄，自己则按照中共旅俄支部的安排参加军训班学习。

后来中共中央决定调朱德回国工作。考虑到国内环境恶劣，朱德只好让贺治华和女儿暂居苏联。

朱德给贺治华留下了充足的生活费，还买齐了她们母女必需的生活用品。离别在即，这个出身于山区、性格比石头还硬的硬汉竟难过得流下了眼泪。他把女儿抱在怀里亲了又亲，对贺治华说："日后稍微稳定一点，就接你们娘俩回国团聚。"

然而此后，贺治华却爱上了和她在东方大学一起读书的霍家新，并很快结了婚。回国后，她在上海中共中央妇委会工作，与杨之华、邓颖超、蔡畅等并称中央妇委"八姐妹"，霍家新则担任中央组织局主任罗亦农的秘书。

后来，革命意志薄弱的霍家新和贺治华向租界当局静安寺的巡捕房密报，要求用他们手中掌握的三百五十多个中共党员的名单和地址，换取出国所需的美金和护照。并称为证实所言真实，他们可以先提供罗亦农的地址。结果，罗亦农被捕就义，前来赴约的邓小平迟到一分钟，侥幸躲过此劫。

中共中央特别行动科决定秘密处决叛徒霍家新和贺治华，由情报科科长陈赓带领锄奸队执行。霍家新当场被打死，贺治华因躲在床下中枪未死，仅被打瞎一只眼。此后，她像躲避阳光的蝙蝠一样隐名匿居，于抗战期间去世。

第三章

力挽狂澜

　　朱德：一九二七年一月，我加入了南昌朱培德的部队，被任命为南昌军校校长，兼南昌公安局局长，这个职务我一直担任到南昌八一起义。我帮着组织这次起义，它是在我这个公安局长的保护下策划的。起义后，我被任命为新九军的副军长。

紧急撤离

一九二六年春，中共中央在北京举行了特别会议。根据国内斗争的需要，中央决定调朱德、欧阳钦、秦青川、章伯钧、房师亮等二十多人回国工作。五月十八日，朱德带着解决中国实际问题的"钥匙"离开了莫斯科，乘火车经西伯利亚到海参崴，再换乘海轮经日本门司，于七月十二日抵达上海。

上海的高楼大厦，肩依肩、背靠背地拥挤着，摩天而立，把蓝天分割成若干狭小的块状。在远离闹市的一栋楼房里，朱德见到了中共中央总书记陈独秀。昔日傲慢、冷淡的陈独秀被朱德的执着追求所感动，以礼相待，十分热情，并亲自分派工作。

"听王一飞说，你从苏联回来了……"陈独秀介绍完国共合作后进行的北伐情况，接着说，"中共中央决定派得力干部入川，策动那里的军阀易帜，并在可能的条件下建立自己的武装，配合北伐军在两湖作战。"

"我与杨森曾在护国军中共过事，出国前杨森还许愿'虚席以待'。"朱德自告奋勇地说，"要不，我去四川工作？"

"那太好了！"陈独秀从嘴里抽出烟斗，"你要以国民党的身份到杨森那里工作，任务主要是策应北伐，阻止杨森投靠盘踞在湖北的北洋军阀吴佩孚……"

七月二十六日，朱德和秦青川按照中共中央的指示，以广东国民政府代表的名义登轮前往杨森司令部所在地——四川万县。倦鸟鸣飞，残阳如血，朱德在汉口码头看到荷枪实弹的北洋军在盘查进出旅客。第二天，他们乘船继续西上，行至宜昌，遭遇暴雨，耽搁了四天。

八月十一日，抵达万县的朱德立刻被迎进王家花园，受到杨森的热情款待。今非昔比的杨森以"一览众山小"的眼神看待老朋友，连说话的口气都不同以往。当朱德把国民党代表的证件递给杨森时，杨森满脸堆笑说："好好好！我杨森也希望参加国民党革命事业嘛！"

在朱德讲述北伐战争以来的革命形势和孙中山的三民主义、三大政策后，杨森却开口就是钱："朱将军，国民党能给我多少银子？部队需要银子发饷呀！"

"我并没有带钱来。"朱德回答得很干脆，"我能向你提供的只不过是一个确定不移的事实，那就是我们这方面一定胜利。你如果不参加过来，坚持要打我们，你就毫无前途了。"

杨森对吴佩孚有着"烈女不事二夫"般的情有独钟，更不愿脱离这座靠山。于是借口道："本人赞成北伐，只是兵饷来源困难。再说我是吴大帅提拔起来的，说什么也不能背信弃义去反对他。"

朱德知道这个四川军阀为了维护既得的权势还在犹豫不定，便耐心、谨慎地继续做工作。这时，陈毅受李大钊派遣也从北京来到杨森部，和朱德接头后，两人即商议如何设法争取杨森易帜。最后决定由朱德直接出面做杨森工作，陈毅负责做兵运工作。

陈毅（1901—1972），字仲弘，四川乐至人。十五岁时就读于成都甲种工业学校。曾赴法国勤工俭学，因参加学生运动，被押送回国。一九二二年在重庆编辑《新蜀报》，同年秋进北京中法大学学习，加入中国共产党，并开始从事北京的学生运动、工人运动和国民革命运动。

八月二十九日，英国太古公司"万流"号商轮在四川云阳江面故意疾驶，浪沉杨森部载运军饷的三艘木船，官兵和船民五十余人被淹死，饷银八万五千元和枪械五十余支沉入江底。

新任四川省省长杨森亲自到王家花园找朱德和陈毅计议。二人知道杨森内心正处于矛盾状态中，便抓住他的弱点，表示反对帝国主义的暴行是杨部官兵和四川人民的一致愿望，因而必须采取强硬态度，才能加强杨森的军中威望和政治影响。

"事不宜迟，我意立即向报界披露事件真相；发动工农兵学商各界奋起御侮；扣留肇事船只。"陈毅提出三点意见。

"我同意陈毅的意见，但还要尽快同英方交涉。" 朱德提醒道，"在向英方提出抗议的同时，必须做好英国动用武力的充分准备。"

杨森采纳了朱德、陈毅的意见，一面电请重庆交涉员季叔平向英国领事提出抗议，要求惩办凶手、赔偿损失；一面命令部队加强戒备，随时听命行动。

八月三十日，英国太古公司"万通""万县"两轮由重庆驶抵万县，杨森派兵予以扣留。次日，万县各人民团体和学校联合发出快邮代电，揭露英帝国主义的暴行，要求全国声援。

九月二日，中共万县组织以《万县日报》社名义发表通电，提出以下主张：一、组织全国抗英大同盟；二、不购英货，不为英人服役，不供给英人食料，完全对英经济绝交；三、收回英人在华内河航行权；四、取消中英间一切不平等条约；五、责令赔偿此次生命财产的损失。

英国蓄意扩大事态，拒绝惩办肇事凶手和赔偿损失，并以武力相威胁，不断向万县增派军舰。同时，向北京政府施加压力，迫使吴佩孚电令杨森"和平了结此案"。

九月四日，英国领事向杨森发出最后通牒，限二十四小时内将"万通""万县"两轮放行。

九月五日，英国军舰"嘉禾""威警"和"柯克捷夫"号进迫万县江岸，强行靠帮跳舷劫夺被扣的轮船，开枪打死守船的士兵。杨部按事先的命令给予回击。英舰竟开炮轰击万县人口稠密的繁华市区近三小时，发射炮弹三百余发，中国军民死伤以千计，民房店铺被毁千余家。一时之间，仇恨与悲戚笼罩着整座山城。

九月六日，在朱德、陈毅的推动下，万县召开各界万人抗英大会，并组织"万县惨案"后援会，通电全国要求严厉制裁英帝国主义，为国雪耻，为死难同胞复仇。中共四川省委书记杨闇公等共产党人联合国民党左派人士在重庆成立了"万县九五惨案后援会"，宣传、发动和组织群众，掀起抗英高潮。

九月十八日，重庆举行十几万人参加的抗英示威游行。四川的成都、泸州、自贡、叙府、顺庆等地，以及上海、北京、广州、长沙、武汉等城市，先后成立万县惨案后援会和国民雪耻会，声援万县人民的爱国斗争。

九月二十三日，杨森却承受不住北京政府的压力，下令释放了"万通""万县"两轮，并压制人民的反英示威运动。"万县惨案"后掀起的群众性的抗英爱国斗争，被封建军阀的妥协政策断送了。

十月，北伐军攻占武汉。杨森迫于形势，只好宣布接受国民革命军总司令的委任，就任国民革命军第二十军军长，朱德为第二十军党代表。

革命形势的胜利发展，特别是第二十军在政工人员教育指导下出现的新面貌，引起了杨森的疑忌，竟然密派暗探和特务监视朱德和政工人员。杨森担心长期下去，自己的部队将被分化瓦解，于是安排朱德率军事政治考察团赴武汉考察，以委婉的方式支走朱德。

一九二七年初，和煦的阳光照耀着武汉三镇。江渚点点，杨柳依依。这是一个温暖而又残酷的季节，如果不是有军队在移动，人们会为美丽的春色所沉迷。

朱德在武汉停留近一个月，即遵照中共中央军委的指示，前往江西南昌国民革命军第三军开展革命活动。第三军原是云南的部队，其总指挥朱培德及其下属王均、金汉鼎等将领都是朱德在云南讲武堂时期的同学或滇军同事。

虽然人世沧桑，各走一方，但他们个人之间总还有过一段难忘的友情，何况朱培德对蒋介石心存芥蒂，所以当国民政府推荐朱德到南昌滇军时，他便顺水推舟地任命其为第三军军官教育团团长、第五方面军总参议。

朱德在南昌百花洲畔花园角二号的一幢小二楼住下后，便在永和门内的原江西陆军讲武堂开始筹办"黄埔"军官教育团。朱德办学的消息传开以后，滇军各部的青年军官欢欣鼓舞，辗转相告，纷纷要求入校学习。江西各地许多进步青年也赶来报考，仅一个多月就接收学员一千一百余人。

在开学典礼那天，上任不到半年的国民革命军总司令蒋介石意气风发地赶来训话。他身穿金光闪闪的军礼服，腰间晃着一柄佩剑，显得很威武。朱培德拉着朱德向蒋介石介绍道："这是我的本家兼同学朱德将军，文武兼备，办学有方，现在是军官教育团团长……"

蒋介石打断朱培德的话，用浓重的宁波口音说："好，滇军名将，又是喝过洋墨水的，总理的忠实信徒，国之栋梁，国之栋梁啊！"

"过奖了！"朱德知道这是蒋介石的虚言假语，便笑了笑，不想多说什么。

"国民革命军在各个战场上取得了决定性的胜利，本司令甚感欣慰。当初，总理在世，一切由总理做主，现在总理已经过世，中正肩上的担子加重了。"隆重登场的蒋介石为了成为孙中山理所当然的继承人就打着孙中山的旗号来抬高自己，"总理在世，我们一切信赖总理，一切服从总理；现在总理不在世了，我们作为一个军人，必须选择一个作为我们信赖的中心……"

接着，朱培德、王均、郭沫若先后讲话。特别是在郭沫若的讽刺和揭露之下，蒋介石红着脸退席而去。

朱德继续开会，针对蒋介石的一派胡言进行了有力的批驳。他指出："北伐军出师以来确实取得了很大胜利，但这是全体将士浴血奋战的结果。北伐战争胜利了，我们大家还要提高警惕，要防止扒手把广大人民已经得到的革命果实强夺过去……"

在朱德主持下，军官教育团不仅对学员进行军事训练，提高军事素质，更重视对学员进行政治思想教育。教育团里还秘密建立了中共党的支部，在学员中秘密发展中共党员达几百人之多。这样，在朱德领导下的军官教育团，实际上成了中共培养军事人才的基地。

朱德来到南昌，正是蒋介石挑起"迁都之争"，以"南昌中央"与"武汉中央"对立的时候。南昌是蒋介石总司令部的所在地，已成为他勾结国内外势力叛变革命的中心。就在开学典礼的第二天，蒋介石指使反共分子杀害了江西省总工会副委员长陈赞贤，并下令解散由国民党左派掌握的国民党南昌市党部和一些革命民众团体，掀起反共逆流。

毫无畏惧的朱德勇敢地带领军官教育团参加江西各界追悼陈赞贤烈士的大会和示威游行，旗帜鲜明地支持江西的工农运动，积极投入到反蒋斗争中。

四月七日，朱培德就任江西省政府主席。两天后，朱德被任命为南昌市公安局长。

四月十二日，权术大师蒋介石撕下国民党左派的伪装，在他脚踏青红两帮游刃有余的发迹之地上海公开背叛革命，他用血淋淋的大手卡在共产党人的脖子上。与朱德一起出国留学、同时入党、时任国民革命军总政治部后方留守处主任的孙炳文，应总政治部主任邓演达电召，由广州乘船赴武汉，途经上海时，被蒋介石派人密捕，在龙华英勇就义。

四月十八日，蒋介石在南京国民政府成立的当天，提出要以快刀斩乱麻的办法把国民党内的共产分子清除出去。此后，他在南京大操场举行的国民政府建都阅兵典礼上作了长篇训话，要全体将士在他的领导下实行清党运动。

反革命的冷风，很快吹到了南昌。一贯见风使舵的朱培德，随着形势的逆转立即改变了过去那种暧昧的态度，于五月十五日公然以避免武装人员摩擦为由，突然遣散了在他部队里工作的一百四十余名政工人员。

平静祥和的南昌城，忽然间平地一声响雷，搞得风声鹤唳，草木皆兵。一夜之间，大街小巷到处贴满了署名"机关枪连""迫击炮连"的反动标语：欢送共先生出境、制止过火的工农运动。有人还放出风说："共产党员如果不离开南昌，就对他们不客气了。"

六月五日，南昌人民刚刚过完端午节，就碰上了极不顺心的事，犹如在粽子里吃出一只苍蝇。朱培德接受蒋介石的指令，明目张胆地打出"反共"的黑旗。他派出部队实行全城戒严，封锁了省工会、农协会、省市学联、南昌市党部等革命机关和团体，封闭了共产党人所办的报纸。

朱培德看到武汉的国共合作还未最后公开破裂，在江西还蕴藏着强大的革命力量，如果用武力解决共产党不仅没有足够的把握，弄不好还会引火烧身，所以就没敢公开亮出屠刀。经过一番周密策划，他玩弄了一个圈套，以开会为名把省、市机关里的共产党员都"请"了去，假惺惺地说："南昌地处宁汉对立之前哨，情况复杂，为了避免流血事件和影响社会治安，你们要闹革命就去武汉闹吧，我这里以礼相送！"

朱培德又是设宴饯行，又是赠送旅费，在军乐队的吹打声中，将共产党人押上火车。他就是用这种软硬兼施的欺骗手法，将二十余名共产党员和国民党的左派分子"礼送"出境。

正在赣东的朱德得知这一情况后，极为气愤。他立即从抚州赶回南昌，让军官教育团的两个营学员提前毕业，只留下第三营。毕业的学员大部分安排到第三、第九两个军里，其余的分到赣江流域各县做工运和农运工作。

住在高升巷原张勋公馆的朱培德看到进门的朱德神色不对，就知道是兴师问罪来了。他赔着一副笑脸佯装抱歉的样子，摊开双臂一字一板地说："玉阶兄，我也是不得已而为之呀！望能谅解老弟的处境和难处。至于老兄，我看还是暂时回避一下为好！"

朱德没有开口，想让他把话说完，看看他葫芦里到底卖的是什么药。朱培德接着劝道："依我看，玉阶兄最好能在三日之内离开南昌。不然，你的安全，我就难以保证了！"

"看来，你在下逐客令！"朱德怒目以对，义正词严地说，"不过，我要正告你，凡是反共的人是不会有好下场的，也是违背中山先生遗愿的，望你三思而行。至于我个人的安危，早已置之度外了。早年追随孙中山先生革命时就是这样，现在作为一个堂堂正正的共产党人，为无产阶级解放而斗争，更谈不上个人的生死安危。但是，可以相告，我朱德在南昌的安全，相信还不至于会有什么问题，请你放心好了！"

"那是，那是！"朱培德不怀好意地连连点头，"我相信不会有人打玉阶兄的主意……"

"但愿如此！"朱德出门时又甩下一句，"后会有期，保重了！"

六月七日下午，朱德派警卫员刘刚到牛行车站打听去九江的火车情况。那时，赣江上还没有架桥，火车还没有通到南昌市区，往返南昌市区与牛行车站，都得坐船摆渡才能过江。

刘刚冒雨过江，到牛行车站一问，才知道去九江的旅客列车没有了。不过，还有一趟拉煤的货车要去九江。他急忙赶回花园角二号，向朱德作了报告。

朱德在屋里来回踱着步子，盘算了一阵，突然当机立断说："现在走，我们坐煤车走！"

一叶小舟冲进赣江的激流，在风雨中飘摇，搏浪前进。船舱里的朱德透过蒙蒙雨幕，望着远去的南昌城楼，思绪万千。是啊！在南昌城里的岁月，虽然只有半年多，但留下的印象却是终生难忘。他在心底里暗自向南昌告别，向朝夕相处的战友告别：再见了南昌，再见了战友，我们迟早要回来的！

来到牛行车站，又出现了麻烦，费了许多口舌就是不让上车。好在有钱能使鬼推磨，朱德给随行人员使了个眼色，作了一个递钱的手势，当几块白花花的大洋拍在他们手上时，立即被请进列车尾部的一节公务车厢。

火车在滂沱大雨中向九江行进。

早晨到达九江时，又是另一番景象：雨住天晴，被洗过的城区一片翠绿。

朱德和几个随行人员在车站旁边的小饭铺吃罢早饭，就去拜会第九军军长兼赣北警备司令金汉鼎。

"请通报一下，我们长官要见金司令！" 刘刚递给门卫一张朱德的名片。

卫兵一看眼前这位长官威武庄重，又有这么多的随从，不敢怠慢，很快把名片传了进去。

不一会，门里面出现躁动，一位当官的跑出来说："让长官久等了，司令出迎！"

金汉鼎随后跟了出来，亲自迎接朱德："玉阶兄，什么风把你刮来了？大驾光临，有失远迎！抱歉，抱歉呀！"

"南昌刮起了九级台风，你还不知道？"朱德一语双关，点出了原委。

"只听说，南昌的风很大。赶快进来，屋里说话……"久别重逢，金汉鼎分外热情。

两人握手寒暄之后，一同步入客厅。

第二天，金汉鼎派人护送朱德上庐山，住进牯岭仙岩公寓对面的一幢西式洋房。这是杨如轩新造的别墅，落成不久，只有他的父亲住在里面，其余房间大部分都空着。

朱德和杨如轩也是老相识了，他们不仅是云南陆军讲武堂的同班同学，而且在滇军里杨如轩还是朱德的部下。由于有了这层特殊关系，金汉鼎把朱德安排在杨如轩的别墅里，暂避风险和休息。

庐山，又称匡山，位于江西省北部。山势雄伟，大江、大湖、大山浑然一体，雄奇险秀，刚柔并济，形成了江西罕见的壮丽景观。胜迹有白鹿洞、仙人洞、观音桥、三叠泉、含鄱口等。清光绪年间先后为英、法、美等国强行租占，山中牯岭筑有大量的洋房别墅。

这个让多少人向往的风景如画的避暑胜地，朱德却无心久留，他要把南昌发生的一切尽快报告给中共中央。他和随行人员作好了一切准备，换上便装悄悄地下了山。为了行踪不被人发现，到九江后，他没有再去找金汉鼎，特地派人买了几张去武汉的外轮船票。

上船前，朱德非常机警地嘱咐随行人员："现在到处都是军警，对去武汉的人员盘查得很紧。你们都把身上的武器集中起来交给刘刚，让他设法先带上船。我们看看动静，随后上船。"

刘刚把几支手枪和子弹放在一只盛洗脸用具的竹篮底下，然后大摇大摆地向码头走去，朱德一行站在码头外面观察动静。

九江码头上，吵吵嚷嚷，乱作一团。荷枪实弹的军人、警察堵在码头的入口处，不分男女老少，个个都得盘问检查，箱笼、包袱摊开一地，吃的穿的用的，花花绿绿，什么都有，就像南方"晒梅雨"、亮家当一样，外国的船员站在甲板上看热闹。

"咔嚓"，一位乘客的花瓶打碎了，立即引起一阵争吵和骚乱。就在这混乱之时，刘刚机敏地躲过军警，提着那只性命攸关的篮子上了船。

"平安无事啰，我们上船！"朱德看到靠在船舷的刘刚向他招手，便像下达命令一样挥着手说。

轮船开动了，溯江而上，向中共中央所在地武汉行进。

起义计划暴露

江城武汉不愧是长江三大火炉之一，这里的人们天天在忍受着溽暑的煎熬。继南京蒋介石叛变革命之后，武汉国民政府的"帅哥"领袖汪精卫，比翻书还快地突然翻脸，向多年同一战壕的战友中共举起了寒光闪闪的屠刀。

七月中旬，为了挽救革命，中共中央在武昌召开临时政治局常委扩大会议。会议作出了在南昌举行暴动的初步决定，并考虑到朱德在江西有便利的工作条件，对当地的情况也熟悉，便派他提前赶回南昌作准备。

脱下军装换上便衣的朱德，遵照周恩来的指示乘船秘密来到九江。在九江警备司令部的大门口，他遇见了正准备上庐山的金汉鼎。这位国民党的第九军军长兼赣北警备区司令急如星火地说："玉阶兄，你来得正好，我准备上庐山，有话咱们船上说吧！"

上船后，金汉鼎告诉朱德："刚刚接到朱总指挥从庐山打来的电话，说汪精卫、张发奎都到了牯岭，要我立即上山，说有要事相商。"

"要事……"听说朱培德召开紧急会议，朱德一怔，"啥子要事？"

"我也猜不透，只是近来风声很紧，流言蜚语不断，像是要发生什么大事。"

"我那位本家近来的态度如何？"朱德作进一步试探。

"在目前形势下，他当然仍倾向于汪精卫。"

"在这多事之秋，你有何打算？"

"我能有啥子打算，还不是跟着朱总指挥一起干！"

"铸九，江西这帮子人马都是灰色的，不愿革命了。我们一起去广东吧，建立新的革命根据地，重振北伐大业，可好？"

金汉鼎对朱德的一番忠告无动于衷，反而劝说朱德："玉阶兄，你刚到江西，对这里发生的一切不甚了解，凡事还是谨慎为好！"

船到莲花洞，去南昌的火车已没有了。金汉鼎约朱德上庐山歇宿，待明天再去南昌。朱德谢绝了金汉鼎的好意，留在莲花洞等待明天的早班车。

朱德一回到南昌，就去拜访他的好友第三军二十一团团长李世龙。

朱德的突然出现，使李世龙既惊且喜。他满脸疑色地问："玉阶兄，是什么风把你吹回来的？前些日子哪儿去了？"

"我虽不在南昌，却没离开江西一步，一直在铸九那里避暑。"朱德一语双关地笑道，"承蒙他盛情款待，这一段过的是神仙般的生活。在庐山上，我住的是杨如轩新修的小别墅。云雾缭绕的庐山，景象万千，云雾时聚时散，变幻莫测呀！这次，我算是初识庐山真面目啰！"

"老兄一定和朱总指挥在山上幸会了？"李世龙绕山绕水地问。

"那是当然了。"朱德不动声色地说，"他怕我产生误会，一见面就作种种解释。还再三再四地提出，请我回南昌担任新职。什么虚席以待呀，什么任君选择呀，什么患难与共、同舟共济呀！咳，难哪！现在是事难做，官难当！"

"老兄突然离开南昌，行踪不明，大家都在猜测，说这是朱总指挥特意安排的。朱总指挥这样做，既能向上交代，又不失兄弟情义，真是难能可贵啊！"

李世龙听说朱德一直住在金汉鼎那里，这次在庐山上又见到了朱培德，这来来去去肯定都是朱培德特意安排的，足见朱德和朱培德、金汉鼎之间的关系非同一般，心里的疑团便一下子解开了，于是就不断地为朱培德的"礼送出境"之举打圆场，说好话。

"朱总指挥的用心人所共知，我当然是理解的，他还算够朋友。不过也有那么一些人真不是东西，他们见势而趋，失势而远，更有甚者是诬陷邀功，卖友求荣。古人云：'广交天下士，知心能几人。'真是千真万确呀！"朱德在这里感慨了一番，有意试探一下李世龙的态度。

"老兄不必多虑，虽说现在是商场无情，官场无义，世态炎凉，人心不古，但我李某绝非负义之辈。你若不信，我可对天发誓……"李世龙唯恐朱德怀疑他会干出卖友弃义的事来，连忙再三表白自己。

"不不不……"朱德打断李世龙的话，"你我肝胆相照，何必言誓。这次重返南昌，无非是因为这里人熟地熟，诸事都有个照应。最后是去是留，还得看看各方情况再定。"

李世龙一听朱德的去留问题还未确定，便关切地说："老兄的去向未定之前，就住在舍下。我可以很负责地保你不会有任何风险。若有三长两短，不仅对不起你老兄，也无法向朱总指挥交代呀！"

"盛情难却，玉阶就不客气啦！不过长住在这里打搅你，我也过意不去。何况你公事繁忙，迎来送往，多有不便，还是麻烦你替我另找一个安静住处为好。那样，我的家眷也可以接过来住。"

"老兄既然有安家的打算，只好听便。房子不成问题，你原来住的花园角二号可能还空着。" 李世龙朝门外大喊一声，"李副官，马上去花园角二号看看，告诉房东不要把房子租出去，就说朱团长又回来了！"

花园角二号是一所砖木结构两层楼房，坐西朝东，雕花飞檐悬于门楣，两扇大门，内有天井，是典型的江南民居。朱德住进后就立即同江西省委取得联系，向省委的主要负责人罗亦农、陈潭秋、宛希先通报中共中央关于南昌起义的决定，并同他们一起发动各界人民团体，成立"南昌市民欢迎铁军大会筹备处"，积极筹设接待站、运输队等，并为即将入城的部队筹划合适的驻地。

七月二十七日，夜幕落下以后，花园角二号的灯光越发明亮。朱德正在冒着南方夏夜特有的闷热，挥汗伏案精心绘制一份敌军分布图，仔细地标出火力的配备位置。突然听到一阵敲门声，他开门一看，顿时激动起来，原来是化装后秘密赶赴南昌领导武装起义的周恩来。

"没想到你来得这么快！"朱德接过周恩来手里的黑皮包，递上一把纸扇和一杯清茶。

"贺龙、叶挺率领部队今天也开进了南昌。"周恩来接过扇子和茶杯说，"时间就是胜利嘛，现在必须争分夺秒！"

朱德还没等周恩来把水喝完，便开始汇报他回到南昌后的工作情况，并把事先买好的几张南昌市街道图和他亲自绘制的敌军分布图，摆在桌面上。

看到朱德绘制的地图上不仅有街道、地名和敌人的番号、兵力，而且还有碉堡、火力配置以及进攻路线等，周恩来非常满意地说："这份兵要图绘得太好了，你为南昌暴动立了头功！"

"南昌城内外，现有六个团。"朱德以军人的口气介绍了南昌地区的敌情，"第三军的两个团是二十三团和二十四团，第九军的两个团是七十九团和八十团，第五路军总指挥部的警卫团，第六军的五十七团；此外还有一些零星的警卫部队，总兵力约万把人，都经过训练，有一定的战斗力。我办的那个军官教育团，第一、二营的学员已经提前毕业，第三营还有三个连。我在南昌市公安局争取过来的保安人员和消防人员约有四五百人，人数不算多，武器也不算好，但他们熟悉地形，了解情况，暴动时可望成为一支可靠的力量。"

"好啊，玉阶兄，你的心血没有白费，你为党做了一件大好事。"周恩来点头赞赏道，"这些情况非常重要，为制定暴动方案提供了可靠的依据。"

"不过，上层高级军官的工作进展不大。"朱德遗憾地说，"他们当中许多人长期追随军阀，多是趋炎附势、追名逐利之徒。有些人虽然对当前的形势颇多感慨，但是当真要他革命时，那就对不起了，还是升官发财要紧。"

"不足为奇，他们的总指挥张发奎、朱培德不就是这样的人吗？对他们不能抱有任何幻想，但对下面的将领和下级军官，我们还是要耐心地做说服工作，努力去争取。"周恩来摇着纸扇兴奋地说，"最新消息，为完成我党所掌握的武装力量，除了叶挺的第十一军、贺龙的第二十军外，还有国民政府卢德铭警卫团、武汉军校的部分同志以及周士第的第二十五师等，可望在暴动前夕赶到南昌。这样，我们的兵力多于敌人数倍。虽然他们在赣南、赣东有部队，那也是远水不解近渴，根本来不及增援。所以说，南昌暴动正如中央所估计的那样，稳操胜券！"

第二天早晨，朱德腾出宽敞的中厅，摆上一张圆桌、四把椅子，临时加了一张帆布床，就让周恩来住在这里。他对警卫员刘刚吩咐道："周先生初到此地，由你在家照顾，处处多留心点。要听从命令，他叫你做啥子你就做啥子，不得怠慢！"

朱德又叫身边的随从王荣坤上街买来炼乳、饼干和各种应时小菜，他穿着围裙还亲自动手做了回锅肉等几个富有川味的炒菜，同周恩来一同进餐。

吃罢午饭，朱德按原计划要出去约会，临行前对周恩来说："你有事就叫刘刚去做。他是本地人，各方的情况都比较熟悉。"

"好！"周恩来点了点头说，"你放心地去吧！"

朱德出面租赁了中山路洗马池的江西大旅社，作为领导起义的大本营。这是一座土木结构的五层大楼，有大小房间近百个，又地处市区中心，设立指挥部非常适宜。

当天晚上，在江西大旅社里，领导暴动的前敌委员会正式成立，由周恩来、李立三、恽代英、彭湃四人组成，周恩来任主任。会上，决定在三十日晚举行暴动。

次日又成立了南昌起义总指挥部，以贺龙为总指挥，叶挺为前敌总指挥，组成了以贺龙、叶挺、朱德、刘伯承、聂荣臻等为成员的参谋团，参谋长为刘伯承。根据规定，起义军在晚上佩戴白毛巾，白天佩戴红领巾作为识别标志。

七月二十九日，正当起义的准备工作紧张进行时，突然接到中央代表张国焘的两份密电，说什么暴动宜慎重，无论如何要等他到了再作决定。

七月三十日上午，前委召开紧急会议。刚到南昌的张国焘在会上强调："起义如果有成功的把握，可以举行，否则不可动；应该征得张发奎的同意，否则不可动。"

"哈哈！"李立三的大嘴巴发出洪亮的笑声，"什么都预备好了，哪里还需要讨论。"

"暴动决不能停止，暴动的准备工作必须抓紧进行。"周恩来也明确表示。

"暴动断不能迁移，更不可停止。" 前委几个成员都说，"张发奎已被汪精卫包围，绝不会同意我们的计划。在客观上应当是我党站在领导的地位，再不能依赖张发奎。"

张国焘一看受到如此强烈的反对，便拿出尚方宝剑来："这是国际代表的意见。"

平时待人温和的周恩来此时再也忍不住了，他拍着桌子对张国焘说："国际代表及中央给我的任务是叫我来主持这个暴动，现在给你的命令又是这样，我不能负责了，让我即刻回汉口去吧！"

激烈的争论持续了几个小时，因张国焘是中央代表，不宜举手表决，所以会议无果而终。散会后，谭平山气愤地说："张国焘成事不足败事有余，干脆把他给绑了。"

周恩来制止道："张国焘是我们党中央的代表，怎么能绑呢？"

第二天早晨，前委继续开会，又辩论了几个小时。最后张国焘说："既然大家一致意见要暴动，我少数服从多数。"

周恩来见张国焘屈服了，怕夜长梦多，就说："起义的准备已进入最后阶段，我看事不宜迟，不如就在今夜行动。如果大家没有意见，起义就在凌晨四点举行。"

谭平山迅速响应："可以，我完全赞成。"

大家异口同声："同意……"

夕阳不顾人们的心烦和焦急，极有耐性地一点点往下沉落。

朱德在部署好军官教育团和南昌市公安局参加起义的准备工作后，便遵照前委的指示去完成一项特殊的任务：邀请驻南昌的第三军两个团长和团副参加晚宴。这两个团是朱培德的主力，也是起义军的劲敌，把这两个团的指挥官拖住，使其失去指挥，将大大有利于这次暴动。

二十三团团长卢泽明和二十四团团长萧曰文接到请柬，一看是朱德将军的邀请，就有点受宠若惊，顿时感到身价倍增，赶紧带着他们的团副飘飘然地赶来赴宴。

宴会设在城西大士院三十二号街口的嘉宾楼上，而二十三团和二十四团的营地都在城东，相距甚远。这也是朱德刻意安排的，既是调虎离山，当然离得越远越好。

朱德在嘉宾楼里悠然沉稳地应酬着客人："我们虽然同在一座城市，却难得一聚。好在同出一脉，都是滇军，不是外人。今天邀请各位光临，纯属叙旧，别无他事，我们不妨来个一醉方休！"

"朱将军乃滇军前辈，赐吾等如此殊荣，担当不起呀！能与将军同桌共饮，实为今生难得！今日北伐，相聚在赣，虽是异土他乡，能同朱将军在一起，倍感亲切。今后，朱将军若有用得着部下的地方，吾等当效犬马之劳！"萧团长代表几位来宾表白了谢忱之意。

"你我兄弟都是一家人，当年为蔡将军指挥，今天同归朱总指挥领导，理应如此，不必客气！"朱德的大度、豪爽之气深深感动了客人，边吃边饮，叙旧谈心，笑语不断。

一桌丰盛的酒席，猜拳行令，觥筹交错，从傍晚吃到夜里九时，萧曰文已经有了状态。他忽然哈哈大笑起来，把带着佳酿的眼泪也笑出来了，拉着朱德的手说："朱大哥，在滇军里我最佩服的就是你朱玉阶，不但会打仗，不但留过学，对朋友还最讲义气！"

"不说这些，不说这些！咱们今儿喝他个痛快，你萧大胡子可不能装熊啊！"朱德也装着醉意朦胧。

"酒……是不能再喝了，改天我请你老哥！"萧曰文打了个酒气浓烈的饱嗝。

见大家纷纷起身，朱德掏出怀表看了看说："时间还早，各位今晚又无事，何不去打几圈麻将！这附近有一处极好的棋牌馆。"

酒足饭饱之后，再去打上几圈麻将，真是难得的机会。客人们毫不推辞地随同朱德来到就近的大士院九十三号，去作"雀城之战"。刘刚按照朱德的吩咐，把客人的几个护兵请到了旁边的小馆子里喝酒去了。

几个团长解带宽衣，相互推让了一番后，就入座开局，杀入牌阵，一场没有枪声炮响、刀光剑影的争夺战开始了。朱德为稳住阵脚，故意输给他们不少钱，假装懊丧地说："今晚手气不佳，不能再打了！"

坐在旁边看热闹的蒋副团长早就手痒难熬了，自告奋勇地接替朱德搬"砖头"。

这时，刘刚悄悄告诉朱德前敌委员会派人送来了"河山统一"口令，朱德知道起义部署的一切都在按计划进行，便一块石头落了地。

"发财！"

"东风！"

"一万……"

真可谓"欢娱嫌夜短"，不知不觉到了午夜时分，四圈麻将还未打完，突然传来急促的敲门声："开门，开门，快开门！"

大门开启，闯进来的是二十四团的副官。他跌跌撞撞地走到萧曰文身边，喘息未定就举手敬礼道："报告团长，九点接到指挥部通知，据二十军的一个人密报，明晨四时共党要暴动……命令各团立即采取应急措施，严加防范！"

一听"暴动"二字，几个团长犹如耳边响起了炸雷，被一下子震懵了，不知所措。

萧曰文知道这一下可坏了事，便向副官吹胡子瞪眼大发雷霆："混账东西，为何不早来报告！"

"接到指挥部的通知，我就出来了，跑遍全城也未找到团长。"满肚子委屈的副官战战兢兢地申辩着，"刚才在小酒馆里碰见了几个护兵，才知道团长在这里……"

这时，几位团长就像热锅上的蚂蚁在屋里直转圈，感到大祸临头了。

朱德见此情景，知道一定是走漏了风声，但仍不动声色地说："各位老弟，不必惊慌。在这多事之秋，飞短流长，什么谣言没有？'暴动'呀，'起义'呀，天天都能听到，未必当真。各位都是从大风大浪里闯荡过来的，何必大惊小怪？天塌下来，有一个脑壳顶着，怕什么？来来来，各就各位，打完这四圈，尽欢而散！"

"朱将军，你是不在其位不谋其政，我们哪能和你比呀！你和朱总指挥、王军长他们是什么交情？我们一个芝麻大的官，万一今晚真出了事，那脑壳还不得搬家。谢谢今晚的款待了！好在都在南昌，以后相聚有的是时间！"说罢，几个团长匆匆离去，各奔自己的防区。

朱德不便强留，以免对方生疑，只好打着哈哈。送走了客人，他便快步赶往江西大旅社。

夜很静，街道上昏暗的路灯下，不时走过呼呼啦啦的巡逻队。四点！还差几个小时，现在已暴露，只好改变时间提前起义。军情如火，任重如山。他步履匆匆地来到大旅社门口，突然听到扳动枪机的声音，只见卫兵正用一杆怪模怪样的步枪指着他，那双冰寒犀利的眼睛似乎比枪口更具威慑力。

"哪一个？"卫兵猛喝一声。

"我，是朱德。"

卫兵近前一看，马上收枪敬礼。

朱德走进参谋团办公大厅，看到多数成员都在那儿，周恩来也在场，一个个神色十分严峻。原来，贺龙部队的一位姓赵的副营长晚上失踪，已自下而上地报告到这里。情况如何，大家正在推断。谁都知道此人叛变的后果，但谁也不愿看到事情发展到最坏的程度。

"情况不妙……"在战争中已养成临危不乱习惯的朱德简明扼要地把有关情况讲了出来，最后说，"看起来，暴动时间得提前了。"

朱德提供的情况印证了事情的严重性。但提前行动确实不易，在这之前，周恩来签署的作战命令已下达到各部队。如何改呢？有人担心。

"要变，要随变而变。我同意朱德的意见！"面色严峻的周恩来询问了贺龙、叶挺等部的到位情况，随后说，"现在，马上召开参谋团紧急会议……"

经参谋团研究决定，起义提前行动，改在凌晨二时起义。这是朱德最希望的事情。见大局已定，朱德便向周恩来、刘伯承提出回军官教育团，他认为此时应该和他的战斗部队在一起。

"朱德同志，考虑到你的安全，你还是留在这里吧？"周恩来关切地说。

周恩来的提醒是必要的：一旦敌人醒悟过来，马上会想到朱德今日的请客，若意识到请客的含义，他是很危险的。然而，朱德坚持要回到军官教育团，说教育团非常可靠。

"砰！砰！砰！"

八月一日凌晨二时整，贺龙在指挥部楼上对空连放三枪，正式发出起义的信号。这震撼南昌、震撼中国，也震撼世界的枪声，划破了夜空。霎时间，整个南昌城枪声震天，炮声隆隆，火光闪闪，一片沸腾！

朱德跃出指挥所，率第三军军官教育团中尚未毕业的第三营"学兵"参加了起义，担任预备队任务，对进贤门方向实施监视，并控制小花园敌军的一个团。

　　起义军呼喊着从四面八方向敌人驻地发起了进攻，起义进行得十分顺利。二十三团和二十四团虽是敌军的主力，但由于朱德的调虎离山计，也没有过多的抵抗就被消灭了。仅用了三个小时，就解决了南昌城区的战斗。

　　由周恩来、朱德、贺龙、叶挺、刘伯承等领导的具有伟大历史意义的南昌起义胜利了。从此，在中国人民革命斗争史上，开辟了武装斗争的道路，"八一"变成了人民军队的象征。

　　当东方出现曙光时，在南昌起义大本营江西大旅社的楼顶上，高高飘扬着格外鲜红耀眼的起义军红旗。市民们潮水般地拥向街头，敲锣打鼓，燃放鞭炮，欢迎威武雄壮的起义军，欢庆南昌起义的伟大胜利。

危难关头显身手

盛夏的南昌，笼罩着蒸腾的暑气。太阳刚刚冒出来，地上就像着了火。一些似云非云、似雾非雾的尘埃悬浮于空中，闪烁着金属般的热光。

八月三日清晨，朱德率领第九军作为南下的先遣队从南昌出发了。这些几小时前才整合到一起的队伍，现在整齐地站在先遣司令朱德面前。站在队伍前头的参谋长冉国平不久前还是军官团的教官，现在向部队发出了"出发前进"的口令。

参谋团的周恩来、刘伯承等都来为第九军送行。在声声"保重"的道别声中，穿着灰色军装、踩着千层底布鞋、背着斗笠、腰别手枪的朱德跃上战马，带着部队踏上了征程。

起义的成功，使国民党反动势力大为惊恐，汪精卫命令第二方面军总指挥张发奎和第五方面军总指挥朱培德迅速包围起义军。南昌已不宜久留，前敌委员会决定起义军立即按原定计划撤出南昌，向南挺进，先占领广东的东江地区，控制出海口，以便得到国际援助，扩充实力，以重建广东革命根据地。

这次进军声势之大，行军序列之长，也是少有的。起义军仍沿用国民革命军第二方面军的番号，由贺龙兼总指挥，叶挺兼前敌总指挥，下辖第九军、第十一军、第二十军。其中，朱德任第九军军长。

溽暑远征，兵家之大忌。起义军的先遣队爬过一座又一座山，每次上到一个山顶，满怀的希望就变成了失望，前方近在眼前远在天边的高山就像是对他们坚持和努力的嘲笑。朱德看到部队疲劳不堪，未免有些焦急："冉参谋长，这里离临川还有多远？"

"从地图上看是一百九十里，我们走一半了！"冉国平回头望着神情焦急的朱德，又气愤地说，"杨如轩散布谣言，骂我们共产共妻，吓得沿途老乡都躲开了，部队连茶水都喝不上，许多人都中暑了。"

出发前，朱德曾给驻临川的滇军旧部、国民党第九军二十七师师长杨如轩写信，动员他参加起义。杨如轩虽未答复，却为保全自己的实力让出一条路来，使南下的起义军得以顺利通过。

"义成义废之间，杨如轩好难选择。不过，他还是让开了抚州，不然难免一战。"想起往日的同窗之谊、袍泽之情和现实的不同选择，朱德不禁感慨万千，"冉参谋长，告诉部队，一人保留一条毯子，两人一个脸盆，其他个人物品都统统扔掉。让军官帮助士兵携枪背弹，加速前进！"

"是……"

八月六日，起义军先遣队到达临川，受到全城各界群众的夹道欢迎。在这里经过近一周的休整，又挥戈南进，经过宜黄、广昌，直指瑞金。

这时，钱大钧率领的国民党第三十二军已从赣州调往瑞金、会昌一带，准备拦击起义军。面对新的局势，起义军指挥部决定将第二十军第三师拨归负责先遣任务的朱德指挥。

八月二十五日，朱德率一个营作为前卫部队南下，在王田市同钱大钧两个团激战。敌人一度突破前沿阵地，大家担心朱德的安全，竭力劝他转移。朱德却稳如泰山地说："不要慌嘛，来了就打他一下子！"

朱德走到一位牺牲的战士身边，拣起一支步枪，卧倒之后就从容地向敌人射击。子弹打完了，他又爬到另一个战士身边，从子弹袋里抽出几排子弹，装进枪里继续射击。就这样一直坚持到贺龙率第二军主力赶到，于次日晨终于将钱大钧的两个团击溃，乘胜进占了瑞金。

在瑞金，从缴获敌军的文件中得知钱大钧、黄绍竑两部集结的计划。起义军指挥部为了免遭强敌从背后袭击，决定乘黄部尚未赶到、敌军尚未集结之前，先击破会昌的钱大钧部，再行南下。

八月三十日凌晨，进攻会昌的战斗打响了。双方激战后，钱大钧见大势已去，拨马便逃，其部伤亡、被俘和逃散者达六千人。这是起义军南下途中的第一场恶战，也是起义军南征途中取得的第一次大胜利。

九月五日，起义军越过闽赣边境的武夷山，开进长汀。在详细讨论攻夺东江的计划后，起义军决定实行分兵：由周恩来、贺龙、叶挺、刘伯承等率第二十军和第十一军二十四师，从大埔乘船顺韩江而下，直奔潮汕；朱德率领第十一军二十五师和第九军教育团留守三河坝，以防敌军抄袭后路。

三河坝是广东大埔县南面三江口上的一个镇子，北面飞流直下的汀江和西南奔腾而来的梅江在此汇合后向南泄入水深流急的韩江，最后在澄海流入南海。从这里溯江而上可通闽赣，顺流而下可达潮汕。同三江汇合点对应的是一座笔支尾山，山势险峻，可攻可守，大有一山镇三江之势，历来为兵家必争之地。

先行进入广东的第二十军、十一军途经三河坝时，敌人已闻风逃遁。朱德是后卫，在上杭开拔晚一点，等他来到大埔时，三河坝已危机四伏，黄绍竑一部已进至离三河坝三十里的松口，三河坝附近的民团也在向后卫分散的部队袭击。

此时，麾下无兵的朱德不得不唱空城计。他带领二十来个战士在距三河坝八里的地方与黄绍竑的先头部队接触，很快敌人在不知起义军虚实的情况下退却了。朱德派了八名战士虚张声势地追了数里，而自己则奔走在三河坝与前线之间，以第九军军长兼前敌委员会警备司令的名义震慑那里的民团，并向松口方向警戒。

这样维持了两天，第二十五师才赶到。朱德见到师长周士第和党代表李硕勋，就笑哈哈地说："你们终于到了，我在这里已当了两天的光杆司令！"

"军长，我们来迟了！" 前来报到的李硕勋向朱德敬礼说，"二十五师全部到齐，叶挺军长命令我们，现在听您指挥！"

"我们到前面去看看！"朱德带领大家去察看地形，"这三河坝的名字起得太绝了，正在汀江、梅江、韩江三江汇合口上。一旦发生战斗，部队留在三河坝将是背水而战，这是兵家之大忌。我们应该拉到三河坝对岸东文部、笔支尾山、龙虎坑一带布防。"

"我完全同意朱军长的意见，立即调动部队过江。"周士第点头答道。

星夜，起义军乘坐"大利号"轮船转移到江东，只留下三名战士在观音阁观察敌情。同时，将西岸的各种大小船只全部撤到东岸。师部设在东文部田氏宗祠内，第七十五团驻守在笔支尾山、龙虎坑一带；第七十三团驻守在下村一带。

第二天午后，在江边的竹林旁，朱德召集全师军官开会。周士第首先向大家介绍："这是我们的军长朱德同志。现在，请朱军长作指示！"

只见朱德头戴一顶军帽，身后背一顶斗笠，穿着一身旧军衣和短裤，脚上是一双草鞋。朱德给人的印象再普通不过了，完全是一个老兵的装束，不同的就是他身上挎着一支德国造二十响驳壳枪。

"同志们，你们个个都是顶天立地的男子汉，你们二十五师有着叶挺独立团的光荣传统。今天，大家都要下定决心，守住三河坝，只要在这里把敌人牵制住了，就能为夺取潮汕的我军创造胜利的条件。"朱德问大家，"你们有没有信心？"

"有！"全体军官齐声答道。

"我同大家一样，你们的师长和党代表、参谋长也一样，都有信心。我们要有'人在阵地在'的信念。你们要保持'铁军'的荣誉，要发扬汀泗桥战斗、贺胜桥战斗的勇敢精神，要发扬会昌战斗中奋勇杀敌的精神，就一定能够战胜敌人！"

朱德的讲话，博得了大家的阵阵掌声。他还讲了如何构筑工事，如何防守阵地；对渡江的敌人在什么时候打，怎样打最为有利。每个军官都静静地听着，对他那坚定不移的必胜信心和渊博的军事知识深为敬佩。

会后，朱德巡视了前沿阵地，检查了构筑的工事，并亲自示范，挥锹掘土，挖了散兵坑和交通壕。

就在这时，蒋介石的嫡系三十二军扑过来了。钱大钧仗着已补充好的三个师三万多人马，准备在三河坝同起义军决一死战，以报在会昌的惨败之仇。敌军一到三河坝，就开始搜寻渡河器材，从早到晚只找到二十多只小篷船。

半夜，敌人趁着浓重的夜色开始偷渡。他们发现起义军毫无反应，自以为得计，就壮着胆子催促船工加快向东岸划桨。当船划到江中时，起义军战士遵照朱德再三强调的"半渡而击"原则，枪炮一齐开火，大部分船只被击沉，剩下的几条船沿着西岸顺流而逃。

到了下半夜，狡猾的敌人又从韩江上游悄悄驶来十多条船，在炮火掩护下企图强渡登岸。在起义军密集炮火的截击下，半数被击沉，半数靠岸后占领了滩头竹林。这时，第七十五团团长孙一中亲自带领六个连队猛扑上去，三百多敌人全部被击毙、击伤或活捉，无一漏网。

第二天，不甘罢休的钱大钧又从上游松口一带抓来十多条民船，准备再次横渡韩江。拂晓，大雾笼罩着整个江面，敌人利用这一有利时机强行渡江，结果又遭到起义军的迎头痛击，仍没有渡过江来。

十月三日清晨，韩江江面上又是浓雾沉沉，能见度极低，滩头和竹林全都隐没在迷蒙之中，十步之外都看不见人。钱大钧抓住这个难得的机会，以浓雾作掩护，调集了大批船只，在密集炮火的掩护下，分多路抢渡韩江。

在浓雾慢慢退去、太阳爬上山头之际，一部分敌人抢占了七十五团的滩头阵地，但岸边的高地仍在起义军手里。敌人在不断地增援，并反复争夺着阵地。起义军击退了一次又一次波浪式的冲锋，激烈的战斗一直僵持到午后。

下午三时，敌人又调集许多机枪和迫击炮作掩护，向起义军阵地发起猛攻。起义军战士昼夜作战，又已粮绝，但仍毫无惧色，坚持拼搏。阵地失而复得，得而复失，反复数次。

黄昏时分，侧翼的第七十四团赶来增援，再次杀退敌人，又一次夺回阵地。当夜幕降临时，起义军又陷入了敌人的重兵包围之中。

双方交战的中下级军官，多是黄埔同学，他们不仅互相认识，有的还是朝夕相处的密友。在肉搏战时，竟彼此喊着对方的外号叫骂：

"麻秆、眼镜，你们快回来吧，校长会原谅你们的。你们不要造反哪！"

"我们不是造反，是革命！胖墩，你也是一条汉子，你为什么要当蒋介石的走卒……"

经过三天三夜的顽强阻击，起义军大量杀伤了敌人，掩护主力进军潮汕的任务基本完成。在激战中，起义军伤亡也很大。为了保存实力，朱德下令留下第七十五团三营作后卫，其余交替掩护，逐步撤出阵地，迅速转移。

十月六日，朱德率领第二十五师到达潮汕平原边端的饶平。这个得名于"饶永不瘠，平永不乱"的千年古县，街道简陋，市面萧条，尽是秋的晚唱。二十年前，孙中山曾在这里发动过"黄冈丁未革命"，由于起义军寡不敌众，粮械缺乏，最终战败，惨毙多命。

朱德在这里遇到了刚从潮汕突围出来的第二十军教导团参谋长周邦采和第三师六团六连连长杨至成及毛泽覃、粟裕等人，始知起义军主力已在广东揭阳、汤坑一线失败，潮汕已经失守，部队已被打散，许多起义军的领导人离开部队转入了地下。

失败的消息犹如晴天霹雳，一时议论纷纷，疑虑丛丛，整个第二十五师都陷入了迷惘之中：革命还有没有希望？铁军还能不能坚持？大家把希望全寄托在朱德身上。当时，留下来的起义军最高领导人，也只剩下他这位第九军军长了。

对失魂落魄者来说，这是一支残兵；对前赴后继者来说，这是一堆火种。存亡之机，间不容发。为了避免灭顶之灾，甩掉追扑而来的强大敌军，朱德以最高首长的身份命令部队迅速转移。

十月七日上午，朱德在茂芝镇全德学校召开起义军全体军官会议。面对危机重重的现实，朱德说："我们的主力部队在潮汕失败了，同上级党失去了联系，敌人正向我们袭来。为了保存革命的火种，为了保住铁军的荣誉，我们必须高高举起南昌起义这面武装斗争的光辉旗帜。现在，我们这是一支由几个单位会合在一起的部队，没有长官了。我只是第九军的军长，不是你们的长官，只是把大家召集在一起，研究研究我们下一步该怎么走？"

"我坚决拥护朱军长领导！"第七十三团政治指导员陈毅站出来指着朱德说，"他是南昌起义的领导成员，又是第九军军长，是我们当中的最高首长，最大的干部。自从起义军南征以来，特别是在三河坝的激战中，完全证明他有着丰富的战斗经验和指挥才能……"

没等豁达开朗、激情洋溢的陈毅把他那充满一团火的话讲完，七十四团参谋长王尔琢就插话说："我也拥护朱军长领导！"

接着，许多军官都表态："拥护朱军长……"

会场上气氛热烈，大家都表示支持朱德来领导部队。经过大家讨论后，决定尽快同上级党组织取得联系，同时加强政治工作，稳定军心，防止叛变行为发生。最后，一致通过了朱德提出的"隐蔽北上，穿山西进，直奔湘南"的决策，准备去敌人力量薄弱、群众基础较好的湘赣边界去找"落脚点"，开展游击战。

起义军进行了整编，七十三团编为第一营，七十四团编为第二营，九军教育团编为第三营，共两千人。由当地党组织派出向导，开始千里转战。

十月十八日，起义军沿着粤闽边界的崎岖山路来到闽赣交界处武平。这时，钱大钧才发现起义军余部向西转移的动向，于是派出一个师进行追击。

为了摆脱尾追之敌，朱德认为应给敌人以还击。他的意见得到了陈毅、王尔琢等人的支持，就在武平附近选择有利地形设伏，击退钱大钧部两个团的进攻。后来，又遇到了钟绍奎的部队，消灭了他的一个营。

这时，起义军只剩下一千五百人，处境更加困难。在这种有火光也有黑暗，有希望也有灾难的情况下，悲观动摇的情绪在部队中蔓延，行军路上遇到岔道口，便有人不辞而别。最后团长、师长都走了，只剩下陈毅、王尔琢等几个领导人，南昌起义留下的这点革命火种，有即刻熄灭的可能。

漫漫征途，前途渺茫。几个黄埔四期的下级军官私下跟陈毅表示要离开部队另寻出路，其中七十三团七连连长林彪说："陈党代表，说实在的，你是个知识分子，文化人，没有带过兵打过仗。我们都是带过队伍的人。依我看，这支队伍不行了，别说冲锋陷阵，就是碰都碰不得，一碰就垮光了。与其当俘虏，还不如现在换上便衣去上海另搞。留得青山在，不怕没柴烧！"

"你们还有没有良心，在这种关头撇下队伍溜了，还算什么铁军？连个男子汉都不配。"这个宁可在战争中死去，也不肯在冷落中偷生的蜀中汉子对林彪等人大声吼道，"要走你们走，我绝对不走！我陈毅说话是算数的，一定跟着朱军长干到底！脑壳掉了也就是碗大的疤，看看我这个知识分子能不能学会带兵打仗。人各有志，诸位请便吧！不过我要告诉你们，铁军垮不掉，革命是大有希望的！"

这一天，起义军来到武夷山最南端的石径岭。这里的山都是峭壁悬崖，放眼望去，如同斧砍刀削的一般。在壁立的两山之间有一条石径，弯弯曲曲盘亘其中，最狭窄的隘口，山势更加陡峭，道路也更加艰险，大有"一夫当关，万夫莫开"之势。

这个隘口早被民团占据，并修筑了明碉暗堡，置有路障和栅门，设立关卡，有专人把守盘查，敲诈勒索过往行人，干起了收"买路钱"的勾当。听说起义军已到平和，有从石径岭翻越武夷山的迹象，民团便加强了防守，增加岗哨，日夜巡逻。

起义军风风火火地赶到隘口，却无法通过。担负前卫的第一营虽是英勇善战的铁军劲旅，但几次冲杀都没有成功。敌人居高临下，又隐蔽于石缝草丛之中。他在暗处，我在明处，只听见枪声和号叫声却不见一个人影，几次强攻不但没有过去，还遭到民团机枪和手榴弹的袭击，有很大伤亡，西进的道路被完全堵死。

就在大家一筹莫展的当儿，朱德来到前卫部队。他问明情况后，对指挥员说："敌人设防坚固的隘口，不宜强攻。《三十六计》中有一计叫'暗度陈仓'，讲的就是在作战中故意暴露行动，利用敌人固守之际迂回偷袭，出奇制胜。我们为啥子不采用迂回侧击去夺取胜利？"

这位指挥员听了朱德的点拨以后，恍然大悟地频频点头，但举目四望，全是悬崖峭壁，又有些为难了。朱德一面命令部队立即散开隐蔽，一面向身边的几个干部交代任务，要他们将正面部队改强攻为佯攻，用以迷惑敌人吸引火力。然后，他亲自带领几个参谋和警卫人员隐没在路边的树林之中。

朱德穿过密林草丛，登悬崖，攀峭壁，健步如飞，参谋和警卫员都撵不上他。当他登上隘口的顶峰在民团的侧后出现时，民团的碉堡、堑壕全都暴露在他的脚下。他一声令下："打，狠狠地打，送这些龟儿子上西天！"

子弹像瀑布一般从天而降，手榴弹在敌人头上开了花。民团万万没有想到遭此"天打五雷轰"，顿时乱了阵脚。突如其来的袭击，把惊恐万状的敌人打得四处逃窜，呼喊着："天兵天将下凡了！"

听到枪声，正在佯攻的前卫部队知道奇袭成功，便立即杀向隘口。

朱德用他的勇敢和智慧，指挥着部队杀出一条生路。当起义军怀着胜利的喜悦通过石径岭隘口时，看见他们的军长威武地站在陡峭的山顶上，手里握着他那把心爱的驳壳枪，正指挥着后续部队通过隘口。他不时地向部队招手致意……

夜半枪声

时光不停地向前流淌，不知不觉进入了中秋。农田里熟透了的稻子，不时掀起金色的波浪，散发着一阵阵香气。夕阳西下，树上的蝉声早已被秋风吹散了，取而代之的是草丛中蟋蟀的悲鸣。

起义军在安远县天心圩宿营，河滩的竹林旁像煮开的饺子锅，横七竖八有坐着的，有躺着的，也有站着蹲着的。这些士气低落、精神涣散的军官有的在对缓缓流淌的河水发呆，有的在仰望深邃的夜空叹气，有的在无精打采地发表议论。

不一会，朱德走过来了。他穿着一身洗得发白的军装，背着一顶斗笠，一双草鞋用绳子横三竖四地捆在脚上。他脸颊瘦削，胡子老长，但双目炯炯有神。他大步走到人群中间，环顾一下，招招手示意大家坐拢一些。

人们起身挪动，向朱德围拢。在这黑暗重重、前途茫茫的严峻时刻，一双双眼睛注视着他，企盼着他回答：革命还有没有希望？我们的出路何在？

朱德用他那宽额下的一双大眼睛，稳重地环视着集结于草地上同自己一道浴血奋战的战友。他悲怆而又激奋地说："同志们，大家知道，大革命失败了，我们起义军也失败了！但是，革命的旗帜不能丢，武装斗争的道路要走下去，我们还是要革命的！"

朱德坚信，革命是不会失败的，革命的火焰是扑不灭的，留得火种在，不怕不燎原。于是他的讲话由低沉而激越，由激越而亢奋："同志们，要继续革命的，跟我走；不想再革命的，可以回家去，绝不勉强。不过，武器必须留下，因为那是同志们用生命和鲜血换来的！"

讲到这里，朱德停顿了一下，用他那企盼的眼神看着大家，期待着每一个战友的回答。

整个河坝子又是一片寂静，唯有风吹竹林的沙沙声和河水流淌的哗哗声。人们在低头沉思，在慎重抉择：是去？是留？必须用行动作出回答。

"我希望大家不要走，我是不会走的，陈毅、王尔琢也是不会走的！哪怕只剩下我一个，也要革命到底！只要有十支八支枪，我就有办法。"朱德洪亮的声音打破了冻结一般的沉静，"大家要把革命的前途看清楚。现在中国革命的失败和当年俄国革命的失败差不多，俄国在一九〇五年革命失败后，是黑暗的。但是，黑暗是暂时的，到了一九一七年，革命终于成功了。中国革命现在是失败了，但只要我们认清革命前途，积蓄革命力量，不怕艰苦，不怕挫折，坚持斗争下去，中国也会有个'一九一七年'，胜利一定会到来。我劝同志们坚信这一点……"

此时，陈毅倏地站起，用他那著名的大嗓门说："南昌起义是失败了，但不等于中国革命失败。中国革命终究是会成功的。一个真正的革命者，不仅要经得起胜利的考验，做胜利的英雄，也要经得起失败的考验，做失败的英雄，失败的英雄比胜利的英雄更难当！我陈毅虽然没有多大本事，但愿竭尽全力辅助朱军长，把我们这支队伍带出绝境，革命到底！"

给人以火星者，必怀火炬。朱德和陈毅这些掷地有声的肺腑之言，像一声声惊雷在人群中爆响，激起了阵阵掌声。沉闷了许久的起义军军官立刻活跃起来，有的在窃窃私语，有的在高声发问："那我们下一步怎么办？"

"去打游击呀！"朱德朝发问的方向看了一眼，满怀信心地说，"这一带，大革命时期农民运动很有基础。我们跟农民运动结合起来，找个地方站住脚，然后再伸展开来。"

"反动派天天在后面追赶，能站住脚吗？"有人表示怀疑。

"他们总有一天会不追的，封建军阀们是协调不起来的。要不了多久，他们就会发生内讧，顾不上追我们了。只要大家团结一致，风雨同舟，就会开创新局面，取得新胜利！"

大家望着朱德，看他那样和蔼可亲，平易近人，有问必答，讲得通俗易懂，句句在理，就无拘无束连珠炮般地向他提出一连串问题：有枪没子弹怎么办？给养怎么解决？伤病员怎么安置……

朱德仔细听着每个人的提问，耐心地一一作了回答。最后，又分析了当前的形势和革命前途。会一直开到深夜，他那精辟的分析、深刻的讲话，令人信服，大家像在黑暗中看到了光明，浑身增添了力量。

骤然间，爆发出一个洪亮的声音："我跟朱军长走！"

紧接着，星光灿烂的夜空回荡着大家的呼喊声："跟朱军长走！跟朱军长革命到底……"

十月二十五日，不足千人的起义军经过长途征战来到了赣南中部、桃江中游的信丰。这是个具有悠久历史的地方，自唐以来取"人信物丰"之义，定"信丰"县名。由于毗邻闽粤两省，素为战略要地。

进入繁华的信丰县城后，一些来自旧军队的不良分子就胡作非为起来。有的钻进饭馆里大吃大喝，吃完了一抹嘴就走。人家要钱时，便把枪口对着人家说："跟它要，枪膛里金子、银子、袁大头，样样都有！"

还有的闯进当铺，把手榴弹往柜台上一放，故意把导火索拉出来说："老板，称称有多重？当几个零钱花花！"老板吓得魂不附体，他们趁机一哄而上，抢钱的抢钱，抢物的抢物。

正在与信丰各界代表开会的朱德得到报告后，极为震怒。他对陈毅说："你赶快去集合队伍，我随后就到。"

紧急集合号响了，陈毅站在队伍的前面。他带着一脸怒气开始训话："同志们，今天为啥子像发现敌情一样把大家拉到这个山沟沟里来呢？因为发生的事情比发现敌情还紧急，还严重！有些坏家伙想搞垮我们这支队伍！"

陈毅双眼盯着队伍里那些行为不端的家伙，有的手里还提着抢来的东西，有的口袋塞得鼓鼓囊囊的。他强抑着心中的怒火说："我们是革命的队伍，是人民的武装。我们的政策是保护人民的生命财产，同时也保护城市的工商业。你们还记得贺龙总指挥在南下途中颁发的布告吗？如果记不得了，我陈毅可以背给大家听听：'对于商界同胞，买卖尤属公平。士兵如有骚扰，准其捆送来营。本军纪律森严，重惩决不姑息。'可是，在我们这里有人胆大包天，竟敢玩忽纪律，光天化日之下公开抢劫当铺。这哪里是革命战士，简直和土匪一样！"

这时，陈毅下令把领头哄抢的三个人捆绑起来，执行枪决。几声枪响，震撼山岳，也震撼了官兵们的心：革命的纪律是无情的。

陈毅向前走近几步，接着说："我们共产党领导的革命武装，不是军阀的部队，也不是国民党的部队。我们要有铁一般的纪律，有了这样的纪律，人民才会拥护我们，革命才能胜利。否则，我们一刻也不能生存，请同志们好好想想！"

陈毅停顿了一会儿，又说："我们要以朱军长为榜样。他不要高官厚禄，一九二二年加入共产党，投身革命。他目光远大，意志坚定。在革命受到挫折的时候，许多师长团长丢下你们自谋生路去了，唯独他这个军长不走。他坚信这支队伍一定会发展，革命一定会成功。我相信大家会跟着朱军长的，我陈毅是会跟着朱军长干到底的！"

陈毅滔滔不绝，口若悬河，却条条在理。他的讲话一结束，队列里马上爆发出"拥护朱军长""跟着朱军长干革命"的口号。那些违犯纪律参加哄抢的士兵，一个个低下了头，悔恨自己做错了事，红着脸把抢来的东西交了出来。

"革命一定会成功，陈毅同志讲得好啊！我完全赞成他的处理意见。" 朱德开始讲话了，"我只讲一点，革命离不开纪律，革命纪律是铁面无私的，革命军队的纪律是铁的纪律。如果有一天我朱德犯了纪律，大家同样拿我问罪……"

十月底，朱德率部到达赣粤边境的大余地区。果如朱德所料，国民党新军阀各派之间矛盾重重。这时候，继宁汉之战后，又爆发了粤系、桂系、湘系军阀的混战。他们忙于互相争夺，不得不暂时放松对起义军的追击。朱德、陈毅便利用这个间隙，对部队进行整编。

当时，这支由不同兵源组成的队伍已经七零八落不成建制了，原来的军、师都成了空架子，已不能适应新的形势。朱德站在队伍前面，望着一个个衣衫褴褛、面黄肌瘦的官兵，心情十分沉重。但是，他知道剩下来的这七八百官兵都是大浪淘沙后的真金，是全军的精华，是宝贵的革命火种、骨干和脊梁。

这次整编从实际出发，取消了"军、师、团"建制，把部队改编为一个纵队，共有六个步兵连和一个迫击炮连、一个重机关枪连。为了缩小目标，便于隐蔽，部队使用"国民革命军第五纵队"番号，朱德化名王楷任司令员（即从"玉阶"二字演化而来）。同时，陈毅任指导员，王尔琢任参谋长。

秋雨绵绵，冷风凄婉。起义军进入湘粤赣三省交界的山区，来到江西崇义县西南的上堡。当时，湘、粤军阀之间重新开战，无暇顾及起义军余部。朱德抓住这一有利时机，在这个既偏僻又热闹的地方再次进行了整训。

连阴雨过后，天刚放晴，衣衫单薄的起义军战士都挤在向阳处晒太阳。朱德和陈毅坐在真君庙的石阶上，翻阅交通员从崇义县城搞来的报纸。看着看着，朱德的嘴角不由得微微向两边延伸，脸上露出了一抹发自内心的微笑。

"好消息，有办法了！"朱德突然一拍大腿站了起来，抖着手中的报纸道，"我说天无绝人之路嘛！你看，范石生就在我们旁边。"

"范石生？你的云南讲武堂同学？"陈毅一把从朱德手中抢过报纸，只见在地方要闻版面上有一条引人注目的大字标题：范石生军长亲率国民革命军第十六军移防湖南郴州一带。

五年前，陈炯明叛变革命，范石生率滇军保卫广州，与孙中山并肩血战，击退叛军。孙中山亲自题写"功在国家"四个大字和军刀一柄相赠。朱德知道他的这位老同学是倾向革命的，于是欣喜道："找范石生去！有他姓范的就有我姓朱的，枪支、弹药、吃饭、穿衣，样样都可以解决。"

"山重水复疑无路，柳暗花明又一村。"陈毅兴奋地说，"这真是一条好消息！"

朱德与陈毅商定，由朱德亲自写一信，通过地下交通设法送给范石生。

其实，自去年滇军第二军改编为国民革命军第十六军后，作为军长的范石生同粤系、桂系军阀的矛盾重重，同蒋介石的矛盾更加尖锐复杂。所以，他也想找一个盟友，进可以同蒋介石抗衡，讨价还价；退可以杀回云南，重振滇军。

半个月后，上堡集镇上人来人往，非常热闹，四乡八寨的人都来赶集了。其中有个人挑着一对箩筐，来到起义军驻地真君庙门前，笑呵呵地说："请禀报一下朱军长，我有要事求见。"

"你是何人？从哪里来？"卫兵从头到脚打量一下来人，身上穿的是土布衣衫，脚上是一双草鞋，但脸膛却白白净净，越看越觉得不像个农民。

"我叫韦伯萃，从汝城来。"来人答话从容不迫，毫不惊慌。

卫兵一听是从汝城来，更加警觉了，那里不是驻着国民党的十六军吗？一路上岗哨林立暂且不说，还有胡凤璋的民团、何其朗的土匪拦路打劫，他是怎样过来的？又是为何事来到此地？张口就要找我们军长？想到这里，便继续追问："你有什么事？就对我说吧！"

"我给朱军长带来一封信。"

"那就交给我吧，保证送到。"卫兵伸手要信。

"对不起！写信人再三叮咛，一定要我面呈朱军长。"自称韦伯萃的人面带难色地解释道。

卫兵对韦伯萃又从头到脚审视一番，然后说："那就请你在门外稍候一会儿了！"

转眼间，卫兵和警卫员小张一同出来了。卫兵指着小张说："你跟他进去吧！"

韦伯萃进了庙门，一眼就看到站在正殿台阶上的朱德，赶紧上前恭恭敬敬鞠躬行礼："报告朱军长，范军长派我送信来了！"

"你是何人？怎么认得我？"朱德不觉有些惊讶。

"我姓韦名伯萃，六年前在昆明上学时见过你。那时，你当警察厅长。我们闹学潮反贪官污吏，被逮捕了，是你出面放了我们的！"

"哦，那么说，我们还是老朋友了！"朱德把韦伯萃请到屋里。

韦伯萃一面说话，一面撩起衣襟，撕开衣服里子，取出一封信，朱德一下就认出是范石生的亲笔：

　　玉阶吾兄大鉴：

　　　春城一别，匆匆数载。

　　　兄怀救国救民大志，远渡重洋，寻求兴邦立国之道。而南昌一举，世人瞩目，弟感佩良深。今虽暂处逆境之中，然中原逐鹿，各方崛起，鹿死谁手，仍未可知。来信所论诸点，愚意可行，弟当勉力为助。兄若再起东山，则来日前途不可量矣！弟今寄人篱下，终非久计，正欲与兄共商良策，以谋自强。希即枉驾汝城，到日唯处一晤。专此恭候。

弟筱泉顿首

朱德看完信后，微笑着说："韦先生，你是怎么过来的？"

"我是受党组织的委派，为范军长专程送信来的。党组织经反复研究，因为我见过朱军长，所以就派我来了。"

朱德一听是党内自己的同志，就倍感亲切，于是非常关心地问："十六军中同志们的情况怎么样？"

"第二军改编为第十六军后，周恩来通过内线把一批经过训练的云南籍共产党员派到了十六军，组成了政治部。"韦伯萃介绍道，"蒋介石发动'四一二政变'后，国民革命军各部奉命'清党'时，范军长声称'敝军之内无共党，无从清起'。所以十六军内保存了党组织，只是把公开活动都改为秘密活动了……"

韦伯萃刚出去休息，陈毅和王尔琢就进门了，朱德兴奋地对他俩说："好消息，范石生来信了，你们快看看，我的这位老同学还真是一个有眼光有胆识的人，你看这信上说'鹿死谁手，仍未可知'，希望我们'再起东山'。我们的一些同志都悲观失望，他却晓得这个道理，难怪中山先生把他誉为'军中一范'！"

陈毅仔细地看过信说："我看，范石生这个朋友我们交定了！"

多数人认为同范石生合作，是保存革命力量的一个不可多得的机会，是革命斗争的需要。但也有人对此提出疑问：范石生是地道的军阀，军阀还能支持革命？范石生人多势众，我们力量单薄，弄不好就被他吃掉了。

"不错，革命离不开主力军，这是基本队伍。"陈毅站出来向大家解释，"但是，革命也需要同盟军，要有朋友，不能孤军奋战。革命，人多好呢？还是人少好呢？我看还是人多点好。常言道：多个朋友多条路嘛！至于范石生是不是军阀，自有公论。即使他是个军阀，今天支持革命，那就是我们的朋友；明天他反动了，反对革命，那又是我们的敌人。再说，我们同范石生的合作也不是无原则的，我陈毅支持同范石生合作。"

经过一番思想工作，大家终于统一了认识，同意在原建制不变，保证组织上独立、政治上自主、军事上自由的前提下同范石生合作。

十一月二十日，朱德受党组织委托，带着五十人的卫队去汝城与范石生的代表、第十六军四十七师师长曾曰唯谈判。

汝城地处南岭山脉与罗霄山脉的结合部，是湘粤赣三省交界之地，有"八山半水一分田，半分道路加庄园"之说。这一带山高路险，怪石突兀，土匪极为猖獗。其中最大的土匪何其朗极端仇视共产党，曾经引军血洗过汝城的农民运动。走在这样的路上，朱德时刻提醒大家要保持高度警惕。

月亮悄悄地爬上山头，洒下怯懦的清辉。只见前面隐约出现一座村落，望不见灯火，也听不到犬吠，一派凄凉景象。

朱德率部进入村子，只见到几个老弱病残，便上前询问："老乡，这是什么地方？村里的人都上哪儿去了？"

然而，他们只是摇头不语。费了好多口舌，才打听到此地是濠头圩。原来，大革命失败后，老百姓深受土匪何其朗的残害，一个个都心有余悸，村里的青壮年都躲起来了。

朱德看完地形，派好岗哨，将卫队安排在濠头圩老局和一座祠堂里宿营，并指定了临时紧急集合的地点，这才回到祠堂里休息。艰难的长途行军，一个个都疲劳不堪，倒头便睡着了。

"叭，叭！"两声清脆的枪声，划破了小村宁静的夜空，把躺下不久的朱德从梦中惊醒。他从地铺上坐起，推了推身边的警卫员："有情况，快起！"

一听有情况，警卫员从地铺上一跃而起，提着手枪就要往外冲。

朱德一把拉住警卫员："出不去了。你听四面都是枪声，还有人在敲祠堂的大门，我们被包围了！"

这时，敲门声和喊叫声越来越大，在静静的黑夜里听得有点瘆人。有人在用脚踹门的同时，还嗥叫着："再不开门，老子就冲进去把你们通通毙了！"

祠堂的大门终于被撞开了，"哗啦啦"冲进来一帮土匪，吆五喝六地向后院跑来。这时，包围祠堂的土匪已爬上房顶，逃走和躲藏已经来不及了。朱德对警卫员说："不要慌张，见机行事！"

急中生智的朱德拉着警卫员侧身闪进紧挨着的伙房，把手枪藏入柴火堆里，顺手拿起一条围裙系在腰间，正想往外走，几个土匪冲进来了，用乌黑的枪口和雪亮的刺刀顶住他们的胸脯问："你们的司令在哪里？快说！"

"在后面！"朱德不慌不忙地指了指另一处院子。

几个匪兵顺着朱德指的方向一窝蜂地追去。可是那个提着手枪的小头目满脸奸笑，仍不放心地追问道："你是干什么的？"

镇定自若的朱德在围裙上擦了擦手，带着几分窘迫说："我？一个伙夫头！"

小头目把朱德上下打量了一番，只见他腰上围着脏兮兮的破围裙，便骂了一声："从哪里冒出个做饭的？"

小头目还是疑心不减，又把朱德拉到油灯下，仔细瞧了一遍，见朱德胡子拉碴的足有五六十岁，穿着一身补丁摞补丁如同"八卦衣"的军装，也就信以为真了。一扭头，又盘问起警卫员来："你是干什么的？"

"我们俩同行，他是我的伙计。"朱德怕警卫员说漏了嘴，就抢先说了出来，同时递了一个眼色。心领神会的警卫员把手里提的布袋子咣当咣当抖动几下，小头目立即警觉起来，便把枪口对着警卫员骂道："妈的，你小子还有枪？"

"没有，做饭的要枪干啥！"

"那布袋里装的什么？"

"是几个……伙食钱，买米用的。"警卫员一边装着很不情愿讲的样子，一边把布袋往身后藏。

小头目一听是钱，眼睛像灯泡似的一下子亮了起来，伸手就想去抢。不料警卫员攥得太紧了，争夺之中，布袋里的银圆都散落在地。小头目一看是白花花的银圆，怎能不爱？弯下腰就一块一块地去捡。就在这时，朱德装着捡银圆迅速从柴火堆里掏出手枪，"砰"的一声手起枪响，小头目便栽倒在地。朱德和警卫员打开后窗，纵身跳出，循着枪声找队伍去了。

被打死的这个小头目，正是土匪头子何其朗的小舅子朱龙奴。他是奉姐夫之命前来捕捉朱德的。原来，当朱德一行路经濠头圩附近的白村时走漏了消息，被伪乡长何曾智知道了。这时蒋介石悬赏通缉朱德的告示到处可见，他觉得这是个发财的好机会，就给何其朗报了信。肥水不流外人田，何其朗便把这一"美差"交给了他的小舅子朱龙奴，让他带领两百个挨户团前往濠头圩捕捉朱德，没想到……

朱德的卫队冲出祠堂后，占据了濠头圩的制高点和通向汝城的路口。不见了军长，大家都紧张了起来，正准备再返回祠堂营救时，圩场的南面杀出一股匪徒，"冲哇杀哇"怪叫着扑了过来；北面的敌人一听南面有枪声和喊杀声，也折转回来。

朱德此时正好赶到，便导演了一场"鬼"打"鬼"的活剧。他命令警卫员向南来的敌人扔两颗手榴弹，自己向北面折回头的敌人扔一颗手榴弹。"轰轰轰"手榴弹爆炸了，南北两面的敌人接上了火，在黑夜里也分不清谁是谁，便你死我活地厮杀起来。朱德趁机撤出圩场，在敌人的一片混战中和部队会合了。

匪徒们相互对打了一阵后，才发现上当受骗，原来是被窝里打拳——都是自家人。而他们要抓的朱德，早已逃得无影无踪。

天亮后，何其朗神气十足地赶来督战，看到濠头圩的苦楝树下民团的尸体遍地，万万没想到偷鸡不成反蚀一把米！当找到他的小舅子时，已是一具血肉模糊的尸体了，气得他直翻白眼，半天才哭出一句话来："这让我回去怎么交代呀……"

东方布满了玫瑰色的朝霞，一轮红日呼之欲出，令红军战士看到了光明的前程。朱德重整队伍后，便踏着落满红霞的小路向汝城开去。在汝城四十七师师部，他们受到了热烈欢迎。曾曰唯已接到范石生的指令，专门摆酒为朱德一行接风洗尘。

在朱德同曾曰唯的谈判进行到尾声时，范石生从柳州赶到了汝城，与朱德见面。患难使人的思想单纯了，友谊把人的灵魂净化了。忆及以往，二人不胜感慨。同学之谊、坎坷之路、未来之计都成了他俩的话题，最后形成三点协议：

一、同意朱德提出的部队编制、组织不变，要走随时可走的原则；二、起义军改用第十六军四十七师一四〇团的番号，朱德化名王楷，任四十七师副师长兼一四〇团团长；三、按一个团的编制，先发一个月的薪饷，并立即发放弹药和被服。

蒋介石下达逮捕令

冬天到了，北风卷着落叶狂傲地呼啸着，把空气和江水都吹凉了，唯有起义军战士的心还是热乎乎的，如火焰一般燃烧在湘南大地。

朱德把队伍拉到"资源丰富、兴旺发达"的资兴，同十六军党的秘密组织接上关系后，成立了以陈毅为书记的中共第十六军军委。在此期间，张子清、伍中豪率领的秋收起义部队第三营被敌人打散后，也一同隐蔽在范石生部，得到了枪弹和被装的补充，在联合中保持了独立的编制。

新来的部队不仅给朱部增加了实力，更可贵的是带来了大革命的信息，听说"八七"会议后不愿留在中央工作执意回湘的毛泽东带着他的秋收起义队伍"落草"于井冈山。

时间过得真快，转眼间朱德在资兴驻了半个多月。一天，他来到十六军军部，副官马上叫人上茶送座，范石生也起身相迎。

"筱泉啊！我这一帮人马长驻资兴，非长久之计吧？"朱德见范石生在等听下文便接着说，"资兴既非要塞，也非险地，再则我这支队伍与你部总有些区别，天长日久，难免被他人打起主意来……"

"玉阶兄的意思？"范石生知道朱德话中有话。

"粤北是你的一道防线，但部队不多。将来要往那边发展，不向前伸一步不行……"

"好！"范石生见朱德说到了自己心里，便以拳击掌叫来副官，"中午给我和朱师长另安排膳食，我们要痛饮一杯！"

冬日的湘南原野，北风在大地上卷起一个个风堆儿，山雀在空中匆匆飞过，寒冷使乡下人也进入了冬闲季节。朱德、陈毅率领起义军余部南下，他们的目的地是粤北的仁化，这里相距范石生的军部大约四十公里。

毫无疑问，朱德的"建议"得到范石生的同意。范石生心里也明白，朱德名义上是"建议"，实际上已有主张，这一点是谈判中早已明确过的。救人救到底，送佛送上天，范石生不但答应得爽快，还为朱部补充了弹药和物资。

有一点在范石生意料之外，那就是朱德的行动为中共党组织的命令。

自部队离开三河坝后，朱德已派遣李勋硕赴上海寻找党中央，以取得下一步指示。后来朱德每到一地，也是积极同当地党组织取得联系，并通过地方组织迅速把情况反馈到中央。

在仁化这个湘粤交界的边境地区，朱德率部与当地农民自卫军配合，捕杀了几个民愤极大的土豪，收缴了民团的枪支，建立了苏维埃政权，协助成立工农革命军独立第四团。

十二月十日，一封北江特委的"鸡毛信"被送到朱德的手中。中共中央指示，张太雷、叶挺、叶剑英等正在策划广州起义，广东省委指示朱部立即去支援广州起义。

朱德同陈毅商量后，便遵照中央指示立即率部向韶关进发。为了争取时间，朱德同范石生在电话上作了多次交涉，希望得到他的谅解与支持。

范石生不但满口答应朱德的要求，而且还抽调一列火车给朱德运兵。部队在韶关正准备上车南下时，忽然有消息传来，说广州起义于十一日提前举行，起义已经失败，队伍已退往东江。

不久，有参加广州起义的二百多个士兵来投奔朱德。他们大多是原第四军教导团的学生，绝大部分都是共产党员。

部队没有得到下一步行动的指令，于是在韶关附近的一个叫犁头铺的地方驻扎下来。这里有一个大集市，朱德就利用这个交通便利、消息灵通之地，一边训练部队，一边同党中央联系。

此时，朱德为了中国革命也在为他的队伍寻找落脚点，选择革命根据地。一个偶然的机会，他从报纸上看到了毛泽东在井冈山一带活动的消息，证实毛泽东确实在井冈山建立了革命根据地。

"我们去找毛泽东，他确实在井冈山上！"朱德拿着报纸对陈毅说，"毛泽东与王佐、袁文才两名绿林好汉结成同盟，已将井冈山建成根据地，准备进行土地革命。"

"要找毛泽东，有一个人去联系最合适。"陈毅若有所思地说。

"谁？"朱德马上问。

"他叫毛泽覃，是毛泽东的亲弟弟，就在我们二十五师的政治部。"

"是吗？这太好了！"朱德喜出望外地说，"赶紧找他谈谈，派他上井冈山。"

二十二岁的毛泽覃化名覃泽，穿一身国民党的军官服，装扮成十六军的副官，日夜兼程，终于在宁冈茅坪见到了日思夜想的毛泽东，并向毛泽东详细地介绍了南昌起义军南下失败后，在朱德率领下转战赣南的情况以及两支部队会合的意向。

不久，两个陌生人来到犁头铺，急匆匆地走进朱德的司令部。只见其中的一位西装革履，一副阔商的派头。陈毅定睛一瞧便大笑起来："哎呀，何坤，哪阵风把你吹来的？怎么到这儿了？"

"陈毅，你也在这里？"来人也感到惊奇。

"过去相会在法兰西，今天见面在犁头铺，真是山不转水转，路不转人转！"性格开朗的陈毅逗趣着说。

来人叫何坤，后改名何长工，他和陈毅是留法勤工俭学的同窗。衣不如新，人不如旧，两个旧友激动得不停摇着对方的手臂。

"我改名字了，现在叫何长工，是从井冈山来的。毛委员派我来寻找南昌起义部队，我从井冈山到长沙，从长沙到广州，又从广州到韶关，奔走了两个多月才找到你们。"何长工兴奋地说，"你们的警卫真厉害，把我当假洋鬼子捆起来，幸好碰到蔡协民，才给我松了绑。"

二人对坐，谈兴正浓。这时朱德走了过来，听说是毛泽东派来的人，便紧紧握住何长工的手说："好极了！从报纸上看到了井冈山的消息，我们跑来跑去也没有个地方站脚，正要找毛委员去，前些天刚派毛泽覃同志到井冈山去联系，如果不发生意外，估计已经到了！"

寒暄几句，朱德便急切地询问起毛泽东的近况，问秋收起义、广州起义的情况这么样，问井冈山的地形环境情况怎样，问群众多不多、群众基础怎么样等等。

第二天，朱德交给何长工一封亲笔信和一些路费，握着他的手说：

"希望你赶快回到井冈山，告诉毛委员，我们正在策动湘南暴动……"

一九二八年元旦刚过，新年、新春、新气象还没有看到，第十六军军部却送来一封急件，使朱部再一次陷入紧张势态。

原来，蒋介石在范石生部安下的钉子丁煦，把南昌起义军余部隐蔽在范石生部队里，且朱德已化名隐藏其中的情况，密报了蒋介石。

正在和宋美龄度蜜月的蒋介石被这一消息气得火冒三丈，立即电告广东省政府主席李济深。尽管李济深和蒋介石同床异梦，但他们在对共产党的态度上是一致的。李济深接电后不敢耽搁，马上向范石生转达蒋总司令的命令，要他迅速查办，捉拿朱德。并派出方鼎英的第十三军监视范部及朱德动向。

范石生接电后闭门半日，然后修书一封，派贴身秘书杨昌龄速往犁头铺，劝朱德立刻离开，并送上一万块钱。他在给朱德的信上说："孰能一之？不嗜杀人者能一之？最后胜利是你们的，现在我是爱莫能助。"

正在训练场上督训的朱德接到范石生的信后，马上叫来陈毅商量："范石生来信了，说我们的情况已经暴露。看来，我这个结拜兄弟还算是言而有信的。现在蒋介石在追讨我们，李济深要抓我们，而且一下子来了一个军。我的主张是打得赢就打，打不赢就跑，范石生还建议我们走大路不要走小路。"

"待不下去，那就只好溜之大吉！"陈毅看着信说。

"不忘旧谊，信守协议。恨蒋又离不开，难得见前途，又下不了决心……这就是这些人的长短之处啊！"朱德慨然道。

"不管怎么说，范石生还派人给我们送来一万块钱。同学之情，沙场之义，难能可贵啊！"陈毅也感慨万分。

在部队转移途中，又发生了另外一件事。

自朱德与北江特委取得联系后，北江特委一面给朱部转达支援广州起义任务，同时也将朱部情况上报了中共中央。获此消息，中共中央才大致知道朱德的确切情况。早在广州起义之前，中央就给朱德写过一封长达万言的指示信，其中谈道：

桂东的北边，有毛泽东同志所领导的农军，你们应确实联络，共同计划——发动群众，以这些武力造成割据的暴动局面。假使你们已经同范石生发生了组织的关系，你们便应很坚决根据上述使命，从他们军队中分化出来，还将范石生的队伍拉出一部分来。你们必须依照从前的组织系统——团成立支部，下分小组，师成立委员会。你们这一部分队伍的组成形式，广东革命委员会已任命为工农革命军第一师。

一星期之后，中央在接到广东来信后，补来一封《给德兄并转全体同志的信》："为避免消灭的危险，你们只有坚决脱离范石生，立即与广东省委接洽直接受广东省委和北江特委的指导，完成你们对北江农暴应尽的责任。其余一切可参照前信斟酌实行。"

此信最引人重视之处，是中央的一个决定："假若同志中有怀疑脱离以及拆散范军的政策的人，必须无顾忌地予以开除，万一主持军队的同志领导着队伍反对这个决定，中央特命北江特委及×××同志行使非常手段，领导服从党命的同志消灭这一个反抗。"

显然，中央这封信中的非常决定，幸亏发生了告秘事件，朱德不得不率部断然离开范部，否则可能引发很难预料的后果。

一月三日，天下着雨，周围的景物都隐没在雨雾里。在这个如诉如泣的雨夜，朱德的部队在行动，范石生军部的部分共产党员和进步士兵也同时开拔。

早有人把这一情况报告给范石生，并建议立即派兵追击。

"我考虑考虑。"范石生挥去左右。

"军长，蒋总司令既然已知朱德在我部，不追一下，恐怕交不了差吧？"又有人来催范石生下达追击令。

范石生在太师椅上打起了"呼噜"。来人见劝阻无效，只好知趣地退下。

朱部向南雄进发，不久便开到浈水岸边。

突然，部队停止前进。前卫部队向朱德报告："第十三军已赶在我部前面。"

朱德扒开江边的树丛，见第十三军一部正坐船向南雄开进。估计先头部队已到南雄。以此判定，起义军东进的路线已被敌人切断，队伍被迫停了下来。

向何处去？再次成为中心话题。依据中央来信，湘南桂东、粤北海陆丰都是目的地，但哪里是最合适的呢？

大家议论纷纷，提出了许多建议。朱德认真地听着、问着、想着。

"去乐昌县的杨家寨子吧！我在那里有关系，我来带路。"说此话的人叫龚楚。

龚楚（1901—1995），又名鹤村，字福昌，广东乐昌人。一九二五年加入中国共产党，在北江地区搞过农民运动，带领农军参加过北伐战争，后又带领农军参加过南昌起义。起义军南下时，他回到乐昌县。起义军进驻仁化后，他又来到朱德所部。

在仔细询问杨家寨子地形、社情以后，知道杨家寨子在逶迤险峻的南岭南侧，有三百多户人家，山中有一块不多见的平坝，而且有党组织活动。于是，朱德和陈毅下决心前往。

龚楚没有失言，他不但认识宜章县农会主席杨子达，还认识秘密领导一支农民武装的胡少海。尽管龚楚七年后叛变投敌，成了"红军第一叛将"，但他在带领部队进入湘南举行起义时还是立了一功。

三九隆冬，寒风刺骨。朱德带领起义军穿过岭南大瑶山的林海，来到与湖南宜章一山之隔的杨家寨子。四民簇拥而观，箪食壶浆以迎，起义军受到了宜章县委书记胡世俭和农会主席杨子达的热烈欢迎。鉴于湘南群众基础较好，朱德准备在这里发动暴动，并决定首先在宜章点燃革命烽火。

宜章为湘南边陲，地处"楚尾粤头"，古有"三湘倚为屏障，百粤扼为喉襟"之称。当时的宜章城，敌人的守备力量比较薄弱，但是城坚难摧。朱德思量着，如果强攻，不仅会造成重大伤亡而不能速决，而且还会引来敌人援兵，使攻城更加麻烦。为确保湘南暴动第一仗的旗开得胜，朱德召开军事民主会，广泛听取指战员的意见。

胡少海沉思片刻，站起来说："报告军长，少海生在宜章，长在宜章，对宜章了如指掌。城里只有邝镜明的五百民团，都是些乌合之众，不堪一击。请军长给我两个连，冲进城去，保证杀他个片甲不留！"

胡少海语惊四座，不少人对他这种主动请缨、敢打头阵的精神，十分钦佩，频频点头。

朱德对胡少海的意见未置可否，但对他这种敢于拼杀的作风十分欣赏，觉得这是位难得的将才。他循循善诱道："打仗，既要有勇，更要有谋。斗勇，又斗智，以小的代价换取大的胜利。湘南暴动的第一仗，只能打好，不能打坏；只能成功，不能失败。请大家都讲讲自己的看法。"

"宜章，是座石头城，易守难攻。硬攻，伤亡大；久攻不下，敌人就会来援救。关键是要迅速拿下宜章，给敌人一个措手不及。"胡世俭这么一说，大家就七嘴八舌地议论开了，献计献策，各种招数都想到了。

正在踱步沉思的朱德，突然停住，环顾大家说："同志们，宜章既然没有正规军设防，只有五百民团，杀鸡焉用牛刀？依我看不必强攻，可以智取。我们不妨先来一个'请君入瓮'，然后再'瓮中捉鳖'。"

大家齐声叫好，都感到这是条"周郎妙计"，走的是一着绝棋。朱德对胡少海说："这出戏由你唱主角，我只是个导演，戏可一定要演得像真的一样，演好演活，不能有任何破绽。"

一月十一日下午，朱德挑选两百名战士，穿上国民党的军装，在"团副"胡少海的率领下打着范石生部一四〇团的旗号，大摇大摆地开进宜章城。先进城的部队按照朱德的指示，向各方官吏、地主、豪绅发出请帖，说是等大部队进城后要宴请他们，共商大事。

第二天，朱德带领大部队进入宜章城。伪县长杨孝斌带领本县有头脸的官吏、地主、绅士二十多人在县议会二楼恭候本县富豪之子人称"五少爷"胡少海荣归故里，因为事先已接到胡少海以国民革命军第一四〇团名义写的信。他们看到有这么强大的正规军来为他们保家护院，个个都喜笑颜开。

原计划以宴请各界为名，在酒桌上将反动官吏一网打尽。杨孝斌却死活不同意胡少海请客，还说什么不能反主为宾，应由他来为各位老总接风洗尘，以尽地主之谊。

朱德对胡少海说："这也好。我们就来个顺水推舟，借水行船吧！"

在县议会隔壁的宴春园，胡少海和朱德被安排在主桌。席间觥筹交错，推杯换盏，好不热闹。杨孝斌端起酒杯先敬胡少海："胡团副荣归故里，名在乡梓，功在党国。本县守土无方，还望海涵！"

"好说，好说……"胡少海一饮而尽。

酒过三巡，菜上五道。看着大家都有了酒意，朱德便问杨孝斌："你们这里有没有农民运动呀？"

"有，有！怎么会没有呢？"杨孝斌恭恭敬敬地答道，"从前年到现在，农民运动一直就没有断过。唉哟哟，闹得我们真是寝食不安呀！"

"哦，这么说你们受惊了！"朱德又问，"贵县在镇压共产党和农民运动方面，哪些人的功劳最多、贡献最大？"

这些人以为要论功行赏了，于是急忙张三举李四，李四荐王五，一时之间，宴会厅内争吵四起，像杂鸟闹林。这时一个留着山羊胡子的老乡绅站起来，十分圆滑地说："依我看呀，在座的各位乡绅，在镇压共党和农民运动方面都不含糊，都是有功之臣！"

"是呀，是呀……"听老乡绅这么一说，大家纷纷附和，个个笑逐颜开。

此时，随着"堂倌"一声响亮的长叫"鱼来啦——"，坐在首席位置上的朱德突然举杯立起："请问各位，杀了这么多老百姓，不怕有朝一日，人民找你们算账吗？"

这句话，就像晴天霹雳，一张张喝红了的醉脸，顿时吓得煞白。

"好啊，今天我要劝各位喝杯酒，祝贺你们为非作歹的日子到头了！"朱德说罢，独自一饮而尽，然后将酒杯扔出门外。

随着酒杯的掷地声，从门外闪进一群手持二十响快慢机的年轻军人，将宴会厅团团围住。出席宴会的官宦绅士哪里见过这种阵势，个个吓得魂不附体。

朱德厉声宣布："我们是中国工农革命军，就是来找你们算账的！"

这伙官宦绅士听了，个个像泄了气的皮球，沮丧地垂下了头。

与此同时，开进宜章城的另一支部队，按照朱德赴宴前的指示，已顺利地缴了团防局和警察局等反动武装的械。就这样，朱德率领的部队兵不血刃地占领了宜章城。

一月十三日上午，中共宜章县委在西门广场召开群众大会，庆祝暴动成功。朱德按照中共中央以前所给的番号，宣布起义军改名为"工农革命军第一师"，朱德任师长，陈毅任党代表，王尔琢任参谋长，蔡协民任政治部主任。就这样，宜章城第一次升起了镰刀斧头的红旗。

朱德智取宜章给当地反动势力以巨大的打击和震动，驻防广东乐昌的国民党军独立第三师师长许克祥深感受到严重威胁，亲自率部直扑宜章，企图乘起义军在湘南立足未稳之际，予以"剿灭"，并得意扬扬地说："老子用六个团与朱德的一个团较量，吃掉他绰绰有余！"

为了给许克祥部队以坚决打击，扫除湘南革命斗争的障碍，大年三十的前一天晚上，朱德率部和农军主力主动撤出宜章城，向县城西南约八十里的黄沙堡方向转移。国民党军轻而易举地占领宜章城后，许克祥视工农革命军的撤出是力弱惧歼，便下令立即向南追击起义军。

由于当地百姓不配合，许克祥根本弄不清朱德的部队究竟在何处。于是他又扬扬得意地自吹自擂："自潮汕一战，朱德已成惊弓之鸟。他在宜章得手，是由于守兵麻痹受骗所致，非战之罪。于今我许某大军一到，朱德自知不是敌手，固闻风而逃，东躲西藏了。"

一月三十日，经过周密调查后，朱德同陈毅、王尔琢连夜制定了作战方案。拟兵分两路，一路由熟悉地形的胡少海、谭新带领，迂回敌后，切断敌人退路，阻击增援之敌；另一路由朱德、陈毅、王尔琢率领主力，直捣岩泉圩，准备消灭许克祥的两个主力团。

第二天，起义军向岩泉圩悄悄进发。一个土豪向许克祥报告："朱德的部队到了百岁亭，离这里不到五里地。"

许克祥非但不信，反而训斥道："你这是造谣惑众，扰乱军心！"

早晨七点钟，早睡晚起的太阳刚刚露脸，岩泉圩上便传来了响亮的哨音，许克祥的部队开饭了。这时，工农革命军以迅雷不及掩耳之势冲进岩泉圩。这支部队虽然人数不多，却是南昌起义留下来的精锐部队，又经过严格训练，战斗力很强，前来助战的农军，也在四面山上摇旗呐喊，燃放鞭炮。

与此同时，胡少海、谭新带领的另一路人马已插入敌后，断了许克祥的退路。在前后夹击之下，许克祥腹背受敌，无法招架，急忙跟着他的卫队仓皇出逃。先是被人抬在轿子里跑，来到武水渡头，眼看起义军就要追上，不得不丢下轿子，爬上小船，从水路狼狈而逃。

除了没抓到许克祥是个遗憾外，朱德对这次战斗相当满意。歼敌主力一千余人，缴获大批武器和物资。先得范石生资助，又有许克祥"惠赠"，朱德的底气更足了。坪石大捷后，许克祥获得一个"许送枪"的雅号。尝到了胜利果实后，朱德乐滋滋地说："'许送枪'帮助我们起了家。"

"'许送枪'给我们送来这么多武器弹药，我们还来不及打收条，他就溜了！"战士们打趣地说。

"是啊，只好等他下次再送时一块补了！"朱德和战士们痛快淋漓地大笑起来。

起义军重占宜章城后，便成立了宜章县苏维埃政府。这是一个到处都有激情像干柴一样燃烧的时代，中共湘南特委和各地党组织抓住李宗仁与唐生智重新开战无力顾及湘南的有利时机，纷纷组织领导工农群众起义。

第四章

创建苏区

　　朱德：我们在井冈山上待了六个月，击退了三次想消灭我们的进攻。这时彭德怀在平江起义之后也到达了井冈山。一九二九年我们留他驻守井冈山，毛和我率领部队去江西南部、福建、广东、湖南，进行建立苏维埃的长期斗争。

舍命夺失地

时令刚刚进入春天，三湘大地便开始脱去它那枯黄的外套，各种植物从冬眠中苏醒过来，争先恐后地钻出解冻了的地面，吐出翠绿的嫩牙。走进原野，人们可以闻到被雪水沤烂了的枯草败叶的霉味，和融混着禾苗、树木、青草散发出来的清香。

春节过后，起义军挥师北上，在黄泥坳打垮国民党军何键部两个营后，迅速占领了湘南重镇郴县，并帮助建立了县苏维埃政府。

二月十日，朱德率领起义军主力继续北上，于六天后攻占耒阳。第二天，当地召开隆重的欢迎大会。朱德在会上高兴地说："蒋介石、李宗仁和汪精卫、唐生智正在混战。趁着这些强盗吵嘴打架、互相揪住辫子不放的时候，我们发动了湘南暴动，组织和武装了工农群众，壮大了自己的力量。"

二月二十九日，林彪带领一个连护卫着全师的命根子后勤辎重从永兴赶往耒阳。行至小水铺时已是三更半夜，大地一片朦胧，淅淅沥沥的小雨下个不停，山路崎岖，又黑又滑。

突然间枪声大作，一支数百人的民团幽灵似的从暗处杀出，将辎重队截为数段，不时有人中弹倒下。林彪命令部队收缩，拼死抵抗，好不容易才将敌人击退。但清点人数时，部队伤亡三十余人，运送的军用物资被抢劫一空。

林彪沮丧地来到耒阳城，朱德大为恼怒，质问："你护送的物资呢？你带领的队伍呢？你在黄埔军校学的本事呢？"

林彪本来就不善言辞，打了败仗更是羞愧难当，于是索性低着脑袋让朱德训个够。但他毕竟是"林"子里的一只"虎"，尽管长得像车把式手里的长鞭杆；可心里却咽不下这口窝囊气。

朱德见林彪攥着拳头发功似的一言不发，知道他心里也难过。响鼓不用重锤敲，于是放缓语气问："你打算怎么办？"

"报告师长！"林彪立正敬礼，腰杆挺得像一根标枪，"我已查明袭击我部的是耒阳县民团谭孜生部，我要他血债血偿……"

听完林彪的复仇计划，朱德眼睛一亮，对这位人小心不小的年轻人重新打量了几眼，颔首批准了他的计划，给他一个扬威服众的机会。

三月三日拂晓，一支打着"国民革命军第十九军"旗号的队伍向小水铺开来，领头的国民党军官骑着一匹大洋马，年龄不大，人挺清瘦，引人注目的是他那两道浓眉和浓眉下那对闪烁着锋芒的眼睛。这位威风凛凛的国民党军官就是化装后的林彪。

驻扎小水铺三公庙的谭孜生早闻十九军将要来耒阳"剿"匪，没想到他们首站到了小水铺，立即率队出迎，并扬扬自得地汇报了如何偷袭红军辎重队的功劳。林彪眯缝着眼听完了汇报，大加赞扬："谭团总足智多谋，为党国立下了奇功，一定报李宜煊师长嘉奖。这样吧，我先参观一下你们的战利品，下午再开一个庆功会。我要代李师长先行犒赏，务必请那天参加战斗的有功人员都入席。"

下午三时，庆功会在三公庙召开。会场像娶媳妇送殡一样热闹，庙内庙外摆了数十桌酒席，谭孜生和众头目进入庙内大厅，依次落座。酒过三巡，谭孜生恭敬地请"国军"长官致辞。

林彪不动声色地走到大厅中央，将手中的酒杯一摔，端坐在大厅的二十余名"国军"军官掏出腰间的驳壳枪，一齐开火，把谭孜生和众头目打成血筛。庙外喝得半醉的团丁们听见枪声，不知发生了什么事，惊慌中也被化装成"国军"的起义军战士俘虏。

经此一仗，林彪不仅夺回了被抢的全部辎重，还俘虏了数百名团丁。

三月九日，起义军被李宜煊带领的国民党军逐出耒阳。林彪主动向朱德请战："现在耒阳城内，敌人多半是在领功请赏，戒备必定松懈，我军应该趁敌不备，大举反攻。"

林彪在军事指挥上尤其注重细节。果然不出所料，耒阳一战，消灭敌军百余人，抓获俘虏八十余人，可谓大获全胜，这个"林子里的虎"也因此一啸冲天。

朱德发现林彪沉默寡言的外表下蕴含着过人的才华：此人聪明绝顶，临危不惧，遇乱不慌，有灵活机动、善用疑兵的战斗风格，是个做大事的材料，于是就提拔他为二营营长。

三月上旬，湘南特委派代表周鲁到井冈山，传达和贯彻临时中央政治局扩大会议决议和湖南省委的指示，指责以毛泽东为书记的前委"工作太右""烧杀太少"，宣布给毛泽东以"开除中央临时政治局候补委员"和"撤销现任省委委员"的处分；取消前委，成立师委，毛泽东改任师长。并命令工农革命军离开井冈山，去支援湘南暴动。

作为一名共产党员，毛泽东不得不接受周鲁传达的中央指示。但下山后，他没有直接去湘南，而是在湖南酃县中村待命，一面就地整训部队，一面发动群众；同时，派毛泽覃带着特务连去湘南同朱德联络。

三月下旬，毛泽东得知朱德、陈毅率领的起义部队遭到广东、湖南"协剿军"的夹击在湘南难以立足时，便决定接应和掩护他们撤退，于是兵分两路赶赴湘南。毛泽东率工农革命军第一师第一团向桂东、汝城进发；命令袁文才、何长工率第二团向郴州、资兴进发。

三月二十九日，为了保存起义军实力，避免在不利条件下同敌人决战，朱德当机立断下令退出湘南、上井冈山的重要决策。在毛泽覃带领的特务连接应下，朱德率领工农革命军第一师和新成立的第四师及宋乔生领导的水口山工人武装，于四月上旬经安仁、樟桥、茶陵到达酃县的沔渡。

正在郴州的陈毅接到向井冈山转移的命令后，立即组织湘南各县的党政机关和湘南农军向东撤退，在资兴意外地同由袁文才、何长工、王佐率领的工农革命军第二团会合。不久，黄克诚带着永兴的八百农军也赶到资兴的彭公庙。

四月中旬，陈毅率领的工农革命军主力一部和湘南农军第三师、第七师以及袁文才、何长工率领的第二团到达沔渡，与朱德率领的主力部队会合。大家在弥漫着油菜花香的山坡上欢天喜地，兴奋不已。

第二天早晨，金灿灿的太阳把群山照得闪光透亮，让红军指战员们看到了光明的前程。何长工遵照毛泽东"请朱德到井冈山做客"的指示，带领第二团先期回到井冈山地区，筹办两军会师的有关事宜。

四月二十四日，朱德、陈毅率领起义军和湘南农军一万余人，来到江西宁冈砻市。两天后，毛泽东在酃县一带完成阻击敌人、掩护朱部上山以后，也回到了砻市。为了会见年长八岁的朱德，毛泽东特地换下穿惯了的长布衫，找人连夜赶做一身礼服——灰布军装。

"郴衡湘赣之交，千里罗霄之腹"的井冈山，在初春阳光的沐浴下显得格外秀丽。位于黄洋界西南的砻市，清澈的龙江穿市而过，江畔屹立着一座古老雄伟的建筑——龙江书院。从此，这个名不见经传的地方就被端端正正地写进了史籍。

伟人的初次见面是深沉和富有传奇的。听说毛泽东要过来，朱德把胡须刮得干干净净，换上一套洗得发白的军装，把绑腿打得结结实实，早已等候在龙江书院。当看到大步走来的毛泽东伸出手时，朱德急忙抢前几步，也伸出手来。于是，这两位爱吃辣子的巨人之手紧紧地握在一起了，是那么的有力，那么的热烈，又是那么的激情。

"朱将军真是名不虚传啊，这次湘赣两省的敌人竟然奈何不得你们！"毛泽东以赞赏的口吻说。

"我们转移得快，全靠你们的掩护！"朱德激动地说。

"咱们原本就是一家人嘛！"毛泽东问，"朱将军这次带出来多少人马？我想这个数目不会少吧！"

"大概有万把人吧！"朱德保守地估计了一下。在此之前，他已了解到井冈山的部队只有千人左右，故意说了个大概。

"好啊，你们这一来，工农革命军就如虎添翼了！"毛泽东感慨地说，"当年刘、关、张桃园结义时，那才几个人马？如今两支队伍合成一股，那才叫兵强马壮呢！"

"我们这两股力量合在一起，以一个军的实力来看恐怕当之无愧！"朱德兴致勃勃地说。

很快，井冈山的干鲜果品和清香的绿茶送了上来，毛泽东作为主人，也因为朱德年长，处处敬朱德为先。当晚举行大会师聚餐，不胜酒力的毛泽东竟连敬"朱兄"三盏。

"朱毛""朱毛"，这个伟大的结合，也是伟大人格的结合。从此，朱德的名字和毛泽东的名字一起被写在共和国最显著的史页上。"朱毛"成了红军的代名词，以至在这两个字之间都难以放进一个顿号，甚至连敌人都误认"朱毛"是一个人。

五月四日，云淡风轻，天晴气朗。在龙江侧畔的沙洲上用几十只木桶和门板搭起了主席台，还用竹竿和席子撑起了凉篷，主席台的两侧挂着许多彩旗和标语。战士们迈着整齐的步伐走进会场，宁冈、遂川、永新、酃县等地的农民群众，扛着梭标举着红旗也川流不息地聚集砻市，兴高采烈地来参加庆祝会师大会。

上午十时左右，朱德、毛泽东、陈毅、王尔琢和根据地党政军各方面的代表登上主席台。身穿簇新军装的毛泽东第一次挎上匣子枪，显得非常威武。他对身边的朱德诙谐地说："背上驳壳枪，师长见军长！"

这时，已经当选为四军军委委员的陈毅宣布庆祝大会开始，列队站在主席台前的几十名司号员一齐吹起庄严的军乐，紧接着鞭炮齐鸣，锣鼓喧天。之后，陈毅代表军委宣布两军会合后，改编为中国工农革命军第四军，军长为朱德，党代表为毛泽东，参谋长为王尔琢。

接着，朱德开始讲话。在一片热烈的掌声中，他站在主席台前说："我们党领导的两支革命武装的胜利会师，意味着中国武装革命的新起点。参加这次庆祝胜利会师大会的同志一定都很高兴。可是，敌人却在那里难过。那么，就让敌人难过吧！我们不照顾他们的情绪，我们不仅让他们难过，将来还要彻底消灭他们呢！这次胜利会师后，我们的力量大多了，又有井冈山作根据地，我们就可以不断地打击敌人，不断地发展革命……"

毛泽东在讲话中指出了这次会师的历史意义，同时非常乐观地分析了会师后的光明前途。他说："我们的军队不光要打仗，还要发动群众、组织群众。现在，我们虽然在数量上、装备上还不如敌人，但我们有马列主义，有群众支持，不怕打不败敌人。敌人并没有孙悟空的本事，即使有孙悟空的本事，我们也有办法对付他们，因为我们有如来佛的本事。他们逃不出如来佛的手掌！我们要善于抓住敌人的弱点，然后集中优势兵力专打那一部分。十个指头有长有短，荷花出水有高有低，敌人也有强有弱，兵力分布也难保有不周全的地方。抓住了敌人的弱点狠狠打一顿，打胜了，立刻分散到敌人的背后去'捉迷藏'。这样，我们就能掌握主动权，把敌人放在我们手心里玩。"

浑身散发着典型中国农民质朴气息的毛泽东，讲话风趣幽默，大家听得轻松愉快，心花怒放，信心倍增。全场响起了热烈的掌声和欢呼声。接着，他代表四军军委宣布了"三大任务"和"三大纪律，六项注意"。

参谋长王尔琢在会上就搞好军民关系的问题讲了话。各方面的代表也相继讲话，大家都热烈祝贺两军胜利会师和四军的成立。

会场上响起了山鸣海啸般的欢呼声，士兵和老百姓抑制不住激动的心情，跑上台去抬起朱德、毛泽东、陈毅等军政首长，绕场欢呼一周，气氛至为热烈。一时之间，竟让执行警戒任务的林彪倒吸一口凉气，直到散会没出乱子他才把心放回肚子去。

五月二十五日，中共中央发布了《军事工作大纲》，规定"在割据区域新建立之军队，可正式定名为红军，取消以前工农革命军名义"。从此，中国工农革命军第四军改称为中国工农红军第四军，简称红四军。

朱德和毛泽东在井冈山会师，不仅震惊了江西、湖南的国民党当局，也使国民党中央政府大为震惊。蒋介石对朱毛这两个人并不陌生，毛泽东雄才大略，深得民心；朱德素为军中宿将，娴熟军事。二人结合，那简直是如虎添翼，如若不及早剪除，必将后患无穷。

于是，蒋介石电令湘粤赣三省政府"克日会剿"朱毛红军。可是他又不肯动用自己兵强马壮的中央军，江西省国民政府主席朱培德率领他的赣军已接连吃了三次"进剿"的败仗，深知红军的厉害。但军令如山，他不敢怠慢，只好重整残部，准备再战。

六月中旬，朱培德调集第九师和第二十七师共五个团的兵力，以第九师师长杨池生为总指挥、第二十七师师长杨如轩为前线总指挥对井冈山发动第四次"进剿"。因为这两个师长都姓杨，江西老俵称他们为两只"羊"。他们原来都是滇军，后来投靠了蒋介石。部队装备好，受过正规训练，战斗力相当强。

杨如轩是靠着井冈山"出名"的，也是井冈山断送了他的"锦绣前程"。如果没有井冈山，也许中共党史上根本就不会出现"杨如轩"这个名字。现在，他要和他的老同学朱德刀枪相见了，讽刺的是，他们曾在云南讲武堂立下过"永不背叛"的誓言。

杨如轩上次在草市坳吃了败仗，不仅丢掉了永新城，还差一点送了命。败军之将，非但不受惩罚，反而被朱培德封为前线总指挥。受宠若惊的杨如轩草草包扎好伤口，左手还挂着绷带就强打精神地带着剩下的两个团来到了他的伤心之地永新。

为了配合这次"进剿"，在国民党南京政府的严令之下，湘军吴尚的第八军也不敢怠慢，立即派出一个师向攸县、茶陵逼近，威胁着井冈山根据地的西侧。

在这种严峻的形势下，精通兵法的朱毛根据三次反"进剿"中总结出来的"敌进我退，敌驻我扰，敌疲我打，敌退我追"的十六字诀，首先下令红军撤出永新城，集结于宁冈休整，伺机歼敌。

在宁冈茅坪召开的军事会议上，朱毛分析了敌情，讨论了对策，最后定下"对湘敌取守势，对赣敌取攻势"的作战方针，决定集中兵力对付赣军杨池生和杨如轩部，对湘军吴尚部则取守势。而在第一阶段，先采取声东击西的战术，向西出击湖南鄜县。

这样，既可牵制湘军，使其不敢轻举妄动，又能引诱赣军出击，达到"引蛇出洞"的目的，以利红军调转头来歼灭之。为此，会议决定由毛泽东、朱德、陈毅率领红军主力第二十八团、三十一团和二十九团西征鄜县；袁文才、王佐率领第三十二团留守根据地，密切监视赣军的动向。

会后，毛泽东率领第三十一团从茅坪出发，经大陇进入湖南鄜县的沔渡、十都；朱德、陈毅率领第二十八团和第二十九团，从茅坪的西南方向进入鄜县的十都。在同第三十一团会合后，一举击溃了湘军吴尚的一个团，迅速占领了鄜县县城。

红军主力出击湖南、攻占鄜县的消息传出后，两只"羊"高兴得拍手叫好，以为好运来了，立即下令向井冈山根据地进攻。杨如轩带领第二十七师的两个团和第九师的一个团，企图经老七溪岭或新七溪岭进入宁冈；杨池生带领第九师的另外两个团守在永新城里，或进或退，等待形势的发展。

七溪岭，是横卧于永新与宁冈之间的一座高山峻岭，像一把铁钳紧紧地扼住赣西进入宁冈的门户。山势险要，树木茂密，道路狭窄。高山顶上有两个可以通过的口子，一个是自古就有的，一个是后来开辟的，它是从永新到宁冈的必经之地。

杨如轩在白口设立前线指挥部后，就亲自带领两团人马向老七溪岭进发；另一路的一个团是杨池生的部队，由团长李文彬指挥，从龙源口向新七溪岭前进。他们认为采用这种"分进合击"的战术向根据地推进，那是稳操胜券的。

红军得到敌人从永新出动的消息之后，便立刻回师宁冈，并在宁冈新城召开了军事会议，详细研究歼敌计划。会上，围绕着打不打和怎样打的问题，展开了激烈争论。最后决定：兵分两路：一路打敌人正面；一路打敌人背后。

当年，杨如轩、杨池生在滇军里都是朱德的部下，他们有多大本事，能吃几碗干饭，朱德了如指掌。朱德命令："因为新七溪岭是杨池生的主力，由我带二十九团去截击。由陈毅、王尔琢率二十八团打主攻，出击老七溪岭敌人的后背。"

六月二十三日，第二十九团在团长胡少海的率领下，首先抢占了新七溪岭的制高点望月亭。当李文彬带着他的一团人向新七溪岭的制高点冲来时，突然遭到红军的猛烈轰击，未能得手。但赣军仍不死心，凭着他们武器精良、弹药充足，不断发起攻击，逐渐变为优势，抢占了红军的前沿阵地风车口。

山头在一个一个地被争夺，阵地在一寸一寸地丢失，红军第三十一团一营赶来增援后，仍未能扭转局势。朱德看到敌人潮水般地拥向望月亭，突然大喊一声："坚决把敌人顶回去，决不让他们前进一步！"

突然"叭叭"两声枪响，朱德的八角帽上冒起两股黑烟，原来是帽子被打穿了两个洞。朱德毫不在意，只见他脱掉外衣，摘掉斗笠，提着一挺花机关枪，带着三个警卫员从望月亭上冲下来。他一到阵地前沿，端起花机关枪对准风车口的敌人就是一顿狂扫猛射。

俗话说：兵随将领草随风。红军战士在朱军长冲锋陷阵、不怕牺牲的大无畏精神鼓舞下，勇气倍增，个个奋勇当先。他们从阵地上一跃而起，奋不顾身地冲向敌阵，枪声和杀声震天。敌人终于顶不住了，一窝蜂地向山下逃去。

朱德大喊一声："冲啊，夺回风车口！"

敌人已溃不成军，只顾逃命，完全无抵抗能力。短短的几分钟后，红军又夺回了风车口。

在老七溪岭方向，杨如轩带着他的二十五团和二十六团，一大早就发起攻击，抢先占领了制高点百步墩。红军第二十八团因为距老七溪岭较远，赶到时已处于不利态势。他们在王尔琢的指挥下，多次发起攻击，都未能奏效。

这时，赣军的大部队已经赶到，居高临下地向第二十八团压来。在这千钧一发的关头，王尔琢召开紧急会议，决定由第三营营长肖劲带队，从部队中抽调班、排长和共产党员组成"敢死队"，趁敌人中午休息之机发起攻击，经过几次猛扑，终于占领了制高点，夺下了百步墩，接着一阵猛打猛冲，一直把敌人赶回龙源口一带。只可惜，三营营长肖劲牺牲了。

正在新七溪岭上鏖战的杨池生，从望远镜里看到老七溪岭上红旗招展，本来已慌了手脚，突然又得到杨如轩溃逃的消息，更加心慌意乱，于是便采取三十六计走为上。

朱德已看出敌人企图逃跑的征候，便抓住这一有利时机，组织第二十九团和第三十一团一营，向杨池生的李文彬团发起进攻。红军呐喊着像海潮一般拥向山下，李文彬已无法招架，便带着部队奔向龙源口，打算夺路而逃。

就在这个当口，埋伏在武功潭一带的第三十二团和永新赤卫大队，在袁文才指挥下，趁势袭击了设在白口的杨如轩的前线指挥部。杨如轩一看大势已去，匆匆爬上马背向永新城逃去，路上被流弹击伤。

朱德带着第二十九团从新七溪岭乘胜追击，在龙源口会同第二十八团把敌人团团围住。这时，埋伏在附近的近千名地方武装，也摇旗呐喊，投入战斗。赣军腹背受敌，军心瓦解，全线崩溃。龙源口一役，歼灭赣军一个团，击溃两个团，缴获步枪四百支，重机枪一挺。

龙源口战斗是井冈山时期最大的一次战斗，规模之大、歼敌之多、影响之深，前所未有。红军乘胜第三次占领了永新城，彻底粉碎了国民党军队对井冈山革命根据地的第四次"进剿"。永新地区的群众在欢庆龙源口大捷时，还编了一首广为流传的歌谣：

朱毛会师在井冈，红军力量坚又强。
不费红军三分力，打败江西两只"羊"。

转战路上危机重重

江西的六月，正值雨季。这天晚上，云蒸霞蔚，似乎有一场大雨憋在天幕的后面，想要爆发又没有出口。本来气候宜人的井冈山，此时却闷热得让人喘不过气来。

位于茨坪西北的大井是"井冈山五井"之一，毛泽东正在这里主持召开红四军军委、边界特委和永新县委联席会议。会上，湖南省委特派员杜修经和杨开明传达了红四军向湘南出击的命令，还宣布由杨开明接替毛泽东的湘赣边界特委书记，取消军委，组成由毛泽东为书记的前敌委员会随军出发。

毛泽东对湖南省委的指示提出了不同意见："湘南敌军实力强大，红四军兵力不足，出击湘南如同鸡蛋碰石头，况且我们已经有了'三月失败'的教训。"

"新的根据地尚不稳固，而新的军阀大战并未实际爆发。此时开往湘南，不能称其为上策。"朱德也不赞同湖南省委的指示，"还有一点很重要，在各方面都不利的情况下，红军远离根据地，出征湘南，不论对边界工作，还是对红四军自身都是不利的。这一点要设法与湖南省委负责同志沟通才是！"

会议上，多数人都支持朱毛的意见，决定不执行省委的决定。

会后，毛泽东以红四军军委和湘赣边界特委的名义向湖南省委写出报告，从红军、敌情、根据地以及政治、军事和经济方面陈述了六条理由，阐明红四军离不开宁、永、莲的现实，并提出一俟条件成熟，红四军仍可出击湘南，参加总暴动。

此时，湘、赣两省国民党军调集了六个师的兵力，对井冈山革命根据地发动"会剿"。为了粉碎声势浩大的"会剿"，红四军主力分兵两路，一路由毛泽东率第三十一团在永新牵制赣敌，一路由朱德、陈毅率第二十八团、二十九团去进攻湖南酃县、茶陵，调动湘敌回援，再寻机击破赣敌。

七月十三日，朱德率两个团攻克酃县。在达到调动湘敌回防的目的后，本拟按计划折回永新，可是随军行动的杜修经坚持省委要红四军去湘南的决定，由原宜章农军改编的第二十九团官兵也以省委指示为由闹着要"打回老家去！""就地闹革命！"朱德和陈毅多方面做工作亦不见效，他们甚至说官长不同意，就是交出枪来也要回去。

朱德对士兵们说："军部没有决定，怎么能回湘南？"

"军长有权带我们回湘南。"这些来自湘南的士兵家乡观念很重，不愿意留在井冈山。

"革命要听命令。"朱德强调说。

"你带我们回湘南，我们就听你的命令……"

在这种情况下，朱德立刻写信给留在永新的毛泽东，同时召开红四军军委扩大会议，对第二十九团要返回湘南的行动加以阻止。经过千言万语的劝解，并断然宣布撤销第二十九团士兵委员会，朱德下令红军大队开往沔渡，仍准备返回井冈山北麓的永新。

七月十四日，红军大队向东开拔。在沔渡宿营时，第二十九团的官兵又闹了起来，仍坚持要回湘南。朱德、陈毅看到这种情形，觉得勉强留住他们也不能作战，便再次召开军委扩大会议讨论下一步行动。

会上，龚楚竭力主张把部队拉到湘南去，杜修经也支持去湘南的意见，第二十九团的士兵又闹着不去永新要回湘南。在这种不同意见占上风的情况下，军委改变原定计划，同意第二十九团去湘南的要求。但又担心第二十九团回去孤军力薄，乃决定第二十八团也同去湘南。

两个团冒着盛夏酷暑向湘南开进，三百多里路走了一个星期。来到郴州附近，方知这里驻的是范石生部。朱德此时想起了与范石生分手时的承诺："今后相遇，你不打我，我也不打你！"

"共产党的军队发展到今天，我们不能忘掉朋友吧！"尽管朱德打过杨如轩，也打过杨池生，同金汉鼎也交过手，但他感到范石生不同于那些人。那些人执迷顽固，而范石生具有一定的革命性。何况在范石生的部队里还有我们的党组织，有我们的同志，一旦条件成熟，那就是革命力量的一部分。

"报告！"一个清亮的声音把朱德从沉思中拉回来。

"城里情况查清了！"王尔琢派人来报告情况，"根据城里跑出来的老百姓讲，城里的驻军不是许克祥部，是范石生的一个补充师，战斗力不强，都是新兵！"

朱德担心的事终于发生了。他缄口不语，许久才挥手让来人下去。

"打吧？"有人又来催促了，"都是新兵，更不成问题！"

朱德还是没有吭气，只是把目光转向迷蒙中的郴州城，以感怀他们刻骨铭心的情谊和思念。突然，他转身对杜修经说："不打了吧？"

就在这时，第二十九团已在城东同范部接上了火，砰砰砰的枪声像爆豆一样马上紧了起来。杜修经向郴州方向一指："已经打响了，就这样吧！"

经过一天的战斗，由于农民出身的第二十九团作风涣散，战场纪律不好，袭击郴州先胜后败，朱德不得不下令撤出城外。他在城外的耒水岸边亲自带机枪连掩护部队过桥，粟裕见此情形，急忙跑过来说："朱军长，你先过河，我们留下掩护！"

军情紧急，朱德没有说话，只是握了握粟裕的手，尔后转身撤走。

从郴州突围出来的第二十九团仅剩团长胡少海、党代表龚楚和萧克一个连，总共不到百十人，后被编入第二十八团。朱德强压着痛苦与哀伤，退到桂东沙田镇。在万寿宫召开的党代表会议上，他和陈毅都作了认真的检讨，主动承担了责任，并接受了"留党察看三个月"的处分。

八月二十五日，部队向边界撤退途中，二营营长袁崇全因惧怕追究失败责任，率部叛逃。在他的诱惑下，还有四个连队被拖走。所幸几个连长发觉行军方向不对，与袁崇全进行了坚决的斗争，并当即带领连队脱离了他们。

这时，军部收到一封信。这封署有袁崇全、杜松柏、曹振飞等七人姓名的信除了咒骂共产党和红军外，还扬言要枪毙朱德、陈毅、王尔琢。

朱德看完信，声色俱厉地说："无论如何要把这七个败类抓回来，把受蒙蔽的部队引导回来。只要我们想办法点破袁崇全的阴谋，士兵们会觉悟的，一定会反戈一击。"

当天晚上，红四军军委召开紧急会议，商议对策。朱德提出派林彪带一个营追踪搜索，王尔琢自告奋勇地说："我与袁崇全是湖南石门的老乡，又是黄埔军校的同学，平时与他来往较多，我去把他和带走的部队争取回来。"

王尔琢单枪匹马地来到袁崇全住的寿昌杂货店，边走边喊："同志们，我是王尔琢，是来接你们回去的。袁崇全同志，有什么意见就讲嘛……"

听见王尔琢的声音，正在搓麻将的袁崇全离开牌桌，拿起两支驳壳枪冲到门口，双枪齐发，王尔琢当场倒在殷红的血泊中。这位曾立下誓言"革命不成功，一不刮胡子，二不剃头"的青年战将，没有战死在沙场，却倒在叛徒的枪口之下。

红军大队回到井冈山，征尘未洗，便在砻市举行了隆重的追悼大会。朱德含泪致悼词，毛泽东亲自题写一副挽联：

> 一哭尔琢，再哭尔琢，尔琢今已矣！留却重任谁承受？
> 生为阶级，死为阶级，阶级后如何？得到胜利方始休！

一九二九年一月，刚刚就任国民政府主席的蒋介石看到随着彭德怀、滕代远率领红五军投奔井冈山，朱毛红军和中央苏区不断扩大，遂下决心予以摧毁。他任命湘军军阀何键为总指挥，赣军军阀王均、金汉鼎为副总指挥，出动六个旅共三万余人，从永新、莲花、茶（陵）鄢（县）桂东、遂川等地分五路向井冈山发动第三次"会剿"。

一月四日，井冈山风雪弥漫，天地一片银白。红军在宁冈的柏露召开了为时两天的前委、特委、军委及地方党组织负责人联席会议，传达讨论了中共"六大"的决议和如何对付湘赣两省的第三次"会剿"。经过权衡各方面的利害之后，前委决定红五军留下守山，红四军向赣南发展。

一月十四日，朱毛率领红四军军部直属队和第二十八团、三十一团共三千六百余人，从井冈山的茨坪和小行洲出发，向赣南出击，实施外线机动作战，以打破敌人的军事"会剿"和经济封锁。

何键得知红军出动的消息后，立刻从"会剿"红军的五路人马中抽调第一路李文彬部和第五路刘建绪部共四个旅，前往大汾、左安等地堵截，并尾追红军南下。何键还下达通缉令：拿获朱德、毛泽东者各赏洋五千元。

高大绵长的罗霄山被随风飞舞的雪花打扮得千姿百态，却冷得让人吃不消。属于精神活动的审美享受，毕竟要在衣食无虞、饱暖无忧之后。红军每天在雪地上行军五六十里，一路闯关过隘，于一月二十二日攻下了赣南重镇大余城。部队在大余停留两三天，这时国民党方面已弄清红四军主力的动向。

前委让二十八团在城东北负责警戒，但林彪思想麻痹，没有派部队占领城东北的天柱山和惜母岭两个制高点。当沉睡中的红军听到"叭叭叭"几声枪声和一阵阵炮弹轰炸声时，还没弄清是怎么回事就被偷袭的敌人包围了。

战士们投入战斗，却无法压住敌人越来越猛的火力。林彪神色慌张地跑来向朱德报告："军长，战士们顶不住了，怎么办？"

朱德十分恼火，大声命令："为了掩护多数人撤退，你们顶不住也要顶！"

毛泽东也在一旁说："这个仗一定要打，一定要打好！"

毛泽东的话音未落，子弹就呼啸着从头顶飞过。敌人如潮水一般向他们涌来，有的已跑到了红军队伍的前面，有的夹在红军队伍中。在这种敌我混杂的情况下，朱德不便公开下达命令，只能用暗示的方式通知大家："冲啊，向城墙边冲啊！"

朱德和林彪带着部队转移到城墙边，不一会儿，毛泽东和陈毅也赶来了。朱德见军部主要领导已到齐，来不及与毛泽东商量便果断命令，马上撤出大余城，出城后向敌人薄弱的东北方向转移。

他们前脚刚离开，敌人便追了过来。朱德和毛泽东跑散了。朱德回头一看，发现后面都是些生面孔，便问警卫员："这些人是敌人还是自己人？"

警卫员回头一看，不由得吓了一跳，离他俩只有一步之遥的都是敌人。他镇定了一下，然后对朱德小声说："没关系，快跑！"

朱德正在疑虑，突然有个敌军官跑过来伸手说："长官，烟瘾来了，能不能借给我一支烟？"

朱德马上明白，自己已与敌人走到一起了。他脑子一转，便摸了摸口袋假意地说："糟糕，我的烟跑丢了。你是哪个部分的，明天我有烟给你送去两包。"

那个军官回答说："我是二十一旅的。"

敌人与自己面对面，形势万分危急。为了甩掉敌人，朱德一口气跑出四十余里，在一个山沟里与毛泽东、陈毅会合，这才发现第二十八团团长何挺颖、独立营营长张威等二百余人在激战中英勇献身。由于林彪的疏忽大意和二十八团的过早撤离，红四军险些陷入绝境。朱德严厉地批评了林彪，并给了他口头警告处分。

第二十八团有一千九百多人，战斗力最强，是红四军中有名的"钢铁团"，不能群龙无首。尽管朱德对林彪爱打"滑头仗"很有看法，但正是用人之际，加之毛泽东欣赏他的军事才能，朱德还是同意了由林彪来接任红二十八团团长的重任。

毛泽东第一次见到林彪，是在去年五月。当时，红四军在井冈山的茨坪开会，军政首脑济济一堂。主动在会上发言的林彪慷慨激昂地说："敌人来进攻，红军集中打敌人；敌人打走了，消灭了，红军就分散做群众工作，打土豪分田地，组织赤卫队，建立苏维埃……"

这几乎都是毛泽东常说的话，也是他秋收起义后不断思索的建军经验。见这个年轻干部领会得这么透彻，毛泽东很是高兴，忙问身边的陈毅："这个人是谁？"

"这是二十八团一营营长林彪，林子里的三只虎。"陈毅介绍道。

"林子里的老虎！"就这样，毛泽东对林彪留下了极好的印象。

红日西沉，天色已晚，部队来到乌迳。连续的战斗和行军，战士非常疲劳，很快就宿营休息了。大家都在平坝上露营，总以为敌人也很疲劳，不会再来追击了，便放心地睡起了大觉。

就在大家鼾声大作之时，地方党组织派人把敌人正准备突袭红军的消息送来了。在这千钧一发之际，红军即刻惊起，转移时连号都没有吹，迅速摆脱了敌人。这次红军的命运是极端危险的，正如朱德后来所说："如果没有地方党的支持，那一下就被敌人搞垮了！"

离开乌迳后，红军先到南雄的界址，再折入江西信丰县境。为摆脱强敌，每日平均急行军九十里以上，沿途经过山岭皆冰雪不化，部队困苦交加。在信丰只休息一夜，便继续向东南方向前进，经安远进入赣粤闽三省交界的寻乌县。

二月一日傍晚，部队来到"三南"地区的圳下，朱德观察了周围环境，发现四面环山的圳下是个大村庄，便下令部队宿营。

军部住在田垅中间的文昌祠，担任前卫的三十一团住在圳下以东的吉潭，担任后卫的二十八团住在圳下以西。朱德安排好部队后，便和毛泽东、陈毅等研究工作直到深夜。

赣军独立第七师发现红四军驻在圳下，但由于连日来马不停蹄的跟踪追击，士兵们都累得疲惫不堪。于是，他们决定在离圳下不到五里路的几个小村庄住下来，准备第二天再战。

次日拂晓，天色灰蒙蒙的。这时，担任后卫的二十八团早早起来吃了早饭，也不与军部打声招呼就离开了圳下。二十分钟后，敌人从二十八团撤离的地方乘虚而入，将文昌祠围了个水泄不通，还听到有人尖着嗓门号叫："抓住朱毛有重赏！"

正在吃早饭的陈毅和毛泽覃听到枪声，丢下饭碗就往外冲，毛泽覃走在前面，大腿中弹，警卫员上前背起他就跑。陈毅披着大衣跑在后面，突然感到有人抓住他的衣领，以为是自己人就回头说："同志哥啊，要穿大衣说一声嘛！"

话没说完，看到扯大衣的是追上来的敌人，不禁大吃一惊。陈毅急中生智，突然就势脱下大衣，顺手抛向紧紧抓住大衣的敌人，不偏不倚，正好罩住敌人的脑袋，随后趁机跑步躲开。

此时，毛泽东还没起床，贺子珍正忙着整理文件。听到枪声和屋前慌乱的脚步声，贺子珍知道不妙，便立即晃醒正在熟睡的毛泽东，夹起文件，随手拿起一顶斗笠，戴在毛泽东头上，就拉着毛泽东往后门跑。

朱德听到枪响，就呼唤道："二十八团是后卫。林彪！林彪呢？快找林彪！"

"林团长已带队伍撤出去了！"黑暗中传来一句话。

"龟儿子！"朱德很恼火，"找警卫员来……"

就在这时，敌人冲进了屋子，一个高个子士兵端着枪，对着朱德说："你们朱军长呢？谁是朱德？"

伍若兰灵机一动，指着朱德说："他是伙夫，你们要找的朱德住在前面一幢房子里。"

敌人上下打量了一下朱德，见他黑黑的四方脸上满腮的胡须，穿着一身破旧的军衣，确实不像当官的样子，于是朝伍若兰指的方向走了。

伍若兰见敌人走开了，就催促朱德说："你快走，我掩护你！"

伍若兰说罢，将朱德推出门外。朱德深情地看了一眼妻子，混入敌群出了村。朱德见自己的人都向南撤退，便灵机一动，大声喊道："朱德向北跑啦，快追朱德，别让他跑了！"

朱德的喊声，也在暗示着自己人，赶快向南突围。果然，不少敌人中计，纷纷掉头向北追去。这时，伍若兰带着赶来的警卫班边打边撤，没走多远，腿部中弹。她一瘸一拐没走几步，就被敌人俘虏了。

伍若兰（1903—1929），湖南耒阳人。八岁入私塾，十二岁入耒阳县女子职业学校。二十一岁以优异的成绩考入衡阳省立第三女子师范学校，同毛泽东堂妹毛泽建同班读书，结为挚友。她不但字写得好，而且诗也写得好。

伍若兰从少年时代起就同情贫苦大众，疾恶如仇，反对封建迷信，提倡妇女解放，带头剪发放足。上海"五卅惨案"发生后，她积极投入反抗日本帝国主义暴行的斗争，带领青年妇女查抄日货，以实际行动声援上海人民的反日斗争。

伍若兰二十三岁时加入中国共产党。次年初当选为社会主义青年团耒阳地方执行委员会委员，兼任妇女部部长，积极投身于农民运动，宣讲革命道理。长沙"马日事变"后，遭到耒阳反动当局的通缉。她不惧风险，坚持地下斗争，几次危急关头，都在亲友和群众的掩护下化险为夷。

湘南暴动后，伍若兰当选为耒阳县妇女界联合会主席。她泼辣的工作作风，出色的组织能力，广博的社会知识，尤其是她的勇气不逊须眉，深受朱德的赞赏和喜爱。经县委同志介绍，这位闻名全县的"女秀才"在水东江的梁家祠堂同朱德结成了革命伴侣。

喜讯传开，部队中有个调皮的宣传队员编了一首歌谣："麻子胡子成一对，麻麻胡胡一头睡。唯有英雄配英雄，各当各的总指挥。"这支歌谣，表达了工农革命军战士对这位英勇顽强、能文善武的女性的喜爱，亦表达了他们对她与自己敬爱的师长结为秦晋之好的由衷高兴。

参加红军后，伍若兰认真钻研军事技术，常请朱德教她射击、投弹、刺杀等。经一段时间的刻苦学习，她能双手打枪，且百发百中。她率领战士参加了保卫井冈山根据地的斗争，红四军向赣南进军途中，同战士一道行军打仗，鼓舞了全军将士。

伍若兰被俘后，敌人想尽一切办法用尽一切酷刑，什么辣椒水、老虎凳、红烙铁，逼迫她同朱德脱离夫妻关系，自首投降。威武不屈的伍若兰对敌人怒斥道："要我同朱德脱离，除非赣江水倒流！"铮铮数语，气壮山河，惊得敌人目瞪口呆。

二月八日，年仅二十六岁的一代女英豪被惨杀于赣州。更令人发指的是，敌人还将她的首级押送湖南长沙示众。获悉妻子牺牲了，悲痛欲绝的朱德望着溶溶月色下盛开着的兰花，情不自禁地喊了一声："若兰，我的好妻子……"

朱德一生酷爱兰花，也许其中就包含着对品格高洁、宁死不屈的伍若兰的思念之情。

我就是你要割下头颅的朱德

"东固山势高，峰峦如屏障。此是东井冈，会师天下壮。"这是陈毅对东固山的诗赞。

井冈山与东固山相距一百多公里，都是革命圣山。东固山地处吉安、吉水、永丰、泰和、兴国五县交界地带，是一个虎踞深山、风雨不透的好地方。由于有了这块根据地军民的掩护，红四军来到东固才获得一个休整的机会。

红四军在大柏地打了一个大胜仗之后，便在东固与红二团、红四团会合，并召开了会师大会。会上，传达了中共"六大"精神。朱德在讲话中说："国民党反动派天天喊着要打倒朱毛，可是朱毛越打越多，你们都成了朱毛了……"

大家听自己的军长这么一说，都开怀大笑起来。

不久，一直尾追红军的李文彬部赶到东固，吉安的金汉鼎部也对东固采取攻势。朱毛研究后，"乃决定抛弃固定区域之公开割据政策，而采取变定不居的游击政策，以对付敌人之跟踪穷追政策"。

这时，闽西的龙岩、平和、上杭、永定一带群众在郭慕亮、张鼎丞、邓子恢等领导下，已建立了工农武装，开辟了小块的游击根据地，有着很好的群众基础。同时福建没有国民党的嫡系部队，几支地方军队战斗力都不强，中共福建省委建议红军到闽西休息一段时间。

为了甩掉强敌，朱毛同意了这一建议，于二月二十五日离开东固，掉头向东，经永丰、乐安、广昌、石城向闽西进军，三月十二日到达福建长汀境内的四都。

盘踞长汀的是闽西的土皇帝、福建省防军第二混成旅旅长郭凤鸣。此人乃土匪出身，手下的队伍也是由一伙土匪改编而成，根本不是红军的对手。偏偏郭凤鸣财迷心窍，听说朱毛的首级很值钱，抓住了比中头彩要靠谱得多，于是派团长卢新铭带领一个补充团去偷袭红军，结果"千万巨奖"没拿到，反而丢了不少"买彩票"的本钱。

郭凤鸣的一个团被红军打得狼狈逃窜，朱德向特务营营长毕占云发出命令："追，不让敌人中途集结！"

毕占云马上率领全营穷追猛打，一直把敌人追到离长汀城十五里的长岭寨下，方才奉命收兵。

长岭寨山绵延十来里，山高林密，毛竹、杂草丛生，地势十分险要，被称为"长汀的天然屏障"。要攻克长汀，必先拿下长岭寨。

三月十四日拂晓，红四军兵分三路向长岭寨发起总攻，二十八团和三十一团担任主攻，特务营迂回敌后，抢占长岭寨以北的乌石岭，以切断敌人退路。此役歼敌两千余人，想发大财的郭凤鸣中弹受伤，在逃跑途中被红军击毙。

当天下午，红四军乘胜占领长汀城，缴获各种枪械五百余支、迫击炮三门、炮弹百余发，并夺取一个拥有新式缝纫机的军服厂和两个兵工厂。朱德命令军服厂为红军指战员每人发一套崭新的灰军装，一顶戴红五星的军帽，一个挎包，一副绑带，三双"陈嘉庚胶皮鞋"。

进入长汀后，穿着新衣新帽新鞋子的朱德会见了当地的福音医院院长傅连璋。他采纳了傅连璋在红军中普遍接种牛痘的建议，以防止天花蔓延。后来，傅连璋率领医院中多名医务人员参加了红军，组成一支红军医疗队。

三月二十日，朱德出席在长汀"辛耕别墅"召开的红四军前委扩大会议。会上讨论了形势和任务，决定利用国民党军阀混战尚未爆发的有利时机，在闽西赣南二十余县范围内开展游击战争，发动工农群众，深入土地革命，建立工农政权，创建公开割据局面，争取与湘赣边界相连接，促进全国革命高潮的到来。

南方的黄昏，湿润而宁静，偶尔可以听到路边传来水车灌田的声音。

朱德像往常一样走出住所，到附近散步，依偎枝头的一对麻雀歪着脑袋好奇地打量这个独孤的"老兵"。朱德不知不觉来到一处高地，这里可以远眺竹林云海，近聆流水潺潺。春风吹来，送上缕缕凉意，他伸手扣上颈下的风纪扣。

这时，迎面走来一位红军女战士，她就是红四军民运股股长、妇女组组长曾志。别看她外形纤细，却有一颗大度的心，大度到能装下身边每个人的快乐与悲伤，而且不管职务高低。

暮色中，曾志看到朱德的步履迟缓沉重，孤独的身影在风中摇晃，似乎一下子年老了十岁，就猜测他可能还沉湎于失去爱妻的忧伤中，心里不由得同情起来。于是上前打招呼："朱军长，您在散步呀？"

朱德听到有人喊他，抬头一看是曾志，便问："你去啥子地方？"

"刚吃过饭，随便走走。"曾志答道。

"宣传搞得怎么样？"朱德想转移自己的思绪，赶忙换了个话题。

"群众的情绪很高，不少青年人都要求参加红军哩！"

"要得！"一说到青年人参军，朱德的情绪顿时变得兴奋起来，"我们是人民的军队，只要替群众办了好事，就会得到他们的拥护和支持！"

"朱军长，到我们那儿坐会吧！"曾志向朱德发出了邀请，"大家都想见见您。"

"哦？"猛然一愣的朱德很快镇静下来，微微颔首道，"好吧，到你们那里认认门，认认人！"

曾志和几个女战士住在一起，那是一间装饰得不同于一般营房的房间。当朱德在曾志的引领下走进大门时，女战士们都站起来欢迎自己尊敬的首长。

"都坐下吧，各人照干各人的事情。"朱德摆了一下手，"曾志让我来看看大家，你们都在忙啥子？"

朱德犹如坐在花丛中，而周围的女战士却像面对一座山，脸上都挂着风吹莲花般的羞涩，眼里闪烁着纯净如水的光波。

"怎么都不讲话了？"朱德左右扫视一遍后说，"刚才进门时还听到你们有说有笑的蛮热闹，我一来都变成哑巴了！"

"你是军长，她们有点怕你。"曾志笑着说。

"我有啥子可怕的？敌人怕我，你们也怕我？"朱德扬了扬眉梢说，"还不是两只眼睛一个嘴巴。"

幽默的话语，逗得女战士们"咯咯"笑了起来。其中一个女战士不太老实地偷看一眼朱德，嗫嚅着说："朱军长，你真幽默……"

朱德用目光扫了一下那个坐在中间的高大健壮的女战士：她没有绰约动人的风姿，但她那黑里透红的脸膛闪耀着青春的光彩，特别是那双长睫毛覆盖下带着泼辣神情的大眼睛，像黑宝石一般闪光发亮，如清澈的泉水晶莹透明。她虽然穿着一身军装，仍掩饰不住来自乡下的原生态灵气。朱德不禁问道："你是哪儿人？"

"江西万安！"那位女战士腼腆一笑，像个害羞的小姑娘，脸如三月绽放的桃花很是可爱。

"叫啥子名字啊？"朱德又问。

"她叫康桂秀。"曾志抢着代答。

"今年多大了？"朱德又问。

"十七岁。"女战士的脸上燃起了火焰。

朱德这才知道，坐在他面前的这个叫康桂秀的女兵，原来是个地地道道的红小鬼，便问她怕不怕流血牺牲之类的话，康桂秀用浑厚稔熟的江西口音斩钉截铁地回答："报告军长，怕死就不出来当红军了！"

"好，回答得很好嘛！"朱德夸奖道。

接着，女战士们无拘无束地同朱德摆起了龙门阵。她们的声音很甜美，宛如黄莺鸣翠柳。此时，曾志想起了孑然一身的朱德，尽管她跟伍若兰是闺中密友，但她知道忘掉一段感情的最好办法就是用另一段感情将其覆盖。于是她思忖了一下，试探着说："朱军长，若兰大姐不在了，再给你介绍个女战士吧？"

一提起伍若兰，朱德的心头猛的一紧，仿佛在未愈合的伤口上撒了一把盐，痛得他直发抖。但他知道这是战友对他的关心，便随声附和道："好吧……"

曾志要给朱德介绍的对象就是康桂秀，只是他们的年龄相差得大了一点。不过康桂秀曾向姐妹们表示过："我可以告诉大家，我的婚恋观就是无产阶级的婚恋观，只要革命坚决，品德高尚，对党的贡献大，真的志同道合，我就不计年龄，不媚权势。"

康桂秀是去年秋天离开万安罗塘湾的养父家投奔井冈山的。在家乡时，她就常常听人说起井冈山上有"朱毛"。那时，她和所有人一样认为"朱毛"是一个人，一个英雄的名字。乡亲们把"朱毛"传说得神乎其神，说他上知天文，下知地理，用兵如神，赛过能掐会算的诸葛亮。白匪军一听到"朱毛"就毛骨悚然，说"朱毛"红眉毛，蓝眼睛，长得青面獠牙……

不久，康桂秀等七名游击队女兵被调到红军军部的妇女组，很快认识了贺子珍、伍若兰、曾志等。那时候，红军的生活非常艰苦，行军、打仗是家常便饭。几个月下来，康桂秀逐渐适应，即便是听到子弹的呼啸和炮弹在身边爆炸，也不再紧张害怕了。

阳春三月，风和日煦，正是办喜事的季节，四十三岁的朱德与十七岁的康桂秀在辛耕别墅天遂人愿地结合了。当时朱德身上有四块大洋，又向警卫战士借了几块，叫人买了几个罐头、几斤酒，算是给大家摆的喜宴。毛泽东登门贺喜："打了胜仗又娶媳妇，你们今天真是双喜临门哪！"

结婚后，康桂秀觉得自己的名字太女孩子气，一直想改。正巧，有一天碰到了当年带她投奔井冈山参加红军的万安游击队负责人刘光万，就谈起了改名的想法。

"好，这名字改一改也好！"刘光万想了一会儿说，"那就叫康克勤吧！勤俭的勤，那意思是要克勤克俭，既勤劳又勤俭。"

"这个名字不错，也好听，只是勤字笔画多，写起来费事。我觉得一个人光勤快还不够，还应当对自己要求更高一点。"康桂秀想了一会儿说，"这样吧，把勤字改作清字，写起来比较省事，而且表示我在清清白白地做人，沿着一条清清楚楚的道路前进。你看怎么样？"

"康克清！"刘光万连连点头，"好好好……"

这年四月，红四军在于都开完前委扩大会议，决定红五军打回井冈山去，红四军在赣南实行短距离分兵。这时，蒋桂战争打起来了，反动军队忙于互相厮杀，赣南出现了真空。红四军抓住这一大好时机"分兵以发动群众"：一路到兴国县城，一路到兴国的古龙岗，一路在于都附近。

一天，朱德根据侦察员的报告得知，宁都城里只有雷世琼的一个团。

雷世琼是国民党新军阀雷世璜的弟弟，他自信根底深后台硬，从不把别人放在眼里，成了宁都一带的"土皇帝"。两个月前，进军赣南的红四军途经宁都时，在大柏地消灭了刘士毅的两个团，他望风而逃。红军走后，他又窜回宁都大兴土木，加固城池。为了壮胆，在东西城墙上各置一尊二百斤重的铜炮，在南北城墙上各置一尊三百斤重的铁炮。

雷世琼把对红军的新账老账变成了新仇旧恨，要同红军一比高低。他看着高墙壁垒和四尊大炮，牛气冲天地挑衅道："我倒想看看梭镖、鸟铳是怎么打开铜墙铁壁的？我要把朱德的头割下来挂在城楼上示众！"

"龟儿子，有种。不怕你死守，就怕你逃走！"朱德决定智破宁都城。

四月二十四日黄昏，从于都开来的赣南第二十五纵队奉命赶到宁都城外。远望宁都城，灰蒙蒙的一片，给人一种阴森森的感觉。

朱德命令部队带着当地的游击队，分别在东门外的孙公岭、西门外的蓟背岭、南门外的寺背岭、北门外的张屋山安营扎寨，点亮通明的火把，树起一杆杆红旗，在同一个时辰突然杀声震天，枪声四起，呐喊声、冲杀声由远及近，枪炮声一阵比一阵紧，整个宁都像被千军万马围困着。

敌人的探子接连不断地向雷世琼报告：

"孙公岭上下来了红军！"

"南门外的枪声很紧！"

"枪子已落到西门城墙上了！"

惊慌失措的雷世琼赶紧召开会议商讨对策，然后把队伍和民团都驱赶到城墙上，以防红军夜间攻城。

第二天黎明前，呐喊声停了，枪声也停了，能听到的只有蛙声和虫声。一切如常，好像昨天晚上什么事情都没发生。

一夜没合眼的雷世琼觉得有些蹊跷，壮着胆子爬上城头，睁大眼睛东张西望地看了半天，连一个红军的影子也没看到，心里便犯起了嘀咕。

太阳一落山，夜幕刚降下，昨天夜里的情形又出现了。枪声更紧，喊声更大。雷世琼胆战心惊地发出命令："哪里有枪声就往哪里开枪！哪里有喊声就往哪里开炮！"

守城的士兵们躲在城墙垛口的后面，头也不抬地朝四面八方乱放枪。打打停停，停停打打，折腾了一夜，子弹没少打，炮弹没少放，而雷世琼又是一宿没合眼。

天亮时，城外一切如常，仍然是蛙鼓虫鸣，一片太平景象。

雷世琼摸不清虚实，搞不清来了多少红军，这两天只听见枪响，不见来攻城，到底红军同谁打起来了？他坐卧不安，六神无主，拿不准红军摆的是什么阵势。

第三天，当夜幕徐徐落下时，雷世琼便开始烦躁不安，担心这一夜又不知会发生什么怪事。他竖起耳朵等待着枪响，却偏偏没有了枪声，城外静悄悄的，除了蛙鼓虫鸣再没有一点声音。这时，他才松了一口气，以为红军是来吓唬他的，肯定是打了两天空枪，没捞到什么好处撤走了，满以为可以睡个安稳觉。

没料到子时刚过，除东门外，南门、西门、北门方向又都响起了枪炮声。与前两天不同的是在间隙中还不断传来喊话声：

"白军士兵兄弟们，你们也是受苦人，不要再给雷世琼卖命送死了！"

"士兵不打士兵，穷人不打穷人！"

"红军优待俘虏，想回家的还发给路费！"

从梦中惊醒的雷世琼赶紧向他的部队喊话："别听他们的赤色宣传，他们不过是虚张声势，乱敲铜盆吓耗子，只有保住这座城才能保住你们的命。都给老子上城墙上去，谁也不能打瞌睡！把眼睛睁得大大的，千万不能让他们爬上城来割你们的脑袋！"

等守敌都登上城墙时，城外的枪声戛然停止，既看不到红军的影子，也听不到枪声了。

雷世琼为了弄清城外的情况，花了十二块大洋雇了一个赌徒，用绳子从城墙上吊下，去为他探听虚实。

第二天，那个赌徒回来报告："团长大人，这几天闹腾的根本不是红军，都是些泥腿子游击队！"

雷世琼半信半疑，仍放心不下，一直惦记着他那些抢来的财物和银圆，于是吩咐亲信找来十几个民夫，偷偷把财物和银圆运回石城老家去。

半夜里，被宁都党组织派出的温连奎从城东云石垛那条通向梅江的涵洞里爬出来，向红军指挥部报告了城内的敌情和雷世琼转运财物的情报。

四月二十九日拂晓，朱德正式下达了攻击令。当太阳升起的时候，红四军一纵队和二纵队已分别从兴国和于都赶到了宁都城外的集结地，进入了战斗位置。

像《水浒传》里三打祝家庄一样，前几次是在铁桶里燃放鞭炮虚张声势的试探，这一次才是实枪实弹的真打。攻击令一下，霎时间，城西魁星阁前燃起了熊熊大火，城北蔡家祠也烈焰翻滚，宁都城外的四乡八村一片枪炮声和呐喊声，探子慌忙前来报告："团长大人，不好了，攻城的不是游击队，是朱毛红军！"

"胡说八道，你怎知道是红军？"雷世琮气急败坏地骂道。

"他们穿戴整齐，军服都是一色新，个个背着铮亮的钢枪！"

雷世琮一听是这种装备，知道真是红军到了。他被吓得魂飞天外，半天才说了一句话："一定要顶住，决不能让他们打进城来！"

红军主力在西城门和北城门首先发起进攻，雷世琮就调兵加强西城门和北城门的防守。进攻东城门和南城门的红军一看雷世琮把兵力调走，火力减弱，便领着游击队员背着柴草冲向东城门，然后浇上火油点燃，熊熊大火窜进城门洞，烧向城楼。雷世琮又急忙从西城门调兵支援东城门……

敌人顾此失彼，一片混乱。雷世琮也搞不清红军的主攻方向到底在哪里，只能靠着放枪壮胆。很快城墙上的弹药不够了，雷世琮下令把弹药库的子弹箱都搬出来，准备大干一场。

城墙上的士兵打开子弹箱一看，个个眉笑眼开，尽是些白花花的银圆，于是就嚷嚷开了：

"团长老爷待弟兄们不薄，关键时刻就动真格的了！"

"要是早发银圆，我早就为团长卖命了！"

说话间，他们就动手抢开了。银圆这东西又不咬手，眨眼工夫一抢而空。

原来是两天前，雷世琮往石城转移财物和银圆时，地下党的同志施了个"调包计"，把装银圆的箱子换成了装子弹的箱子。

这时，红军在猛烈火力的掩护下，已经爬上西面和北面的城墙，进入城内，打开了城门。

在一片嘹亮的冲锋号声中，大队红军和地方武装以及游击队高喊着杀声，像决堤的洪水拥向宁都城。城里的敌人早已乱成一团，到处躲藏逃命。在人民群众的协助下，他们全当了红军的俘虏。

　　曾经风流倜傥、纵横花丛的雷世琮换上便装正要逃遁，红军战士就冲到了他的"后天宫"，从他小老婆的床底下把他揪了出来。

　　硝烟过后，宁都照样是绿水环绕，绿树拥抱。朱德带着军部进城后，让人把雷世琮押过来。他看着又矮又瘦、萎靡不振的雷世琮，便厉声喝道："你就是因为有三十个小老婆而出名的雷世琮？"

　　"报告长官，是的……不是，不是不是，是不敢……该死，我该死！"雷世琮早已吓得浑身"筛糠"，语无伦次。

　　"你可知道我是谁？"

　　"报告长官，败将有眼无珠，实在认不得。"雷世琮看了看眼前站立的一个戴着斗笠、穿着草鞋、裹着一身旧军装的人。

　　"听着，我就是你要把头颅割下来挂在城楼上的朱德！"

　　一听到"朱德"二字，雷世琮脑袋嗡的一声如雷轰顶，吓得魂不附体，双腿一软跪倒在地，连声道："我该死，我该死……"

　　"雷世琮，你听着！"朱德正色道，"论罪孽，你该立即枪毙！现在，我可以放你一条生路，就看你走不走！"

　　"走，走……"雷世琮求饶道，"长官只要饶命，叫我干什么都可以！"

　　"限你三天之内，把藏在石城老家的枪支、银圆送到宁都。这里还有一张药单子，你尽快备齐送来。东西交齐后，放你回家。要是耍花招，打折扣，当心你的小命！"

　　"是，是，一定照办，一定照办！"雷世琮像小鸡啄米，频频点头。

　　雷世琮写好一封亲笔信，派他的副官连夜送到石城老家。果然，他的大老婆坐着轿子带着一帮人马把枪支、银圆如期送到了宁都城。

　　三个月后，雷世琮的家人又把药品如数送到。朱德信守诺言，开了一张通行证，把雷世琮放了。释放前，朱德对雷世琮说："希望你改恶从善，不要与人民为敌。如果继续残害百姓，攻打红军，下次再捉到你，就不会这么便宜了！"

　　雷世琮虽然被释放了，但却远远未到"大难不死，必有后福"的时候。他满口应承决不再打红军，但吃屎的狗本性难改，回去后仍继续与红军为敌。最终，还是被红军在瑞金的黄柏击毙，落了个可耻的下场。

屈受处分

　　鉴于闽西敌军空虚，"山中无老虎，猴子称大王"，毛泽东要去那里"大闹天宫"！朱德非常赞同毛泽东这一扩大红军、开辟苏区的想法，便率领红四军从瑞金武阳越过武夷山，三次攻占龙岩，初步形成了以龙岩、永定、上杭为中心的闽西根据地，建立了以邓子恢为主席的闽西苏维埃政府。

　　这年春天，刘安恭携带中共六大文件和"二月来信"从上海来到中央苏区，红四军前委便让他担任临时军委书记，同时兼任政治部主任。这位曾在苏联学过军事的海归派一上任，便机械地照搬苏联红军的一些做法。在他主持召开的军委会议上作出的第一个决议，就是限制前委的权力：即前委只负责研究制定部队行动等大的方针政策，部队的指挥权则由军委掌握。

　　五月底，红四军前委在福建永定县湖雷召开会议，就设置军委机构问题进行了讨论。在这次会议上，刘安恭与林彪成为两种意见对立的代表人物，展开了激烈的争辩。

　　刘安恭等要求成立军委，认为"既名四军，就要有军委"，建立军委是完成党的组织系统。他还指责前委"管得太多""权力太集中"，不但"包办了下级党部的工作"，还代替了"群众组织"，甚至攻击前委领导是"书记专政"，有"家长制"的倾向。很明显，刘安恭的矛头是指向毛泽东的。

　　林彪等人则针锋相对地提出，现在红军只是一支四千多人的小部队，又处在频繁作战、游击动荡的环境之中。军队指挥需要集中而敏捷，由前委直接领导和指挥更有利于作战，不必设重叠的机构。林彪十分自负地说："如果在前敌委员会之下、纵队委员会之上再插入一个军委，人还是这些人，事还是这些事，一层层议，一层层往下传，这实际上是一种只看外表不重结果的形式主义，这些形式主义者的要害在于试图成立军委，与党分权。"

红四军打下龙岩县城以后，内部争论更加激烈。由于远离中央不便请示，只得召开党员代表大会解决。红四军移师上杭白沙乡，为解决党内分歧，于六月八日召开有四十一人参加的前委扩大会议，出席者扩大到连以上干部。

白沙会议召开之前，善于动笔不善于动嘴的林彪派人飞马给毛泽东送去一信，其中说："现在四军里实有少数同志的领袖欲非常高涨，虚荣心极端发展，这些同志又在群众中是比较有地位的。因此，他们利用各种封建形式结成一无形的结合派，专门吹牛皮攻击别的同志。这种现象是破坏党的团结一致的，是不利于革命的。但是许多党员还不能看出这种错误现象起而纠正，并且被这些少数有领袖欲望的同志所蒙蔽。"

另外，林彪还用了"政客手段""卑污行为""阴谋"等字眼，矛头直指亲自提拔他的老上司朱德。

会议开始时，毛泽东公开了林彪的信，一下子将林彪推到了风口浪尖，置于众目睽睽之下。林彪也不含糊，索性尖锐到底。

白沙会议虽然撤销了军委，但争论范围还在继续延伸。刘安恭散布了许多挑拨离间和攻击毛泽东的言论，硬说红四军中有拥护中央派和反对中央派。少数人还有意将党内分歧意见散布到一般战士中去。这种言论极大地扰乱了指战员的思想，因此毛泽东萌生离开前委的想法。

林彪看出了毛泽东的矛盾心理，白沙会议刚结束便连夜又写了一封急信，让红四军前委秘书江华转交给毛泽东。信中主要是说不赞成毛泽东离开前委，希望他有决心纠正党内的错误思想。

为了弄清问题，红四军前委要求朱毛两人提出书面意见，详细陈述自己的观点。六月十四日，毛泽东写了《复林彪同志信》；第二天，朱德写了《答林彪同志谈前委党内争论的信》。

毛泽东的信从历史和环境两个方面说明了红四军内部存在的问题和争

论的原因，列举了个人领导与党的领导、军事观点与政治观点、流寇思想与反流寇思想、形式主义与需要主义、分权主义与集权等十四个问题，认为党对军队的领导是红四军目前存在的关键问题。

在信中，毛泽东阐述了反对军委与前委并立的四点理由：一是分权，不能集中领导；二是重复，毫无必要叠床架屋；三是危及党领导一切的最高原则；四是动摇了前委在组织领导上的威信。毛泽东希望党组织批准自己到莫斯科学习的请求。

朱德则认为，在红四军中，确实出现了党的组织替代群众组织、忽视基层工作的缺点，形成了书记专权的沉闷现象，这在一定程度上打击了广大群众的积极性和主动性。

六月中旬，《前委通讯》第三期将《林彪致毛泽东的长信》《毛泽东复林彪同志信》和《朱德答林彪同志谈前委党内争论的信》一并刊发出来，让各种意见公开亮相，于是争论也进一步公开化。在红四军中和根据地内，人人都可以对毛泽东、朱德说长道短，而且争论的内容也远远超出了前委与军委关系这一范畴。

六月二十二日，福建龙岩。

这一天，中共红四军第七次代表大会在县城的公民小学召开，到会的有各前委委员、各纵队司令员、支队长、党代表和士兵代表，共四五十人。

在沉闷的气氛中，陈毅代表前委对前一段工作作了总结报告，朱德、毛泽东对群众反映的问题作了解答。嗣后，允许大家尽情发表意见。

"既名为四军，就要有军委！"已改任第二纵队司令员的刘安恭老调重弹，"我还是强调这个观点，从军队原则出发，要设军委。否则，前委包办了一切……"

"从完成组织系统来看，应当有个军委。"说这句话的是朱云卿。王尔琢牺牲后，他接替了参谋长职务，一直辅助朱德指挥作战。因此，他的话很有分量。

"要不要军委是小事，我看问题不在于此。有一些人要分权，这才是问题的实质。"林彪在争论的关键时刻站了出来，并对他写的信作了注释，"我这封信专指军委问题。我觉得四军面临一个危机，如果少数同志的个人主义领导胜利了，那么一种破坏党的团结一致和不利于革命的前途就会到来，我是为这个问题所感动而给毛泽东同志写信的……"

"你既然为严重问题所感动，应当向党报告，而不应该给私人写信，尤其不应仓促拿出来。"林彪的话被人打断，争论逐步升级。

"我是担心毛泽东同志不积极进行斗争，这样对四军建设不利。"林彪操着一口尾音很长的湖北黄冈腔，"朱德同志用手段拉拢部下，他支持军委攻击前委，是因为他觉得比不上毛泽东同志，又无别的解决办法。所以，想成立军委以脱离前委的羁绊和管束，这是不对的。"

许多人感到林彪的讲话就像林子里突然窜出一只虎，不但突然，而且凶狠。林彪对朱德的批评也失去了善意，已经有了恶意中伤的味道。

"我不同意这种说法。"林彪麾下的第一纵队第二支队党代表高静山反驳道，"你这不是提意见，是在栽赃害人。不吭不叫，突然拿出来一派胡言，这哪是为了四军团结，分明是破坏党的团结一致，这才是不利于革命的前途。"

"仁者见仁，智者见智。"林彪嘟囔道，"你所讲的也只是你个人的看法，我反映的是我的意见。"

"你的意见就是制造矛盾，挑起争端。"高静山气愤未平，"对朱德同志的工作，上下谁还有你这种看法？大革命失败，是他收拢了部队；井冈山打垮两只'羊'，他的功劳数第一；省委指示部队到赣南，他是服从的……这是分裂党吗？我倒感觉破坏团结的大有人在。我是前委委员，我认为我们前委的问题不算少，管事太多，权力集中，前委不但包办了一切，还代替了群众组织。你能说我们前委领导没有家长制……"

大家纷纷插话，有的批评林彪，有的批评刘安恭。为了缓解会场上剑拔弩张的气氛，朱德耐心地解释道："有人说我放大炮、说大话，说过要红遍福建、江西，打到武汉、南京，解放全中国。这不叫'吹牛皮'，这是为了鼓舞革命斗志。有人说我拉拢下层，常和下面的官兵混在一起，搞所谓的小组织活动，这是为了和下级打成一片，便于及时了解情况……"

屋子里烟雾弥漫，勤务员不时把一碗碗开水端上来，但未能使浓重的火药味减轻多少，会议的争论似乎并没有让哪一方达成妥协。

这可急坏了主持会议的陈毅。他简单综述这次争论，然后提出了批评："朱毛两同志在党内外负责重要工作，不能因某种观点与意见不同，互相猜忌，互相怀疑，又不提出来批评交由党解决，以致造成党内严重争论，给党以不好影响。"

接着，陈毅对二人各打五十大板，"朱毛两同志都有同等错误，但毛同志因负党代表与书记的工作，对此次争论应负较大责任。根据大家的发言意见，给予毛泽东同志以严重警告、给予朱德同志以书面警告！"

"大家都说过了，我就不好再说什么了！" 大会开成这个样子，毛泽东始料未及。他沉闷地抽着烟，瞟一眼朱德和陈毅，接着说，"既然大家不同意我的观点，抓住一些枝节问题不放，那我还有什么可说的呢？"

毛泽东猛吸一口烟，两缕烟雾从鼻孔里徐徐逸出。别人透过弥漫的烟雾，可以隐约看到他紧皱的眉头。在争取无望以后，毛泽东退意已决。他两手一摊，冷然道："在目前这种情况下我实在难以工作，我不希望在这不死不活的环境下工作，中央来信叫我去学习，我现在正式请求离开！"

这时，陈毅宣布下一个议程：对前委书记进行选举。匆忙的会议导致了草率的结果，当陈毅看到投他的票越来越多时，不禁慌张起来："不行，不行，不要选我，我干不了这个前委书记。"

不管陈毅怎么着急上火，也不管陈毅愿意不愿意出任这个前委书记，但选举的结果无法改变。

落选的毛泽东双眉紧蹙，半天没有说出话来，手指间的香烟无声地自焚成灰，脱落坠地。按照组织原则，红四军前委无权改选他的领导职位，因为前委书记一职是中央指定的。毛泽东站起来，看看新当选的前委书记陈毅，又看看朱德和其他人，使劲地吸了一口烟，然后捻灭烟头，拂袖而去。

此时，朱德考虑较多的是同毛泽东的一些误会："要说有不同意见，那都是人的个性差异派生出来的一些主观、独断的想法，其实我们在党领导军队的问题上没有根本的分歧。同为红四军的领导，自己确实感到在一些具体问题上难以处理。无论如何，尽管我们的意见相左，但我们仍然是心心相印的。"

七月八日，毛泽东离开他一手拉扯大的红四军，去闽西上杭蛟洋养病兼做调查研究、指导地方工作，朱德带着康克清为毛泽东送行。

两个人几乎是相对无语，幸好开朗自信的毛泽东打破了僵局："玉阶兄，让中央裁决吧，部队就拜托给你了！"

在一棵大樟树下，朱德目送毛泽东一行远去。可以肯定地说，这样的结局并非朱德初衷。很快，毛泽东的离去，给朱德带来了不祥之感。事实正是如此，蒋介石见朱毛红军在福建又壮大起来，正在命令赣闽粤三省的地方军阀对闽西发动"会剿"。

这时，康克清突然发问："大敌当前，毛润之怎么走了呢？"

"哦……"康克清的问话使朱德收回了目光与思绪，"那是会上决定的，他的前委书记落选了！"

"大家为什么不选他？"康克清圆溜溜的双眼写满了疑问。

"这是党内的事情，你就不要问了！"朱德长长叹了一口气。

九月下旬，中共红四军第八次代表大会在上杭太忠庙召开。这时陈毅根据中共中央关于要红四军派一得力同志前往中央汇报工作的指示已去了上海，作为代理前委书记和会议的主持者，朱德的本意是想解决"七大"没有解决的一些争议问题，另一个目的就是想请毛泽东回来工作。

朱德与红四军的一些同志联名给毛泽东写了一封信，恳请他病愈后尽快回红四军前委主持工作。朱德在信上还写了这么一句感人肺腑的话："朱离不开毛，毛离不开朱，朱离开了毛就过不了冬。"

然而，毛泽东却回信说："我平生精密考察事情，严正督促工作，这是'陈毅主义'的眼中之钉，陈毅要我作'八边美人四面讨好'，'我办不到'；红四军党内是非不解决，我不能够随便回来；再者身体不好，就不参加会了。"

毛泽东的信被送到上杭，前委的同志看了以后都非常气愤，一致要求给毛泽东"党内警告"处分，并勒令他马上回来工作。

"我主动给他写信，说明过去的事我都收回。我们请他回来，而他却转移目标，攻击陈毅。不管怎么说，他应该回到工作岗位上来。部队这么紧张，哪能躲在一边任着性子呢！"独撑困局的朱德对前委秘书长郭化若说，"你再起草一封信，让毛泽东回前委来工作。有问题等中央裁决嘛，你就说是我的意见！"

大家吵吵嚷嚷地议论起来，认为毛泽东是耍脾气、摆架子。听大家七嘴八舌的这么一吵，朱德反而冷静了：毛泽东转移矛盾，实际上也是避免同自己的进一步冲突嘛！都想坚持主张，而又不伤害对方，这说明大家还是珍惜这份感情的。

两天后，毛泽东终于回来了，但会议已经结束。他躺在担架上，脸色苍白，浑身浮肿，说话有气无力，确实病得不轻。大家见状，深为同情，都劝他继续安心养病。

由于毛泽东没有随红四军主力行动，国民党久无毛泽东的音讯，便幸灾乐祸地造谣说"毛匪业已死于肺结核"。九月二十七日，上海《申报》第四版刊登了福建地方军阀张贞给南京国民党中央的电报："毛泽东在龙岩病故，党代表由彭毅年继。"

远在莫斯科的共产国际也听到毛泽东病故的传闻，并于翌年三月二十日在《国际新闻通讯》上发表了一千多字的讣告，对毛泽东的一生作出了高度评价。

这个来自远方的讣告，虽然传闻失实，但它透露出一个不容置疑的事实，那就是毛泽东在中国革命和中国共产党中的重要地位，不仅为国内而且也已为共产国际所承认。以后，毛泽东虽又多次遭受"左"倾领导者的错误打击，但他们仍不敢完全抹杀毛泽东的地位，同共产国际的这个结论多少有些关系。

正如朱德所说："朱离不开毛。"朱德在毛泽东离去之后接连打了几个败仗，部队损失三分之一。败仗是朱德执行中央错误路线的结果，当时的中央命令朱德和红四军转战东江，因为他们似乎觉得那里敌人兵力空虚。

朱德与毛泽东不同，毛泽东敢于坚持己见，有时抗命不遵，而朱德的服从意识比较强。此时，朱德也许已感觉到离不开毛泽东。在军事上，比起无师自通的毛泽东来，他觉得自己缺乏智谋，而且那句著名的古语不能不使他颇费思量："皮之不存，毛将焉附？"反过来说，没有"毛"，"皮"又有什么意义呢？

指挥战斗间隙，朱德仍十分惦记毛泽东。他常对康克清说："不知道润之的身体怎么样了？"

十月十九日，红四军主力向闽粤边境分头出击，粤东边境大埔县的虎市是重点目标之一。第二纵队司令员刘安恭一路不顺，在汀江上岸时才发现敌人已经设防，而且控制了制高点。

面对后有激流、前有顽敌的绝境，刘安恭脱掉外衣，从战士手中夺过一挺机关枪，大喊一声"党员、干部站到前面来"，随后便带领突击队猛虎一般地冲入敌阵。

刘安恭的枪法是一流的，据说当年在苏联伏龙芝军事学院获得过"神枪手"的荣誉称号。他准确地把密集子弹倾泻在敌人前沿阵地，为部队杀开了一条血路。

突然一颗流弹飞来，击中了刘安恭的头部。郭化若让人急送下去抢救，结果护送伤员的战士还是没有跑过死神的脚步，刘安恭在转送途中牺牲了，年仅三十岁。

随前委机关到武平的朱德闻之阵亡，大为悲痛，几乎泣不成声。他含泪决定将三个纵队集中，给敌人以狠狠打击。很快，红军夺取了梅县。

就在攻打梅县战火犹酣的时候，一个南洋富商被人领进红军司令部，声称要见朱总司令。

"先生来自何方？"朱德的目光仍盯着地图。

"从上海取道香港，特向贵军进言来了！"一口熟悉的四川腔。

朱德一惊，是陈毅！猛抬头，顿时热泪盈眶："你见到中央同志了？恩来可好？"

"都好，都好！都见到了！他要我问候你和毛泽东。他说毛泽东的意见是正确的，不应该被排挤出红军。他还撤掉了关于让朱毛'脱离部队，速来中央'的二月来信……"

"好好好！"朱德十分激动，"你现在别跟我说这些，你先休息、吃饭，等我拿下了梅县，你再给我说上三天三夜！"

十月二十五日，就在攻克梅县的这个晚上，陈毅把他在上海找党中央的过程，找到中央后如何汇报，中央如何批评红四军"七大"，周恩来如何组织起草中央"九月来信"，并指示要把毛泽东请回来等等，向朱德一一道来。

朱德看了陈毅带回来的信后，没有提出任何意见，完全拥护中央的决定。只是这时候毛泽东尚在病中，而且想法较多，朱德担心性格倔强的毛泽东不肯出山。

"现在该怎么办呢？"朱德问陈毅。

"有啥子办法？"陈毅抽着烟沉思了片刻，"我看只好再写一封信，请他回来。"

朱德半晌没有说话，陈毅知道朱德在想什么，于是说："当初让人家走，现在又叫人家回来，当然不是一件容易的事啰！为了革命的需要，我们不能顾及个人之间的恩恩怨怨，应以大局为重才是。"

"对头！"朱德点了点头，"我同意把润之请回来。人家都说朱毛红军，朱离不开毛，朱离开了毛过不了冬……"

于是，朱德和陈毅再次致信在苏家坡养病的毛泽东，谈了红四军的需要，谈了中央的意见，请他赶快回前委主持工作，并派部队接他回汀州。

十一月二十六日，汀州城又恢复了昔日的欢乐景象，毛泽东在离开红四军整整五个月之后，又重新回到他所熟悉的部队，就任前委书记。

暮色中，朱德在司令部门口伫立。他刚刚查看了前委秘书谭政为毛泽东安排的住处，就听到有人喊："来了，来了！"

由于疾病的折磨，毛泽东看上去十分消瘦，胡子很长，头发蓬乱着。但与人们所想象的不同，毛泽东没有摆一点架子，高大瘦弱的身躯向大家走来，脸上带着温和的笑容。

"润之！"朱德疾步向前，紧紧抓住毛泽东的大手，这是井冈山会师之后又一次意味深长的握手。只是毛泽东的手软弱无力，不过还是很有热度。

"玉阶兄！"紧紧拥抱朱德的毛泽东略带歉意地说，"早该回来了，无奈身体不争气，一直在生病。"

"你回来了，我们就有主心骨了！"朱德从毛泽东的拥抱中挣脱，大度豪爽地说，"中央来信了，我同中央不符的地方全部收回！"

"咳！我那犟脾气一上来就唬人，还要靠你老兄来弹压。你今后还是照老样子，否则我一干起来就又忘乎所以了！"毛泽东虚心诚意。

"报告，陈毅前来报到！"只见陈毅鞋后跟用力一磕，立正敬礼，"这次我们错了，打广东也失败了。我本人犯了两个错误，一是去年没有阻止红四军的两个团去湘南，二是这次没有支持你的意见，制止军队的冒险行动……"

朱德和毛泽东言归于好，朱毛仍是一家人。战友们之间的分歧消除了，就像弥漫山间的晨雾被一阵大风吹散，在红四军领导之间又响起了开心悦意的大笑和肺腑相通的共鸣。

当时，朱德四十三岁，毛泽东三十六岁，陈毅二十八岁。三人年龄上下相差十五岁，因此他们的革命激情和见识不可能完全一样，个人的思想、脾气、性格也不可能完全一样，所以发生一些碰撞和存在一些不和谐音符也是在所难免，但并没有妨碍他们为了一个共同的目标，心往一块儿想，劲往一块儿使。

半年后，中共中央特派员涂振农来到红四军，毛泽东、朱德分别同他谈了这次争论的经过。涂振农在给中央的报告中写道：据我在那里时的观察，确实都从行动上改正过来了。朱德同志很坦白地表示，他对中央的指示无条件的接受，并承认过去的争论他是错的；毛泽东同志也承认工作方式和态度的不对，并且找到了错误的根源……

识破奸计

进入二十世纪三十年代，中国大地上仍然看不到和平的迹象，这里的仗还没有打完，战争依然继续。就在古田会议结束之际，刚刚恢复元气的"朱毛"红军又面临着新的危机，粤闽赣三省强敌对新四军又开始了新一轮"会剿"。

"古人云：无粮不聚兵。看来坐等不是个事儿，等敌人来了，给养更难解决，我们得想想办法！"朱德在司令部的军事会议上着急。

"是啊，人是铁，饭是钢，一顿不吃饿得慌！"毛泽东也有同感，"这的确是个大问题，不能让我们的战士饥无食，渴无饮！"

"不过办法还是有的，那就是打出去。"朱德昂起头说，"只要打出去，总还能解决吃的问题！"

"打出去是个办法，但现在时机不好。"毛泽东不无担心地说，"你刚从粤北回来，征尘未洗；我身体又不好，部队无帅不征战啊！"

"我去，你守根据地。"朱德大手一挥，"第二纵队留守，第一、三、四纵队随我出征。"

不料，朱德刚到连城，参加"三省会剿"的赣军便追踪而来，好像他们已获知红军行动意图似的，并很快切断了红四军主力与暂留古田的毛泽东部之间的联系，古田告急。

"敌人这次上来的是十四个团。"朱云卿综合各方面的情况向朱德报告，"三省会剿的总司令还是你的老相识金汉鼎。"

"过去大家在一起握手言欢，今天却要刀枪相见了。士别三日，当刮目相看，他这是要我们飞蛾扑火啊！"朱德在会上宣布了一条意外的决定，"马上出发，部队向北走！"

军情紧急，不容迟疑。朱德带领部队出宁化，冒着风雪严寒日夜兼程地翻越武夷山，然后出其不意地开进江西石城县境。

一月十六日，红军主力突然出现在江西东南部赣粤闽三省交通要冲的广昌城下。

"同志们，我们为什么要到江西来？"朱德兴奋地说，"我们到这里不是来喝西北风的，而是要抄金汉鼎的老巢。前面就是广昌，打下了广昌，金汉鼎就坐不住了。俗话说：笨人下棋，死不顾家。我相信他金汉鼎还不是一个笨人。他不是有电报吗？到时用不着人送信，他就会很快知道他的后院起火了！"

果然不出朱德所料，拿下了广昌，古田之围便自动解除了，毛泽东率领红四军前委及第二纵队也奔东韶来了。

两军再度会合，敌人的"三省会剿"破产了。这一次部队如旋风般地纵横闽赣，使安乐和宁都群众得到广泛发动。江西红军第二、三、四、五独立团同地方武装会合，在东固地区合编为红军第六军，红军又多了一支劲旅。

毛泽东风趣地说："这一次是咱们的朱军长立了大功。他不仅救了'赵国'，还得了'魏国'，北出武夷山，起了事半功倍的效果。"

朱毛红军历时半年转战，扩大了赣南、闽西革命根据地，并把两块区域连在一起，为以后中央革命根据地的扩大打下了坚实的基础。同时，在转战中发展了红军的地方武装力量，为以后由以游击战为主向以运动战为主的战略转变创造了有利条件。

这是鲜花盛开的五月，正在前线为扩红发动群众的朱德突然接到毛泽东要他"速归"的通知。朱德飞马赶到前委："发生了什么事？让你发出如此紧急的'令牌'！"

"是大事，也是好事！"毛泽东把中央四月二十四日的指示信递给朱德，"元帅升帐了！这是机要交通刚刚送来的中央指示。"

中央决定，鉴于革命根据地的扩大、红军地方武装的不断发展，决定建立一个统一的军事指挥机构，即红四军、红五军和红六军合成作战的总指挥部，"以朱德同志为总指挥，以统一军事行动计划"。

此时，鉴于红军已发展到十万人共十三个军，和蒋介石同阎锡山、冯玉祥之间的国民党新军阀展开混战，在中共核心领导人的眼中，以为中国革命已由低潮走向了高潮。于是，一意孤行的李立三又抛出一个"立三路线"来，即六月十一日中共中央政治局通过的《新的革命高潮与一省和几省的首先胜利》的决议。

全国红军代表大会提出"红军革命战争只能进攻，无所谓退守"，否定朱毛从实践中总结出来的并行之有效的游击战争"十六字诀"，说这些经验"一般不适用"，并提出"要纠正上山主义、边境割据的残余"。在红军扩大的问题上，中央也一改过去赞扬的口气，批评"四军扩大红军的程度是极其微弱的，扩大速度更是非常迟缓"。

伴随着这一系列的消息到来的，就是中央提出的极具鼓动性但又根本不可能变为现实的口号：会师武汉，饮马长江！还要将党、团、工会的各级领导机关合并为行动委员会，准备武装起义。

中央的指示在路上，朱毛红军也在途中。从六月初开始，朱毛一直按原计划行动，正带领红军重返闽西。中央向朱毛发信多封，但由于交通原因，一些重要的信件到十月份才收到。根据中央的指示，将红四军、红三军和红十二军汇编为红军第一路军，后改为红一军团。

不久，闽西、赣南和赣西南的红二十军、红三十五军等地方部队也划归红一军团建制，朱德麾下真正拥有了千军万马。从此，红军在作战形式上将实行由分散的游击战为主向比较集中的运动战为主的战略转变。

红一军团原定向赣东游击，进攻抚州，现按中央指示要改为夺取九江，进攻南昌。朱德原则上接受了中央指示，但心中也有矛盾："润之啊，把这么多的地方部队编入正规部队，离开苏区进攻中心城市，那我们辛辛苦苦打出来的苏区怎么办？"

"这是叫花子和龙王比宝。敌众我寡，无异于以身饲虎。"毛泽东也想不通，"头脑发热，一帮书呆子只会纸上谈兵！"

"苏区的部队一走，门户洞开，任凭敌人占领，那红军还有什么根据地可言？"朱德还是放心不下。

"中央这帮人就不知道什么叫审时度势，敌人的刀都架到我们的脖子上了，还要去攻打大城市。"毛泽东抬起头来，"还有，我们部队中的一些同志不知道从实际考虑，也喊着要坚决执行，否则就不叫真革命。机械主义害死人啊！"

"这个弯子要转，而且非急转不可。"朱德挥了一下手，"解决得越快越好，事不宜迟！"

"要找一个既不同中央公开对抗，又避免使红军遭受挫折，并在斗争中使红军得到发展的办法，否则李立三又要打你我的屁股喽！"毛泽东沉思片刻，突然眼睛一亮，"有了，我们可以用一个'推'字……"

六月二十二日，朱毛按照中央关于"取南昌，攻九江，夺取整个江西"的指示，签发了关于红一军团由闽西出发，向江西广昌集中的命令，但却没有作进一步的部署和说明。这样，既执行了中央关于进攻九江、南昌的指示，又给自己留下了回旋余地。

八月二十三日，红一军团和红三军团在永和会师。李立三得知毛泽东佯攻南昌、彭德怀退出长沙后，气得大骂"毛彭右倾"。于是，中共中央急电一、三军团组成中国工农红军第一方面军，由朱德任总指挥，毛泽东任总政委。

夏秋之交，国民党内部爆发的中原大战战火犹酣，朱毛领导的红一方面军便趁机迅速发展起来。他们巧妙地抵制了临时中央"左"倾冒险主义领导者的错误命令，放弃进攻南昌再打长沙的计划，回师吉安。

可是，红十二军经安福向吉安前进时，一件不幸的事情发生了，该军军长伍中豪饮弹牺牲。朱德沉痛地说："伍中豪同志是黄埔军校学生，英勇善战，忠实于革命事业，他的牺牲是我们的一大损失。"

十月四日拂晓，红一方面军向吉安发起猛烈攻击。经过一天激战，守敌邓英见红军势大，不敢死守，于当天晚上率部从赣江乘船逃走。子夜时分，红军攻进吉安城内。

第二天，广场上人山人海，红缨高举，口号震天。红一方面军总前委书记、总政委毛泽东在万人大会上讲话："现在我宣布：第一个省级红色政权——江西省苏维埃政府今天成立啦……"

此时，从吉安城里发现了秘密反动组织"AB团"的旗帜和印章，还从敌人的档案里发现一份牵连到中共江西省行委（省委）书记李文林的文件。于是，红一方面军总政治部秘书长兼肃反委员会主任李韶九前往吉安东固领导那里的肃反工作。

简单粗暴的李韶九错误地估计形势，扩大了肃反范围。他到东固短短的几天就不分青红皂白地逮捕了一百二十多个"AB团嫌疑犯"，并且擅自将其中四十多人处决了。在地方机关杀了一批之后，他又来到驻东固的红二十军，看哪个不顺眼，就逮捕哪个。

李韶九大抓"AB团"，居然抓到了朱德的身边。一天，保卫局的几个人跑来，说朱总司令的勤务员李少清是"AB团"，要把他带走。

李少清才十五岁，是从农村来的，思想单纯，勤劳朴实。康克清认为他绝不是什么"AB团"，于是不顾一切地站出来替他担保："如果以后发现他有问题，你们找我好了。"

那几个人根本不听，蛮横地说："我们只执行李秘书长和保卫局的命令，你有话跟他们去说吧！"

没有办法，康克清只好去找朱军长。朱德出来对那几个人愤怒地说："小李跟了我这么多年，还是个小孩子，腿又有点残疾，怎么可能是'AB团'？如果你们要从我这里抓他走，必须拿出证据来，没有证据不能随便抓人。"

他们拿不出证据，就说是某某说他是"AB团"。

"不行，我要的是事实证据，不是这种不负责任的口供。没有证据，谁也不能把他带走！"

就这样，李少清被朱德保护了下来。

十二月中旬，被李韶九打成"AB团"的刘敌煽动红二十军脱离红一方面军总前委的指挥，擅自将队伍拉到永新、永阳一带。时任红二十军一七四团政委的刘敌对毛泽东派李韶九去吉安肃反耿耿于怀，在他的挑动下，红二十军喊出了"打倒毛泽东，拥护朱彭黄"等分裂红军的口号。

红二十军过赣江之后，刘敌不甘心自己就这样逃走，他想搞乱红一方面军，于是想出一条让毛泽东与朱德、彭德怀、黄公略自相残杀的奸计来，以图分裂工农红军。

刘敌手下有个人模仿笔迹能达到以假乱真的程度。他叫丛允中，是江苏如东人，毕业于南通师范。加入中国共产党后，曾在湖北大冶煤矿领导工人运动。三年前转到江西苏区工作，第二年任赣南西河行委书记。

刘敌找到曾被错划为"AB团"分子的丛允中，让他伪造毛泽东的亲笔信，搞起挑拨离间、借刀杀人的勾当来。

千年古镇黄陂，是一块用英雄鲜血染红的土地。在镇子的路口有一座彩门，两边用"黄陂"嵌字题写了一幅对联："黄虎出林啃白犬，陂水入潭养赤龙。"这座彩门是半个月前，宁都县委、县苏维埃政府和黄陂区委、区苏维埃政府以及当地群众，为了欢迎朱毛红军到来特意搭建的。

月色昏暗，星光稀微。一个军人来到红一方面军总部，将一封信交给值班参谋阿杨，并要他马上送给朱总司令。杨参谋考虑到送给朱德的信都是有重要情况的，所以也没来得及问送信人是谁，便匆匆将信送到了朱德手中。

朱德打开信，凑在微弱的马灯前一看，立即倒吸一口凉气。只见信中写道：

蒋介石先生：

　　你寄来的钱已收到了，谢谢关心。我将在适当的时间，把红军队伍拉过去。朱德我也会选择适当的机会解决。

毛泽东

12.10

一向沉稳的朱德此时思维有些乱了：毛泽东要将红军队伍拉到蒋介石那边去，还要解决我。这是真的还是假的？再仔细询问杨参谋送信人是谁，杨参谋回忆说是个年轻人。

朱德又仔细地看了一遍信，情绪渐渐冷静下来了。他自言言语道："这封信如此重要，他为何不当面交给我，又不要我打收条，这其中定有蹊跷！"

经过翻来覆去的琢磨，朱德对此信产生了怀疑，认为这是一封伪造的信，凭他与毛泽东长期的合作，相信毛泽东不是这样的人。他分析此信是有人恶意要离间自己与毛泽东的关系，想搞垮红军。

"哪个龟儿子干的？哄鬼嘛！只有傻瓜才会上当。" 朱德冷笑一声，就像没事儿一样上床睡起了大觉。

第二天一早，毛泽东还没起床，朱德就叩响了他的房门。毛泽东一边穿衣一边问道："是朱军长吧，有么子事，这样急呀？"

朱德不请自进，并一屁股坐在床沿上，不慌不忙地把信递过去，笑眯眯地说："不急，不急，给你看样东西。"

毛泽东打开信一看，大惊失色，急忙把信退还给朱德："这样的信怎么送给我呀？应该交给组织，由组织派人来抓我！我是反革命，是叛徒啊！"毛泽东说完，点燃一支烟，低着脑袋凝思默想。

"这不是你写的嘛，很清楚！"朱德还是笑眯眯的，他的为人就像他的名字那样名副其实：朱德——红色的品德。

"何以见得？"毛泽东反问，表情极其严肃。

朱德还是微微一笑，轻松地说："很简单，要真是你写的，信就不会落在我的手中了。你说我分析得对不对？"

毛泽东的表情并不轻松。他吐出一口烟雾："你就这么相信我？"

朱德宽厚地笑笑说："我带着南昌起义队伍上井冈山之前，就考察过你毛润之，你毛润之对革命的忠诚和坚定性，红军中是有口皆碑的。这样的人怎么会是阴谋家、反革命？"

朱德拿起那封信说："你再仔细看看，这信的笔迹虽然模仿得很像，可你写字的笔画较细，而这封信的笔画很粗。另外，你在签名时，毛泽东三个字写的是长方形，细细长长的，而这信的字体却是圆圆的，没有一点力度。还有，在信的末尾日期上，你一般不用'12.10'这样的洋字码，通常用汉字表示。"

毛泽东的表情在不断变化，听到这里，他猛地扔掉吸了一半的香烟，激动地站了起来，一把握住朱德的手说："知我者，朱总司令也！玉阶兄，原来我认为你是一个性格粗犷的人，没想到你观察问题竟这么细致入微，连我的字也有如此之深的研究啊！"

朱德笑笑说："润之啊，这可不是闹着玩的，险些砍了你的脑壳。要是真的那样，红军就分裂了，最后我的脑壳也保不住了！"

"你说得很对！" 毛泽东沉下脸思考着说，"敌人此次离间不成，可能还会再出毒招，我们要有所准备哟！"

"是啊！"朱德点点头，"你一定要注意安全……"

正如朱德与毛泽东所料，刘敌一计不成又生一计。他要置毛泽东于死地，又想出了一招刺杀毛泽东的阴谋。

刘敌物色的杀手是红二十军的一个排长，此人表现十分优秀，却被李韶九当成"AB团"分子关押了起来，就在他即将被李韶九处决时，是刘敌带着人救了他。从此，这个排长视刘敌为救命恩人。

这时，刘敌对这个排长说，眼下红军被打成"AB团"的人被杀了一批又一批，这都是毛泽东授意李韶九干的，要想阻止这个灾难，只有杀了毛泽东，红军才能被挽救。这个排长听信了刘敌的谣言，接受了刘敌交给的刺杀毛泽东的任务。

出身于黄陂的这个排长非常熟悉自己家乡的地形，加之他是红军干部，出入红军总部十分方便。白天侦察了一番，掌握了总部首长所住的房屋地形，晚上便开始行动。

夜幕降临，这个排长悄无声息地进入总部西面的一间房屋，发现是一间空屋，没有人住。他想明明自己打探到毛泽东就住在这里，现在怎么会没有人住了呢？他并不知道，这间房屋的主人在半小时前是朱德，并不是毛泽东。而且，十分警觉的朱德常常一个晚上要换两三个地方，就在半小时前他搬到了另一个住处。这个排长扑了个空，否则被害的是朱德而不是毛泽东。

第二天上午，这个排长又仔仔细细地观察打探，终于了解到毛泽东的住所，决定天黑后再行动。可是，他的行为早已被朱德所发觉，就在他晚上实施刺杀时，被朱德派去的潜伏哨击毙了。

经过深入细致的调查，朱德抓到了幕后策划指挥的刘敌，也抓到了模仿毛泽东笔迹写信的丛允中，将他们以反革命罪枪决。当然，制造无数冤案的李韶九也难逃法网。严冬过后是春天，红一方面军纠正了肃反扩大化后，又恢复了往日的平静，全军上下出现了团结和睦的新气象。

第五章
突破重围

朱德：蒋氏对于我们的胜利感到绝大的惊骇。他停止了长城抗日战争，跟日军订立《何梅协定》。他亲自赶到南昌，准备新的"围剿"。陈诚部队失败后，蒋氏知道自己必须改变整个战略。他聘请了许多外国顾问，凭借经济封锁和军事封锁来实践进攻和防御的战略。

无兵派将

十二月七日，江西南昌。

湖水静谧，残雪斑驳，南昌江西大旅社高高地矗立于鳞次栉比的平房之间。一窝麻雀以强大的阵容出现在大旅社的后院，在苍白的阳光下一字排开，活泼地、欢快地、不知天高地厚地蹦来蹦去，显得十分自信。

三年前，周恩来、贺龙、朱德等人在这个全市最高的徽派建筑里发动了武装起义。如今，蒋介石正在这里召开"剿共军事会议"，任命国民党江西省政府主席鲁涤平为"剿匪军"总司令，调集十一个师又两个旅约十万以上的兵力，对革命根据地实行半圆形包围。

红军和革命根据地大发展的形势，震惊了蒋介石，尤其是对朱毛及其领导的那些"梁山好汉"，起初视之为"疥癣之疾"，不足为"害"；现在却感到是"肘腋之患"，非"剿除"不可。于是急忙从南京乘"永绥"舰溯江而上，一到南昌便开会部署"剿赤"。

在会议接近尾声时，一位国字脸、红面孔、佩戴中将军衔的中年人倏地站起来，然后操着一口湖南官腔，代表与会军官发言。他底气十足，踌躇满志，要在朱毛面前耍耍大刀。

蒋介石还是第一次在如此近的距离打量这位发言者：裁减合体的毛哔叽军服遮住了他丰腴的体形，脖颈上的风纪扣扣得严严实实，斜挎的武装带松紧恰到好处，鼻梁上架着一副金丝边水晶眼镜，既给人一种武将的干练，又给人一种文人的儒雅。

"此次剿共，我等革命军人誓必奋勇直前，将朱毛首级献于主席座前……"说话者音调渐次升高，不知是由于风纪扣过紧，还是由于激动，他脖子上的青筋时隐时现。

在一片热烈的掌声中，蒋介石欠了欠屁股，以示对发言者的尊重，并微笑着点点头，示意发言者坐下，然后由衷地赞许道："有石侯这句话，我就放心了！这次要你在前线任总指挥，实际上是代我和咏庵（鲁涤平）指挥部队与'匪'作战。希望你悉心筹划，精心指挥，出师大吉。此次'剿匪'成功，我一定亲自在南京给你颁奖授勋。"

这位被蒋介石称为石侯的发言者，就是国民革命军第十八师中将师长张辉瓒。

张辉瓒年纪比蒋介石还大两岁，经历跟蒋介石相似。他们都是喝过洋墨水、挎过大洋刀的海归派，是日本士官学校先后期的同学。张辉瓒考察过德意志军事学，蒋介石考察过苏俄政治军事。后来，张辉瓒和蒋介石又一同东征北伐。

虽说蒋介石已与朱毛你一拳我一脚地"过招"了三年，其实还没有真正领教过朱毛的厉害，总以为打败这些"土得掉渣、穷得寒碜"的红军是件小事。他在调谭道源到江西参加"围剿"时说："你马上开回江西，江西之'匪'羽翼未成，算是地方事件，问题不大，请你帮助咏庵，负责肃清。"

"富田事变"发生后，蒋介石认为红军和苏区内部出了问题，正是乘机进攻的大好时机。于是，他下令将国民党"围剿"的军队分为八个纵队，于十二月十六日从陆路、水路和空中向中央苏区发起全线进攻。同时亲自悬赏五万元，缉拿朱德、毛泽东、彭德怀、黄公略。

孙子曰："善用兵者，避其锐气，击其惰归。"为避免不必要的损失，红军拟把刚建立的省苏维埃首府"奉还"给蒋介石，动员机关、直属单位、学校、医院和当地的群众转移到富田、东固的白云山一带隐蔽。

由于苏区的坚壁清野工作做得好，国民党军队进入苏区后找不到粮食，也找不到向导，因而陷入了困境，停顿不前。他们在战报中发出这样的哀叹："到'赤区'作战真是漆黑一团，如同在敌国一样。"

"围剿"军已被诱到中央苏区腹地，红军转入战略反攻的时机已经到来，决战即将开始。那么这一仗究竟该怎样打？先打敌军哪一部分？朱毛经过周密思考，决定集中优势兵力，先打左翼的张辉瓒部第十八师或离红军主力最近的谭道源部第五十师。

"张、谭两师是'围剿'主力军，是'围剿'军总司令鲁涤平的嫡系部队，张辉瓒又是前线总指挥。" 朱德端着热气腾腾的搪瓷缸说，"消灭此两师，'围剿'就基本上打破了。"

"我军应实行中间突破，将敌人的阵线打开一个缺口后，敌之东西诸纵队便被分离为远距之两群。"毛泽东指着地图说，"然后再进行各个击破，粉碎这次大规模'围剿'。"

为了打好第一仗，朱毛在小布河畔召开了军民誓师大会。临时搭起的主席台两侧挂着毛泽东写的一幅对联：

敌进我退，敌驻我扰，敌疲我打，敌退我追，游击战里操胜算；
大步进退，诱敌深入，集中兵力，各个击破，运动战中歼敌人。

大会开始后，朱德和毛泽东先后讲话。他们号召全体军民努力杀敌，勇敢冲锋，粉碎敌人的"围剿"，保卫土地革命，保卫革命根据地，保卫家乡，保卫工农的天下。

那些天，朱德除了到部队动员、检查和部署外，余下的时间就是读他的《孙子兵法》《三国演义》《水浒传》等几本书。心在书中，又在书外，他更关心的还是敌人的动向。每天傍晚，他都在盼望来自各地的交通员。一遇到重大情况，就马上去毛泽东处研究，然后拿出方案来。

十二月二十四日，交通员送来情报："敌军分别从吉安、吉水、永丰、乐安、宜黄等地逼近苏区，其中有一路敌人正向小布方向奔来！"

"是哪一路？士兵们都是什么口音？有番号没有？"强调情报准确性的朱德接连提出几个问题。

"反正不是江西口音。他们抓人时，说是往小布送东西。番号是五十师，师长叫什么'盐'……"

"不是'盐'，是'谭'吧？叫谭道源。"朱德转身对毛泽东说，"敌人来得很快！两路前锋露头了，一路是谭道源师，一路是张辉瓒师。从两个方向逼近，打头阵的是谭道源。"

"这个谭道源，还是我湘人呢！"毛泽东边看地图边风趣地说，"他是早年进讲武堂的老将，参加过北伐和宁汉战争。在湘军中，也还算是一个人物！"

"我在南昌时也听说过此人，他担任过湘军三师师长，国民革命军第十四军副军长。仗还蛮会打的，以刁猾奸诈见长。"

"敌人主力离我们还有多远？"毛泽东在地图上测量距离。

"不要量了，你那张手绘的地图不准！"朱德摆摆手说，"我已经计算过了，谭道源只有一两天路程，张辉瓒远一点，三五天才能到。"

"那就先吃掉谭师！"毛泽东的目光从地图上移开，"按敌人编制计算，一个师也就是五千来人，两师总共不过万把人。我们四万人的胃口，吃下去应该不成问题。"

"吃掉谭师有利。"朱德赞成道，"嘴巴吃一个，眼睛盯一个，这样好安排兵力！"

当晚，一道由朱毛签署的命令送到各兵团司令部：伏击进犯小布之敌。并规定：白天不许造饭，前线指挥员不许骑马，以求高度隐蔽。

一夜之间，小布的红军消失得无影无踪，在街上采购的军需人员也都换上了便衣。严格封锁进出小布的道路，只准进，不准出。加上当晚下了小雨，外人绝对看不出这里隐藏着千军万马。红军大部队按预先的部署，已占据了小布的高地和山林。

山区的夜是宁静的，但朱德却静不下来，心中的不安再次跳动起来。他在微弱的马灯光下来回踱步，脑子里转动各种想法，又画出许多问号："早过了谭师进入伏击圈的时间，为什么还不见动静？"

派出的侦察兵天亮后才回来报告："谭师集结后，又停了下来。"

"停下来了？"朱德在沉思，"这个谭道源又在搞什么鬼花样？是走漏了消息？还是他过于谨慎？"

战场上的决策都是在斗智，而且这种斗智的动因，有时仅仅是一种感觉而已。谭道源并非获得了什么消息，他只是感到对付红军主力不可能轻而易举，必须谨慎行事，以策万全。在快到苏区中心的时候，底气不足的谭道源突然想起蒋介石说过"剿匪之难，甚于大战"的一句话，这使他猛然警觉起来，与其盲目进攻，不如静观其变，于是就下令部队撤回源头。

源头一带地势险要，易守难攻，谭师居高临下，硬攻对红军不利。两次在小布设伏都没有打成，有的指战员便产生急躁情绪，有的还发起了牢骚。

朱德非常冷静，认为红军反攻的第一次战斗关系重大，它将影响全局，必须打胜，只有在敌情、地形、人民等各个条件都有利于我而不利于敌的情况下才能动手，否则宁肯持重待机。

就在红军主力准备伏击谭道源师的时候，朱毛已派红十二军军长罗炳辉带领该军三十五师会同地方武装，将张辉瓒师一步一步从东固引向龙冈，并指示罗炳辉："在诱敌过程中，只许打败，不许打胜。"

十二月二十七日，朱德来到担负正面攻击张师任务的红三军，在全军大会上作了战斗动员。他说："谭道源溜了，张辉瓒来了。既然敌人已被调动，运动中歼敌的时机已经到来，总前委决定暂时不打谭道源师，先打张辉瓒师。你们红三军担任正面攻击，希望同志们努力打！要初战必胜。有没有信心？"

"有，坚决打垮张辉瓒！"队列中爆发出响亮的回答。

岁暮天寒，但指战员的心却是热乎乎的。朱德简短的动员结束了，但他的话却久久地回响在指战员耳际。他们知道，这个被多次宣布已被"击毙"的红军总司令，正在指挥他们在反"围剿"中走向一个新的胜利。

十二月二十九日，朱毛率领红军主力由黄陂、小布地区挥戈向西，于当天到达龙冈以东三十华里的君埠隐蔽待机。在毛泽东那张随身携带的手绘地图上，龙冈的蓝色小圆圈外，早已被红笔牢牢地圈住了。

上午十时，张辉瓒师的先头部队戴岳旅一〇四团进抵龙冈。由于红军的行动秘密神速，群众严密封锁消息，所以张部进到龙冈后根本不知道红军主力已在君埠地区集结，错误地判断红军主力尚在百里之外，因而毫无顾忌地准备由龙冈继续东进。

龙冈的地形十分险要，后面是一座山，前面是一条河，河的对岸是一座小山，东面不远处有个黄竹岭，是张师东进的必经之地。有山有水，有林有竹，这样的地形极利于红军隐蔽和集结。

浓云蔽空，星月无光。朱毛在夜晚发布命令：红一方面军主力于第二天由君埠向龙冈运动，利用有利地形，趁敌军立足未稳，突然发起进攻，将它围歼在龙冈山区。

十二月三十日拂晓，龙冈山区大雾弥漫，如同黑沉沉的夜。红军在浓雾掩护下悄悄地进入阵地，朱德和毛泽东带着司令部很少几个参谋，进入设在黄竹岭的指挥所。毛泽东对朱德说："真是天助我也！三国时，诸葛亮借东风大破敌阵；今天是'雾满龙冈千嶂暗'，我们正好乘雾歼敌啊！"

"敌军一个师部两个旅被我们包围了！" 朱德看着怀表兴高采烈地说，"再过两小时，我们就开始出击！"

上午十时，红日东升，雾散天清，群山静谧，泉水淙淙。红军指挥员居高临下，将整个龙冈尽收眼底。待张辉瓒的先头部队戴岳旅进到龙冈以东的小别村附近登山时，早在这里隐蔽待机的红三军第七师突然发起猛烈攻击。

对红军情况一无所知的张辉瓒，错误地判断红军主力还远在黄陂、小布一带，戴岳旅所遇到的不过是游击队。所以他既没有及时地增援前方，也不戒备侧翼，而是命令戴岳旅拼命抵抗。打到中午时分，戴岳旅逐渐展开两个团的兵力，战斗一时打得很激烈。

朱德在指挥所里密切观察各个战场，由于指挥所离前线太近，双方部队就在指挥所门前激战，飞来的枪弹不时落在指挥所的墙上。这时，在正面迎击戴岳旅的红三军第七师向指挥所报告他们那里的战斗十分紧张，正相持不下，请求总部增兵支援。

可是，朱德手中已经无兵可派了，因为所有红军都按计划进入了阵地。令人难以置信的是，红军的司令部在唱空城计。总部的警卫营被调到前线去了，留在指挥所的除朱德和毛泽东外，只有前委秘书古柏和参谋处处长郭化若两个干部。要说兵，也就只有一个特务员和一个勤务员。

在无兵可派的情况下，为了鼓舞红军士气，不顾个人安危的朱德走到郭化若面前说："凡是部下请求增援，就必须派兵去，多少总要派一点，没有兵就派将，你去七师吧！"

郭化若奉命来到红七师阵地，传达了朱德的指示，并研究了部署和打法。郭化若对师长陈伯钧说："朱总指挥和毛总政委就在后面山上，无论如何你们要顶住，确保他们的安全！"

"人在阵地在，请朱老总放心，我们一定会打败敌人！"陈伯钧坚决地说。

"不过，我还给你们带来个重要任务：总攻开始后，你师立即向东，盯住谭道源。吃掉十八师后，就该吃五十师了！"

"是，保证完成任务！"陈伯钧兴奋地说。

红七师虽然没有增加兵员，听说朱军长把参谋处长派了过来，全体指战员都深受鼓舞。他们的士气更加高昂，作战更加勇敢，战线立刻稳定了下来。

不久，红三军的八、九两师和红十二军的一部分，向敌人两翼猛烈发起攻击。戴岳旅在三面猛攻下难以支持，向张辉瓒告急。张辉瓒派出一个团增援，还没进入阵地，就同戴岳旅一起被红军歼灭了。副旅长洪汉杰、团长李月峰被击毙，戴岳混在士兵中逃走，还一路跑一路大骂张辉瓒："惨，惨！我早说过，轻敌是自取灭亡的先兆……"

下午三时左右，左路红十二军、右路红四军和红三军团一部，按预定计划分别迂回到龙冈侧后，占领当地山头，截住张辉瓒部主力四个团的退路，切断他们同东固、富田的联络，从背后向龙冈发起攻击。整个龙冈被红军团团围住，张辉瓒部成了瓮中之鳖。

下午四时，朱德下达总攻命令，各路红军如离弦之箭从龙冈北面的高山上猛冲下来。挎着日本指挥刀的张辉瓒命令部队往西北方向突围，但始终未能成功。红军迅速冲进张辉瓒师部，活捉了第五十三旅旅长王捷浚。张辉瓒脱掉在德国考察时买的那件洋大氅，换上士兵服装企图逃跑，被红军战士搜获。

太阳挂在西天，整个天空弥漫着硝烟和火光。朱德和毛泽东站在指挥所旁边的山头上观战，一个战士跑上来报告："张辉瓒抓住了，张辉瓒抓住了！他换了身士兵的衣服，自称是'书记官'想逃跑，是从俘虏中查出来的。军团首长叫送到这儿来！"

"要给我们剃头的客人来了！"毛泽东幽默地说，"走，去会一会我这位湖南老乡！"

"要得！"朱德笑着说。

张辉瓒被带了上来。这个被自己部属揭发出来的败将，穿着一身士兵的咔叽军装，脚上却蹬着一双油亮的马靴，帽子跑丢了，脸上印着一块被部属捆打的五指痕。

"张总指挥，你是怎样指挥的呀？"毛泽东一脸和气地揶揄道，"你没有想到红军的厉害吧？想不到我们今天相会在龙冈。你在龙冈墙壁上到处写标语，要剃掉朱毛，今天究竟是谁剃了谁的光头？"

惊恐不安的张辉瓒被小他几岁的老乡问得张口结舌，脸色灰黄，半晌说不出话来。

"石侯将军不用害怕！"毛泽东接着说，"战争无情人有情嘛！对放下武器的敌人，我们还是宽大为怀的。再说，我们还得感谢你哟，你给我们送来了第一部大功率电台，给红军安上了'顺风耳'，使我们能够听到你们鲁主席的声音！"

"我们还想请你到我们的部队里走一走看一看，向我们的干部战士们讲一讲你从德国、日本学来的军事知识，讲一讲蒋委员长'围剿'红军高明的战略战术。"朱德微笑着说，"你若愿意，还可留在我们的红军学校当一名高级教官……"

"不……不不，石侯乃败军之将，岂敢班门弄斧。"张辉瓒羞愧地说，"石侯乃戴罪之身，无颜面对贵军将士。若贵党贵军确有宽待之意，恕石侯不死，就放我走，石侯情愿以全部家产赎罪，并立即解甲归田，永不追随老蒋与贵党贵军为敌……"

这时，朱云卿将拟好的"胜字第一号命令"交给朱毛签批。朱德一笑说："石侯将军，很抱歉，没时间和你多摆了，我们还得赶路，去会一会你的那位讲武堂老同学谭道源，晚了可就追不上啰！不过，我们很快就会见面的……"

然而，令朱毛始料未及的是张辉瓒的公愤太大，很快便被愤怒的群众就地正法了。

张辉瓒部的惨败，使"剿匪"军总司令鲁涤平大为震惊。他在给蒋介石的电报中，有"龙冈一役，十八师片甲不还"的伤心语。蒋介石在回电中却宽慰加讥讽道："十八师失败，是乃事之当然，不足为怪，我兄每闻共党，便张皇失措，何胆小乃尔！尚为共党闻之，岂不为之所窃笑乎？"

一九三一年元旦，硝烟未熄，枪声刚落，朱毛就率部东向，当天赶到小布。他们早已预料到在张辉瓒主力覆灭后，谭道源师一定会往东逃跑，向许克祥的第二十四师和毛炳文的第八师靠拢。

果然不出所料，谭道源得知朱毛红军追来，第二天一早就率部东逃。它的主力到达东韶，准备按照鲁涤平的电令，向洛口的许克祥师靠拢。但许克祥师已退到头陂与毛炳文师会合，谭道源只得在东韶匆忙地赶修工事，以抵抗红军的追击。

一月二日晚十时，朱毛下达了对谭道源师的追击命令，指出："视此情形，敌军似有全线退走之模样。方面军决于明晨追击东韶之敌，然后次第扑灭朱逆绍良部之许、毛两师，以树政治上之声威。"

命令下达后，各路红军立即向东韶急进，追击谭道源师。朱德和毛泽东也迅速进入阵地，站在一个山头上指挥全线战斗。

一月三日上午，担任中路的红十二军先头部队首先同谭部接触。随后，红军主力很快赶上来发动猛攻。谭道源部因前一天刚到东韶，立足未稳，饥饿疲惫，工事也未修好，仓促应战，在红军的猛烈进攻下无力支持。到下午三时左右，阵地被突破。谭道源趁红三军的迂回部队尚未赶到，便率残部突围，向南丰方向溃逃。

在朱毛的正确指挥下，红一方面军在五天内连续打了龙冈、东韶两个胜仗，共歼张辉瓒、谭道源部约一万五千人，缴获各种武器一万二千件。江西"剿共"总指挥鲁涤平见败局已定，只好"鸣金收兵"。至此，蒋介石发动的对中央苏区第一次反革命大"围剿"，以失败而告终。

白云山下呼声急

近代的中国是个政治大舞台，各种势力在这个舞台上相互交叉、相互影响、相互矛盾、相互冲撞，演绎了一出出兴衰、美丑、胜败的话剧，原先默默无闻者，竟然在这个舞台上大放异彩；而大放异彩者，最终又在这个舞台上黯然失色。

二月的一个深夜，南京黄埔路蒋介石官邸。室外，寒风冷冽，草木披霜；室内，清灯孤影，座钟哀鸣。蒋介石向窗外望去，想伸长脖子看得远一些，然而这里没有远方，周围的高墙大屋像屏障一样挡住了他的视线，就连那座高耸入云的"天堂之梯"也被卷进了黑暗之中，令这个基督教徒心里充满了遗憾。

蒋介石本来没把红军放在眼里，然而第一次大规模"围剿"却遭到了失败，这是他万万没有想到的。这时，国民政府军政部长何应钦推门进来，蒋介石愤怒地将两份电报甩到桌子上："咏庵无能！"

何应钦忙捡起电报，看后脸上当即露出惊骇之色……

"什么'龙冈一役，十八师片甲不留'，完全让共党吓破胆了！"蒋介石气愤地说，"十八师失败，事之当然，乃其姑息所至；五十师孤军重围，不早向六路军靠拢，还想让他们去吉安增防，正中朱毛各个击破的诡计，真是愚蠢至极！"

"总座，那下一步……"何应钦嗫嗫嚅嚅地问。

"请你来，就是为这个事。"蒋介石温言道，"敬之，江西那里，你亲自去，代替我指挥，兼做南昌行营主任，叫贺国光给你当参谋长。"

"共军不过是一群乌合之众，他们缺少训练，武器装备也很差，长矛、大刀、土枪岂能与中央军抗衡，不是我夸海口，只需十万兵力，不消三个月即可剿灭共军。"受宠若惊的何应钦问，"那鲁涤平……"

"让他在吉安再待一段时间，要他固守，只许前进，不许后退！要是再丢了吉安，要他提头来见我！"

蒋介石也是一个不肯认输的人。他要向江西派出二十万军队，采用"稳扎稳打，步步为营"的作战策略，对中央苏区进行第二次"围剿"，并"限五月五日国民会议召开之前，克复'匪区'各县，会师宁都，彻底肃清朱毛彭黄各'匪'，用胜利迎接国民会议的召开"。

三月二十三日，朱毛命令部队由中央苏区北部边沿向南转移到广昌、石城、宁都、瑞金一带，把国民党军队引入苏区腹地，寻机歼之。这时接到通知，由中共苏区中央局成员任弼时、王稼祥、顾作霖三人组成的中央代表团，将于四月初由上海来到中央苏区。

中央代表团到达之前，提前来到苏区的项英曾在小布主持召开了中共苏区中央局第一次扩大会议，传达讨论中共六届三中全会关于反对李立三路线的决议。中央代表团来到后，四月十七日在宁都的青塘再次召开中央局会议，作为上次会议的继续，仍称为中共苏区中央局第一次扩大会议。

会上，中共苏区中原局代理书记兼中央军委主席项英传达了中共六届四中全会决议，并提出了与朱毛"诱敌深入"相反的"牵牛"方针对付敌人，即红军将敌人引出革命根据地外打击。还提出必要时可以退出中央苏区，到四川去建立新苏区，并且以斯大林曾说过四川是最好的根据地作为他们主张的依据。

一生离不开辣子、吃出了火爆脾气的彭德怀没等项英说完，就蹦了起来："我有意见！这不是秃子头上的虱子——明摆着，还用说吗？丢开熟悉的根据地去四川，想当'石达开第二'呀！"

"二十万又怎样？"林彪冷笑一声，"从井冈山到现在，老蒋的'围剿'就没断过，哪一次不是人比我们多，枪比我们好，不照样被我们打退了！他们能够增兵，我们可以扩红嘛，武器不行就找他们要，蒋介石不是我们的运输大队长吗？哈哈哈……"

"是呀！"黄公略站起来，"'诱敌深入''集中兵力各个击破'的方针是基于'八个有利条件'提出来的，已经证明是可以退敌的，为什么不相信自己呢？打仗不光是打'兵力'，更重要的是打'士气'、打'协同'，而我们正是士气高涨，地形也熟，群众拥护。到四川去，别说山高路远一时半会儿到不了，就是到了，也是两眼一抹黑。"

此时，多数人又提出"分兵退敌"的策略："我们把兵力分散，一则可以使敌人包围落空，二则目标转移，可以退敌……"

毛泽东一直没有说话，只顾埋头吸烟。朱德急了，用胳膊肘碰了碰他，小声说："呃，该说说话了！要是一锤子定了音，可就不好办了……"

"放心，天塌不下来！"毛泽东淡淡一笑，"天塌下来还有你朱玉阶撑着嘛！最后下令的是你总司令……"

"嘿嘿，总司令？"朱德苦笑，"没有'毛'的'朱'，还能够发号施令吗？"

"好，那我就再助你一臂之力！"毛泽东猛吸一口烟。

朱德忙站起来："大家静一静！还是听听毛政委的意见吧！"

毛泽东掐灭烟头，从容地站起来："呵呵，可我的意见，又是少数呀！首先，我不同意打一仗就分开，分兵是下策，好不容易把两只拳头攥到一块了，又要松开，还有力量和人比试吗……"

朱德支持毛泽东的意见，也不赞成"分兵退敌"的策略，更不同意到四川去建立新苏区的主张。他根据第一次反"围剿"的经验，认为虽然国民党军队的兵力比红军多好几倍，但只要实行"诱敌深入"的战略方针，依靠人民群众，利用对方的弱点，集中优势兵力，各个击破，打破第二次"围剿"是完全可能的。

过了几天，苏区中央局又召集第二次会议，继续进行讨论。这次，多数人都赞成朱毛的意见。认为现在分兵不好，应该先同敌人打一仗，然后再考虑分兵的事。会议还根据多数人的意见，决定留在中央苏区打。这样，打还是退的问题就基本解决了。

接着，一个新的问题又提了出来：先打敌军哪一路？针对这个问题，会上又发生了争论。多数人的意见是打蒋光鼐和蔡廷锴，理由是蒋蔡打垮之后红军有出路，便于发展，可以伸开两手到湘南、赣南。

然而，毛泽东又提出了反对意见："在进攻我们的敌人中，蒋蔡是比较强有力的，在历史上未曾打过败仗，曾经在湘南把张发奎打得落花流水。因此，打蒋蔡没有绝对胜利的把握。我们应该打王金钰，因为这路敌人较弱，且地势、群众都有利于我。"

"我同意毛政委的意见，雷公打豆腐——专拣软的捏嘛！"朱德表示赞同，"王金钰的五路军是蒋介石收编的杂牌军，同蒋介石有矛盾，实力较弱，内部也不统一。它又是北方军队，不善于爬山，在南方作战水土不服。如果先打这一路，各方面条件都对红军有利而对敌方不利。"

会上经过充分讨论后，多数人接受了朱毛的主张，决定先打王金钰部，然后由西向东横扫，一直打到福建建宁，以击破这次国民党军队的"围剿"。

四月十九日下午五时，朱毛向红一方面军发出攻打王金钰部的命令："本方面军奉中央革命军事委员会命令，决心以极迅速行动首先消灭王金钰敌军，转向敌军围攻线后方与敌军作战，务期各个歼灭敌军，完成本军任务。"

四月二十三日，朱毛又命令部队从龙冈向西推进二十公里，在东固地区隐蔽集结。朱德率领红一方面军总司令部移驻距东固不到三公里的地方，迫敌而居，待机破之。

由于王金钰部在富田筑有坚固的防御工事，如果硬攻，就得打攻坚战，这对火力不足的红军是不利的。因此，红军决定在东固一带长时间的秘密集结，耐心等待，继续"诱敌深入"，在王金钰部脱离他们的坚固工事后再于运动中歼灭之。

东固地处中央苏区腹地，是五县接壤处，离各县县城都达百里以上。周围崇山峻岭环抱，只有五条蜿蜒曲折的羊肠小道可以通往山外。山内土地肥沃，盛产大米，有近三百个村庄、一万五千多个住户。这里又是老革命根据地，四年前党组织领导并发动的东固暴动，江西红军独立第二、第四团也是在这里产生的。经过土地革命，这里的群众觉悟很高。

但是，三万多红军在二十多天时间内集中隐蔽在这个不大的山区内，毕竟给当地人民带来严重的困难。由于国民党军队的长期包围和进攻，实行经济封锁，大肆抢夺粮食，恣意破坏生产，使中央苏区的经济受到很大破坏，群众生活极度困难。

在这种情况下，朱德没有因为自己是总司令而有什么特殊要求，而是和广大指战员同甘共苦，设法帮助群众恢复和发展生产，克服经济困难，并和毛泽东于五月五日发布了《动员部队帮助群众插秧耕田的训令》。

五月八日，项英、毛泽东、朱德又以中央革命军事委员会名义，发布《节省经费的训令》，其中规定："从即日起每日吃两餐，只发伙食费八分。柴自己采，菜自己采一部分。……每个机关每月从三元起至八元止，按照至低限度的需要开支。总司令部不得超过八元。除上列规定外，过去各种开支，如挑夫费、药费、交通费等项一律停发。"

朱德一生中不知经历过多少艰难困苦，但他从来没有在困难面前低过头。他还经常做部队的思想政治工作，曾在总司令部干部会议上动员说："同志们，不怕敌人多，不怕没饭吃，只要我们团结努力打敌人，一打出去敌人就会送来大米白面！"

"总司令说有办法还怕什么！"大家的情绪都被调动起来了。

红军在东固待了二十多天，仍不见王金钰部有离开富田东进的迹象。这时，不少求战心切的战士产生了急躁情绪。朱德就深入部队说服大家耐心等待，说明敌人是会东进的，战机很快就会到来。

果然不出朱德所料，对方终于沉不住气，等待已久的战机来临了。五月十二日，王金钰的右翼部队由富田出发分两路东进：上官云相的第四十六师沿观音崖、九寸岭向东固攻击前进；公秉藩的第二十八师沿中洞向东固攻击前进。

当晚十时十五分，朱毛向全军断然发出命令："本方面军为各个破敌巩固苏区向外发展起见，决心先行消灭进攻东固之敌，乘胜攻击王金钰属全部，努力歼灭之，以转变敌我攻守形势，完成本军目前的任务。"

五月十四日黄昏，红一方面军总部电台又截获一份重要情报。驻在富田的公秉藩第二十八师师部电台同该师驻吉安留守处电台通话时，用明码说："我们现驻富田，明晨出发。"吉安台问："到哪里去？"师部台答："东固。"他们以为红军和过去一样还没有无线电台，所以敢肆无忌惮地用明码发报。台长王诤立即把这个重要情报上报总部。

富田至东固相距二十公里，只有两条大道相通，都有一段险峻峭拔的山间隘路。朱毛在掌握王金钰部已经东进的确实消息后，立刻研究歼敌方案，决定采取一个大胆的行动——"钻牛角尖"。即红军主力从北面的郭华宗部和南面的蒋光鼐、蔡廷锴部之间二十五公里的空隙中隐蔽西进，以两翼包抄的方式攻击敌军后背，消灭王金钰部的第四十六师和第二十八师。

五月十五日深夜，毛泽东来到从中路正面迎击公秉藩师的红三军军部，同军长黄公略一起找熟悉当地情况的向导进一步了解西进路线情况。经过调查，发现在东固至中洞大道南侧，还有一条鲜为人知的小路。毛泽东立即改令红三军沿这条小路秘密前进，包围公秉藩师的右翼。

五月十六日拂晓，斜背挎包和雨伞的毛泽东率领总部部分人员登上东固至中洞大道北侧的白云山。由于时间紧迫，毛泽东只好在镇子上留下纸条通知朱德，并要朱德率领总部也上白云山。但朱德因不知道红三军已改变了西进路线，仍按原计划率领总部沿东固通往中洞的大道向西行进。

当到达白云山下时，同正在东进的公秉藩师的先遣部队遭遇了。朱德立刻命令作为总部警备队的特务连，在林木丛生的山道上进行阻击。敌人沿着大路从西面向小桥冲了过来，只见朱德手中的枪一挥，"啪啪"两枪，两个敌人应声倒下。敌人的第一次冲锋被打退了，大路上、稻田里横七竖八地躺着敌人的尸体。

可是，敌人的后续部队跟上来了。敌人先以一个营的兵力攻击，紧接着又有两个营在机枪、迫击炮的掩护下猛烈反扑。朱德率领红军集中火力守住桥头，一连几次短促的猛击打退了敌人。

"集中手榴弹，把桥炸掉！"朱德指挥着。

"轰，轰！"木桥坍塌在水中。

敌人开始蹚水过河，一上岸便架起迫击炮和重机枪向山上猛烈轰击，掩护着大批的敌人向山上进攻。"嗖嗖嗖……"一串子弹从朱德耳边呼啸而过。

"快，再找一条路走！"朱德指挥特务连且战且退。

敌军追击朱德和特务连两里多地，毛泽东在白云山上听到山下有激烈的枪声，立即命令警卫排从山上扑下来，把追敌击退。裹着一身硝烟的朱德转危为安后，指着身后的部队对毛泽东说："和敌人遭遇了，我当了一回侦察连长！"

毛泽东笑着说："你这个'侦察连长'搞的火力侦察，我们还真紧张了一下。"

朱德和毛泽东说着笑着向山上大庙走去，在这里见到担负中路的红三军黄公略军长，向他下达了攻击的命令。

当公秉藩师的后尾部队全部离开中洞后，红三军突然从山上猛压下来。公秉藩师刚从北方调来不久，很不适应南方的山地作战。红军这一突如其来的猛烈攻击，使公秉藩师乱成一团，四处逃散。到下午四时许，歼灭公秉藩师大部。

与此同时，左路的红三军团也迂回到固陂，消灭公秉藩师的兵站，并于当天夜间从侧后攻入富田。经过一昼夜的激战，全歼敌二十八师，师长公秉藩被俘后，混在俘虏中领了三块银圆溜掉，副师长王庆龙被击毙。

右路的红四军、红十二军，在追击中又将上官云相的第四十六师一个旅大部歼灭。各路红军在富田胜利会合，第二次反"围剿"中的第一次战斗——富田战斗胜利结束。

五月十九日，朱毛指挥红军向白沙猛烈追击，截住正在撤退的国民党军队，乘其军心恐慌，士无斗志，将郭华宗的四十二师一个旅和上官云相的四十六师残部全部歼灭，共俘敌三千余人，缴枪两千余支。在藤田的郝梦龄第五十四师，闻讯星夜逃走。第二次反"围剿"中的第二次战斗——白沙战斗也胜利结束。

白沙战斗结束后，朱毛按原定计划指挥红一方面军继续向东横扫。这时，高树勋的二十六师正奉南昌行营命令取道中村向藤田前进，准备增援郝梦龄的五十四师。

五月二十二日拂晓，红军分两路包抄中村，全歼该敌先头旅，重创高师师部，其余残部向乐安溃退。国民党第二十六路军总指挥孙连仲立刻命令李松昆的二十五师由东韶撤往宜黄。这样，第二次反"围剿"中的第三次战斗——中村战斗也胜利结束了。

此时，国民党第六路军总指挥朱绍良所属胡祖玉的五师、毛炳文的八师、许克祥的二十四师，开始由头陂等地撤退。

五月二十四日深夜，朱毛命令全军于次日向东急进，抢在国民党军队之前占领南丰城。随后率领总部到达宁都和广昌交界的洛口圩严坊村，并在这里召开了新成立的红一方面军临时总前委第一次会议，毛泽东任书记，朱德为委员。会议分析了敌军的动向，提出了下一步作战计划。

五月二十六日，朱毛率领红一方面军总部抵达苦竹后，情报说在头陂的毛炳文部已向广昌撤退，广昌城驻有国民党军队三个师，有向南丰退却之势。

当晚八时，朱德出席由毛泽东主持召开的临时总前委第二次会议。会议认为："在敌人还在广昌城的形势之下，如果我们照原计划到南丰城，则敌人在我们侧背，使我们行动不便。因此，我们应先夺取广昌城，击退毛、许、胡，取得二次战争更好的胜利形势，然后猛追该敌，逼他放弃南丰城。"

次日拂晓，细雨蒙蒙。朱毛指挥红军主力直逼广昌城下，从北、西、南三面发起猛烈攻击。国民党军队凭借城外山头上的坚固工事，阻击红军的进攻，掩护主力向南丰撤退。战斗打得异常激烈，每个山头都在反复争夺。晚上九时，红军终于攻进城里，全歼城内守敌，夺取广昌城。

这次战斗，因国民党军队大部向南丰逃走，只歼灭第五师一个团，师长胡祖玉在城墙上视察时被击成重伤，不久死去。第二次反"围剿"中的第四次战斗——广昌战斗胜利结束。

五月二十八日上午，朱德在广昌城北的沙子岭出席红一方面军临时总前委第三次会议，讨论红军下一步的行动。会议认为，因通往南丰城的桥梁已被破坏，此时如向南丰追击逃敌已经赶不上。"在战略上和形势上，我们都应追击刘和鼎，先他夺取建宁城，以便以后的筹款。"

会后，朱毛立刻率领红一方面军总部和红三军团、红十二军主力，日夜兼程向东急进，直指建宁城，刘和鼎师没有料到红军会如此神速地来到建宁城下，毫无戒备。

五月三十一日，朱毛趁敌不备，指挥红军从建宁城背后突然发起猛攻。又命令一个师迅速渡过建宁河，从建宁城前面包抄。刘和鼎在建宁城内无路可走，带着两个马弁抢了一只船，准备顺流而下。但由于自己不会驾船，加上水急滩险以及红军集中射击，结果小船撞在滩岩上，落水的刘和鼎被马弁抓住腿拖到岸上。

战斗进行到当日黄昏，共歼敌三个团，夺取建宁城，缴获大批西药和其他军用物资。至此，第二次反"围剿"中的第五次战斗，也是最后一次战斗——建宁战斗胜利结束。

朱毛指挥的红一方面军，从五月十六日到三十一日短短半个月内，在由西至东的八百里战线上，"横扫千军如卷席"，连续打了富田、白沙、中村、广昌、建宁五个胜仗，共歼敌三万余人，缴枪两万余支。此外，还缴获粮食、西药、电台、弹药等大量军需物资。至此，蒋介石对中央革命根据地发动的第二次"围剿"又被粉碎了。

何应钦一而再、再而三地吃败仗，有负浩荡"皇恩"，深恐降罪于己，终日坐立不安。蒋介石看到何应钦那一副可怜相，便安慰道："算了吧，'共匪'也非你所想象的不堪一击，我也不深究于你，不要过于自责了。怪我谋事不周，或者怪'匪军'过于强大……"

痛失膀臂

战争的力量在战争过程中，总是出现彼此消长的趋势。这种消长带来逐步的升级，如同赌场上的游戏，双方投入的一次比一次多，一次比一次大，都企望以实力消灭对方。舍不得孩子打不了狼，出身于交易所的蒋介石对博弈尤感兴趣。他认为前两次"围剿"没有打好，一是前线这些将领无能，二是"围剿军"都不是他的嫡系。

六月十三日，国民党在南京召开三届五中全会，着重讨论第三次"围剿"问题。会后不久，蒋介石就带着美、日、德三国顾问到南昌召开军事会议，拟用二十三个师（其中五个嫡系师）又三个旅，与朱毛红军决一死战。蒋介石亲自担任"围剿"军总司令，何应钦任前线总司令。

坐镇南昌指挥的蒋介石对这次"围剿"非常自信，认定以三十万装备精良的正规军去消灭三万"饥疲之兵"是必胜无疑的。他咬牙切齿地发誓："这次'围剿'如不获全胜，死也不回南京。"又说，"限三月之内肃清江西共军，如不成功则成仁；如不获胜，自刎首级。"

为了确保这次"围剿"的成功，蒋介石将改弦易辙，变换招数：在战略方针上，把"步步为营"改为"长驱直入"；在进攻部署上，把"围剿"军分为"进剿"部队和"驻剿"部队；在军事行动上，把以一个师一路独立行动，改为两三个师为一路，对苏区施行"清剿"政策，企图使红军失去生存的条件。

六月下旬，红一方面军针对敌人的第三次"围剿"在南丰康都召开了临时总前委第一次扩大会议。会上决定仍采用"诱敌深入"的战略方针，把敌人引到赣南中央苏区腹地来打，并把这次反"围剿"战场预定在兴国、于都、宁都、瑞金地区。

七月一日，蒋介石"进剿"的命令刚刚发出，就被红一方面军电台截收并破译。

"说曹操，曹操到。"毛泽东看了电报后说。

"来者不善。"朱德若有所思地说，"三十万国民党军队分成左翼集团军和右翼集团军，以疾风骤雨之势向中央苏区长驱直入。"

"委员长督战嘛，总得拿出点螃蟹出洞的凛然架势来！"毛泽东风趣地说。

仅有三万兵力的红军，在没有得到必要休整的情况下，要打破超过自己十倍强敌的大规模"围剿"，任务是相当艰巨的。朱德十分清楚，要想胜利地完成这一任务，除了确定正确的作战方针之外，还必须加强党对红军的绝对领导，提高军队的素质，强调集中指挥和统一部署，以增强红军的战斗力。

这时，何应钦指挥的左翼集团军日益逼近红一方面军总部驻地闽西北建宁，然而他们并不知道红军的主力所在。何应钦错误地判断红军主力已由闽赣边界向广昌、石城、宁都转移，因此命令他的部队继续向南推进，结果并没有找到红军主力。接着，他又错误地判断红军主力可能在宁都西北地区，命令部队奔向这一地区，结果又扑了空。

陈铭枢指挥右翼集团军按计划向富田、东固、宁都一带推进。进入苏区后，因地形不熟和到处受到袭扰，又找不到红军主力作战，东奔西突，陷入狼狈的困境。

朱毛决定"避敌主力，打其虚弱"，采取"磨盘战术"，向南实行千里大迂回，绕过敌军进攻的锋芒，从中央苏区南部插入敌人背后。朱德通俗地说："我们的方法，就是先躲开他，疲劳他，等他不堪了，再开始打。"

七月十日，朱毛率领红军主力由闽西、闽西北驻地出发，从敌人的左侧，沿闽赣边界的武夷山脉向南急进。

盛夏季节，烈日当空，气候炎热，再加上缺少粮食，每天只能以稀饭充饥。但是，红军依然士气高昂地向中央苏区南部挺进。

红军经安远、宁化、瑞金等地绕道千里，于七月二十二日到达于都北面的银坑地区，隐蔽在深山峡谷中。在这里同红三军主力、红三十五军和由广西转战而来的红七军会合。

红军休整了五天并观察了敌军动向后，又率部向西北方向转移，来到兴国北部的高兴圩。部队在这里一面休整，一面准备转入反攻，并进行了战前的政治动员。

这时，国民党军队发现红军主力在兴国集结，并错误地判断红军主力有西渡赣江的意图，于是集中九个师的兵力，分路向兴国猛扑而来，企图围歼红军主力于赣江东岸。

七月三十一日，朱毛召开军事会议，讨论作战方略，并向全军发出命令："本方面军以绕入敌背捣其后路，使敌动摇震恐，然后消灭其大部队之企图，决先夺取富田、新安。"

红军的行动意图很快被敌军发觉了，陈诚的十四师、罗卓英的十一师已抢在红军前头进占富田。鉴于这两个师是蒋介石的精锐部队，战斗力强，为了"避敌主力，打其虚弱"，朱毛立刻改变原定计划，命令部队停止前进，迅速返回高兴圩，再寻机歼敌。

八月五日黄昏，朱德召集紧急会议，研究下一步军事行动。出席会议的有各军和独立师以上主要领导干部，还有苏区中央局的项英、任弼时等。在大家七嘴八舌的议论之后，红十二军军长罗炳辉说："很明显，敌人要逼我们在这里与他决战，那就打呗！都是脖子上挑着一个脑袋，又没有三头六臂，谁怕谁呀！"

"不能打，只能向西突围！"项英不同意罗炳辉的意见。

"向西去哪里？"林彪反诘项英，"还是去四川吗？"

"这……"彭德怀忍不住说，"这不又回到二次反'围剿'的老问题上了！"

黄公略慢条斯理地说："管子曰：故凡用兵者，攻坚则韧，乘瑕则神。攻坚则瑕者坚，乘瑕则坚者瑕……"

"又来了！"彭德怀打断黄公略的话，"你这个黄石麻子别酸文假醋了，有话就直截了当嘛！"

"公略同志，说下去！"毛泽东招了一下手。

"我以为，既不能在这里与敌决战，也不能西出。"黄公略用手比划着，"应先向东，再向西，再向北，再向东……"

"哈哈，你这是在刮旋风呀！"彭德怀乐了。

"对头！他的意思就是要和敌人原地旋磨打转！"朱德兴奋地说，"不过，旋磨打转可不是逃命，而是变换作战方式，目的只有一个，那就是消灭敌人！"

"说得对！消灭敌人是为了更好地保存和壮大自己；保存和壮大自己是为了更多地消灭敌人！"此时毛泽东已胸有成竹，"要是没有别的意见，那就请朱老总下命令吧！"

朱德点点头说："好，各部队立即回去传达、准备，天黑以后开始行动……"

红军主力在夜幕掩护下，乘赵观涛部和陈诚部被部分红军引到赣江边的机会，从崇贤和兴国两地敌军之间仅二十公里的空隙中，冒着绵绵细雨悄悄地翻越陡壁悬崖，沿着深壑峡谷迅速地向东穿插，于次日午时到达莲塘，顺利地跳出了敌人的包围圈。

红军主力刚到莲塘，发现上官云相的第三路进击军已到莲塘以北十五公里的良村，其前锋第四十六师第二旅已进至莲塘附近，并已与红三军团的警戒部队"亲密"接触。朱德判明，这是各路"进剿"军中战斗力较弱的一路，又是不善于南方山地作战的北方军队，遂决定迅速歼灭该敌。

朱德深知，这是第三次反"围剿"战争的第一仗，能否打好对以后的战斗关系极大。为了有把握地打胜这一仗，他到莲塘后没有休息，立即登上大窝峡，打开军用地图，举起望远镜，向敌方来路的狭长深谷眺望，仔细观察敌军动向，并向当地群众详细了解这里的地形情况。

在弄清敌情和周边地形后，朱德还和毛泽东召开团以上干部会议，下达作战任务。他指挥部队于当晚隐蔽进入阵地，并在阵地上作了战斗动员。最后，他问战士们："敌人出了告示，谁先拿下莲塘，就奖给谁二十万元。你们怕不怕呀？"

"不怕！"战士们回答得十分响亮。

"对啰！"朱德笑着说，"别看他们叫得凶，明天早上就缴他们的枪……"

　　八月七日早上四时，朱毛下达了攻击命令。前敌指挥彭德怀立刻命令各路红军以迅雷不及掩耳之势，向上官云相部发起总攻。红军指战员迅速冲下山岗，同敌军展开了白刃战。只用两个小时就结束了战斗，全歼敌四十六师第二旅和由良村派来的一个侦察营，击毙第二旅旅长谭子钧。上官云相只带两三个参谋副官和几个马弁逃回龙冈。

　　这次战斗打得如此神速，令上官云相部晕头转向。有个俘虏说："昨天通报还说你们被蒋光鼐、蔡廷锴围在高兴圩，哪晓得今天却在这里包围了我们！"

　　接着，红军挥戈北上，乘胜进取良村。没想到在途中与增援莲塘的郝梦龄五十四师的一个旅遭遇了，当时朱德身边只有一个警卫排和几个参谋。他们立刻投入战斗，坚持到大部队赶到。经过一番激战，歼敌一个团，击毙旅长张銮诏，残敌向良村溃退。

　　红军乘胜追到良村，将郝梦龄的五十四师包围起来，发起猛攻，又歼敌一部。在追击时，击毙五十四师副师长魏我威、参谋长刘家滇，上官云相和郝梦龄只好留下"青山"回龙冈拾柴去了。

　　在庐山牯岭东谷，长冲河蜿蜒而来又蜿蜒而去，在东岸的半山坡上有一座绿荫掩映的英国券廊式别墅，这就是宋美龄娘家陪嫁的脂红路十五号别墅。

　　南昌行营参谋长熊式辉驱车一路爬坡来到别墅门前，急急下车，对侍卫长说："快去通报，我要见总司令！"

　　"可是，先生和夫人还在午休！"侍卫长为难地说。

　　"兄弟，前线来的战报十万火急呀！"熊式辉哭丧着脸说。

　　"那好吧，熊参谋长稍候……"

　　在会客厅，蒋介石未及更衣，睡眼惺忪地问："天翼，有什么好消息吗？"

　　"报告总座，毛……毛炳文黄陂急电！"熊式辉结结巴巴地说

　　"毛炳文？"蒋介石拉下了脸，"尽打滑头仗，他能有什么好消息，念！"

　　熊式辉展开电报："十万火急：朱毛彭黄'共匪'主力东出高兴圩后，连克莲塘、良村，今晨又向黄陂窜犯。职部虽奋力抗击至今，该因难

挡八军之敌，岌岌在危，乞望速派飞机并督友邻驰援，切切……"

"娘希匹！"气急败坏的蒋介石骂道，"蔡廷锴、上官云相、毛炳文，都是草包，连个缺口都封不住！陈诚、赵观涛都去哪里了？还有何敬之……"

熊式辉站在一旁擦汗，不敢回话。

宋美龄闻声走出："达令……"

蒋介石自知失态，忙转变口气："啊，天翼，你辛苦了！这，这个……请急电何应钦：速派多架战机支援毛炳文，并督前方各军速向黄陂集结，对朱毛'匪'形成反包围，与其决战，务须全歼！"

熊式辉挺胸立正："是……"

莲塘、良村战斗胜利后，红军指战员的斗志更加高昂，国民党军队的士气却一落千丈。此时，朱毛决定发扬红军连续作战的优良传统，乘胜北进，再歼龙冈之敌。

八月九日拂晓，红一方面军向龙冈发起总攻。这时，龙冈驻军有周浑元师的四个团和郝梦龄师的两个团，还有从莲塘、良村溃退下来的两个团，共八个团的兵力。

红军行进途中得知龙冈守军已有准备，在驻地周围修起许多坚固的工事，又获悉毛炳文的第八师已从君埠、南陵地区撤回黄陂。朱毛立刻改变原定计划，不去龙冈，改去黄陂攻打立足未稳的毛炳文师。

经过三天急行军，红军于八月十一日拂晓赶到黄陂附近，将指挥部设在城江山上的松林里。红四军、红十二军担任主攻，从黄陂南侧攻击；红三军团、红七军向黄陂东侧迂回，断敌后路，阻击东面增援之敌。

各路红军进入阵地后，很快同毛炳文师接上了火。当天中午，突然下起倾盆大雨。红军冒雨攻进了黄陂街，歼敌两个团。毛炳文率余部向洛口、宁都突围，红军乘胜追击二十余里，又歼敌约两个团。当天下午，战斗胜利结束。

在黄陂战斗中，从毛炳文的师部缴获一份第六师师长赵观涛和第十师师长卫立煌发出的紧急电报，称这两个师已向黄陂地区开来，现已进到离黄陂仅十公里的砍柴冈。朱毛根据这份电报和其他有关情报分析：国民党

"进剿"军主力被红军引到赣江边后，并未找到红军主力，已中了红军的调虎离山之计。

莲塘、良村两次战斗后，蒋介石、何应钦发现红军主力已在东面黄陂一带集结，并估计有北上进攻临川的意图，于是命令"进剿"军主力第一路进击军、第二路进击军和第一军团掉头向东，向黄陂地区猛扑过来，企图集中优势兵力，围歼红军主力于这一地区。

朱毛断定敌军主力很快就会到来，红军不宜在黄陂久驻，命令部队于当夜立即撤离黄陂，向君埠地区隐蔽集结，休整待机。

果不其然，第二天赵观涛的第六师、卫立煌的第十师、许克祥的第二十四师和高树勋的第二十七师就气势汹汹地进占了黄陂，结果又扑了空。接着，国民党其他部队也很快从四面八方向黄陂、君埠开来，从东、南、北三面对红军主力形成密集的大包围，准备进行决战。

天空依然灰蒙蒙地罩下来，群山依然苍茫茫地围过来，地上像一块退不下热来的铁砧，烤得人们浑身出汗。在君埠的一座家庙里，红军领导点亮马灯，铺开地图，正在召开军事会议。

大家围坐一起热烈地讨论起来，最后一致同意朱德的意见，应该避免同超过红军数倍的敌军决战，需要用一部分兵力牵制敌军，掩护红军主力悄悄西进，回到兴国的北部和西部隐蔽待机。

会后，朱毛针对蒋介石、何应钦害怕红军北攻临川的心理，命令红十二军向乐安佯动，并指示他们要白天行军，扬尘暴土，大造声势，故意暴露在敌军面前，给他们造成错觉，误认为红军主力真的要北攻临川，吸引他们向东北方向调动。

八月十五日夜，在红十二军佯动的掩护下，红军主力悄悄由君埠地区向西急进，迎着正由西向东开进的敌军，从蒋光鼐的第一军团和陈诚的第二路进击军之间仅十公里的夹缝中穿插而过。他们借着星光，翻山越岭，攀藤附葛，沿着崎岖的山间小道蜿蜒西进。

在整个急行军中，手拿指南针的朱德始终走在队伍的前头。经过一夜的艰苦跋涉，红军终于跳出敌人的包围圈，来到兴国东北部的白石、枫边地区，隐蔽在深山密林里，一边休整部队，一边静观敌军动向。

此时，红十二军在军长罗炳辉、政委谭震林率领下，相机攻占了乐安县城。这下，蒋介石、何应钦更以为这一支确是红军主力，并错误地判断他们将进攻临川，急令卫立煌的第十师由黄陂速回临川，又令赵观涛的第六师、罗卓英的第十一师、陈诚的第十四师等部由黄陂、君埠地区向北追击红十二军，准备决战。

红十二军趁此紧紧地牵住敌军主力，一路翻山越岭，专走险道。红军携带的是轻武器，行动起来非常灵活。国民党军队携带了许多重武器，行动十分不便，被拖了半个月，弄得饥疲不堪，士气沮丧，最后还是没有找到红军的主力。

到八月底，蒋介石、何应钦才发现又中了红军的调虎离山计，急令"进剿"军主力掉头向西，再到兴国北部地区寻找红军主力决战。这时国民党军队已陷入饥饿疲惫的困境，红军却已养精蓄锐，休整了半个月。

九月初，为了继续调动敌军西进，进一步疲劳他们，寻找更加有利的战机，朱毛率领红军主力再向西转移到兴国、赣县、泰和、万安之间的山区隐蔽集结。国民党"进剿"军主力回头开到兴国北部时，又扑了个空。

由于朱毛的巧妙指挥，进入中央苏区已两个月的几十万国民党军队东碰西撞，多次扑空，始终没有找到红军主力实行决战，陷入进退维谷之中。再加上苏区的坚壁清野，游击队、赤卫队的随处袭击，把"进剿"军搞得精疲力竭，士气低落，已无力再同红军作战。国民党右翼集团军总司令陈铭枢曾叹息道："国军处处黑暗，红军处处明亮。"

这时，反蒋的两广当局正向湖南进军，已对蒋介石构成威胁。在这种情况下，蒋介石不得不结束对中央革命根据地的第三次"围剿"，下令各路大军撤兵回营。

朱毛得知国民党军队撤退的消息后，认为这是对敌进行袭击的大好时机，于是准备先消灭由兴国经高兴圩、老营盘向泰和、吉安撤退的蒋鼎文和蒋光鼐的两个师，然后相机扩大战果。

九月六日，朱毛命令部队分左、中、右三路，向高兴圩、老营盘疾驰。当天晚上，各路红军进入阵地。

次日拂晓战斗打响了，红三军和独立第五师，首先抢占蒋鼎文师北撤时必经的黄土坳，切断了他的先头旅同后续部队的联络，从北、南、西三面发起猛攻。下午二时左右，全歼这个先头旅，俘敌两千余人，缴获各种枪支两千余件、迫击炮十门。

同一天，红三军团、红四军、红三十五军又向高兴圩的蒋光鼐的两个师发起了攻击。在历时两天的激战中，虽然毙伤蒋部两千余人，但由于蒋部已先占据有利地形和红军兵力不够集中，战斗打成对峙局面，红军的伤亡同敌军几乎相等。

朱德在总结这次战斗经验教训时，曾这样说过："这一仗打得不好，确是骄傲一点。当时，大家都很高兴打，其实那计划是错了的。"他又说："凡是高兴的、着急中决定的事情，总是有问题的。"

九月十一日九时，鉴于国民党军队在老营盘、高兴圩战斗中受到红军的严重打击后改变撤退路线的情况，朱毛命令红军主力向东急进，进行追击。

九月十五日拂晓，红军主力赶到东固以南的方石岭、张家背附近，抢先控制有利地形。韩德勤师的六个团和蒋鼎文师的一个炮兵团进入红军的伏击圈，红军便乘其不备地发起攻击，将他们全部歼灭。这次战斗共歼敌五千余人，缴获各种枪四千五百余支。韩德勤被俘后，扮成士兵混在俘虏中逃走。

至此，朱毛指挥的红一方面军三万人同蒋介石亲自指挥的三十万人较量了两个半月，先后如快刀切豆腐于莲塘、良村、黄陂、老营盘、高兴圩、方石岭酣畅淋漓地六战六捷，共击溃敌军七个师，歼敌两万余人，缴获各种武器两万余件，彻底打破了敌人的第三次"围剿"。

正当朱德为获得巨大胜利而高兴时，忽然接到红三军报告：军长黄公略在指挥部队转移时遭敌机袭击，不幸牺牲。

黄公略猝然倒下，生命定格在浩然激荡的三十三岁。朱德和全军将士泪雨滂沱，心潮难平；悲号之声，震撼山野。

"我们有名的一个军长黄公略，被飞机击死啦！"朱德如一头受伤的狮子，沉重的一声哀吼之后，哼哧哼哧地哭了起来，"黄公略、林彪、彭德怀，这都是红军总司令的几员战将。千军易得，一将难求？去我黄公略，如失我臂啊！"

两年来，红军先是失去王尔琢，不久新任参谋长朱云卿在后方医院被害……现在又失去一员大将。残酷的战争使朱德十分悲伤，也使他更加坚强。

英雄逝去，但英名永存。朱德同毛泽东联名写出了千古绝句：

广州暴动不死，平江暴动不死，而今竟牺牲，堪恨大祸从天降；
革命战争有功，游击战争有功，毕生何奋勇，好教后世继君来。

受到中央局批评

一九三二年春，中国的政治气候就像倒春寒一样，复杂多变，风雨如磐，民族危机更趋深重。然而令人不解的是，一场铁与血、剑与风的碰撞，却没有在应该发生的地方发生。

向中国实施战略扩张的日本帝国主义，对上海的侵略战争尚未结束，又宣布在东北成立"满洲国"。在这个历史关键时刻，作为国民政府军事委员会委员长的蒋介石本应顺乎民意，停止内战，一致抗日，可他却选用外交手段解决中日问题，而对内部争端仍然采取军事手段，并提出了那个令人千古唾骂的"攘外必先安内"的所谓国策。

蒋介石的理论是"剿共不成亡于俄，抗日不成亡于倭；亡于倭尚可图恢复，亡于俄永世不得翻身"。在抗日与"剿共"两条路上，他毫不犹豫地选择了后者。他不顾东北一步步陷于异族之手，不顾惨遭日本侵略者蹂躏的广大民众抗日的呼声，下令"侈谈抗日者杀无赦"。

四月十九日，蒋介石委任何应钦为赣粤闽边区"剿匪"总司令。五月一日，何应钦抵达南昌策划对这一地区的"清剿"。五月五日，国民党政府同侵华日军签订了丧权辱国的《上海停战协定》，将坚持抗日的第十九路军从上海调往福建参加"剿共"。五月中旬，粤军陈济棠部三个师又侵入赣西南大片地区，向零都窥进，对中央苏区构成很大威胁。

六月九日，蒋介石在庐山牯岭召开鄂豫皖赣湘五省军政长官会议，商定了第四次"围剿"红军的计划。决定以先肃清鄂豫皖三省红军为先期目标，军事与政治相配合，齐头并进，确保"围剿"计划完成。

六月底，粤军在蒋介石的调动下进入中央苏区，红军被迫迎敌。此时，朱德已根据中央临时委员会和中央苏区中央局的决定，兼任刚刚恢复的红一方面军建制的总司令，王稼祥兼任政治部主任，已被停止苏区中央局代理书记的毛泽东作为中华苏维埃共和国执行委员会主席随军行动。

七月七日，粤军三个师向南雄集中，企图合击红军主力，其中余汉谋部张枚新师到达乌迳，准备向南雄水口前进。当晚，朱毛与王稼祥研究决定在水口一线摆下战场。十日，红一、红五军团、红十二军和江西军区两个师，向水口圩的粤军发起总攻，与敌二十个团展开激战。

水口战打得异常惨烈，是一场"著名的恶仗"。朱毛亲临前线，同指挥员一起冒着枪林弹雨追击敌人。经过三天三夜的艰苦奋战，红军击溃粤军十个团。由于红三军团和红五军团两次误报敌情和兵力不够集中，致使这一仗打成了击溃战。

不过更为复杂和难以处理的是中央三番五次要苏区红军向北出击，"占领赣州、吉安、樟树，以争取南昌为目的。赣州如一时不能攻下，可先争取吉安"。

性格倔强而极有眼力的毛泽东坚决反对，认为莫说南昌，就是赣州也打不得。目前，敌人的主要力量都集中在这些城市里。另外，经过红军几次反"围剿"，敌人也加强了部署，增加了兵力，下一步将集中兵力"围剿"中央苏区。这时若不周密谋划，红军将要吃大亏的。

朱德是支持毛泽东的，不仅意见上一致，同时也在为加强毛泽东的指挥权而努力。他同周恩来致电中央："为前方作战指挥便利起见，以取消政府主席一职，改设总政治委员为妥。即以毛任总政委，作战指挥权属总司令、总政委，作战计划决定权属中革军委，关于行动方针中央局代表有决定权。"

这样，在指挥、计划决定权力中，都保持了毛泽东的位置，而去年十二月从上海到中央革命根据地履任苏区中央局书记的周恩来则代表中央行使权力。应当说，这"三驾马车"的安排，在当时的历史条件下还是比较合适的。

整个夏天，都是由周、毛、朱三人指挥中央红军队伍。尽管他们没有按中央临时权力机构关于"攻打城市，以策应其他根据地"的部署行事，但中央红军还是发起了乐安、宜黄战役，达到控制粤北、牵动赣西的效果。

然而，中央临时权力机构对这一行动并不满意，周恩来首先成为这次被批评的责任人。后来，苏区中央局在给临时中央的简报中又出现了"开展中央局从来没有过的反倾向斗争"这样敏感的词句。从此，毛泽东便遭到更大的打击，就连执行他的路线、与他来往较近的人，也都不同程度地遭到了打击。

十月上旬，苏区中央局在宁都召开会议，批评毛泽东主张的周恩来、朱德、王稼祥支持的"诱敌深入"战略方针是"守株待兔""专去等待敌人进攻的右倾机会主义"。会上的争论十分激烈，但毛泽东对中央的无端指责已是习以为常、见怪不怪了。

会后中央局在给临时中央写的会议简报中，称此次会议"开展了中央局从未有过的反倾向的斗争"。会议认为，毛泽东和朱德曾反对攻打赣州，对中央夺取中心城市方针的"消极怠工"，是"纯粹防御路线"。乐安、宜黄战役后，周、毛、朱、王不强攻中心城市而在新区展开群众工作的正确部署，也被指责为"对革命胜利与红军力量估计不足"，是"以准备为中心"的"等待主义"，因此，要"集中火力反对这种错误"。

朱德是会上仅次于毛泽东受到严肃批评的人。

会议最后以"前方领导的指挥战争责任必须专一"为由，免除毛泽东的军权，被调回后方主持中央政府工作。表决时，朱德投了反对票，但孤掌难鸣。

苏区中央局命令朱德和周恩来迅速返回前线。在临行前，心情惆怅的朱德来到毛泽东住处。这是一间光线暗淡的破屋，墙上挂着地图，桌上摆着文房四宝。他们没有多少话，话在会上都说过了，现在也不知从何说起。两人就这样默默地对坐着，一直坐到太阳从山边滑下去。

"他们总会明白这是错误的。"衣冠不整、面容憔悴的毛泽东突然冒出一句话。

"总会明白的！"朱德附和道。

掌灯时分，朱德起身："润之，我把警卫员留几个给你。"

毛泽东从行李中拿出一件在宜黄战场上缴获的棉衣，递给朱德："天快冷了，你要保重身体啊！"

"到时候他们会后悔的！"两人在寒风中握手，情之深切，意之难舍，溢于言表。

"算了吧，我们是少数，还是服从多数吧！"毛泽东摇动着朱德的手说，"我跟恩来说过，我准备去长汀福音医院养病。军事工作我还愿意做，需要我的时候，打个招呼我就过来……"

十月十二日，苏区中央局让朱德、王稼祥、彭德怀以中革军委名义发布通令，革除毛泽东军职。通令稿早已拟好：

> 工农红军第一方面军兼总政委毛泽东同志，为了苏维埃工作的需要，暂回中央政府主持一切工作，所留总政委一职，由周恩来代理。

"朱毛"换成了"朱周"。总政治部把拟好的稿子放在朱德面前，朱德提起笔，却签不下字去。

"哪有这种道理，这支队伍建起来，他是立了大功的。哪有摘了果子就砍树的，再说朱毛、朱毛，别人都把我们看成是一个人。非得分开算革命，那就把我俩都革去算了！"朱德丢掉毛笔，伫立在门外的寒风中。

面前的山河依旧，当时在井冈山会师，在闽西"斗气"，在三次反"围剿"中并肩战斗，一切都浮现在眼前，他心中有无数的难言之隐。

天气阴沉，益增伤痛。无奈之下，朱德最终还是忍痛签署了通令。

宁都会议前后，湘鄂西和鄂豫皖苏区的反"围剿"相继失利，国民党军队便把主力调入江西，将"围剿"重点转至中央苏区。

十月十四日，朱德和刚刚代理总政委的周恩来联名在广昌签发作战命令：乘国民党军队大举进攻未完成部署之际，决定向国民党军事力量较薄弱的建宁、泰宁、黎川发起攻击。

五天之内，红一方面军乘势攻克建宁、泰宁、黎川、邵武四座县城。接着又攻克光泽、资溪、金溪县城，并在敌运动中歼灭许克祥师一个团；在北边策应了其他苏区，并同赣东北苏区取得了联系。

大战之余，朱德同周恩来终于有时间坐下来好好聊一聊。

周恩来刚到苏区时，朱周之间有过几次长谈。那时，朱德见了自己的入党介绍人分外亲切，回忆起法国德国，回忆起武汉时期，回忆起南昌起义，他们有无数感慨。但今天两人坐在一起，话题却并不觉得轻松。

"恩来，我感到中央有时候有些东西难免偏离实际。"朱德心情沉重地说，"润之这个人与我相处共事长一些，他有时也有独断固执之处，但这正是他果断顽强之所在。'诱敌深入'这几个字虽然简单，但这是我们三次反'围剿'取胜的精髓，我看这个仗还是应该这样打下去！"

"我来到苏区时间不长，过去这里的胜利中央是肯定的。"周恩来一如既往的善解人意，"我感到现在战火在即，各方面军及各战区的指挥员、战斗员都应认识形势的严重性。你是总司令，军事指挥上我配合你，是非曲直只能最后由战争的结果来证明。"

"你的意思我明白，部队你尽可放心。"朱德又若有所思地说，"当务之急是要打破几十万装备精良的'围剿'军，光有政治上的动员是不够的，必须做好各方面的准备工作，尤其是加强军队训练，我们要有一支打不烂、摧不垮的铁军才行。"

"你搞了几十年的军队，比我有经验。"周恩来呼扇着他的大胡子爽直地说，"现在情况更复杂了，在战略战术上，都应该有相当的应变和进步。我们要比三次战役时期更加进步，更加努力才行。只要'诱敌深入'这一套管用，我们何乐而不为呢？"

十二月二十六日，朱德经征得王稼祥、彭德怀同意，以军委名义向各作战区指挥部发出密令：一定要以三次反"围剿"的经验，准备战线上的运动战。

朱德一面进行战争准备，一面在思考建立更加坚强的部队。当年，给井冈山的部队取名为"四军"，就是为了继承"铁军"的战斗传统与作风。但如何真正使红军区别于其他部队，真正成为以一当十、以十胜百的铁军，还得在实践中探索。三次反"围剿"，他已经体会到了许多……

冬日夜长日短，每到傍晚，便刮起阵阵西北风。在那肆虐的寒冷中，朱德同周恩来每天都深入到各部队指导和检查战前准备。在早出晚归的途中，两人骑马并肩而行，总有说不完的话题。虚怀若谷的周恩来总是向这位亲自创建革命军队的红军之父讨教经验，朱德也毫不保留地向他介绍自己的一切体会。

"你发表在中共苏区中央局机关报《战斗》上的《怎样创造铁的红军》，我看过了，其中讲到铁的红军必须具备六个基本条件：第一，确定红军的阶级性；第二，无条件地在共产党领导之下；第三，政治训练的重要；第四，军事技术的提高；第五，自觉地遵守铁的纪律；第六，要有集中的指挥和统一的训练。"周恩来用钦佩的口吻说，"玉阶兄，以此为典，我看我们完全可以培养出一支真正的钢铁之军！"

"那是我在二次反'围剿'之后写的一些点滴体会，不足成文。不过要把其中的几个问题解决好，红军队伍建设就应该有自己的一套。"朱德谈起了自己对红军任务的理解，"红军就是工农的军队，红军的历史任务是夺取政权，建立和巩固自己的苏维埃政权，使无产阶级及一切劳苦大众在政治上、经济上完全得到解放。"

"那么，究竟应该如何发展和壮大我们的红军呢？"周恩来问朱德。

"一条是扩军。通过宣传，把雇农工会、贫农团，尤其是城市工会中的坚定分子扩大到红军来，并不断将游击队、赤卫队转变为红军正规部队。一条是吸收俘虏，特别是出身穷苦的俘虏入伍，也是这支军队的主要来源之一。二次反'围剿'之后，许多部队大量遣返俘虏，结果国民党又很快组建了新的部队，这是对革命不负责任。你只收了他们的枪，结果回去之后国民党又发给他们枪，他们又充当敌人的炮灰。"

"把他们中间有觉悟的分子吸收进来，通过教育而成为工农红军的一员，这也是我们的责任。"周恩来说。

"无条件地在共产党的领导之下，这是创造铁的红军的又一个条件。"朱德很坚决地说，"军队历来都是以服从命令为天职的！"

这句话周恩来体会很深，况且朱德本身在这一点就是典范。朱德对中央的命令首先是服从，对错误的东西，他也毫不隐瞒地说出自己的观点。朱德见周恩来理解自己讲的这条原则，便同他说起往事：

自闽西同毛泽东争论之后，朱德便用实践行动证明他与毛泽东的出发点和基本点是一致的，而不一致的是一些次要问题。形成"古田会议决议"后，军队无条件地纳入党的领导，形成了定制。

"所以我们要强调工农红军只有在共产党的正确领导之下，才能完成土地革命，逐渐把游击队转成红军，逐渐扩大和加强红军力量，消灭军阀混战，扩大苏维埃运动，建立和巩固革命根据地。"朱德向周恩来肯定地说，"这一点，就是我们军队的特点，从无到有，这是党的领导。南昌起义之后，我们就那么一些人，但因为我们部队中有党员，还有叶挺的部队。为什么打得那么好？那是因为部队中有党组织、有党代表、有党员的模范带头。这一点尤为重要。"

"我认为，你的这个思想是军队建设的根本。还有一点我同意你说的，红军的政治训练极为重要。"周恩来十分赞赏地说，"正如你在文中所写的红军的政治训练是启发和提高指挥员、战斗员的无产阶级觉悟，使他们认清本阶级的利益，努力于本阶级的政治任务，与敌人作决死的斗争，达到消灭敌人、解放本阶级的目的……"

"军事技术的提高也很重要。"朱德勒住马缰说，"中国的新式武器来自各国，类型也日益繁杂。因此，在红军战术方面必须超过敌人。在技术方面，必须努力学习使用新式武器知识，以便我们从敌人中间得到新武器时，一到手就知道如何使用。我们现在也有了电台就是很好的证明！当然，铁的红军还需要铁的纪律。"

寒夜很静，静夜有思。那段时间，朱德与周恩来经常这样在部队与总部之间彻夜长行，彻夜长谈，谈红军的战略、战法、战术问题，谈红军各部队的特点……通过这些谈话，周恩来感到他对这位红军创始人之一的"老总"，又了解了许多，认识了许多，这也是他们后来在漫长的时间中相互支持、携手共进的原因之一。

隆冬季节，火红的太阳没有一点热度，山峦、田野和村庄一片苍茫，沉浸在恬静的严寒之中。大地被冻硬了，河流像一条僵蛇，连空气都冰透了。

十二月三十日，蒋介石开始对中央苏区进行"围剿"。他任命何应钦为国民党赣闽粤边区"剿匪"总司令，调动二十九个师又两个旅，分左、中、右三路向中央苏区"分进合击"。

中路称为"进剿军"，由蒋介石的心腹陈诚任总指挥，担任这次"围剿"的主攻任务，所属是清一色的蒋介石嫡系部队，共有三个纵队十二个师。

左右两路为"清剿军"，主要任务是就地"剿办"，兼策应中路军行动。蔡廷锴任左路军总指挥，向闽西苏区进攻；余汉谋任右路军总指挥，由粤赣边界向中央苏区推进。左右两路军总共十二个师，兵力也不弱。

除总预备队五个师又两个旅之外，蒋介石还投入大量的空军，其总兵力约五十万人。而这时红军只有五万人，双方兵力是十与一之比。

一九三三年一月五日，向北隐蔽疾进的红一方面军，在朱德和周恩来指挥下歼灭黄狮渡守军一个旅，俘敌一千余人，生擒旅长周士达，北上首战告捷。接着，红军又向金溪秘密运动，很快占领该城。

在红军的进攻面前，驻临川的国民党三个师经浒湾分两路向金溪、黄狮渡增援，在南城的一个师从南面策应，企图南北夹击红军，同红军主力决战于浒湾东南地区。针对国民党军队这一作战意图，朱德和周恩来乘他们尚未会合之际，于一月八日发动浒湾战役，国民党的三个增援师全部被击溃，共歼敌两千余人，并占领浒湾。

黄狮渡、浒湾战役结束后，国民党军重新调整军事部署。蒋介石亲自兼任江西省"剿匪"总司令，并设置南昌行营，统一指挥"围剿"中央苏区的军事行动，并采取"固守城防"的新策略。

二月二十四日，陈诚所部中路军的三个纵队被分隔在两个相距较远的地区，为红军集中优势兵力各个击破形成了有利条件。朱德和周恩来抓住这一战机，决定在山高林密、地势险要的黄陂地区预先设下埋伏，打一个大兵团伏击战，以歼灭敌五十二和五十九两个师。

三天后，朱德和周恩来亲自登上山头指挥作战。敌人原本是来袭击红军的，却不料突然遭到红军的袭击。这次战斗共歼敌两个师，俘虏师长二人，官兵万余人，缴枪万余支，其中最新式的捷克轻机关枪几百挺，有些还都是一枪未发过的。

鉴于黄陂失败的教训，陈诚改变了作战方式，将原来三路"分进合击"改变为一路"中间突破"。朱德和周恩来决定将计就计以分散敌人，再寻找对方的薄弱环节予以各个击破。他们一方面命令红十一军到广昌西北地区积极活动，配合独立师团和地方武装，佯攻吴奇伟指挥的敌前纵队的先头部队，示形于敌，使敌人误认为红军主力就在广昌地区，吸引敌前纵队向广昌方向疾进，拉大同后纵队的距离，为红军主力相机消灭后纵队造成有利战机；另一方面命令红军主力悄悄地向北疾进，集结于黄陂、草台岗一带，准备伏击敌人的后纵队。

三月二十一日，陈诚部果然被朱德与周恩来调动了，其前后两个纵队相隔百里之遥。后纵队态势孤立，给红军留下了各个击破的良机。第二天拂晓，红军主力向草台岗第十一师突然发起猛烈攻击。到下午三时许，陈诚的这支精锐部队基本被歼。

随后，朱德和周恩来指挥部队向黄陂追击第九师，迅速歼其一部。陈诚所部的前纵队眼看着后纵队被歼，却因相距太远，无法增援，只得经南丰向临川仓皇撤退。至此，国民党军对中央革命根据地的第四次"围剿"彻底失败。

穿草鞋的五万红军打败了穿胶鞋的五十万国民党军，为了庆祝这次胜利，红四军政治部宣传部主任李默然等人编写了话剧《庐山雪》，不苟言笑的林彪还破天荒地登台演了他自己，又瘦又高的罗瑞卿把蒋介石演得活灵活现，台下一片笑声，朱德、周恩来、刘伯承被逗得前仰后合。

被剥夺红军指挥权

　　赣南的早春，还看不到一点生机，大地依然笼罩着寒意。此时，朱德以中革军委主席的身份迎接了一位来自上海的最高领导——中共临时中央总负责人博古。从此，中央苏区的党、政、军大权便都集中到这位个头瘦小、戴着眼镜的年轻人手里。

　　博古（1907—1946），原名秦邦宪，字则民，江苏无锡人。十八岁加入中国国民党，同年五月参加"五卅运动"，并加入中国共产主义青年团。九月，考入上海大学社会系，加入中国共产党。翌年十月，受中共党组织委派，进入莫斯科中山大学，成了米夫的学生、王明的同学。

　　博古坐上中共第一把"交椅"之时，只有二十四岁。他的前任已经使中共经历了一右一"左"的曲折，他作为党的领袖，无论是能力还是资历都欠一点火候，十几万红军命运的决策权一下子落在他稚嫩的肩膀上，确实令其难以承受。因此，他对共产国际和王明的指示不得不言听计从。

　　一年前，王明被任命为中共驻共产国际代表团负责人、共产国际执行委员、主席团委员等职务。从此，王明就在那个红色"保险箱"里和做过共产国际驻中国代表团团长的巴威尔·米夫一起遥控着由他们选定的中共总负责人博古，遥控着中共中央……

　　面对当时的形势，朱德不无沉重地对康克清说："现在全国红军已发展到三十万，几十万人的军队交给二十多岁的娃娃指挥，何况形势一天比一天严峻……"

　　这年五月上旬，临时中央将中革军委从前方搬到瑞金，在前方另行组织了中国工农红军总司令部兼第一方面军司令部，任命朱德为中国工农红军总司令兼第一方面军总司令，周恩来为中国工农红军总政治委员兼第一方面军总政治委员，同时增加博古、项英为中革军委委员，并明文规定："中革军委主席朱德在前方指挥作战时，由项英代理主席。"

话虽是这样说，但中革军委工作的指挥权实际上还是掌握在博古和项英手中，朱德、周恩来在前方只能指挥第一方面军和北部战线各军区，指挥权限明显缩小了，并且要听从中革军委的命令，更要服从由博古主持的中共中央局的领导。

不懂军事的博古不顾客观实际和朱德、周恩来的反对，提出"红军分离作战"，企图用"两个拳头打人"的战术去阻止国民党军队的集结和战争。

六月中旬，中共中央局致电朱德、周恩来，转告共产国际驻中共军事总顾问弗雷德·施特恩拟定的以中共临时中央名义发出的关于夏季军事作战计划的指示电报：红一方面军调出若干部队，组成东方军团，进行分离作战；以红三军团为东方军团基干入闽作战；红一、红五军团在抚河、赣江之间作战。

六月十八日，朱德、周恩来充分研究了这个作战计划之后，便联名致电中央局提出不同意见。他们主张"目前红军主力一、三军团绝对不应分开"，东方军团入闽作战是"酷暑远征""以活动于建泰邵光（建宁、泰宁、邵武、光泽）地区为宜"。

不懂兵法的中央局接到这个回电后大为不满，拒不接受朱德和周恩来的建议，并剥夺了朱德、周恩来接转电报的权利。在此后一段时间里，由项英直接电令彭德怀、滕代远，还要求彭、滕也直接向项英报告。

八月中旬，中央局一意孤行地将红一方面军分成东方军团和中央军团两路，前者远征闽西，后者到中央根据地北线抚河与赣江之间地域活动，从而丧失了进行反"围剿"准备的时机。

与此同时，身着青灰长衫，足穿圆口布鞋的蒋介石站在庐山日照峰前，倒剪双手，眼望远方时隐时现的青翠山影，心里充满着一股杀气。他来庐山并非观光度假，而是为了完成一个重大使命，即要把红军及其所控制的红色区域整个吞噬的宏大计划。

九月底，蒋介石调集一百万大军，两百架飞机，开始第五次"围剿"。经过半年多的厉兵秣马，尤其是开办庐山军官训练团后，部队作风有了很大改变，军官无论职位大小，一律不佩武装带，身着布军装，脚穿草鞋或胶鞋，和士兵一起吃大锅饭。

得到红军分兵作战而东西分离的情报后，欣喜若狂的蒋介石立即下令北路军第三路军八纵队周浑元部的四个师进攻黎川，准备将中央苏区与闽浙赣苏区一分为二，再各个击破。

正当中央苏区战场上硝烟四起战火频生之时，由共产国际派驻中共的军事顾问李德来到了瑞金，并很快加入中央最高军事决策层，和博古、周恩来组成了最高"三人团"，以指挥红军的全部军事行动。

李德（1900—1974），原名奥托·布劳恩，笔名华夫（意即中国人），生于德国慕尼黑。第一次世界大战期间参加德国共产党。曾参与创建巴伐利亚苏维埃，被德国政府逮捕监禁，后越狱逃往苏联，入伏龙芝军事学院学习，毕业后进入共产国际东方部工作。去年春天，被苏军总参谋部派往中国东北收集日军情报。

德国人以精于兵器制造和军事学术著称于世，也精于军事顾问之道。孙中山早期的顾问也是德国人，后来才改用苏俄顾问。而蒋介石却反其道而行之，用德国顾问取代了苏俄顾问。现在，红军也开始启用德国人作军事顾问了。

当时，大家都认为这个出自顾问之乡的"德国李"是共产国际派来的，对他就格外尊重和照顾，朱德还破例为这位身高一米八、金发碧眼的远方来客提供了牛奶、面包和当地的烧酒。

"你叫李德，我叫朱德，这叫同名不同姓。我们为这个'德'字干一杯！"朱德彬彬有礼地举起了酒杯。

"你是中国的'德'，我是德国的'德'，但我们都是布尔什维克的'德'。"李德一饮而尽。

在汉语中，同是一个"德"字，组成的词意竟大相径庭。正如他们的名字一样："朱德"即"红色的品德"，而"李德"却把大家搞得离心"离德"。中国有句成语：近朱者赤。然而，李德却没有被朱德的优良品德教化过来。

几杯酒下肚，李德便狂妄地用俄语训斥在场的人："你们中国的

'德'在俄国秘密基地受训过，可你们不会作战。游击战算什么？那不是真正打击敌人的战争。"

一丝不快的神情从朱德、周恩来的脸上滑过，他们知道李德话中有话。鼻梁上架着一副眼镜的博古尽管是一介书生，但他还是能够应付这种尴尬局面的："欢迎李德同志给我们带来真正的苏维埃军事斗争经验。随着李顾问的到来，中国革命定会打开新局面。让我们在李同志的指导下，完成中国之神圣革命！"

朱德和周恩来都端起了酒杯，但喝下去的酒不是滋味……

迷信"外来和尚会念经"的博古得知李德毕业于莫斯科伏龙芝军事学院，便聘请他为军事顾问。博古不懂军事，又要掌握红军最高决策权，在军事上就要处处依赖这个洋顾问。为照顾好李德的生活，博古为他单独修建了一座房子，人称"独立房子"。嗣后，李德和博古便在"独立房子"里闭门造车地制定了"御敌于国门之外"的防御战略。

李德利用中国同志对共产国际的尊重，置军委的集体领导于不顾，实行个人的专权。他名义上是军事顾问，实际上是"统帅"，是"太上皇"。李德等人根本不懂得也不了解中国的国情和中国革命战争的特殊性，完全拒绝红军血战史的经验，只凭军校教科书上的条条框框，一个人躲在房子里凭着地图指挥战斗。

博古、李德等人不但丝毫没有采纳熟悉军事工作的朱德的正确建议，反而把朱德在多年实践中总结出来的战斗经验和党的正确的军事路线当作"游击主义""逃跑主义"，拼命地进行反对和攻击。李德的到来，使红军遭受前所未有的挫折，朱德当时处境之艰难是可想而知的。

第五次反"围剿"一开始，博古、李德就采取"左"倾冒险主义军事方针，指挥红军"全线出击"，攻打敌人的坚固阵地，并提出收复黎川。先是命令红军攻打硝石，不胜；再攻打资溪桥，又不胜。致使红军在北线进攻作战中连连失利，完全陷入战略上的被动地位。

"乱弹琴！"朱德愤怒至极，"拒敌于国门之外？五十万敌人，我们的部队如何拒？不到敌人外线去打，不在运动中消灭敌人，这是给自己建造坟墓！"

博古、李德自己不进行深刻反省，反而把失败的责任都推到早就提出过不同意见的朱德等红军高级将领身上，并对他们横加指责。满脑子都是军事教条的李德，自恃有共产国际和临时中央的支持，根本不把朱德放在眼里。

指挥权实际上被架空的朱德虽然心中对李德、博古的"瞎指挥"极为不满，但他以革命大局为重，在极为困难的处境下仍然尽心尽责，尽量减少因错误决策所造成的损失。他一面不断地向中央和军委汇报前方情况，提出自己的看法和建议；一面又不得不执行李德、博古的决策。

朱德对身边的参谋人员说："李德顾问来了以后，住在瑞金不下去调查，靠看地图、电报指挥前方的战斗，而我们在前方最了解情况的人反而不能指挥，这就有问题嘛！可是，他是受党中央的委托，还得照办啊！否则，就成了各行其是了……"

这年十一月，正当蒋介石集中全力试图挖掉中国共产党和中国工农红军这两座大山时，一个连蒋介石本人也没料到的事件在苏区的东南边界发生了，这就是名震一时的"福建事变"。

事变是由驻守福建的国民党第十九路军发动的，宣布成立"中华共和国人民革命政府"，并改年号为"中华共和国元年"。这支军队当年是"围剿"红军的主力之一，同时也是上海"一·二八"奋起抗日的先锋。

第十九路军谋划事变时，正值彭德怀领导的东方军在福建作战。所以，他们曾秘密派来谈判代表，要求联合起来，抗日反蒋。

朱德对此事十分重视，接到彭德怀的电报后便同毛泽东一起会见了第十九路军派来的代表，向他们表明了红军赞同第十九路军的行动，并由双方代表于十月二十六日签订了《反日反蒋初步决定》。第十九路军改编为人民革命军第一方面军，辖五个军，蔡廷锴任总司令。

"福建事变"，如同给蒋介石一记闷棍，同时也给红军将士带来了兴奋。这不仅使红军有了盟友，同时也减轻了前线战场上的压力，这对红军来说简直是比天上掉馅饼的好事还要高兴。

当时蒋介石正在江西临川督战，"福建事变"的消息传来，陈诚提醒道："形势发生变化了，共军极有可能经闽北突进到浙皖苏一带，而且十九路军也极有可能和共军相勾结，共同反对委员长，委员长宜早作决断。"

"娘希屁！"蒋介石沉闷了半晌，终于恶狠狠地吐出一句话来。他不得不调整部署，从根据地北线和其他地区抽调十一个师去"讨伐"第十九路军。

"我们必须马上应变，策应十九路军，同时也打退敌人'围剿'根据地的攻势。"朱德从地图上作了精确计算，"大的应变应逐步进行，当务之急是发动闽浙赣军区，让刘畴西司令员带他的红十军和红七军团寻淮洲军团长一起，抓住这一机会，在赣东北、闽北地区开展游击战，截击敌人联络运输，扰乱其后方。特别是红七军团，要准备随时截击或钳制敌行动部队。"

"你发布命令吧！"周恩来对朱德说，"然后，我再以我俩名义，代表第一方面军给博古、项英和李德去电报，报告蒋介石最新部署，要求以红三、红五军团侧击国民党入闽部队，让中央军委早作决定！"

"这样两军配合起来，至少打破敌人的'围剿'不成问题。"朱德高兴地说，"假若中央能同意，那真是天助我也！"

十一月二十四日，前线指挥部发出了两封重要电报。来电引起了中央重视，博古、李德和项英进行了专门研究，并请示了共产国际，但结果不是朱德和周恩来所希冀的。

第二天，朱德终于等到了中央的反馈。电报以训令的方式发给第一方面军："我们不应费去太大的损失来与东北敌人新的第一路军作战，而让十九路军替我们去打该敌……我们要看新的第一路军与十九路军作战的结果以及敌人新的部署如何，可能十二月中旬突然将我们主力转移到西方对付敌人第二路军。"

紧接着，中央又发来《福建的事变与我们的任务》和《为福建事变告全国民众书》两份文件：福建所组织的"人民政府"也是反动统治的一种新的欺骗。它不会同任何国民党反革命政府有区别，中间道路是没有的，一切想在革命与反革命中间找取第三条出路的分子，必然会遭到残酷的失败，而变成反革命进攻的辅助工具。

"胡扯！"朱德愤然把电报摔在桌子上，"恩来，他们这是死脑筋，福建政府再反动，我们有再多怨仇，也该懂得大敌当前，化干戈为玉帛啊！当年，我去找范石生，我们也是各打一面旗，但合作得不是很好嘛！我们的这些领导同志为什么连这点道理也不懂，这么教条地行事呢？"

"唉……"周恩来摇头叹了一口气。他非常清楚，这是中央的"左"倾观点在作祟。但作为中央的高层领导人，他对中央的决策又能说什么呢？

瑞金来电不仅否定了朱德和周恩来的提议，还要将红军主力由东线调往西线永丰地区。这样一来，第十九路军将面临单独与蒋介石"讨伐军"作战的危险。

十二月中旬，国民党军为了保障进攻第十九路军的侧翼安全，从黎川一带调动部队，向东南进犯。

朱德和周恩来决定将奉命调往西线的红三军团就地待命，从东西两个方向反击。但是，由于红军分离作战，兵力不足，仗打成一个击溃战。眼看着敌人搅起一阵烟尘渐渐远去，朱德惋惜不已。前线的战报传来，他只有望天长叹。

鉴于逃敌没有走远，时间虽然晚了点，但黄花菜还没有凉透，朱德便请示中央再次部署歼敌："建议立即调一军团及守备十四师，准备会同三、五、九军团主力，甚至七军团主力一部，在东山、德胜关与陈（诚）主力决战。"

不料，这个极好的建议又被只关心打"堡垒战"的决策者和洋顾问否定了。事情弄到这种地步，事实上已使朱德和周恩来在前线无法正常指挥了。

伴随着这个否定的还有一件更不可思议的事情，那就是指挥机关和指挥权力出现了新的变更。

由于在前方直接指挥作战的朱德、周恩来与在后方的博古、李德等意见一直不能取得一致，李德便以统一前后方指挥为名，将"前方总部"撤回瑞金，并入中革军委由博古、李德直接指挥中央苏区各军团。虽然在名义上朱德仍担任中革军委主席，周恩来为副主席，但他们的实际权力已被剥夺。

一九三四年，是夏历甲戌年，即狗年。算命大师铁口直断：这一年充满着神秘性、选择性、好斗性、狂热性和不妥协精神。也许是偶然的巧合，正如算命大师所预测的那样，红军又要经受一场更加残酷的血与火的洗礼。

博古、李德控制红军指挥权后，进攻中的冒险主义碰壁后，又转而实行防御中的保守主义，对四面包围的敌人处处设防，节节抵御，"以堡垒对堡垒"进行"短促突击"，进行徒劳无益的战斗。

这年春天，十九路军全线溃退，福州失陷。"福建事变"平息后，如释重负的蒋介石又可以腾出手来对付苏区了。红一方面军依照临时中央和中革军委的命令，在敌人主力和堡垒之间连续作战近两个月，不仅未能御敌于苏区之外，反而使自己完全陷于被动地位，损失巨大。

四月十日，蒋介石又集中十一个师的兵力进攻广昌，企图打开中央革命根据地的北大门，直取红都瑞金。任命陈诚为前敌总指挥，罗卓英为副总指挥，在广昌前线设立司令部，并请来了六十七岁老奸巨猾的德国顾问、一级上将赛克特坐镇指挥。

面对蒋介石的重兵围攻，以博古为首的中共中央调集红一、三、九军团九个师的兵力，继续采取"堡垒对堡垒"的打法，摆开架势决心全力保卫广昌，准备在广昌以北地区与敌军"决战"，企图死打硬拼。

为了打好这一仗，中革军委在前方成立野战司令部。考虑到朱德在红军中的威望，任命他为司令员，博古为政治委员，但红军实际的指挥权仍掌握在李德和博古手中。这样，朱德只得随他们到广昌前线，周恩来被留在瑞金。

广昌保卫战进行了十八天，虽然红军英勇奋战，毙伤俘敌两千六百余人，但自己伤亡五千余人，约占红军参战总数的百分之二十，最终也没能挡住敌人的强大进攻。最后，红军被迫退出广昌。

广昌战役后，蒋介石又下令加紧"围剿"，从六个方向对中央根据地的兴国、宁都、石城等地突进。博古、李德依然不顾朱德等人的强烈反对，竟然再次命令红军"分兵把口"，形成"六路分兵""全线防御"。结果，使红军进一步陷入被动局面。

由于博古、李德的军事指挥错误，尽管中央红军官兵英勇作战，仍然阻挡不住敌军的强大进攻。战争进入四面告急的局面，一向狂妄、独断、主观的李德已无回天之术，遂抱病卸责。在这危难之际，朱德又握有一丝决策权。

眼看着根据地一块一块地丢失，战士一批一批地伤亡，心如刀绞的朱德再也不能保持"微笑"了。他愤然骂道："龟儿子，真是崽卖爷田不心疼……"

随后，朱德发表了一系列不同于李德消极防御思想的观点，重申要保存红军的有生力量，反对拼命主义，强调要避免那种付出重大牺牲的"堡垒对堡垒"的阵地战，尽量采取"运动防御"，以尽可能避免给红军造成重大损失。

九月十五日，朱德以军委名义颁发了《关于战斗问题的训令》（训字第一号），其中指出："无论如何应该保存自己有生力量和物质基础为我们作战的第一等基本原则。保持地域，不轻遗寸土予敌人，这应该放在前一原则之下遂行的。"

九月二十五日，朱德电示各军团："诸兵团应再度估计情况，并检查自己的决心。一方面你们应给敌人相当的损失和抵抗，另一方面应很爱惜地使用自己的兵力，并且坚决避免重大的损失，特别是干部。"

在"围剿"已不可能打破的情况下，朱德所能做的就是尽量保存红军的有生力量，避免无谓的牺牲。在这一新的精神指导下，红军不再同进犯之敌死打硬拼了，能守则守，不能守则退，避免在飞机大炮的轰炸下作战，因而没有再遭受大的损失。

但是，个别的胜利已无法挽回整个战略指导错误所铸成的大局，苏区陷入了攻不能克、守不能固的险恶境地。在事实面前，王明"左"倾路线执行者博古、李德不得不放弃固守中央根据地的计划，中央红军被迫进行战略转移。康克清看到中央正在摆脱坐以待毙的局面，便问朱德："是不是他们开始接受教训了？"

"博古还是博古，李德还是李德，我看不出他们有什么变化，他们是不会接受血的教训的！"朱德看了看新落成的瑞金红军烈士纪念塔，又看了看庄严的中央大礼堂，苦笑着说，"不过，他们总算让毛泽东一起走啦！只要有毛泽东同志，我们总会有希望的，朱毛不分家嘛！"

"听说反动派到处悬赏捉拿你们二人？"康克清担心地问。

　　"毛泽东同志虽然暂时离开了红军，敌人依然把我们两人看作是红军和共产党的最高领导。" 朱德提高声调说，"他们悬赏捉拿我们，赏格好像一再提高，从五千元提到五万元，现在好像又涨到了每人十万元。这样很好嘛！我在国民党银行的存款已经有十万了……"

朱德：十月十日晚上，我们开始由瑞金开动，留下项英、陈毅，大约有一两万人在中央苏区。我们分两路渡过信丰江。这时广东军队同我们已经有了来往。我们也知道他们同蒋介石搞得不妥当，打也打了一下，就在十月二十一日突破了江西第一道封锁线。

血染湘江

就在这年冷风潇潇的秋天，兴国、宁都、石城相继失守，博古等不得不决定红军撤离中央苏区，突围转移。十月九日，中革军委发出了《野战军由十月十日到二十日行动日程表》，并对参加突围转移的红军各军团、各纵队南渡贡水（于都河）的时间、渡河区域地点、渡河器材、渡河前后宿营地及渡河后的浮桥处置等作了详细规定。

说起来难以置信，转移之前身为中共中央总书记的博古对这次重大的军事行动竟茫然无知。他曾很认真地问他的洋顾问李德："我们的目的地究竟在哪里？"

对方给他的回答是："我们首先需要突围，至于突围后到什么地方去，说实话，我也不清楚。也许我们应该去找贺龙他们，或者去别的什么地方……"

十月十二日傍晚，中共中央和红军总部从瑞金出发了。在夜幕的笼罩下，朱德率领红军主力部队缓缓踏上了征程。广大红军指战员要撤离他们为之流血牺牲的根据地，告别熟悉而亲切的父老乡亲，个个心情都十分凄然。而当地的男女老少则举家齐出，眼含热泪伫立于大路两旁，依依不舍地送别自己的子弟兵。

蒋介石这几天的心情好极了，十月十五日是这位属狗的蒋委员长四十八岁生日，又是本命年。国民党的《中央日报》更是用难以按捺的喜悦心情在《第三路军收复兴国县详情》的大字标题下喧嚷："'剿赤'军事近来势如破竹，战无不克，攻无不胜，……'伪'一、五两军伤亡奇重，狼狈溃退。"

殊不知，在"国军势如破竹红军狼狈溃退"的表象后面，是红军主动后退转移。而更让国民党情报机关意想不到的是，在朱德和周恩来的努力下，中央红军已于一个月前就和国民党"剿匪"军南路总司令陈济棠秘密谈判，达到了一定程度上互不攻击的默契，在蒋委员长看来固若金汤的包围圈，实际上已对红军网开一面。

早在这年七月，中华苏维埃共和国中央政府和中国工农红军革命军事委员会就发表了《为中国工农红军北上抗日宣言》，提出了在停止进攻苏区与红军、给民众以初步的民主权利、武装民众与创立反日义勇军以保卫中国的三个条件之下，愿意同全中国任何武装队伍订立作战的合作协定。

在这种情势下，力图独霸广东、与蒋介石心存芥蒂的粤军总司令陈济棠为了保存实力，决定与红军"内打外通""明打暗和"。九月间，他秘派罗炳辉的内弟李君担当同红军联系的重要桥梁，到瑞金同红军联络谈判停战和共同反蒋事宜，受到了朱德和周恩来的热情接待。

九月二十七日，陈济棠授意驻筠门岭的第二纵队第七师给红军发电："为适应环境应付时局，先行商定军事，以免延误时机，希派军事负责代表前来会商，以利进行，并盼赐复。"

对于同陈济棠的谈判，虽然一贯听命于共产国际的博古和李德等表示怀疑，并不热心，但是朱德和周恩来却极为重视。在周恩来的主持下，他们进行了认真准备，挑选了谈判代表，研究了谈判方案。

为了迅速地打开谈判局面，朱德还亲自起草一封给陈济棠的复信，同意派代表去筠门岭谈判，并要陈济棠"派负责代表来瑞共同协商作战计划"，还说"日内德当派员至筠门岭黄师长处就近商谈。为顺畅通讯联络起见，务望约定专门密码、无线电呼号波长，且可接通会昌、门岭之间之电话"。

十月一日十三时，陈济棠通过驻筠门岭的第七师给红军来电，建议先行会商军事问题，并催促红军"迅速派出军事负责代表去广州面商"。朱德、周恩来经过慎重考虑，决定选派时任中共中央局宣传部部长的潘汉年和粤赣军区司令员何长工二人为代表，约定电台的通讯代号为KSD，为确保通讯联络无误，还调来了钱壮飞、伍云甫等老无线电工作者为译电员。

当天，周恩来起草了复电，催促对方迅速对朱德的去信给予答复，并建议红军派代表至筠门岭经该师转商一切。对方收到这一电报后，答复同意在寻乌会谈。

为了保证红军代表安全过境，周恩来作了具体安排。为介绍潘汉年、何长工前往谈判，他还代朱德给陈济棠的第七师师长黄延桢写了一封短信：

> 黄师长大鉴：
> 　　兹应贵司令电约，特派潘健行、何长工两君为代表前来寻乌与贵方代表幻敏、宗盛两先生协商一切，希予接洽照拂当感！专此
> 　　顺致戎祺
>
> 　　　　　　　　　　　　　　　　　　　　朱德手启
> 　　　　　　　　　　　　　　　　　　　　十月五日

十月七日黄昏，潘汉年、何长工到达筠门岭赤白交界处的羊角附近。前来迎接的是个特务连，连长一见何长工就悄悄地说："何司令，我听过你们的宣传，也看过你们的宣传品。是啊，我们与贵军都是炎黄子孙，真不愿看到中国人打中国人！"

为了保密，对方特地为红军的谈判代表准备了两顶轿子。每过一道关卡，那位连长就对盘查的哨兵高声吼道："这是司令请来的贵客！"代表们畅通无阻地赶了四十里山路，来到寻乌县一个叫罗塘的小山村，在一幢环境幽雅、戒备森严的小洋楼前停下。潘汉年、何长工被安排住在楼上，对方的谈判代表住在楼下。

第二天，秘密谈判在这座楼上开始了。双方代表各抒己见，经过三天三夜的长谈，终于达成了"就地停战、互通情报、解除封锁、互相通商、必要时可以借道"的五项协议。这是红军继去年十一月同蔡廷锴的十九路军签订停战协定后，又一次达成的重要停战协定，是中国共产党统一战线工作的又一个重大胜利。

谈判期间，潘汉年、何长工突然接到周恩来事先商定的暗语电报："你喂的鸽子飞了"（意即红军已开始战略转移，望尽快结束谈判返回根据地）。当时，对方的谈判代表杨幻敏拿着这份电报，满脸疑色地问何长

工："你们要远走高飞了？"

"不是！"何长工非常沉稳地说，"鸽子象征着和平，这是祝贺我们谈判成功。"

谈判一结束，潘汉年、何长工立即离开寻乌返回会昌，陈济棠派出一个骑兵连护送到筠门岭以北。

此时，中央军委机关已从瑞金转移到于都。周恩来听了他们的汇报，十分满意地说："你们辛苦了。这次谈判取得的成果，出乎我们的意料之外。这将对红军和中央机关突围转移起到重大作用。"

十月十八日，蒋鼎文东路军李默庵师进入瑞金，从掳获的文献资料中判明：红军不是战略机动，而是战略转移；不是南下，而是西进。这时蒋介石才如梦方醒地搞清楚中央红军突围的真实意图，于是立即下令陈济棠大胆堵截红军。

"南天王"陈济棠嘴上说坚决执行命令，心里却把蒋介石当作一个幕后的敌人对待："你老蒋自己没能耐，奈何不得共军，却把他们赶来赶去，要我去堵，堵得住吗？"

中央红军突围西征时，朱德便一面派人通知陈济棠，说有部分红军要借道通过，希望他按照双方协议放行；一面于十月二十日下达了突围命令，命令部队在信丰的新坡、小溪和赣县的马岭等地突围。

当得知中央红军突围时，陈济棠便对他的部下说："老蒋是一只老狐狸，不止一次地打我们的主意。他不给我们活路，我们也不能为他拼命。都明白了吗？"

随即命令第二纵队李扬敬部从会昌撤回粤境，第一纵队余汉谋部稍加抵抗，即从版石、新田、古陂、韩坊全线撤退，没有过多地堵截红军，却让出一条宽达四十里的通道。所以，中央红军未经大的战斗就突破了安远、信丰之间的所谓"钢铁封锁线"。

秋日的阳光犹如夏季一样，依然不减它炫目的光芒，垂照着一条见首不见尾的队伍，一种异样的气氛在蜿蜒的山路上弥漫。红军跳出粤军的包围圈之后，到达韶关以北的乐昌，部队进入了山区。

朱德身着一套退了色的灰军装，脚踏草鞋，走在司令部队伍的最前面。看着年近半百的朱德还同红小鬼一样跋山涉水，康克清便心疼地说："一晃你也是奔五十的人了，组织上派给你的担架不要，两匹骡子除了一匹驮文件，一匹却留给我收容伤员，这样长途行军，你能顶得住吗？"

"放心，你还记得吗？我的乳名叫狗娃子，命贱！这双从小就在山道上磨炼出来的脚板儿越走越硬朗！"朱德像突然想起了什么，"徐老和董老他们怎么样？"

"都好，都好！他们谁也不甘落后，还争着照顾伤病员呢！"

"革命之大幸啊……"朱德突然见队伍停步不前了，马上问向他走来的参谋，"部队为啥子停下来？"

"前面堵住了……"参谋报告了情况。

"几十万敌军正向我们包围过来，稍微延迟，就有灭顶之灾。"朱德马上往前面赶去。

一个悬岩上的小道只有半米宽，被几十担挑子堵着，部队越集越多。警卫员们东劝西拉，才撕开一条小缝，朱德来到堵道的地点问："为啥子堵路？"

"挑夫跑了，这几十个挑子没人挑了。"一位地方干部坐在挑子上，哭丧着脸说。

"推下去，把挑子推下岩去！"被堵住的官兵高喊道。

"不行！"地方干部站到挑子中央，拔出手枪，"这是中央的命令。挑子里是石印机，是苏维埃的机器，是国家的财产，谁也不能推！"

朱德知道这是中央的命令，撤退时，整个苏维埃都让挑夫们挑上了路，简直像一次大搬家。可是，革命的本钱是人而不是物，这些坛坛罐罐有什么用处呢？现在人都快要被包围了！

"我说同志哥哟！"朱德以近乎乞求的口气说，"现在大兵压境，我们耽误一分钟就要多流血。你看这样好不好，让战士们把挑子挑着，不要把路堵了。"

压挑子的地方干部见这个上了年纪的"兵"说得有理，点头答应了。部队指挥员认识总司令，马上抽出一队人马上来。

道路疏通了，部队又开始缓缓前进。太阳还忠实地挂在天上，不慌不忙地向西边散步，仿佛在与红军比赛竞走。朱德的心情像铅一般沉重，他和周恩来马上给中央领导人发电，讲明现在的形势，建议部队轻装前进，可是没有得到任何回音。

十一月中旬，红军通过汝城至城口间的第二道封锁线后，朱德曾几次电令担任前卫的红一军团抢占粤汉铁路东北约十公里处的制高点九峰山，以掩护中央纵队和各军团安全通过。但林彪不顾大局，专拣平原走，一下子冲过了乐昌。红一军团政委聂荣臻坚持要执行上级命令，被逼无奈的林彪只好一边派部队去抢占九峰山，一边发着牢骚："无非就是要我死，我林彪怕什么？"

红一军团走到麻坑圩，侦察连前来报告说乐昌大道上发现大批敌军。正在这时，麻坑圩敌军逃跑时没来得及撤走的电话响了，林彪习惯地拿起话筒："什么事？"

"你们发现'赤匪'了吗？"话筒里传来一声广东话。

"是敌人！"聂荣臻和左权也听得清清楚楚，两人面面相觑。

这时，头脑灵活的林彪用一副大大咧咧的口气说："我们是中央军，刚刚来这里接防，没有发现'赤匪'活动。你们是哪部分？你们是怎么布防'赤匪'的？"

"你们来了就好办啦！我是……"

电话是乐昌附近一个叫赖田的民团团长打来的，他们哪里知道接电话的是"赤匪"军团长林彪，于是便将自己所知道的情况竹筒倒豆子般全都讲了出来："粤军邓龙光部的三个团已开抵乐昌，一个团的部队开往九峰山……"

听到这里，林彪暗自惊出一身冷汗。于是急令二师四团跑步前进，拼死抢占九峰山。他自己也亲率后续部队攻击九峰山南侧的茶岭，监视九峰山之敌。

由于红四团动作神速，加上红三军团右翼钳制了粤军的行动，一场难以对付的恶仗得以幸免，中央纵队和后续部队顺风顺水地通过了郴州至宜章之间的第三道封锁线。

此时，蒋介石面前的地图上，渐渐显现出一条直插湘江的红线。

"娘希匹！陈济堂借寇自重，坏了我的大事。"蒋介石有一种上当受骗的感觉，但苦于鞭长莫及，奈何不得。他要改弦易辙，走马换将，于是

231

叫来速记员，"传我的命令，任命何键为'追剿军'总司令，薛岳为前敌总指挥……"

红军进入湘南地区，"湖南王"何键怕伤其利益，便积极追堵红军；而"老虎仔"薛岳的作战欲望强烈，战斗作风也颇为顽强。蒋介石正是看中了这些，才对二人委以重任。何键屠杀共产党的残忍仅次于蒋介石，他一上任就分电各军"除南昌行营原定拿获朱德、毛泽东、周恩来、彭德怀各赏十万元外，如在湘境长追拿获者，另增赏五万元"。

蒋介石调薛岳、周浑元部十六个师七十七个团追击堵截红军，同时又给陈济棠致电让其组织精锐部队到湘桂边界截击。敌人在湘江与桂黄公路之间赶修了一百四十多座碉堡，构成了第四道封锁线。

但蒋介石仍不放心，又给广西发出一电，令广西五个师控制灌阳、兴安、全州一带。最后，他才放心地把拳头重重地砸向地图上湘江以东地区。

当时敌人内部派系矛盾很大，各自为政，各怀私心，只图自保。宜章至湘江间又是广大无堡垒地区，红军本可抓住有利战机打几个胜仗以扭转被动局面。但由于"左"倾领导者采取了只求夺路西进的避战政策，因而丧失了歼敌的战机。部队蜗牛般的蠕动着，蒋介石的部队越追越近，湘军和赣军也从两侧包围而来。

十一月十八日，红军一路占领临城。

这一仗不大，却给附近的广西军阀带来信号。以邻为壑、只顾自保的白崇禧为了防止红军入境，马上收缩战线，从全州、兴安一线的湘江沿岸撤离。与此同时，湖南军阀何键也担心红军主力入湘，还在湖南境内布阵，没有马上接防，朱德面前的敌军动向图上出现了一个缺口。

"快报告中央，这是大好时机！"朱德多日愁烦的脸上露出了一丝微笑。

十一月二十五日，中革军委下达了红军从兴安、全州之间抢渡湘江的命令。

一道红流汇向湘江。

林彪、聂荣臻的一军团接到朱德命令后，火速赶到湘江掩护大部队过江。从另一路护驾的彭德怀、杨尚昆率的军团以第四师为先锋，按照朱德的命令也渡过了湘江，完成了抢占制高点界首的任务。

此时，得知一肚子鬼主意的"小诸葛"白崇禧抽走了兵力，蒋介石大发雷霆，急令第一路军总司令刘建绪率二十七个团从湘赣边境横杀过来。随之，敌人大部队也拥向湘江。蒋介石加紧筹划于湘江之畔歼灭红军的部署，于是刘建绪部与红军在距全州十六公里的地方接上了火。

湘江恶战开始了。一批批敌人在红军战士阵地前倒下，另一批敌军踏着尸体又冲了上来。红军战士用血肉组成的防线被攻破了，但又有一批红军将士冲上去……

此时，渡口成了朱德最为关心的"焦点"。

两天来，朱德已给林彪、聂荣臻等人发出十几份十万火急的电报，命令他们一定要死守要点，保障中央部队安全过江。十万火急的电报上，朱德使用了平时轻易不用的有泰山压顶之势的字眼："不惜一切代价！""拼命抗敌！""对逃避责任者军法处之！"

朱德急啊！千里征途上的苏维埃系于红军将士的手中，稍有闪失，就有全军覆没的危险，他必须对中央负责。正如毛泽东对康克清所说："他也难哪！请你转告总司令，他要保重啊！"

十一月二十七日，红军已经控制了界首与屏山渡之间六十里的湘江两岸，这个地段可以涉水而过。当时，有前后左右护驾的中央部队离湘江最近点只有一百六十多里，如果轻装前进，一天就可到达。但是，像搬家一样的中央部队在坛坛罐罐的拖累下，一天只能走四十多里，要四天才能到达湘江。

一生打过无数险仗恶仗、指挥过无数硬仗苦仗的朱德，知道此时的每一秒钟都是将士们用生命换来的。既要对中央的安全负责，又要对将士的生命负责，两道重任压在朱德肩上。他不停地发电催促中央："要快！丢下坛坛罐罐，赶快过江！"

十一月三十日晚，一封电报再一次使朱德感到危险降临。电报是林彪和聂荣臻发来的，其中讲道："如敌人明日以优势猛进，我军在目前训练装备状况下，难有占领固守的绝对把握。军委须将湘水以东各军，星夜兼程过河……"

在大崖洞临时指挥所，朱德指着铺在地上的军事地图，向周恩来、王稼祥、博古、李德做着敌情分析和战斗部署。在这种险恶的处境下，原来高傲自信的李德一筹莫展，而临危不乱的朱德手里拿着一份电报，目光落在"难有占领固守的绝对把握"这一行字上。

震荡着指挥所的枪声像一首变调的小夜曲，伴随着江水传得很远。月亮和星星让乌云遮得一点儿不漏，一阵冷风刮来，朱德打了一个寒噤。

油灯下，朱德在起草作战命令：

> 一日战斗，关系我野战军全部西进，胜利可开辟今后的发展前途，迟则我野战军将被敌层层切断。我一、三军团首长及其政治部，应连夜派遣政工员，分入到连队去进行战斗鼓动。要动员全体指战员认识今日作战的意义。我们不为胜利者，即为战败者……消灭敌人进攻部队，开辟西进的道路，保证我野战军全部突过封锁线应是明日作战的基本口号！

朱德写罢，看了看表，已是深夜两点。他把"明日作战的基本口号"中的"明"字改成"今"字，然后发给了部队。

电报发出后，朱德心中如装了一块巨石，他知道这封电报意味着什么。

十二月一日，天刚蒙蒙亮，标识着"青天白日"的可塞战斗机便飞掠上空，随后一发发炮弹在红军阻击阵地上爆响。空气在燃烧，大地在颤抖。为了保证中央部队能够顺利渡过湘江封锁线，数万将士高呼着"一切为了苏维埃新中国"的口号，同数倍于己的敌人展开了生死存亡的搏杀。

天边仿佛燃起了大火，把朝霞烧成血红色，倒映在湘江上，把江水都染红了。

桥头堡上，朱德在枪林弹雨中用望远镜观察渡江情况。尽管渡江队伍加速了，也有序了，但敌机的轰炸、扫射更加密集。在中央部队大部过河后，朱德才率领总部机关过河。走过湘江时，他看到玉带般清澈的江水已被鲜血染红，江面漂浮着一具具头戴八角帽、身穿灰军装的尸体。

是日中午时分，红军主力大部过江。但此时敌人已经收拢，红军第

三十四师和第十八团被敌人团团包围。听到江东渐渐稀疏的枪声和不时传来敌机的轰鸣，朱德眼中溢出了泪花……

　　经过四天四夜的血战，红军终于渡过湘江，突破了敌人的第四道封锁线。这是红军长征以来战火最为激烈、损失最为惨重的一次战斗，红军由初征时的八万人锐减为三万人。

亲自上火线

一九三五年元旦过后，中央红军便兵分三路强渡乌江，进入"天无三日晴、地无三尺平"的贵州省，前锋直指黔北重镇遵义。一路所向披靡，战无不胜。一月八日攻占遵义后，红军被动挨打的局面终于有了转机。

第二天，中共中央举行了一次盛大的入城仪式。中央和军委首长在旧府衙门前搭建的临时台子上作了讲话，气氛相当热烈，会场上口号声不断，只是领呼口号的人由于过分激动，把"中国共产党万岁"误喊成"中国国民党万岁"。

互致问候，互相祝贺，红军战士们沉浸在数月来难得的欢乐中。这对刚从生死考验中挣脱出来的红军战士来说，具有非同寻常的意义，他们似乎暂时忘掉了残酷的战斗，忘掉了失去战友的伤痛及今后将要遇到更大的艰难困苦，全都沉浸在喜气洋洋的氛围之中。

一月十五日晚，北斗七星像一把银勺凸显于灿烂的星海之中。二十个领导人聚集在红军总司令部驻地——遵义老城柏辉章公馆楼上，召开了具有重大历史意义的中共中央政治局扩大会议，史称"遵义会议"。

据说，最初计划开会的地点并不在这里。朱德和周恩来担心博古、李德遭到大家批评后"胡来"，遂定下会议就在这个灰色四坡顶的楼房里召开。这里的楼上非常宽敞，也适合于召开会议。

在会议召开期间，朱德还调动部队对这座小楼加强了警戒。任命红军总参谋长兼军委纵队司令员刘伯承兼任遵义警备司令，先遣师青年干事王宗槐带领师部警卫排两个班在会场担任保卫任务。

中共中央总负责人博古主持会议，并作了《关于第五次反"围剿"总结报告》。这个报告虽然对军事指挥上的错误作了一些检讨，但主要还是强调各种客观因素，认为失败的主要原因是敌人强大。

周恩来就军事问题作了副报告，并对博古的低调认错提出了不同看法："我认为我们的失败不在于不利的客观形势，而主要是在我们领导人主观因素上的错误，没有认清当时的客观形势。在这方面，我作为军委副主席，负有不可推卸的责任。"他指着毛泽东说，"他一直都是正确的，我们确实需要听取他的意见。"

毛泽东在会上还作了长达一个多小时的发言。他尖锐地批评了"左"倾军事路线，指出导致第五次反"围剿"失败的原因，主要是军事上的单纯防御路线，表现为进攻时的冒险主义、防御时的保守主义、突围时的逃跑主义。他还阐述了中国革命战争的战略战术问题，指明了今后的方向。

张闻天带着对毛泽东极其信赖的态度作了发言。

随后朱德开始发言，他支持毛泽东的主张，说毛泽东批评李德是瞎指挥，他完全赞同。

王稼祥、李富春、林彪、聂荣臻、彭德怀等也先后发言，支持毛泽东的主张。

会议开到激烈处时李德跳了起来："我只是军事顾问，顾问的话你们可以听，也可以不听，你们可以自主的嘛！"

李德说的也不无道理，因为瑞金的这个"太上皇"和南京的那个"太上皇"一样，都是国共两党迎菩萨一般自己请来的、供起来的，以致称王称霸的。

"这话可就不对啰！"周恩来反驳道，"既然自己意识到仅是顾问，那么为什么还要在很多军事问题上武断地否决别人的建议，而坚持推行自己的主张呢？"

此后，曾喝过洋墨水的共青团书记凯丰公开反对毛泽东。在他们这些留过苏的"海归派"眼里，毛泽东只不过是个"愚昧无知的农民"，对马克思主义一窍不通。

这时，朱德再一次站起来："我说几句。我们大多数将领都没有喝过洋墨水，我倒是喝了一点，喝得也不多。但是，事实胜于雄辩，谁对谁错，历史是最终的证人。李德同志总揽全局以来，一切照搬外国，致使红军节节失利，全局溃败。我不反对学习国外的理论与经验，但是一定要与中国革命实践相结合。靠背教条指挥战争，没有不失败的。毛泽东同志与我共事时间长，连敌人也称我们'朱毛'，我对他的了解就是他创造和运用了机动灵活的战略战术，取得了前四次反'围剿'的胜利。事实证明，他具备指挥中国革命战争的杰出才能。所以，我和恩来提议，让他进入中央领导中来！"

朱德讲到这里，有人鼓掌，但凯丰却喊道："博古、李德同志，是共产国际指定的中央领导人！你们竟然反对共产国际——这是反党行为！"

凯丰的这些话激起了与会者的怒火，只见朱德一拍桌子，两腮微颤："我本来讲要对事不对人，这次会议只解决一些重大原则性问题。现在看来，你们还有人要坚持原来的领导。好！我就重新声明我的立场：你们瞎指挥，弄丢了根据地，牺牲了那么多人命。如果还由你们继续领导，我就不会再跟着你们走下去了！"

正是由于朱德、周恩来、张闻天等人坚持了原则，维护了毛泽东的正确主张，遵义会议决定撤销李德等人的军事指挥权，取消了"三人团"，仍由红军的最高军事首长总司令朱德、总政委周恩来为军事指挥者。周恩来受党的委托，是军事指挥上下最后决心的负责人。

会上，毛泽东还被推选为中央政治局常委。在常委分工中，他为周恩来军事指挥上的助手。会后不久，常委再行分工，"决定以洛甫同志代替博古同志负总的责任"。

洛甫（1900—1976），原名张闻天，江苏南汇人。一九一九年参加"五四运动"，曾自费留学日本和美国。一九二五年在上海入党，十月赴莫斯科中山大学学习，后入红色教授学院学习和工作。一九三一年初回到上海任中宣部部长，后任政治局委员、书记处书记、中华苏维埃共和国人民委员会主席等职。

遵义会议以后，又成立了由毛泽东、周恩来、王稼祥组成的三人军事领导小组。这样，就实际上形成了以毛泽东为核心的中央正确领导。这是在中国革命几乎陷入绝境的危急时刻作出的关键性的抉择，挽救了党，挽救了红军。

国民党军被行动神速的红军牵着走，疲于奔命，却连红军的半个影子都没见到。当时《大公报》披露：湖南军阀何键对红军的战略战术很恼火，说红军"狡诈""时而冒充国军，欺骗民众，时而声东击西，行踪飘忽"，使我军跟踪追逐数千里，从未遇其主力。

红军进占遵义城后，蒋介石才发现红军的行动方向已经改变，于是命令薛岳等部以四十万重兵进逼黔北。毛泽东随即改变黎平会议拟定的在黔北创建新苏区的计划，决定北渡长江，在成都的西北或西南建立新的革命根据地。

一月十九日，经过整编的红军扔掉不必要的辎重，分左、中、右三路向赤水、土城地区开进。左纵队是三军团，由彭德怀、杨尚昆率领，从懒板凳、遵义出发；中路为中央军委纵队，由毛泽东、周恩来、朱德直接率领，从遵义城出发；右纵队为一、九军团，由林彪、聂荣臻、罗炳辉率领，从松坎出发。

一月二十七日，中央军委纵队到达土城。

土城，是赤水河畔的一个大镇子。说是土城，实际上是座石头城，所有的街巷几乎都是用石头铺路。镇子不大，名气却不小。这里的酒有名，与毗邻的茅台几乎一样响亮。这里的盐也有名，它是川盐入黔的一个转运码头。

快到土城时，熟悉地理的毛泽东跟总部人员开玩笑："土城里的酒很多，你们可不要喝成醉八仙哟！"

大家进城一看果然如此，店铺里摆满了装酒的坛坛罐罐，还有许多酿酒的作坊。有些酒店前门卖酒，后面就是作坊。这哪里是什么土城啊，应该叫"酒城"才对！

"进了酒城，不让喝酒不近情理，告诉大家都喝一点，以不醉为原则。"情绪易受感染的朱德欣然发出了"喝酒令"。

就在红军战士有滋有味地品尝佳酿的醇香时，一股敌人正在悄悄地向土城靠拢。当时并未引起红军的重视，认为不过是"鸡团""鸭团"的黔军"双枪兵"(步枪和烟枪)，最多也就是两三千人。这一任务交给了彭德怀，要他统一指挥三、五军团在土城以东两山夹峙的峡谷地带歼灭这股敌人。

第二天凌晨五时，战斗打响了。被酒精挑动得精神亢奋的红军战士经过几个小时的激战，仍没有较大战果，而靠着大烟支撑着的敌人不仅没有溃逃的迹象，反而愈战愈强。

直到中午时分，红军才知道对手根本不是黔军的"双枪兵"，而是川军刘湘的"模范师"。师长郭勋祺外号叫"熊猫"，可此人打起仗来却不像熊猫那样憨拙，反而骄横刁钻得厉害。敌人的兵力也不是两个团，而是两个旅四个团。后来，才弄清楚敌人实际上是六个团万余人。而且川军的增援部队还源源不断涌来，武器装备和战斗力比黔军强得多。

盘踞在土城对面青岗坡高地上的川军，在战斗打响后不久就分三路抢占了韩棚坳、猫猫岩、凤凰嘴、银盆顶等高地，与靠土城一线的红军形成对峙状态。当红军浴血奋战、一鼓作气地拿下银盆顶后乘胜追击、把川军压到韩棚坳时，川军的增援部队也赶到了，立刻使红军处于极为不利的境地，三、五军团与川军鏖战半日，伤亡越来越大。川军倚仗优势兵力突破五军团阵地，一步步向土城压来。如果顶不住，红军将背水作战，后果难以想象。

这是红军长征中继湘江战役之后的又一次恶战，红军的命运危在旦夕。这一仗打好了，就能打乱蒋介石的整个部署，保证红军安全渡过赤水河。如若不然，红军将有全军覆没的危险。

"打好了这一仗，就走活了一盘棋。润之，看来我要上，我要看看今天到底是遇上什么了！"在这千钧一发的危急时刻，朱德提出亲自上前线去指挥战斗。

朱德要上前线，惊动了在场的所有人。毛泽东不仅知道这副担子的分量，更懂得让红军总司令亲临第一线指挥，万一有个好歹如何向全军交代？他迟迟下不了决心，只是一支接着一支地吸烟，来回踱步，一声不吭。

朱德有点等不及了，把帽子一甩，无比豪迈地说："得啰，老伙计，不要光考虑我个人的安危。只要能挽救红军，区区一个朱德又何惜？前几天，他们的报纸又报道我已经被打死了，可是我不还活得好好的吗？"

"你是总司令，安全问题还得考虑。再说那子弹又不长眼睛……"

朱德打断毛泽东的话："莫啥子关系，敌人的子弹是打不中我朱德的。敌人怕我，子弹也怕我。你没听说吗？子弹会拐弯，碰见我朱德就躲着走！"

朱德这一说，逗得大家都哈哈大笑起来。

的确，朱德身经百战，是从血与火中冲杀出来的。他的衣服上、帽子上弹痕累累，而身上却无片伤，真是一大奇迹。所以，在红军战士中流传着"子弹见了总司令会拐弯"的神话。可朱德自己则说："我只是熟悉敌情、地形，会利用地形地物以达到保存自己消灭敌人的目的罢了。"

毛泽东被朱德像士兵请缨一样的坦率、真诚和果敢深深打动了，于是无奈地说："总司令，那我就只好同意了。不过……"

"不过个啥子哟？就这样定了！"朱德的目的达到了，神采飞扬地站起来就要走。

"慢走！"毛泽东喊道，"等一会，我们大家为你送行……"

久雨初霁，空气清新。军委纵队的指战员们每人手上都拿着一面三角小旗，极其庄严地站在大路两旁。不一会儿，朱德在毛泽东、周恩来、张闻天、王稼祥、林伯渠等陪同下，精神抖擞地走过来。他身上穿着那身旧棉衣，头上戴着八角帽，腰里束着一条皮带，肩上依旧挎着那支从南昌起义以来随身携带的驳壳枪。同他并肩走来的毛泽东，手里也拿着一面小红旗，边走边领着大家高呼：

"欢送总司令上前线！"

"消灭川军，北上抗日！"

"多打胜仗，创建新苏区！"

"打倒蒋介石……"

朱德微笑着，边走边向大家挥手致意。他突然转过头来非常激动地对毛泽东说："大家这是怎么了，兴师动众的！礼重了，礼重了，我朱德担当不起哟！"

"怎么是礼重了？大将出征，还三军欢呼哩！总司令上前线，理应如此！桃花潭水深千尺，不及你我手足情。"毛泽东十分动情地说，"祝总司令旗开得胜，多打胜仗，多捉俘虏！"

欢送的人群也齐声高呼："祝总司令旗开得胜！"

走到欢送队伍的尽头，朱德停下来，回转身同周恩来、张闻天、王稼祥等一一握手，感慨万分地说："有劳各位了，我朱德深感不安。谢谢大家，谢谢大家！"

最后，朱德来到毛泽东身边，两位亲如手足的战友长时间握手，用力地摇晃着，无限的深情都融合在这两双大手上。

"你走了，把我的心也带走了一半，请多加保重吧！凯旋之日再为你洗尘！"声音哽咽、眼睛潮湿的毛泽东一再叮咛着。

"请放心吧，有红军战士在，就有我朱德在！你也要多保重！"说完，朱德猛然抽回手，后退两步，向送行的战友们庄重地行了一个军礼，转身朝前大步走去。走出去十几步，又突然收住脚步，转回头来向毛泽东以及前来送行的战友挥了挥手，以示告别。

头发花白、面容憔悴的朱德义无反顾地朝着炮火连天的前线走去。毛泽东和送行的战友们望着他那高大的身影渐渐消失在莽莽密林中。

当朱德出现在三军团四师的阵地上，正在严阵以待的红军官兵受到了极大鼓舞。在他的直接指挥下，四师一鼓作气连续夺得川军控制下的好几个山头。但是，战斗仍处在拉锯阶段，双方犬牙交错，险象环生，战况甚为惨烈。

随着川军左翼兵力的骤增，红军处境极为困难，但朱德仍在阵地上沉着指挥。他屹立在一株乌桕树下举起望远镜察看对面山头上川军的动向，眼看着川军一次又一次冲上四师占领的山头，仍面无惧色。朱德身边的几个参谋急啦，要特务连掩护总司令赶快撤出阵地。特务连长一把拽住朱德的衣袖："总司令……"

朱德轻易不流露他的不安情绪，总是给人一种沉静如水的感觉。他拂去两鬓黄豆般的汗珠，忽闪着一双坚毅有神的眼睛，侧身断然说道："哎！莫来头！"

特务连的一个小战士眼看着敌人越来越多，敌人的火力越来越强，而总司令坚守阵地，不愿下火线，就着急地呜呜哭了起来。

战斗越来越激烈，红军和白军扭杀成一团，已经没有固定的、明显的作战阵线了。射击声、爆炸声连成一片，山鸣谷应，朱总司令的指挥所，也变成了独当一面的战斗单位了。

当朱德领着几个人攀上一座小山梁，突然不知从哪里冒出二三十个敌人，一边号叫，一边放枪，子弹如蝗地飞来飞去，极为危险。朱德立即命令大家占领有利地形，嘱咐道："别慌，等敌人靠近一点再开火。"

说完，朱德顺手从警卫员身上抽出一支二十响匣子枪。不知死到临头的敌人窜进了小山梁，只听朱德一声喊："打！"他的匣子枪一抢，"哒哒哒"一梭子子弹射了出去，不一会儿，身边就留下了一小堆子弹壳。

就在这生死紧要关头，陈赓、宋任穷率军委纵队干部团从敌人侧后杀过来了。这伙敌人遭到突如其来的猛烈袭击，终于招架不住，剩下几个活着的弃阵而逃了。朱德兴奋地扑打身上的尘土，笑眯眯地对赶来"救驾"的干部团说："好样的，多谢啰！这里没事啦，继续往前打！"

天上残阳如血，地上血光迸溅。兵力骤增的右翼川军同红军反复争夺着每一个山头，战斗异常惨烈。有的战士子弹用尽就冲上山头与敌人肉搏，手举大刀向敌人的头上砍去。红军的阵地几度丢失，不仅战士伤亡很多，就是团以下干部也有不少牺牲。在这种处境极为危险的时刻，朱德仍在前沿阵地岿然不动地指挥战斗，毫无惧色。

当晚，毛泽东和政治局的几位领导人开会，根据敌军云集川南、黔北一带围堵红军的新情况，决定改变原来计划，迅速撤出土城战斗，渡赤水河西进，以打乱敌人尾追的计划，变被动为主动。为此，朱德、刘伯承仍留在前线指挥，周恩来负责在赤水河上架设浮桥，陈云负责安置伤病员和处理好军委纵队的笨重物资。作战部队和军委纵队都准备从土城强渡赤水河。

赤水河是长江上的一条支流，发源于云贵高原的乌蒙山区，沿云南、贵州、四川的边界蜿蜒北上，在四川合江流入长江。全长四百多公里，河水奔腾湍急，河面最宽处达三四百米，最窄处也在百米以上，是一条极难涉渡的河流。

一月二十九日下午，天又下起了雨。川军仗着人多枪多，气焰十分嚣张。战斗一直处在胶着状态，红军伤亡仍在不断增加。朱德手拿望远镜来到一军团二师四团阵地，在观察敌我战斗情况后，当机立断下令后撤。就在这时，敌人的一颗炮弹呼啸而来，正巧落在朱德身旁，所幸没有爆炸。

四团从前沿撤下来后，突然发现朱德还未撤出战斗。为了掩护朱德后撤，团长王开湘和政委杨成武又带着二十多个战士冲上山坡堵住敌人。他们循着枪声搜寻了好久，才远远看见朱德背靠赤水河，手举望远镜在观察什么。

撤下来的红军越集越多，大家听说朱总司令没有撤下来，都为他的安全担心，个个急得手心都沁出汗来，而朱德仍然镇定自若地站在那里指挥着最后撤出战斗的一营。约莫过了一个小时，他才收起望远镜、地图，不慌不忙地走下阵地。

杨成武向朱德敬了个礼，着急地说："总司令，我们在掩护你，你怎么走得这么慢呀！"

"我不知道你们过来接我。"朱德和蔼而又抱歉地说，"让你们着急啦！"

"太危险了，我们急得心都快要从嘴里跳出来了！"王开湘也心有余悸地说。

"急啥子！"朱德风趣地说，"你们都忘了诸葛亮还摆过空城计哩！我不会有危险的……"

赤水涉险

在蒋介石举袖为云、挥汗如雨的几十万大军追堵下，中央红军东奔西突，以致"寒尽不知年"，很快就到了乙亥年春节。在这个"爆竹声声除旧岁"的传统节日里，蒋介石送给中央红军的拜年礼物不是烟花爆竹，而是枪弹和炮火。

过年，是中国人阖家团聚的时候。然而，这年的春节敌我双方都没有休假。刘湘的川军沿长江两岸集中布防十二个旅的兵力，龙云的滇军三个旅向毕节等地急进，企图截击红军。而王家烈的黔军和薛岳率领的中央军，也从西南方向蜂拥而至。

在强敌四面围堵之下，中央红军由于地处沟壑深谷，回旋余地小，按原计划北渡长江已无可能。除夕之夜到达石厢的红军总部决定暂缓北渡长江，当夜命令红军各军团由叙永、古宋折回云南扎西地域集结。

就在这时，林彪的老毛病又犯了。无疑，林彪是一位很有才气的年轻军官：聪明伶俐，有军事天赋。这就使他养成了一种自负的性格，不能坚持原则，不能顾全大局，无组织无纪律，有时就不免发生与军事命令相对抗的行为。

在向扎西集结的过程中，军委命令林彪带他的部队以集中扎西为目的，并规定了一条路线。但林彪接令后不以为然，把部队开到了大坝地区，超出了预定路线。他还不满地说："军委只知道下命令，他们知道大坝在什么地方吗？等弄清楚了再给我命令！"

随后，林彪把部队开到兴文县建武营，军委又命令他带部队开到扎西。他十分不耐烦地说："扎西在什么地方？兴文在什么地方？明明要北上，跑到云南去干什么？你们野战军主力应开过来与我们集中才是！"

第二天，林彪又把部队带到了离扎西更远的洛亥。

这下可惹恼了毛泽东，朱德也发火了，再次命令林彪南下。电令上语气十分强烈，要他必须把部队带到扎西。军令如山，林彪无奈，只好把一军团带向扎西，但已经耽搁了几天时间。

这是一段艰难的时期，红军的兵力少，周围虎视眈眈的军阀多，每走一步总有一种掉入陷阱的感觉。红军又面临一个战略战术的转型期，毛泽东刚刚执掌帅印，威信随时都有被削弱的可能。因此毛泽东决心尽快带领部队摆脱围追堵截，闯出一片新天地。

二月九日，红军攻占了云南扎西县城。朱德出席了在这里召开的中共中央政治局扩大会议，讨论中央红军进军方向和部队缩编问题。会上，毛泽东就土城战斗的得失作了发言，总结了此次指挥作战的教训，同时指出由于我军及时渡过了赤水，改变了被动局面，并提出回师东进再渡赤水、重占遵义的主张。

二月十日，朱德、周恩来和王稼祥发布了《中革军委关于各军团缩编的命令》。其中指出："为适应目前战斗的需要，并充实各连队的战斗力，以便有力地消灭敌人有生力量，便于连续作战，军委特决定实行缩编各军团的战斗单位。"

缩编后，全军共十六个团，即：干部团；红一军团辖两个师，共六个团；红三军团取消了师的番号，缩编为四个团；红五军团取消了师的番号，缩编为三个团。

二月十一日，国民党《中央日报》在显要位置大字刊登消息："川五路军已占领通江，'萧贺匪'在大庸被围击溃窜深谷，朱毛主力已崩窜，短期内决可尽歼。"

中央红军此时的处境虽不像国民党报纸贬损的那样凄惨，也确实非常严峻。此时，滇军孙渡纵队由镇雄、毕节、南通出发向扎西压过来；川军潘文华率主力由商县、珙县、长宁一带出发，从北面向扎西推进；而蒋介石的嫡系部队周浑元纵队主力则由黔西、大定地区出发，从西边向扎西围拢过来，企图聚歼我中央红军于扎西地区。

鉴此军情，中革军委依照毛泽东提出的建议和中央的决定，做出转兵东进、再渡赤水、回师遵义的作战方针。朱德就中央向赤水河东发展争取渡河先机致电各军团首长：

> 　　我野战军为准备与黔敌王家烈及周浑元部队作战，并争取向赤水河东发展，决改向古蔺及其川南地域前进。并争取渡河先机，在前进中应准备与薛敌"追剿"支队遭遇，并相机占领古蔺城。

回师遵义是一个大胆的决策，蒋介石也万万没有想到红军会走这样一步险棋。红军的指战员也不是都能理解，但是军令如山，根据中革军委的指示，各军团回师东进，二渡赤水这场好戏当日就拉开了帷幕。

二月十二日，由彭德怀、杨尚昆率领的红三军团为左纵队，由双河场、分水岭向站底前进。而右纵队由董振堂、李卓然率领的红五军团与罗炳辉、蔡树藩率领的红九军团组成，当日在大湾子佯攻，以掩护中央红军主力出敌不意地向东南转移。红一军团在林彪、聂荣臻的率领下，当日离开扎西进至大坪上，在泥泞的道路上日行军五十里。

中共中央、中革军委在离开扎西前曾发出"关于战略问题给二、六军团的指示"，其中指出："你们应该利用湘鄂部队的疲惫，于敌人离开堡垒前进时，集结红军主力，选择敌人弱点，不失时机在运动中各个击破之，总的方针是决战防御而不是单纯防御；是运动战而不是阵地战。对敌人须采取疲惫、迷惑、引诱、欺骗等方法，造成有利于作战的条件。"

二月十三日，国民党《中央日报》在显著位置大字刊登各路军"围剿"战果，标题是《川"剿匪"军联络完成，各部齐向叙、右线"追剿"，滇军在威信镇雄间迎头痛击，陕南防堵严密"匪酋"甘不得逞》。消息涉及国民党军与中央红军、红四方面军、红二和六军团近期战况。

当日，蒋介石下令划分其"剿匪"部队第一、二路军作战地域并要求限期消灭红军。电令首先明确"乌江以北之怀仁、鸭溪、二郎庙、处水一线为一、二军作战地境，线上属第二路军"。电令接下来称，"第二路军须协同川军。在大江以南，横江、筠连以东地区，将西窜之'匪'完全消灭"。而对何键指挥的第一路军则要求"迅速协同徐源泉部，限三月底以前，将萧、贺股'匪'完全消灭，以前力之一部，集结于习水、东皇殿一带，以策应第二路军"。

此时的蒋介石踌躇满志，自以为胜券在握。而他的第二路军总司令龙云更是雄心勃勃，认为地处扎西的红军"已入死地"：滇东北地形险峻，交通不便，气候异常，给养困难，红军多系客籍，语言不通，行动艰难；而滇军熟悉地形，语言相通，地方民团早有组织，各路大军正向扎西地区开进。

于是，龙云给他的部下发电打气壮胆："查'共匪'在江西时，本属凶悍，各长官印象太深。此次西窜，路经数省，迭被袭击，损失已在十之八九，昼夜兼行，未刻喘息，纵有铁铸之身，至今亦难久持。此次'共匪'不敢冲过高、珙，绕道入滇，其力量之如何，属显明。现在情况既明，勿得妄听虚报，宜鼓励所部，即向威、镇之'匪'放胆'进剿'，若再迟疑犹豫，不持'共匪'难灭，且将贻笑大方。须知不入虎穴，焉得虎子，有刚毅之勇气，始能奏非常之奇勋。"

国民党军事当局也公开宣称"十三、十四两日，当有剧战"，断言红军"决难越雷池一步""可一鼓荡平"。

然而，龙云想象的以逸待劳在扎西消灭红军，始奏奇勋已成泡影。此时中央红军除留五、九军团少数部队在云南继续迷惑敌人外，主力部队已离开云南入四川。军委纵队当天走了四十里路，离开云南的陈家寨，来到四川坝上宿营。

二月十四日拂晓，红军军委纵队顶着大雾向赤水河西岸挺进，日行七十余里，抵达黑泥哨宿营。而九军团遵照中革军委的指示，组织成立了四支游击小队，留在川滇黔边地区分散活动，开展游击战争。此举同时也是为了钳制、迷惑敌人，掩护红军主力完成东进任务。

至此，国民党四川省政府主席刘湘、"云南王"龙云及国民党军事当局的所谓朱毛主力"已入死地""短期内即可尽歼""可一鼓荡平"云云，皆成了贻笑天下的梦呓。

二月十八日至二十一日，红军以突然的动作在川黔交界的太平渡、二郎滩等渡口再渡赤水河，二度进入贵州，把敌人重兵抛在了长江两岸。红军以红五军团一个团向温水开进，一路招摇，吸引追敌，主力红军进军黔北，直逼遵义。

欲取遵义，必取桐梓和娄山关，因为从川南进入遵义，桐梓是大门，娄山关是二门。攻占桐梓，是遵义战役的序幕。

由于驻防桐梓的黔军主力被王家烈调到松坎阻止北上的红军，所以桐梓防守极为薄弱，只有两个连的兵力，这当然不在红军话下，何况攻打桐梓的又是战斗力较强的红一军团。

二月二十四日晚，林彪、聂荣臻指挥的第一师第一团到达桐梓，战斗不到两小时，守敌便弃城如脱笼之鹄逃向松坎。

桐梓一被攻克，遵义城就势同危卵，心惊胆战的王家烈赶紧致电薛岳火速增援。薛岳闻讯，又接到蒋介石必须确保遵义的命令，便下令吴奇伟和周浑元两部赶赴遵义救急。王家烈也从遵义派出军队赶往娄山关，想扼住关口，以保遵义城。

于是，红军和国民党军展开了一场争夺时间的比赛，双方都如离弦之箭在向娄山关飞驰。红一、三军团在下午一时左右抵达娄山关，同驻守在那里的一团黔军展开激战。三时许，终于打垮守敌，拿下了关口。

破关夺旗、率先登城的彭德怀站在娄山关上南望遵义城，顿时庆幸万分，只见在一里开外的公路上，黑压压的黔军如乌云般压了过来，真是千钧一发。如果迟到五分钟，他就只能在城下望关兴叹，而站在关上的就是王家烈而不是他彭德怀了。

彭德怀占领了娄山关，虽然敌军滚滚而来，但心中并不慌张。他吩咐战士们要严阵以待，不能让黔军把关口再夺回去。

二月二十七日拂晓，红三军团将攻关的黔军打散后，向遵义挺进。就在此时，他们得到军委的指示，现在遵义的防守十分空虚，而在鸭溪、湄潭的黔军大约在当晚赶到，吴奇伟的两个师也可能在次日下午赶至遵义，因此必须抓紧时机，速战速决，拿下遵义。

当天黄昏，红三军团未经激战就占领了遵义的新城，但遵义老城还被残敌把守。入夜，三军团参谋长邓萍和十一团政委张爱萍、团参谋长蓝国清摸到老城边，侦察地形和敌情。

当他们部署夜间的攻城战斗时，突然从城上打来冷枪，正中邓萍头部。张爱萍叫一声"老邓",立即俯身把邓萍抱起来,昏黑的夜色下只见鲜血从邓萍的太阳穴汩汩冒出,浸透了张爱萍的整个衣襟。邓萍已停止呼吸,就这样走完了他轰轰烈烈而又短暂的一生。

邓萍被抬到军团部,彭德怀来到邓萍身边,一言不发,俯身屈膝用衣袖轻轻擦掉战友脸上的污血,泪水已从脸颊上滚落下来。许久,他才颤声道:"邓萍同志,我的好战友,我要为你报仇。请安息吧!"

彭德怀站起来,踉跄了一下,随即立定,将枪抽出来一抢,"叭"的向空中放了一枪,大声吼道:"今晚攻打老城。走!"

哀兵必胜。邓萍之死,使军团上下都悲痛万分,他们纷纷拿起枪,推弹上膛,高喊着"为邓参谋长报仇"的口号,冲向敌人占据的老城。四个小时之后,老城解放。

朱德根据中央的意图和战局形势,当即决定除留一小部在遵义打扫战场外,集中主力迅速南下。红军在老鸦山一带与敌增援部队展开了激战,敌人被红军突如其来的冲击弄慌了神。当天下午五时许,红军对进攻之敌实施全面反攻,一部红军迂回敌后发起猛攻,敌军招架不住,慌忙向乌江方向逃窜。红一、三军团紧紧跟踪追击,用了整整一天追到乌江边,俘敌一千八百余人。

这次战役,连下桐梓、娄山关、遵义城,击溃和歼灭敌人两个师又八个团,俘敌三千人,缴枪两千余支,子弹十万余发。看到红军的大量战利品,朱德连声说:"这都是老蒋送来的礼物呀!老蒋也真是的,礼重了,礼重了!却之不恭,我们都收下吧!"

遵义之战,是中央红军长征以来最大的一次胜利。为了加强和统一作战,中革军委于三月四日决定设立前敌司令部,由朱德任前敌司令员,毛泽东任前敌政治委员。

遵义战役之后,抱着不同心态的军阀们有的惊叹不已,有的幸灾乐祸,有的则长出了一口气。滇军的龙云和孙渡,虽然战场上没捞到什么便宜,但红军总算出了云南境地,他们可以放手不管了。

"你我尽管没有收到对共军一网打尽的预期效果,但战火烧到了贵州,你我也就不用再疲于奔命地消耗我们的内力了。"龙云幸灾乐祸地对孙渡说，"这回王家烈可倒大霉啰！"

川军的刘湘、潘文华也在幸灾乐祸，刘湘获悉红军占领了遵义，便自吹自擂道："你看看，你看看，共军就是不敢在我的地盘上撒野。他们由东向西，然后倏的一转，又由西向东，妙啊！这路线就像一个太极图形状，毛泽东真是高啊！"

这一天，周浑元接到薛岳发来的一封电报，电文曰："何知重率李成章、魏金荣约六团，现在仁怀、桐梓间地区，归兄指挥，但切不可与我在一线上混合作战，免受牵动。"薛岳特别提醒周浑元"遵义之役，可为鉴戒"。

看来，遵义一仗着实把国民党中央军打疼了，连蒋介石也不得不承认这是"国军追击以来之奇耻大辱"。而《中央日报》对于丢失遵义、损兵折将的败仗，却只字不提。

红军渡过赤水河后，朱德的心情特别好。为了扩大红军的影响，提高群众斗争的勇气和决心，他要求当地群众开祝捷大会，多张贴红军胜利的捷报。正当他乐滋滋地用竹筒品尝当地的名酒茅台时，通信员拿着一份报纸走过来，笑嘻嘻地说："总司令，这是老乡送来的报纸，你看看，多么可笑呀！"

朱德接过报纸一看，原来报上转载一条路透社关于红军的报道，其中说："据悉，朱德在遵义地区猪头山一役中已被击毙……"

才看了个开头，朱德就轻蔑地一笑说："我一生之中很少生病，这些年来也几乎没受过一次伤，可是国民党经常说我死了，这已经是第十次了！"

朱德又像想起了什么，宽阔的脑门焕发着一种明显的热烈与乐观。他慈祥地看了看通信员和周围的几个人："老蒋就喜欢搞这种把戏，他上次悬赏十五万捉拿我，要我的脑袋，可是至今还没抓到我老朱。听说老蒋甚至公布了一个首级价目表，从班长开始，按照等级定价，好像老毛与我老朱的价位一样，他们还派飞机把传单散发到我们的阵地上。这倒好，阵地上的人要是看到名单上没有自己的名字，或者开列的赏额太少，还对他老蒋有意见呢！"

一席话，说得大家捧腹大笑。

三月二日，当红军战士沉浸在遵义大捷的喜庆之中时，恼羞成怒的蒋介石急忙从汉口飞到重庆，并于第二天发布电令："本委员长已进驻重庆，凡我驻川黔各军，概由本委员长统一指挥，如无本委员长命令，不得擅自进退，务期共同一致完成使命。中正手令。"

蒋介石的指挥方法和毛泽东的截然不同，毛泽东的指挥方法是，对前方只指出大的方向，具体道路则由前线指挥员决定，给予机动处置的权利。蒋介石这个手令一出，立即束缚了其下属各级指挥官的手脚，把他的下属高级指挥官都变成了传令官。

蒋介石到重庆后，立即了解红军情况。他判断红军将向东转进，"其目的仍在乌江东岸，图与萧（克）贺（龙）合股"，即东去湘西，与红二、六军团会合。于是，他采取堡垒与重点进攻相结合的战法，南守北攻，围歼红军于遵义、鸭溪这一狭长地区。

为粉碎敌人新的围攻，红军将计就计，伪装在遵义地区徘徊寻敌，以诱敌迫进，然后再转兵西北，寻求新的机动。同时，以红三军团向西南方向的金沙佯动，调动周浑元部向南和吴奇伟部向西，尔后转用兵力攻击鲁班场守敌。

红军这一行动果然调动了敌人，当吴奇伟部北渡乌江和滇军孙渡部靠近红军之际，三月十一日，红军突然转兵向北，于十五日进占仁怀，十六日从茅台及其附近地区向西，第三次渡过赤水河，再入川南。

这一次，蒋介石又上当了。他看完空中侦察的情况报告后，判断红军必然西进"无疑"，于是急调重兵向川南追击，妄图把红军聚歼于赤水河西的古蔺地区。

三月二十一日，为进一步造成敌之错觉和不意，红军以一团兵力佯装主力，继续向川南的古蔺、叙永方向前进，引敌向西。主力则以快速的行动回师东进，于当晚和第二天在太平渡、九溪渡、二郎滩四渡赤水，折回贵州境内，再次把蒋介石调集的部队置于无用之地。

"红军拐个弯，国军跑断腿……"国民党的将领发起了牢骚。

强渡大渡河

坐镇重庆的蒋介石对红军飘忽不定的举动渐渐有了力不从心的感觉，为了便于就近指挥"追剿"红军，他又冒了一次险，乘坐他的可塞专机从重庆飞到贵阳。陪他同行的有他的娇妻宋美龄、澳大利亚顾问端纳以及十来个将领。

三月二十四日，蒋介石一到贵阳，就三令五申地要薛岳把红军主力的动向弄清楚。薛岳用飞机侦察了好几天，一无所获。此时，对红军行动的猜测与判断，简直成了国民党高级将领的一道智力竞赛题。

高高举起拳头的蒋介石却找不到博弈的对手，不由得心头火起，对着电话线另一端的薛岳呵斥道："你们这帮窝囊废，竟连朱毛的动向都弄不明白，我要你们干什么？"

面对话筒里传来的一浪高过一浪的骂声，薛岳的舌头像绑了绳子，"我"了半天没下文，惹得蒋介石更加心烦。薛岳干脆忍气吞声，任凭他的主子狂风暴雨般地发泄。蒋介石气得一阵发昏，终于忍不住将话筒摔在地上，唾沫星子飞溅："娘希屁！废物，废物……"

此时，蒋介石意识到自己又犯了一个极大的错误，不应该把总指挥的权力全揽到自己身上，把他忠实精干的前敌总指挥薛岳变成一个侍从参谋、一个高级传令官。再说，万一再战败，他蒋某人也丢不起这个面子了。

这时的蒋介石，似乎成了朱毛棋盘上的一颗棋子。

三月二十八日，红军穿过鸭溪、枫香坝之间的碉堡封锁线，立刻在江口、大塘、梯子岩等地强渡乌江，把国民党军队的重兵全部甩在赤水河西岸和乌江以北，跳出了敌人的合击圈。

南渡乌江时，由陈赓和宋任穷率领的红军干部团奉命担任守护乌江浮桥的任务。当他们得知殿后的红五军团已从另一渡口过江，又得到中央军委一位参谋的口头命令，就拆除浮桥追赶部队去了。

孰料到了宿营地，胸怀全局、爱兵如子的朱德对他们进行了严厉批评："岂有此理，为什么下这样的命令！五军团过江了，可罗炳辉同志率领的九军团还在后面，还没有过江呀！怎么能拆桥呢？你们马上返回江边，重新架桥。浮桥架好后，交给九军团，如果等到明天早晨七点九军团还不来，你们再拆桥。"

宋任穷立即带领三营和工兵连急行军四十里返回乌江边，连夜突击把浮桥重又架起。然而，在乌江北岸佯装主力诱敌北进的九军团未能赶来渡江，一度失去了同中央军委的联系，后来在云南会泽、巧家一带渡过金沙江，才同大部队会合。

红军南渡乌江后，开辟了进军云南和从金沙江北渡入川的前景。为了实现这一战略目标，必须将有较强战斗力的滇军主力调出云南。为此，红军采取声东击西的战术，以一部向黔东方向佯动，作出东进湖南、同红二、红六军团会合的假象，主力却直趋贵阳。

正在贵阳督战的蒋介石发现城内兵力空虚，急忙向滇军发出"万万火急"的电报，速调滇军三个旅赶往贵阳保驾。

滇军主力被调出，后方空虚，进军云南的门户就打开了。

四月八日，红军以一部佯攻贵阳，以一部佯攻龙里，主力在第二天从贵阳至龙里间约三十里宽的地段阔步穿过湘黔公路，以每天一百二十里的速度甩掉敌人。红军进入云南后，乘滇军主力已东调入黔之机，经沾益、白水、马龙、崇明、寻甸，直逼省会昆明。

四月三十日，毛泽东在寻甸柯渡丹桂村主持军事会议，决定进一步加快进军速度，抢占金沙江渡口，并部署渡江任务。会议在一座宽敞的古老宅院中进行，这是地主老财的一个住处，房屋用规整的青砖修成，高大挺拔，十分气派。这次会议扩大了范围，已经下台的博古和李德也列席了会议。

会议照例由周恩来介绍敌我双方态势，毛泽东作重点发言。他刚讲了几句，村外传来急促的防空号声。

"哦，来得好快！"朱德望望窗外，像是寻找敌机。

毛泽东笑笑说："不要理他，虚张声势，再说他怎么知道我们在这里开会？"说罢就指着地图讲了起来。这时，一个作战参谋匆匆跑来，他报告说，因为拴在门口的几匹战马暴露了目标，有三架敌机在村子上空盘旋，为了安全，请首长们赶快出去躲避一下。

毛泽东冲他摆摆手，又接着再讲。这时，飞机的轰鸣声越来越大，几乎完全盖住了毛泽东的讲话声，震得窗纸飒飒作响，房屋也像颤动起来。极富战场经验的刘伯承觉得不可大意，赶忙走出屋子向天空观察，恰好有架敌机掠着树梢而过，呼啸而来的大风差点吹掉刘伯承的军帽。他赶忙进去打断毛泽东的话说："主席，停一下，现在太危险了，我们还是到外面躲一躲。"

毛泽东看了看这位总参谋长，皱皱眉头说："好吧，先讲到这里，大家出去避避风！"

毛泽东慢慢腾腾，最后一个走出那座地主的宅院，就见轰轰隆隆一阵巨响，又一架敌机呼啸着掠来，随之"轰"的一声，砂石乱飞，尘土冲天，翻腾漫卷的烟雾遮天盖地，四周黑洞洞的，谁也看不见谁。警卫排的战士慌了手脚，四散着寻找各自的首长。等到腾起的烟尘渐落，这才看清每人身上都盖了厚厚一层砂土。还好，所有与会首长无一伤亡。

朱德看了看，那颗炸弹不偏不倚，刚好落在刚才开会的院子门口，摧毁了多半间房屋，破碎的门窗正向外吐着骇人的火舌。

敌人一定发现了这一重要目标，很可能还会接着轰炸。刘伯承匆忙与毛泽东交换了意见，随即大声招呼大家："快到村外防空壕里躲避！"

朱德看看浑身是土的毛泽东，拉下脸说："老伙计，多悬哪，差点全报销喽！"

毛泽东笑笑，摘下军帽拍打着身上的尘土，幽默地说："是有些危险，看来他们是想打歼灭战！"

朱德仍是一脸严肃："你真能沉得住气，不慌不忙，要早出来一会儿，哪里有这事？"

"好，好！我接受你的批评。"毛泽东故意慢条斯理地说，"老总啊，你为什么不批评那些炸弹，是它们要和我抢着发言嘛！"

毛泽东的话，逗得大家全笑起来。

飞机果然又在那所宅院附近丢了炸弹，而且仍旧在丹桂村上空兜着圈子，似乎还没完成它的轰炸任务。军情紧急，刻不容缓。在毛泽东的提议下，会议在丹桂村外防空壕里继续召开。

毛泽东把抢出的地图搭在膝盖上，继续讲自己的意见："现在蒋介石的意图十分明显，企图将红军歼灭在金沙江以南地区。如果我们不抓紧时间渡江，局面仍然十分危险，当前两岸敌人比较空虚，我们应该乘机迅速过江，只有过了金沙江，我们才能真正获得战略上的主动！"

会议同意毛泽东的意见，并决定兵分三路渡过金沙江：红一军团经武定、元谋南龙街渡江，并尽量吸引敌人向西防御；红三军团经老务营、马鹿塘，于洪门渡架桥；军委纵队由刘伯承率干部团一个营及工兵一部到皎平渡架桥。各部队务必于五月四日上午赶到渡口。

五月三日晚，刘伯承指挥军委纵队干部团在皎平渡乘对方没有戒备一举偷渡成功，并在这里找到七条木船。随这一路行动的朱德和毛泽东、周恩来等乘船过江后，在江北岸石壁上的一排山洞里设立渡江指挥部。

五月五日，朱德电告一军团："军委纵队本日已在皎平渡渡江完毕，三、五军团将分别在七日上午和八日下午渡毕，我一军团务必不顾疲劳，于七日兼程赶到皎平渡，八日黄昏前渡毕，否则有被敌隔断危险。"

这样，全军凭靠七条小船在皎平渡往返运输，经过六个昼夜全部渡过金沙江。红军把紧紧尾追的国民党军队甩在江南，夺得了主动权，也获得了一个休整的机会。

五月十二日，中央政治局在会理召开扩大会议。林彪对四渡赤水到北渡金沙江这样大规模迂回机动的运动作战十分不满，说这尽是走"弓背路""这样会把部队拖垮的"，他甚至给中央三人小组写信，要求朱德、毛泽东下台，让彭德怀出来指挥。

人皆有两面性，很难通过一本书说清楚谁是大好人、谁是大坏蛋。实事求是地说，自毛泽东重新担任领导以来，林彪的表现是相当突出的。但是他的怨气太大，牢骚也多。在赤水河战役中，他的情绪几乎是对毛泽东的命令充满抵触情绪的，尽管最后还是执行了。

"你还是个娃娃，你懂得什么？太狂妄了，今后你应该严格地要求自己！"毛泽东恨铁不成钢地说，"这个时期跟敌人硬顶行吗？在根据地红军的力量还是比较强的，硬顶的结果如何呢？绕点圈子，多走点路，这是必要的。"

"遵义会议才改变新领导，这时又提出改变前敌指挥员是不妥当的，特别是推出我，那更不适当！"彭德怀也表了态，虽然他没有像别人那样对毛泽东早已改称"主席"，但能把一口一个"老毛"改称为"新领导"，已经费了很大的劲。

朱德和周恩来也严肃批评了林彪，肯定毛泽东的指挥是正确的。会议还讨论了红军今后的行动计划，决定继续西进，越过大渡河同四方面军会合。并决定组织先遣队，由刘伯承任司令员作为全军的开路先锋。

昆明，五华山别墅。

在豪华的客厅里，蒋介石与龙云正在晤谈。他顺手拿起一张报纸，看到上面报道一则迟到的失实消息：路透社记者托马斯·乔四月九日电："红军总司令朱德在贵阳之战中被打死了，毛泽东泣不成声。朱德的遗体用红绸包着，由他的战友们抬着行军……"

蒋介石摇了摇他灯泡一样的秃脑瓜，放下报纸面露喜色说："英国人也爱捕风捉影，满嘴跑火车！不管怎么说，滇军这次开到贵州"剿匪"，还是得力的。我要嘉奖！"

"朱毛一进贵州，我就把主力派出去了。"龙云赶紧自我表白，"为'剿共'大业，我是不惜一切代价的。要说得力，那是因为共军已是强弩之末！"

"两个月前，共军在遵义开了个什么政治局扩大会议，毛泽东又上台了，朱毛又搞到一起去了。他们又把老一套战术拿出来，什么声东击西，什么东躲西藏，光赤水河就渡了四个来回，攻下娄山关，两下遵义城，可把王家烈给打惨了。乌江一战，吴奇伟也几乎全军覆没。他们扑贵阳，进云南，逼昆明，再转西北。娘希匹，现在又转到金沙江边。国军几十万人马，却吃不掉这两三万残兵败将。这次本可在金沙江把他们一举歼灭，却又让他们窜到了四川，简直是岂有此理。"蒋介石越说越气愤，见龙云反应不大，这才转换了话题，"你身为滇军统帅，朱德也是滇军出身。对这个人，你应该是熟悉的，也应当是有法子对付的！"

"委员长过奖了！"龙云欠一下屁股，"朱德与我虽然都是云南讲武堂出身，但他早我四年毕业。敝人在校时，他已是蔡锷的虎将。我不曾与他共事，对他也不甚了解。不过，朱毛窜入西南，我滇军责无旁贷，这一点请委座放心！依我看，下一步'剿共'胜券稳操，指日可待。'共匪'过了金沙江，也未必是件坏事。"

"此话怎讲？"大惑不解的蒋介石眯缝着眼睛问。

"朱德所选的这条路，同当年太平军的石达开一样，是自取灭亡的一条死路。"龙云肃然道。

"哦……说得有道理，有道理！"一语点醒梦中人，蒋介石心领神会地说，"对朱毛这一战，我要亲自指挥。这些年来，朱毛为患江南，国无宁日，这一战要干净彻底剿灭之，一劳永逸。我已令四川刘文辉、杨森严密封锁大渡河西岸，与中央军形成夹击之势，务必聚歼'共匪'于大渡河北岸！"

五月中旬，蒋介石调动中央军十余万人、川军五六万人，部署在大渡河畔堵截红军，并致电各军："大渡河是太平天国石达开大军覆灭之地，今共军入此汉彝杂处、一线中通、江河阻隔、地形险要、给养困难的绝地，必步石军覆辙，希各军师长鼓励所部建立殊勋。"

由于历史上反动统治阶级实行的民族压迫政策，彝族人对汉族疑忌颇深，蒋介石判断红军不敢从彝族区通过，因而把守备重点放在大树堡一带。为了避开蒋军主力，红军偏偏选择了大凉山彝族区冕宁至安顺场之间那条小路。

红军一些人听说彝族人"凶悍暴烈"，不免都有些紧张。朱德就对他们说："彝族人和我们汉族人一样，也要闹革命，反抗白军的压迫，他们是我们的好兄弟。进了彝族地区，大家要更好地遵守群众纪律，一不许到处乱窜，二不许随便动人家的东西。"

五月二十一日，红军进入彝族地区的冕宁县。朱德在有彝、汉人参加的群众大会上讲话，说彝、汉是一家，穷人要团结起来，打倒蒋介石和四川军阀，才能翻身过上好日子。他还以红军总司令的名义发布《中国工农红军布告》：

> 中国工农红军，解放弱小民族；
> 一切彝汉平民，都是兄弟骨肉。
> 可恨四川军阀，压迫彝人太毒；
> 苛捐杂税重重，又复妄加杀戮。
> 红军万里长征，所向势如破竹；
> 今已来到川西，尊重彝人风俗。
> 军纪十分严明，不动一丝一粟；
> 粮食公平购买，价钱交付十足。
> 凡我彝人群众，切莫怀疑畏缩；
> 赶快团结起来，共把军阀驱逐。
> 设立彝人政府，彝族管理彝族；
> 真正平等自由，再不受人欺辱。
> 希望努力宣传，将此广播西蜀。

"红军万里长征，所向势如破竹。"文中出现的"长征"一词属历史首见。从此，"长征"便成了中国工农红军进行军事战略大转移的代名词。

崇山峻岭的山道上，山越走越高，路越走越小。两侧不是怪石林立的悬崖，就是深不可测的山涧。朱德与战士们一起顶风冒雨，徒步强行军。

快到彝族居住地了，部队在山口停下来。毛泽东来回踱着步子，心情有些急躁。

"这事能办好。" 朱德对毛泽东说，"我过去在滇军时，部队中有不少彝族兄弟，他们中大多数既豪爽又讲义气。刘伯承参谋长在川军时，也同彝族人打过交道，在这一带也有名气，借道会成功的。"

正说着，参谋送来一封信。朱德看后递给毛泽东："好消息！刘伯承同志不仅借了道，还同头领结拜了兄弟，这下没问题了！"

红军队伍继续前进，向浸透着腥风血雨、战栗在中国历史上的古战场奔去。与此同时，大道上的国民党军队正由汽车运输前进，泥腿子和皮轴辘在闪电雷鸣中展开了赛跑。

大渡河南岸，夜幕中的落雨声同河水的咆哮声汇成一片。宽约三百米、深约三十米的大渡河成为一道天险摆在红军面前。

朱德顶着风雨，伫立在岸边。直到天黑了，他才回到指挥所。

一位参谋急忙跑来："报告总司令，杨得志团已拿下安顺场，但只有一条小船，大军要过河，起码得一个月时间。"

"一个月？"朱德一怔，"可后面有几十万敌人，离我们只有三天的路程啊！"

"我们必须在三天之内过去，否则真要成为石达开第二了！"毛泽东语气坚定。

朱德、毛泽东和周恩来俯视着地图，沿着一条弯弯曲曲的细线寻找大渡河的新渡口。最后，三个人的目光都落在"泸定桥"三个字上。

朱德浓眉拧成了疙瘩，但他最后还是下了决心："抢夺泸定桥！生死成败，在此一举。"

"泸定桥？"一个参谋说，"离这儿有三百多里，而且路上还有敌人和地方武装。"

"还有没有别的渡口？"毛泽东眼不离地图地问。

"没有。"周恩来指着地图上的"泸定桥"三个字，"渡口就这一个。"

"这一带我很熟，过去经常从这里走，现在已没别的选择了。"朱德肯定地说。

"既然这样，那总司令就下命令吧！"毛泽东离开地图站了起来。

"全军马上向泸定桥前进，林彪部杨成武团为先头部队。务必于二十九号拿下泸定桥！"朱德下达了命令。

"今天已经二十八号了！"参谋小声提醒道。

"我相信我们的干部、战士！"朱德肯定地说。

五月二十八日一时半，朱德致电林（彪）刘（伯承）聂（荣臻），指示左路先头部队四团"今二十八日应乘胜直追被击溃之敌一营，并迎击增援之敌约一营，以便直下泸定桥。二师部队迅速跟进，万一途程过远，今日不及赶到泸定桥，应明二十九日赶到"，同时指示右路"刘聂率二团亦应迅速追击北岸之敌一营，以便配合四团夹江行动"。

同日，朱德又致电红一、五军团领导人："我左、右两纵队之先头部队，明二十九日均应赶到泸定桥及其西岸，并力求于正午前迅速袭占铁索桥，消灭该处守敌，以控制该桥两岸，并准备与援敌作战。"

从安顺场到泸定桥有三百四十里路程，两岸是悬崖绝壁挂着的羊肠小路，又有数十条山涧溪流将小路切断，加上大雨不停，行军更为艰难。红四团接到命令后，以一昼夜二百四十里的速度急行军，终于在五月二十九日拂晓赶到泸定桥。

下午四时，乌云已散，大雨已停。二连连长廖大珠等二十二名突击队员，在全团火力掩护下冒着川军的密集火力，攀踏着铁索向对岸冲击。当接近桥头时，川军突然施放火障，突击队勇敢地穿过火墙，往前跑、往前爬、往前滚，很快冲进了泸定城。

当天傍晚，林彪致电"朱主席"，报告红四团已攻占泸定桥的消息。朱德站在夕阳下，霞光沐浴着他的全身。昼夜不停的长途跋涉，他的眼窝已经深深地陷进去了。但从他那浓眉下两道炯炯有神的眼光中，可以看出他的内心是兴奋的。

朱德来到泸定桥头，看到悬于十丈高空的长约一百米、宽二点六米、由十三根粗大铁链组成的吊桥，一些临时找来的木板铺在铁索上连成桥面，桥下急流滚滚，令人目眩眼花。

朱德详细询问部队过桥情况，了解到有些马匹不敢上桥，有一匹马还掉下江去了，于是吩咐参谋："告诉部队过桥时，干部要切实掌握渡河秩序，务必使部队尽快通过。有些马不敢过桥，就把马眼睛蒙上拉过去，以免影响别人过桥。每隔十分钟派人检查一次桥板，踩坏的桥板要及时更换，一个人在前面走，后面的人就要及时把桥板弄好。哪个部队过完桥，就由哪个部队把踩开的桥板重新摆好。"

轮到司令部的人员过桥了。朱德从容地走上去，边走边鼓励身旁的人："沉住气，不要怕，别看水，看桥板。"

正走着，朱德突然停了下来，仔细观察一处桥板。那块桥板和另一块桥板已经错开，露出一道缝子。朱德弯下身去，把这两块桥板并拢起来。他的这个动作，给周围的人增加了勇气，心情也开始静下来了，并深深为总司令亲手给他们铺设桥板而感到惭愧不安。

抢渡大渡河的胜利，使蒋介石要红军重演七十二年前太平军石达开部失败的历史悲剧，要"朱毛成为石达开第二"的妄想破灭了。

国民党中央军在大渡河边崎岖山路上茫然无措，像一群在黄昏冷雨中找不着窝的鸡。龙云害怕他们对云南地方军发动突然攻击，因此不允许他们靠近昆明。他很客气地告诉中央军："我们大概追不上红军了，你们自己去追吧，你们有飞机呀！如果你们需要给养，那就去跟蒋委员长要。我们这里贫瘠艰难，自顾不暇呀！"

蒋介石自以为善于用人，其失败的主因正在于用人。见龙云就这样把他的中央军打发走了，他嘴上那一撮像希特勒的胡子被气得一颤一颤的，歇斯底里地骂道："这个老狐狸，真他妈的王八蛋！"

蒋介石把目光从地图上那个被他布置成屠场的三角地带移开，不得不承认自己又失败了："我们的部队干什么吃的？飞机、大炮、军饷，都源源不断地送出去了，传回来的却总是'失利''吃紧''受挫'的坏消息，什么时候他们能像朱毛军那样打一个漂亮仗！他们是'共匪'呀，而我们是堂堂正正的国军。真是些饭桶……"

被张国焘软禁

中央红军强渡大渡河、飞夺泸定桥、翻越夹金山，在四川西北懋功一带与从鄂豫皖根据地撤出的红四方面军胜利会师。这支只有七千人的南方队伍像走失沙漠的人见到了绿洲，直奔他们的同志而去。他们抱头痛哭，转而又仰天大笑。他们悲喜交集，他们激动万分，他们对红军的前途又充满了希望。

六月二十五日，大雨如注。朱德和毛泽东、周恩来、张闻天等来到懋功以北的两河口，冒雨迎接从杂谷脑前来会见的张国焘。由于张国焘长期在中共中央高层任职，其能力、威望和实力也比较强，他们对这位四方面军的领导人非常尊重。

过了好长时间，骑着白色骏马的张国焘才在三十多名骑兵的护卫下开过来。看到毛泽东、朱德、周恩来等中央领导人站在路边的油布帐篷下欢迎他，便抱拳迎上前去："润之兄，你我自武汉分手后，转眼已有八个春秋了。一晃你已是中央常委，恭喜恭喜！"

"可不是嘛！八年过去了，弹指一挥间，你的变化不大，还是那样英俊潇洒。" 脸色蜡黄、身体消瘦的毛泽东从张国焘的拥抱中挣开，指着朱德说，"你这位老中央军事部长，得见见我们的总司令！"

"朱总司令，朱大将军、滇军名将、湘南起义的总指挥！前几天，蒋介石的《中央日报》又悬赏几十万大洋要买你的人头，你这个脑壳越来越值钱了！" 张国焘握住朱德的双手分外热情地说，"我们在三河坝分手，也有八个年头了！"

"这恰好又应了那句老话：合久必分，分久必合！"扎着腰带、打着绑腿的朱德与不习惯扎腰带、打绑腿的张国焘形成鲜明的反差。

"但是，我们这次会师是只合不分！"激动而不失文雅、热烈而不失稳重的周恩来说完后接连咳嗽几声。

张国焘见状，忙责备起来："恩来啊，身体不好就不要来了，你真不愧是礼仪之邦的弟子……"

寒暄过后，张国焘才仔细打量这个遵义会议之后的中央领导集体，简直要发出"既生瑜，何生亮"的感叹。在会师之前，中央已把有关情况电告了张国焘，现在每人的职务他都清楚。作为曾经和列宁面对面说过话的中共中央领导机关元老之一，对他而言，这一届领导班子的成员大多数都与他不在一个起跑线上，更何况他的红四方面军拥有八万人马，这也许是他唯我独尊、旁若无人的原因。

当张国焘的眼睛从每个人的身上扫过，发现他们都没有雨具，就惊愕地说："瞧，都淋成这个样子了，也不带个雨衣。对了，你们的马呢？"

"死里逃生，哪有什么雨具和马哟！"不知是谁咕哝了一句。

"警卫员，把我们的马给中央领导牵来几匹！"张国焘吩咐道。

"就几步路，骑什么马哟！"毛泽东说完，掉头率先向会场走去。

"走……"这对于一贯以军阀作风行事、特权思想极重的张国焘来说很不习惯。

在滂沱大雨中，两个方面军在一起举行了会师大会。朱德和张国焘先后讲话。朱德在讲话中热情洋溢地肯定了红四方面军从鄂豫皖根据地到川陕根据地屡挫强敌发展壮大的英勇业绩，并指出："两大主力红军的会合，不仅是中国无产阶级的胜利，也是全世界无产阶级和一切劳苦大众的胜利！"

激情四射、神采飞扬的张国焘在讲话时表面客气，却流露出同中共中央北上方针相左的意向。他说："现在，革命正处于低潮，战略上我们要退却，要保存力量，要北出青海、甘肃、新疆等地，而首先第一步就是要打开川康新局面。这里有广大的弱小民族，有优越的地理条件……"

最后，张国焘还喊出了"红军万岁""朱总司令万岁""共产党万岁"三个口号。

为了欢迎张国焘的到来，当晚举行聚餐。毛泽东举起一碗酒，即席简单致辞："一、四方面军经过许多艰难曲折，今天终于走到一起来了！现在，我提议，为两个方面军的团结胜利，为张国焘同志的到来，干杯！"

在大家小碰一下、大喝一口后，张国焘举起酒碗表示答谢："感谢中央同志对四方面军的一片热忱，向百战百胜的一方面军老大哥学习、致敬！我提议，为了红色苏维埃运动的胜利，干杯！"

等叮叮当当的碗碟碰撞声停下来后，谦逊和蔼的朱德端起酒碗先敬张国焘："四方面军在张国焘同志的领导下，从鄂豫皖根据地转移到川陕根据地，屡战顽敌，愈战愈强，已成为中国工农红军的一大主力。两军会师，前途光明无限！"

张国焘看了看碗里剩下不多的酒，然后一仰而尽："我还是刚才在会上讲的那句话，一方面军的困难，就是我们的困难，我们一定尽量解决。接到你的电报，部队已经组织熬盐、捐衣、捐被，还有一些粮食，这几天就可以送到。再就是我们要统一指挥，欲北伐必先南征……"

"'欲北伐必先南征'，那是孔明为了巩固蜀国后方所采取的策略，而当前形势完全不同于孔明那时的形势。从现实情况看，川康一带比较贫瘠，十多万红军要在那里立足，必然首先考虑到要有一个较好的自然环境和经济基础……"

"来来来！"蓄着络腮胡子、脸颊愈显瘦削的周恩来见他俩话不投机，忙端起粗瓷大碗调侃道，"喝酒，喝酒，这庆祝会师的酒，得多喝一些！"

此时，李德指着正在饮酒高谈的张国焘悄悄地对博古说："他毕竟是书生出身，脸上没有饥饿受苦的痕迹。看起来十分傲慢，他对待我们像对待客人一样，我不喜欢他……"

六月二十六日，雨过天晴，烈日当空。草原上的风和川西高原的雨带来了湿润的气息，蒲公英和不知名的花草漫山遍野，红军指战员犹如置身于清香飘逸的大花园之中。

上午九时，中央召开政治局会议，讨论红一、四方面军会师后的战略方针。周恩来受中央委托作了报告："当前两个方面军都离开了原来的根据地，需要在新的地区创造新的根据地。因此，在什么地区创造新苏区是我们当前最迫切需要解决的问题，是我们制定战略方针的基本依据。"

毛泽东以不容置疑的语气说："战略方针应该是向北发展，把创建新区的着眼点放在川陕甘地区，而不应该向西向南或是留在原地发展。两个方面军要统一指挥，集中于军委。"

"要迅速打出松潘，进占甘南。" 朱德强调，"两个方面军要统一指挥，一致行动去打击敌人，并要从政治上保障战争的胜利。"

"我同意北上的方针……"张国焘表态似的也讲了话。

六月二十九日，中共中央政治局召开常委会议，决定任命张国焘为中革军委副主席，徐向前、陈昌浩为军委委员。同时发布《松潘战役计划》，准备乘胡宗南前锋刚到松潘、兵力尚未集中、碉堡工事还没构筑完毕之际，迅速、机动、坚决地消灭松潘地区的胡敌，并控制松潘以北各道路，以利于北上作战和发展。

红一、四方面军主力集中于箭步塘、壤口、芦花地区，分左、中、右三路向松潘及西北地区开进。然而，在一方面军出发后，张国焘却迟迟不下令四方面军北上。他把红四方面军变成了自己的政治工具，当看到红一方面军兵力比红四方面军少得多，便进一步膨胀了个人野心。

此时，张国焘致电中央提出另一套主张："一方面军南下打大炮山、北取阿坝，以一部向西康发展；四方面军北打松潘，东打岷江，南掠天（全）、芦（山）、灌（县）、邛（崃）、大（邑）、名（山）。"并要求首先"速决统一指挥的组织问题"，唆使他的追随者致电要求改组中央军委和红军总部，由张国焘担任中央军委主席并给以"独断决行"的权力，企图将红军置于自己的控制之下。

七月十日，红军总部到达芦花后仍不见四方面军跟上来，毛泽东、朱德和周恩来立刻致电张国焘，望他按照原定的"迅速北上原则"把部队"速调、速进、勿再延迟，坐令敌占先机"。

七月十八日，中央政治局常委再次开会。针对张国焘要提拔新干部，增补一批人"可到军委"的提议，周恩来主动表示愿让出红军总政委一职，张闻天也表示可以把党的总书记让出来。毛泽东则说："提拔干部是需要，但不需要这么多人集中到军委，下面也需要。总政委职位可以让，但党中央的职位不能再让。否则，以后张国焘以总书记的名义分裂中央，那是极其危险的。"

当天，朱德与周恩来、张国焘、王稼祥致电各兵团首长："一、四方面军会合后，一切军队均由中国工农红军总司令、总政委直接统率指挥。仍以中革军委主席朱德同志兼总司令，并任命张国焘同志为总政治委员。"

接着，中共中央决定组织前敌总指挥部，以红四方面军首长徐向前兼总指挥，陈昌浩兼政委，叶剑英任参谋长，并以红四方面军总指挥部兼前敌总指挥部。

七月二十一日，中央政治局在芦花召开扩大会议。朱德在发言中强调，对红四方面军"应有正确的估量"。他肯定了红四方面军在创建革命根据地、扩大红军力量、多次打破"围剿"中取得的成绩，也分析了在部队政治工作、地方工作及战略战术配合等方面存在的缺点和不足，希望总结教训加以改进。并提出目前正处在行军作战期间，一切服从战争的胜利，暂缓讨论军事以外的问题。

七月底，朱德和红军总部、中央机关到达毛儿盖地区。这时敌情已出现不利于红军的变化：蒋介石调往川北堵截红军北上的嫡系主力胡宗南部已在松潘集结，基本完成了壁垒线的构筑，控制住松潘北去的大道，原来担负追击任务的薛岳部和川军也从东南方向压来。由于张国焘的拖延，贻误时机，松潘战役计划已难以实施。

八月三日，中央军委决定以红军主力西指阿坝、北进夏河，争取在洮河流域消灭阻敌，进入甘南，并制定《夏（河）洮（河）战役计划》，决定将一、四方面军混编组成左右两路军北上。

八月四日至六日，中央政治局在毛儿盖以南不远的沙窝召开会议，就南下还是继续北上的问题展开了讨论。张国焘对建立川陕根据地的方针表示怀疑，坚持南下四川、西康，受到毛泽东、朱德和周恩来等中央领导的批评。

在会上，张国焘再次向党中央发难，要求再提拔四方面军干部九人当政治局委员，以形成他在政治局的多数。毛泽东苦笑道："你这是开的督军会议哟！"但为了争取和团结四方面军北上，中央还是作了忍耐、迁就和让步。决定增补四方面军的陈昌浩、周纯全为政治局委员，陈昌浩同时兼任红军总政治部主任。在四方面军工作的一些同志增补为中央委员和候补中央委员。同时决定恢复红一方面军总部，周恩来任司令员兼政治委员。

沙窝会议后，朱德和红军总参谋长刘伯承率总部赴左路军集结地卓克基。这以后，朱德同多年来一起并肩战斗的毛泽东、周恩来暂时分开，要同张国焘共事。临别时，毛泽东提醒朱德对张国焘要多加小心警惕。虽然朱德嘴上说让毛主席放心，但他深知这并不是一件轻松的事。

八月二十一日，朱德指挥左路军先头部队攻占阿坝。但张国焘无视中央关于左路军应向班佑靠拢的决定，部队在阿坝延宕不动。在党中央和右路军的一再催促下，左路军第一纵队才于三十日进入草地，向班佑前进，同时向第二纵队发出北进向右路军靠拢的命令。

在进入草地的第三天，部队被噶曲河挡住。这原本是一条深不过膝的小河沟，由于下了一场暴雨正在涨水，一时显得水势滔滔。朱德多次提出要部队过河北上，可张国焘就是按兵不动，竟然独断地以"朱张"名义致电中央：

> 上游侦察七十里，亦不能徒涉和架桥，各部粮只能吃二三天，二十五师只二天，电台已绝粮，茫茫草地，前进不能，坐待自毙，无向导，结果痛苦如此，决于明晨分三天全部赶回阿坝。

九月八日，已走出草地的毛泽东在巴西附近的牙弄急电左路军，要其从大局前途及厉害关系着想而北上。张国焘不仅不听中央的劝告，反而背着朱德、背着毛泽东和党中央，密电陈昌浩率右路军南下，如遇阻挠，"彻底开展党内斗争"。这份"图穷匕见"的电报被叶剑英截获后，立即报告毛泽东。

第二天，毛泽东赶到周恩来住处，让人速请张闻天、博古过来开会研究对策。四人一致认为，继续说服、等待张国焘北上，不仅没有可能，而且会招致严重后果。为贯彻执行中央北上方针，避免红军内部可能发生的冲突，会议决定连夜率领一、三军团以及军委纵队一部和红军学校，迅速转移，北上甘南。

　　为了给部队行动作掩护，毛泽东派叶剑英冒险去通知陈昌浩，称部队要南下过草地，需准备更多的粮食，已动员部队在次日天一亮就去筹粮。

　　九月十日凌晨二时，叶剑英悄悄率领红一方面军的同志离开了前敌总指挥部，还带出了一张甘肃省地图，毛泽东与彭德怀随红十团断后。

　　在得知中央和一、三军团北上的消息后，四方面军副参谋长李特带一队骑兵去追。他大声喊道："四方面军的同志回头，停止前进！不要跟机会主义者北上，南下吃大米去！"

　　毛泽东指着路边的一座教堂，对李特平静地说："我们到那里坐下来谈谈！"

　　李特盛气凌人地说："你们是退却逃跑的机会主义。"

　　毛泽东纠正道："北上的方针是中央政治局定的。"

　　李特要强拉红四方面军的人跟他走。毛泽东无奈，只好请他转告张国焘和陈昌浩，北上方针是正确的，南下川康十分不利，希望能认清形势，率部跟进；如果一时想不通，过一段时间想通了再北进，中央也欢迎。望以革命大局为重，有何意见，可随时电商。最后，毛泽东又补充说："你们实在要南下也可以，相信以后总会有重新会合的机会的……"

　　九月十一日，中共中央和一、三军团抵达被红军战士戏称为"与苏联接近的地方"俄界后，又致电张国焘，令其立刻"率左路军向班佑、巴西开进，不得违误"。

　　张国焘无视中央对他的一再争取，竟于第二天亲自拟电致一、三军团领导人，声称"一、三军团单独东出，将成无止境的逃跑"。"不拖死也会冻死""将来真悔之无及"，要一、三军团"速归""南下首先赤化四川"。

　　朱德断然拒绝在这个电报上签字，他相信党中央、毛泽东是正确的。

　　朱德和刘伯承是两个"不打不相识"的四川人，军阀混战时期分别服役于相互对阵的滇军和川军，后来都参加了共产党，而且彼此关系密切。特别是朱德，他和毛泽东的关系非同一般，说服了朱德一切都好办了。于是在一天晚上，张国焘带着他的特务营突然包围了司令部，竟把朱德和刘伯承给软禁了。

　　张国焘登门"造访"朱德，向朱德讲了很多不能北上、只能折回川康的所谓理由，甚至不顾革命大局和本人风度，用命令的口吻对朱德说："第一，你必须公开谴责毛泽东，断绝同他的一切关系；第二，你必须公开谴责中央北上抗日的决议，与毛儿盖会议划清界限。"

"毛泽东同志的领导是正确的，北上抗日是中央的决议，我是举手赞成的，我不能反对他！"朱德用鄙夷的眼光看了一下张国焘，柔中带刚地说，"你可以把我劈成两半，但你却割不断我和毛泽东同志的关系。朱毛朱毛，外国人都以为朱毛是一个人，哪有朱反对毛的！"

十月五日，张国焘的分裂活动达到了顶峰。在岗哨林立的卓木碉高级干部会议上，他自比列宁地声称要举起"中国革命的旗帜"，公然宣布另立以他为首的"中共中央""中央政府"和"中央军委"，并作出组织决议，宣布"开除毛泽东等人的中共中央委员职务和党籍"，并下令通缉。

在张国焘的煽动下，不明真相的红四方面军干部你一言我一语，责备和埋怨中央的气氛达到了高潮。为了当上货真价实的"总书记"，张国焘要朱德表态。朱德的发言心平气和："大敌当前，要讲团结嘛！天下红军是一家，中国工农红军在党中央统一领导下，是个整体。大家都知道，我们这个'朱毛'在一起好多年，全国全世界都闻名。要我这个'朱'去反'毛'，我可做不到呀！不论发生多大的事，都是红军内部的问题。大家要冷静，要找出解决的办法来，可不能叫蒋介石看我们的热闹！"

尽管如此，张国焘仍不死心，继续拉拢朱德为他装门面。宣布朱德为"中央委员""中央政治局委员""中央书记处书记"。对此，朱德表示坚决反对，并严正驳斥张国焘："我是总司令，不能反对中央，不能当你封的这个委员那个委员，你要硬搞，我也不能赞成。我按党员的规矩保留意见，以个人名义做革命工作。"

张国焘见拉拢朱德不成，心中大为不快，但慑于朱德在红军中享有的崇高威望，又有红一方面军的指挥员和红四方面军的徐向前等许多同志关心他，也拿他没办法。张国焘把眼珠子一翻，恶狠狠地说："你既然主张北上，那你就离开部队北上好了！"

"我是党中央派来的，我不能离开部队。我现在虽然不能随中央北上了，只得跟着你们南下，但南下是没有出路的，将来你们还得北上。"朱德心中明白：必须留在部队里，找时机加紧向广大指战员宣传中央北上的正确主张，争取教育更多的同志觉悟过来；倘若离开部队，说不定还会遭到张国焘的暗算。

对于张国焘的分裂活动，朱德既讲斗争，又讲团结，以团结为主，把问题作为红军内部的矛盾来解决，防止矛盾激化，作无代价的牺牲。他教育红一方面军的同志说：我们要坚持真理，坚持斗争；坚决拥护中央北上的战略，但要有正确的斗争方法；要顾全大局，搞分裂活动只是张国焘等少数几个人，四方面军也是红军，只有加强全体红军的团结，才能克服一切困难，争取革命事业的胜利。

当张国焘另立"中央"的文件发到红五军团时，有的同志气愤地一把将文件撕碎。整个部队像一个火药桶，大有一触即发之势，少数同志提出单独北上，找党中央去，甚至有的还要将张国焘抓起来强行北上。

面对很可能引发一场自相残杀的血战，朱德为了革命大局，在危难之际毅然担起了维护红军内部团结的重任。他不顾自身的荣辱与安危，主动给大家做工作，耐心教育大家掌握正确的斗争方针和策略。

朱德对刘伯承说："告诉队伍，万万不可感情用事。红军本来是一家，你们这样做，对谁都没好处。你想一想，你们走，人家肯定不会放你走的，假如你一走肯定会引起内乱来，这样的结果只能让蒋介石高兴，他老蒋趁机坐收渔利。这样的事干不得，干不得……"

卓木碉会议以后，朱德的处境更加艰难了，简直像在滚汤中煎熬，在烈焰上烘烤。他和刘伯承住在一起，行动受到了限制。为了防备不测，朱德和刘伯承也暗自做了各种准备。

张国焘肆意打击迫害那些坚持原则、反对他搞分裂的指战员，红军总部侦察科长胡底，由于说了"张国焘是军阀，是法西斯"的话，便被张国焘秘密毒死。刘伯承很担心地对朱德说："现在情况很严重，看样子，他们可能要抓人。"

"很有可能。"朱德也看到了问题的严重性。

"你有几支枪？"刘伯承突然问。

"一支小手枪，两支驳壳枪。"朱德知道刘伯承想干什么，于是问，"你呢？"

"五支！"刘伯承谦逊的外表掩盖不住勇敢睿智的英雄气概。

朱德知道，政治斗争并不单纯是斗实力，也要斗意志、斗谋略、斗手腕，胸怀要超过"小不忍乱大谋"的韩信，绝不能以个人生命为赌注。于是，他对刘伯承说："过去军阀混战时，我死是不值得的。现在为党的利益奋斗而死，是可以的。当然，个人是无所谓的，可是任事情这样演变下去，对整个革命不利呀！"

智退偷袭之敌

一九三六年初，凛厉的寒风裹挟着鹅毛大雪无情地袭扰着川西这片贫瘠的土地，使南下的红四方面军更加雪上加霜。战局的发展对红四方面军也极为不利，特别是百丈关战役以后，红四方面军损失惨重，兵员由原来的八万锐减至四万。

此时，从苏联回国的中共驻共产国际代表张浩，"腰斩"了张国焘的最高领袖梦。他致电张国焘"共产国际完全同意中央政治路线，中央红军的万里长征取得了胜利"，不承认张国焘另立的"中央"。

南下碰壁，又见斯大林同意主力红军靠近苏联，张国焘的自信发生了雪崩般的坍塌。在走投无路的情况下，他的"独立"闹剧被迫落下了帷幕，不得不表示"原则上同意"中共中央的路线，并放出"急谋党内统一"的信号。

于是，朱德和徐向前趁机提出了放弃建立川康边根据地的计划，转移到康北的炉霍、道孚、甘孜一带休整部队，筹集物资，准备北上与红一方面军会合。

当时，红四方面军总部驻在一个小镇子里。这里群山环抱，地势险要，十分隐蔽和安静，是个屯兵和军训的好地方。根据北上时可能遇到的敌情和地形，朱德领着大家学习打骑兵、打堡垒、打夜战等战术的同时，还大力开展政治教育和文体活动。

四月的一天上午，在镇南操场上有一场精彩的篮球比赛。大家听说朱总司令也要上场，都格外高兴，早早来到操场等待球赛开始。镇子上的红军几乎都去了，还有不少群众观看。

　　裁判员的哨音一响，球赛开始了。

　　在和煦的阳光下，只见朱德作为一名普通篮球队员，纵横驰骋在球场上。他一会儿穿插突破，一会儿中投得分，生龙活虎，赛过那些年轻人。没过多久，比分就超过了对方。随着连连得分，四周的观众不断报以热烈的掌声，同时还夹杂着欢呼：

　　"总司令，加油！"

　　"总司令，加油……"

　　就在大家兴高采烈地欣赏朱德的精彩球艺时，突然从北面山脚下传来几声清脆的枪响。

　　在枪林弹雨中冲杀了二十多年的朱德对枪炮声特别敏感，不仅能从枪声中辨别出枪的种类和型号，还能判断出距离的远近。他骤然停下，向场外的警卫员喊道："有情况，拿望远镜来！"

　　朱德从警卫员手中接过望远镜，朝着有枪声的北山观察一阵后说："球赛暂时停止，现在发现敌情，大家准备投入战斗。不要慌乱，要听从指挥。"

　　说是不要慌乱，可敌人突然偷袭总部，非同小可，不能不令人担心：眼下，主力部队正在前方作战，只有一个警卫连在总部身边，其余都是些机关工作人员，还有医院的大批伤病员。在这危急关头，怎么办？撤吧，一时半会撤不出去；打吧，只有一个战斗连队。进退两难，一些参谋人员在那里急得直跺脚。可是，朱德却非常镇静。他迅速把各部门的负责人和警卫连召集在一起，下达了命令：

　　"手中有武器的同志和警卫连一起，到东面的墙根下集合，等我的命令再行动；其余的同志每人快去找一根木棒，到河边的操场上集合，等待命令行动；司号员按东、南、西三个方向分散开，听到我发起冲锋命令后，你们就在各自的岗位上一齐吹冲锋号，号音越响亮越好。现在开始行动……"

　　大家迅速散开，各就各位。

　　枪声越来越密了，也越来越响了，看来是和北山上的红军哨位接上了火。

　　不久，敌人便出现了，肉眼都能望见，大约有三四百人在嗥叫着，端着枪向镇子冲杀而来，气势汹汹，不可一世。

朱德命令警卫连分成东西两路向敌人侧后迂回，其余人员在正面选择有利地形，在他的直接指挥下迎击敌人。当敌人进到离镇子只有几百米的时候，朱德举起驳壳枪，大声喊道："同志们，冲啊！坚决把敌人消灭在山坳里！"

还击的命令一下，警卫连从左右猛然发起攻击，正面阻击的战士也奋勇还击。此时，四面八方都响起了嘹亮的冲锋号声，枪声、杀声、喊声震天，战士们端着上好刺刀的枪冲向敌群。

敌人一看中了埋伏，马上乱了阵脚。有的被打死，有的抱头鼠窜，更多的是当了俘虏。不到一个小时，这场战斗就结束了。

原来这股敌人是当地土豪恶霸豢养的一批土匪武装和国民党军的散兵游勇，根本没有什么战斗力。这帮乌合之众不知从哪里得到消息，说红军主力都出去作战了，这里是红军的后方，只留下一些伤员，便想趁机捞一把，不想便宜没沾到还搭上了性命，被红军包了"饺子"。

打扫完战场，朱德开始审讯俘虏。

"长官，饶命！" 一个小头目战战兢兢地说，"我罪该万死，不该来打红军！"

"啥子该不该哟！打都打了，只是吃了败仗，你才说这种鬼话！"朱德盯着俘虏说。

"我该死，我该死！"小头目一面说着，一面抽自己的嘴巴，左一下右一下打个不停，"我说实话，是当官的让我们来打红军的。他说这里没啥子部队，都是些伤号。还说，这儿是红军的后方，有钱，有粮，有盐巴。哪晓得你们这里驻了这么多部队！"

"这里的部队确实不少。"朱德不露声色地问，"你说说，这里有多少部队？"

"报告长官，小的不敢瞎说。"

"不妨，你说说看！"

"要小的看，光从号音上就能听出起码有四个团。这东面、西面、南面都是部队，再说你们在河滩里集会的部队还没出动呢！我们真是活得腻烦找死来了！"小头目说着说着又哭了起来。

在一旁的参谋干事为这个俘虏不靠谱的感觉和妇人式的懦弱而暗自发笑，小声地说："他做梦也没想到这是总司令的空城计。"

"优待俘虏，是红军的一贯政策。你也不用害怕，只要放下武器，低头认罪，都会得到宽大处理！"朱德非常严肃地说。

"这一点，小的晓得，晓得！长官饶我一条小命就是再生父母！"小头目跪倒在地像小鸡啄米一样连连磕头。

小头目被带走后，朱德对大家说："唱罢空城计，咱们再接着赛球！"

七月一日，天清气朗。位于四川西部的甘孜，欢声笑语，热闹非凡。

这一天，红二、六军团来与红四方面军主力会师了。朱德握住任弼时的手说："好哇，你们这一来，我的腰杆子也硬啦，团结工作更好做了！"

"总司令，我们听从你的指挥！"戴着一副近视眼镜的任弼时说。

"总司令，我们二、六军团天天想，夜夜盼，就盼着和中央会合呢！"蓄着小胡子、穿着草鞋的贺龙激动地说。

"你们来了，我们一起北上，党中央、毛主席在陕北等着我们呢！"

"我虽然没有见过毛泽东同志，但从我本身的经验教训中，从读的他的文章中，深知他是我们的正确领导者。"贺龙表示，"我们红二方面军坚决拥护毛主席，永远跟着毛主席。"

在庆祝红军两大主力会师的大会上，朱德发表了讲话。他心情激动地慷慨陈词："同志们，我祝贺你们战胜了雪山，也欢迎你们来与红四方面军会合。但这里还不是目的地，我们还要继续北上。我告诉大家一个好消息，党中央和毛主席带领的红一方面军已经胜利到达陕北啦！"

在张国焘要讲话时，贺龙半开玩笑半认真地给了他一句悄悄话："国焘啊，只讲团结，莫讲分裂。不然，小心老子打你的黑枪！"

张国焘果真没敢讲不利团结的话，所言所行，也显得比较从容和程序化。其实，贺龙哪里会打他的黑枪，只不过是警告他一下罢了。

两军会师不久，红二、六军团奉中革军委之命，组成中国工农红军第二方面军，贺龙任总指挥，任弼时任政治委员。

为了让红二方面军尽快了解当前的形势和任务，朱德、刘伯承分别与萧克、王震、贺龙、任弼时、关向应会面，详细介绍张国焘分裂党和红军的活动，以及由于张国焘的错误导致红四方面军南下受到严重挫折被迫退到甘孜的情况，并且还让他们看了中共中央政治局有关会议文件和中央严令张国焘率部北上的电报。

红二方面军得知事情真相后，表示坚决站在党中央一边。贺龙旗帜鲜明地说："张国焘搞分裂，我们搞团结，可是对搞分裂的人不得不防呀！"

为了落实党中央的统一部署和防止张国焘中途变卦，朱德在甘孜主持召开了红二、四方面军领导人参加的会议。他在会上说明党中央要红二、四方面军趁甘肃敌人兵力空虚之机速出甘南的来电，并宣布红军总部作出的部队分左、中、右三路北上的具体部署。

会议根据朱德的建议，决定任弼时随红军总部行动，刘伯承随红二方面军行动。任弼时随总部行动可以加强同张国焘斗争的力量，刘伯承随红二方面军行动可以摆脱张国焘的控制，从外部对张国焘起制约作用。

七月二十八日，党中央正式批准成立中共中央西北局，以张国焘为书记，任弼时为副书记，朱德等为委员，统一领导红二、四方面军。这时，党中央根据敌军对各主力红军分途追击、多线堵截的形势，连续来电指示红二、四方面军"宜迅速北进"，以"取得三个方面军的会合"。

根据党中央的来电，西北局在救济寺开会，进一步讨论北进计划。为了使与会人员思想进一步统一到党中央的战略方针上来，并防止张国焘独断专行，朱德在会上作了针对性很强的发言。他说："一个好的党员应该拥护党中央路线，维护群众利益。日本帝国主义要灭亡中国，一个政党、一个军队、一个人，不站在抗日斗争前线，将不会有他的立身之地。我们要把自己的历史任务担负起来，大家都要加紧学习。"

朱德又说："我们党讲民主，委员要是好党员，书记要是好党员、好委员；在西北局里，书记一样要服从多数委员形成的决议，这才有集中的统一的领导。"

朱德后面的这段话，显然是针对张国焘个人专断而说的。这些话得到除张国焘以外其他大多数与会人员的赞成。在这样的气氛里，张国焘没有明里反对朱德和红军总部已经拟定的《岷（州）洮（州）西（固）战役计划》，但他要求会议讨论他曾提出的部队从齐哈玛过黄河，由西面北出青海到新疆的计划。

针对这个计划，朱德对敌情、我情和地形等诸方面因素进行逐项分析后指出：部队绝不能走西去的路。任弼时支持朱德的意见，也提出了部队不能西去的三条理由。于是，张国焘不得不再次放弃他的计划。经过充分讨论后，会议决定乘敌主力尚未集中之前，红二、四方面军先机夺取岷州、洮州、西固地区，以利继续北进。

会后，红二、四方面军分为三个纵队出发，向甘南进军。沿途经过十余天的激烈战斗，相继占领甘南大部地区，红军总司令部和西北局进驻岷州西南重镇哈达铺。这时，党中央为策应红二、四方面军北上，已令红一方面军组成西征军，西向静宁、隆德地区运动。

八月，朱德率红军走出水草地，突破腊子口，然后以破竹之势横扫甘南。任弼时回到二方面军，和贺龙、刘伯承率部由哈达铺向甘陕边境一带推进。这时，毛泽东命令红一方面军一部西进，策应二、四方面军，形成红军三大主力会师的有利态势。

九月中旬，蒋介石调胡宗南部由湖南兼程北进，企图抢占西兰大道，阻断红军三大主力会合的通道。中共中央根据这一新的敌情，多次致电朱德、张国焘和任弼时，要求红四方面军迅速出至隆静大道，进占界石铺以西，以免被敌截堵隔断。

根据党中央的来电，朱德多次找张国焘、陈昌浩等商量红四方面军的行动问题，力主按照中央要求迅速北上至静隆线。陈昌浩被朱德说服，同意红四方面军迅速北上与红一方面军会师，而张国焘却改变了主意。

九月十六日至十八日，在岷州三十里铺红军总部召开的西北局会议上，主持会议的张国焘突然提出红四方面军西渡黄河进入甘肃西北部的主张。在任弼时未能出席会议的情况下，朱德和陈昌浩等就红四方面军的行动方向问题与张国焘展开了激烈的争论，双方常常争论到深夜。在朱德的极力说服下，大多数与会者终于接受了党中央北上的方针。

张国焘成了孤家寡人，心情十分沮丧。他在会议的最后一天突然宣布辞职，带着他的警卫员和骑兵住到岷江对岸的供给部甩手不干了。坚忍耐烦、劳怨不辞的朱德对身边人员说："他不干我们干，中央部署不可耽误！"

下午，张国焘又派人通知西北局成员到他的住处继续开会。在这次会议上，由于大多数人都支持朱德的主张，张国焘只好说："党内是民主集中，少数服从多数。既然你们都赞成北上，那我就放弃我的意见，同意北上！"

为防夜长梦多，朱德当即与张国焘、陈昌浩联名向漳县红四方面军前敌指挥部发布《通（渭）、庄（浪）、静（宁）、会（宁）战役纲领》，决定红四方面军"相机占领静宁，争取与一方面军会合"，并作出各部队立即北进的部署。

九月二十一日，北进至漳县前敌指挥部后，张国焘十分忧郁、消沉和绝望。他向没有参加岷州会议的前方负责人流着眼泪说："我是不行了，到陕北准备坐监狱，开除党籍，四方面军的事情，中央会交给陈昌浩搞的。"

随后，不服输的张国焘又提出一套西渡黄河、抢占永登、红城子地区作立足点的方案，并且不经朱德同意，发出部队停止北进、掉头向西的命令。为了切断朱德同党中央和各方面的联系，他还向红军总部通信部门发去密电："所有未经我签字的电报一律无效，不准发出，请兄等绝对负责。"

在这关键时刻，朱德采取了果断措施。第二天凌晨三点，朱德致电张国焘，对他改变作战计划表示"诧异"并"深为可虑"，再次提醒道："静、会战役各方面均表赞同，陕北与二方面军也在用全力策应，希勿失良机"，并提议在漳县再召开西北局会议，"续商大计"。

与此同时，朱德致电党中央和在陇南的红二方面军贺龙、任弼时、刘伯承，简要报告了事情原委，表明了自己的态度。他说："西北局通过之静、会战役计划，正在执行，现又发生少数同志不同意见，拟根本推翻这一原案。……我是坚决遵守这一原案，如将此原案推翻，我不能负此责任。"

九月二十三日，西北局会议在漳县的三岔召开，朱德与张国焘展开了面对面的斗争。他一方面十分严肃地指出，张国焘擅自改变党委决议是关系组织原则的严重问题，应当弄清楚；另一方面为争取多数人拥护和执行原来方案，又尽量用缓和的语气对两个方案进行了分析和比较：

> 原来方案最大的好处是三大主力红军早日会师，统一领导，统一指挥，增强红军力量，使蒋介石阻止红军会师的企图破产。这个局面，会增加张学良等主张抗日的国民党军队将领的信心，和我们一起迫使蒋介石放弃内战，进行抗日。共产国际有这个要求，党中央也是这样部署的，目的是早日实现全民族抗日统一战线。从军事上也是可行的，仅从四方面军看困难确实不少，三个方面军相互配合，协同作战，克服困难，如果先胡宗南之前占领会静地区，那形势就更为有利。这个战机万万不可失之交臂。如果执行第二个方案，很明显三个主力红军会师不知何年何月，至少要推迟，这就会影响张学良的决心，实现抗日统一战线要延误，一、二方面军的侧翼也要暴露，处境艰难。所以我坚持第一方案，从抗日全局看，第一方案优点多。

由于张国焘蛮横狡辩，不肯收回成命，加之前敌指挥部一些干部的支持，会议通过了张国焘的西进方案。在局面无法扭转的情况下，朱德对大家说："暂照第二方案执行，大家做好工作，减少损失。我建议向中央报告，如中央不同意，就坚决执行第一方案。"

九月二十七日，党中央复电明确要求红四方面军停止西渡，应立即"决策北进"与红一方面军会合，并再次肯定了岷州会议作出的静、会战役计划。张国焘看了党中央的电报后仍坚持己见，即使当西进先头部队因黄河对岸已经进入大雪封山季节，道路难行，被迫返回洮州，他还坚持要绕道西进。

后来，在朱德一再据理劝说下，张国焘才不得不同意北上，表示红四方面军以与红一方面军会合为目的。朱德与张国焘、徐向前当即联名致电党中央："我们决定四方面军即应行动，先机抢占永登一带地区，现已按此调动，不便再更改，务祈采纳。"

十月九日，朱德和张国焘率红军总部及红四方面军总指挥部到达会宁，与党中央派来的红一方面军部队会师；二十二日，红二方面军总指挥部到达静宁东北的将台堡和兴隆镇，与红一方面军接应部队第二师会师。

十二月二日，骨瘦如柴的朱德和白白胖胖的张国焘骑马进入保安，在城外迎候的林彪把他们带到红军学校。张国焘见毛泽东站在校门前，便滚鞍下马。毛泽东快步向前，敏捷地伸出一双瘦削的大手，高兴地说："欢迎你们回来，这也叫殊途同归嘛！"

朱德受到党中央和根据地军民热烈的欢迎，毛泽东对朱德足智多谋地与张国焘长达一年多的斗争给予了高度评价，说他"斗争得有理有节，临大节而不辱""度量大如海，意志坚如钢"。

至此，红军三大主力终于完成了具有伟大历史意义的长征。他们用青春和意志、用鲜血和生命踏出了一条救国救民之路。人们都说红军长征二万五千里，而朱德的长征路竟走了三万五千里，而且是用了整整两年时间。他经历了红军长征的全过程，并一直站在这支钢铁队伍的最前列。

第七章 跃马太行

朱德：我辈皆黄帝子孙，华族胄裔，生当其时，身负干戈，不能驱逐日寇出中国，何以为人！我们誓率全体红军，联合友军，即日开赴前线，与日寇决一死战。复我河山，保我民族！保卫国家，是我天职！

单刀赴会

进入冬季，陕北的黄土地被盖上一层厚厚的白雪，完全改变了它的本来面目。保安城里的房舍犹如披上了羊皮袄，白灿灿的；河流像一条巨大的白丝带，被弯弯曲曲地抛向远方。

十二月十二日，夜已经很深，窗外乌蓝的天空中，一颗闪亮的流星迅速掠过，用最后的光辉把四周照得透亮。这间办公室是一家农民的窑洞，坚固得如同炸弹震不塌、战火烧不毁的堡垒。窑洞的空间不大，炕就占去了一半地方，所有的家具只不过是几把椅子、一张小桌和一盏煤油灯。

披着军大衣的朱德坐在地图前，聚精会神地一点一点标出陕北根据地周边敌军、友军的防区和兵力，以备同中央领导人进一步研究根据地的扩大问题……

突然，毛泽东的警卫员推门进来："总司令，主席请您去一趟！"

"哦……"朱德用他那双熬红的眼睛看了一下表，已是凌晨了。

在依山开凿的一孔石窑里，火盆里的木炭烧得正旺。默默沉思的毛泽东手指间夹着香烟，不时地吸上两口。周恩来、张国焘、张闻天和其他中央领导人先后进门，身体虚弱的贺子珍正用火盆上的瓦罐为大家倒水，一张电报从周恩来的手中传到朱德手上：

　　吾等为中华民族及抗日前途利益计，不顾一切，今已将蒋及重要将领陈诚、朱绍良、蒋鼎文、卫立煌等扣留，迫其释放爱国分子，改组联合政府。兄等有何高见，速复。

电报是早已与中共互通款曲的"国民党西北剿总"副司令张学良发来的。他对目前发生的事件不知如何处理，深感为难，大有骑虎难下之势。稍后，张学良、杨虎城又联名电邀中共中央派人到西安共商大计。

真是世事难料，造化弄人。就在蒋介石为硕果累累的"安内"工作得意之际，竟没想到被"剿"了多年的红军却越"剿"越多，不可战胜，更没有想到竟落得天怒人怨，把自己"剿"成了阶下囚。要说报复，这也许是历史的报复。

"情理之中，意料之外呀！"朱德看完电报，传给其他人。

窑洞里充满了震惊、喜悦和担忧，有主张杀掉蒋介石的，有主张公审蒋介石的，还有人对审、杀都抱有希望。张国焘颇为激动和冲动地说："在西安事件意义上，第一是抗日，第二是反蒋……"

毛泽东吐出一口烟雾，打断张国焘的话："应该把抗日援绥的旗帜举得更明显，在军事上采取防御的方针，不把反蒋与抗日并列。"

"我们不采取与南京对立的方针。"中共党内以冷静闻名的张闻天进一步强调，"尽量争取南京政府正统，联合非蒋系队伍。在军事上采取防御，政治上采取进攻。我们的方针是把局部的抗日统一战线，转到全国性的抗日统一战线上来。"

"要算蒋介石把共产党人斩尽杀绝这笔账，就是先杀了他的头再说。但恐怕这事情没有那么简单！"朱德若有所思地说，"我的意见是，应拟电先告知张杨，红军和苏区赞同他们的义举，并坚决赞助他们所领导的革命事业……"

散会时，清晨的第一缕阳光已经探进窗棂。当嘴角带着微笑的朱德回到自己窑洞时，康克清已一身戎装正待出门。这时，朱德抑制不住内心的兴奋："喂，告诉你一个好消息：西安那边把那个悬赏要我们人头的人给抓起来啦！"

"蒋介石？"康克清惊异之中带着几分不相信，"真的吗？"

"那还能假！这是一个震惊世界的消息……"

一夜未眠的朱德，中午本来要打个盹，但眼前突然发生的这一切，让他无法入睡。

剿灭共产党，是蒋介石一生追求的目标，从"四一二"事变以来，他的血债累累。从个人的感情上讲，杀蒋是民心所向。但是，事态发展是复杂的，国民党各派钩心斗角，亲日派蠢蠢欲动，杀蒋、审蒋、押蒋都可能引发大规模的内战。

是夜，中共领导人再一次聚拢火盆旁，油灯的火苗在不停地跳动着，散发出羊脂的膻味。毛泽东从他那没有徽章、适合于各个阶级的军装里掏出一盒"金枪牌"香烟，抠出一支，端起油灯点燃，就咝咝地抽了起来。

"看来，张学良也没有杀蒋的打算。这也就是说，他同我们最初让蒋抗日的意见是一致的。"周恩来拨了一下炭火，火盆里顿时泛起了火苗。

"这叫逼蒋抗日。"张闻天简捷一句。

"杀不得！"毛泽东将那只夹烟的大手用力一挥，以这个习惯动作得出结论说，"逼蒋抗日，可以联合全国各种势力，这是上策。审蒋、杀蒋倒是快活，但那是下策！"

"这就像赶毛驴了！"朱德形象地表达自己的考虑，"毛驴牵着不走，赶着倒退。让它走，只有一打、二推、三拉。蒋介石不愿抗战，我们一是打，二是拉，三是推，现在借这个机会把他推上去！"

大凡神志一清，智慧自生。就像恩格斯讲过的"历史的必然通过大量的历史偶然去实现"那样，会议最后形成了决议：逼蒋联蒋，促进形成全国抗日联合战线，共同抗日。

会议责成周恩来赶赴西安协助张学良、杨虎城处理事变。朱德等十五位红军将领联名发表《红军将领关于西安事变致国民党国民政府电》。同时建议组成抗日援绥军政委员会，以张学良、杨虎城和朱德成立主席团，张学良为主席，杨虎城、朱德为副主席。

周恩来到西安之后，保安的大本营里就更加忙碌了。左一个电报，又一个电报，不断通报瞬间变化的时局。当时，毛泽东的窑洞成了会议室，张闻天等人帮助毛泽东谋划政治上的问题，朱德直接辅佐毛泽东进行军事上的调整和部署。

一九三七年元旦过后，当胡宗南的部队调往西安附近时，朱德审时度势，指挥红军占领了真空地带。于是，中共中央、中央军委和各机关单位迁入延安，毛泽东搬进南关中医李建堂的旧窑洞，朱德等人住进凤凰山西北麓的凤凰村。从此，这个充满着醇厚黄土气息的陕北小城便成了举世瞩目的红都。

"西安事变"后，这位"只有天在上，更无山与齐"的蒋委员长与中共又做了"难兄难弟"，答应握手言和，共同抗日。尽管他内心有一百个不情愿，但也只好"打掉牙往肚里咽"。国共之间的谈判不时传出消息，政治和解的气氛暖融融地弥漫在延安窑洞里，红军改编国民政府军开赴抗日前线已成定局，只是蒋介石还试图借机削弱红军。

且说蒋介石虽然不是一个坚持意识形态、食古不化的人，但却是一个玩弄政治手腕的高手。就在毛泽东站在黄土高坡上对国民党说"精诚团结共赴国难"的时候，蒋介石竟然提出"请毛先生、朱先生出洋"。周恩来断然告诉蒋介石："那是绝对不行的！"

僵局之中，又有一件震惊中外的大事在黎明之时发生了。

七月七日，就在朱德同毛泽东研究了一天的时局问题时，《新华日报》派人送来刚刚抄到的电讯：日军占领卢沟桥——"七七事变"发生了。

卢沟桥的隆隆炮声，震惊了沉睡的雄狮。朱德和毛泽东初步议定，通知在延安的中央及军委领导："立即声援驻平津一带守军，马上向南京政府表明红军的态度，迅速召开会议，并对日军的进攻作出反应……"

七月八日，朱德与其他红军将领致电蒋介石："红军将士，咸愿在委员长的领导下，为国效命，与敌周旋，以达保土卫国之目的。"

七月十四日，朱德为奔赴抗日前线的红军亲笔写下了著名的抗日誓词："日本强盗夺我东三省，复图占外蒙，又侵我华北，非灭亡我全国不止。我辈皆黄帝子孙、华族胄裔，生当其时，身负干戈，不能驱逐日本出中国，何以为人！我们誓率全体红军，联合友军，即日开赴前线，与日寇决一死战。复我河山，保我民族，保卫国家，是我天职！"

七月十八日，朱德告别延安，前往红军前敌总指挥部所在地泾阳县云阳镇，准备开赴抗日前线。途经黄陵时，他专门去晋谒了黄帝陵。在苍松翠柏围绕的黄帝陵前，他抚今追昔，思绪万千，恭恭敬敬地三鞠躬后，默默伫立良久，好像是在重温中华民族几千年来抗击侵略者可歌可泣的历史，又像是在默诵他那"不杀倭寇誓不还"的誓言。

在离开黄陵时，朱德眨了眨一双浸透着苦难、激动而又深沉的眼睛，用"农民老大爷"般厚重而朴实的双唇说："等我们打败了日本侵略军，再来祭陵！"

八月初，被称为"长江三大火炉"之一的南京，热得人喘不过气来。身着白绸衬衫、足穿圆口布鞋的蒋介石在呼呼转动的电风扇前踱步。严重的时局，使自负好斗的蒋介石不得不冷静下来，犹如情势危急的棋手不得不暂停思索一番。经过几天的反复思考，这个不见棺材不落泪的人不得不收起"攘外必先安内"的破旗，电邀他的死对头毛泽东、朱德、周恩来来南京共商国防问题。

蒋介石发来密电的消息在延安不胫而走，山坳里传递着兴奋和欢呼。历史就是这样有规律地发展，无规律地跳动，从国共合作到国共破裂，已有十来个年头了。长达十年的千里追杀、重兵围剿，甚至悬赏几十万大洋捉拿的"朱毛"和周恩来，现在又要成为与蒋介石同桌共议的座上宾，怎能不叫人惊奇呢？

蒋介石掉转枪口，一致对外，联合中共和全国民众抗日，这不能不说是中华民族的幸事。这既是中共建立抗日民族统一战线的巨大成果，同时也显示了黄土高原上的一群精英的政治气度。

陕北的盛夏，气候炎热，但中共领导人的头脑却很冷静，陈独秀的前车之鉴，他们是不会忘记的。在考虑派代表赴南京的具体事宜时，他们思之又思，慎之又慎。

"毛主席和朱总可以不去，我同剑英同志代行。"处事缜密的周恩来说。

"主席不能去，你不仅是军事领导人，更重要的是党的领导人。蒋介石要研究的是国防问题，是一个军事会议，我不能不去，这叫兵对兵将对将嘛！"朱德用平静的目光征询大家的意见，一方面是想稳住毛泽东，一方面也是为自己寻找一个理由。

"你去也不合适！"任弼时担心道，"蒋介石要吃你的'朱'肉也不是一天两天了……"

大家对谁去南京是慎重的，但朱德毫不犹豫地坚持前往。这时一直在西安负责同国民党代表谈判的叶剑英把各方面征询的意见汇总，简洁一句："毛不必去，朱必须去！"

这是一个风清月朗的夜晚，月光掉在黄土地上，碎了的光跌得到处都是。延安城北凤凰山下的一孔窑洞里灯火通明，朱德与康克清在迎送着一批又一批客人，并给红军总部机关交代工作。

康克清在一旁为朱德打点行装，不觉之中，鼻子发酸，泪水在眼圈里转悠。刚刚经过万里征途，一路征战杀伐，颠沛流离，好不容易有了一个安身的窑洞，有了一块平静的根据地，丈夫又要去迎接新的风险。她担忧、焦急，甚至还有一些害怕。但她不能说，她知道丈夫此行责任重大，知道丈夫定下来的事情她说什么也没有用。

晨风中，康克清用一只旧皮箱把朱德的衣物、用品和她的关怀送上远行之路，两人什么也没有说，同志、战友、夫妻间的道别都留在无言的心底。

八月六日，朱德和周恩来从云阳乘汽车到西安，再改乘飞机去南京。他们在这座虎踞龙盘又历经劫难的古都一下飞机就被汽车接走，保持着高度警惕的叶剑英像一个专职警卫员，一路上始终不离朱德、周恩来左右。

八月十日，朱德、周恩来和叶剑英参加国民政府国防会议。尽管这次会议是秘密的，但朱德的到来还是受到与会所有人员的注意。

会前，朱德会见了冯玉祥、白崇禧、刘湘、龙云等地方实力派将领。不管是对手还是后辈，他们都尊称朱德为"玉阶兄"或"朱将军"，朱德也抓住这一难得的机会宣传中共的主张。

八月十一日，召开国民政府军事委员会军政部谈话会。当身着笔挺戎装的蒋介石缓步走进会场，看见朱德穿着布鞋布军服，风纪扣扣得紧紧的，绑腿也打得整整齐齐，便君子般地伸出手来说："哦，玉阶先生，多年不见了，你好啊！国难当头，欢迎你参与这次军事会议，共商抗日大计。"

"好啰，谢谢委员长！"朱德握着蒋介石的手不卑不亢地说。

尽管召开这次会议有些仓促，但会议的主题是明确的，即如何抗击日军攻击，并达到消灭日军之目的。朱德已有自己的考虑，但他善于听取各方面的意见。多年来，他保持着大智若愚的处事习惯。他不像有些人在不明情理时，总是知天、知地地锋芒毕露。尽管他满腹韬略，却总是虚怀若谷，唯恐思之不周。

会上，军政部的少壮派率先发言。一位高级参议主张集中兵力，在华北展开运动战役，然后将日军有限的兵力集中成块，展开战略决战。在地方实力派中，白崇禧也属于年轻气盛者，他主张也是速决速胜。

"能通过速战决胜当然好，但要设计战略上的持久防御线，战术上的积极攻势！"朱德在会上唱起了反调，"正面集中兵力太多，必有损失，应该到敌人的侧翼去活动。敌人作战离不开交通线，我们则应离开交通线，在运动中杀伤敌人！目前，用兵方向主要是华北。但从形势发展判断，敌人要聪明的话，必攻击上海。这就是魏延的'出新谷，走子午谷'的'两路夹击'。这样我们只顾正面作战，正中日军之计。我们要在敌人占领我大片领土之后，深入敌后作战，最后消灭敌人。"

接着，朱德陈述了中共的主张："在抗战中加强政治工作，发动民众甚为重要。在战区应由下而上及由上而下地把民众组织起来。游击战是抗战中的重要因素。游击队在敌后积极活动，敌人就不得不派兵守卫后方，这就牵制了敌人大量兵力……"

待朱德讲完，马上有人问道："朱将军既然早已胸有成竹，请问何时遵照政府军令开赴前线？"

朱德言辞恳切，掷地有声："红军诸将领已告委员长，服从调遣，随时开赴前线。"

在会上，朱德强调了红军改编的主张：兵力编制三个师，共四万五千人；保持干部任免权，设集团军司令部，保留正、副总指挥及政训主任并均从红军将领中选拔；按月发给红军军饷及粮秣……

朱德代表红军将士表示了决心："我们改名为国民革命军，受命上前线。我们抱定最大决心，要为民族生存流尽最后一滴血，不把日本帝国主义赶出中国，不把汉奸卖国贼完全消灭，绝不停止！"

朱德的讲话冷静而务实，与大多数与会者奋激的情绪恰成鲜明的对照，特别是最后几句话引来了会场上的热烈掌声。

战局的驱动和中共各方面的努力使蒋介石在数日后再次约见周恩来。当问到中共的部队何时开赴前线时，周恩来眨了眨深邃的眼睛，既不损害对方的自爱，也不挫伤对方的自尊，机智地回答道："朱总司令已经明确了我方的意见，一俟问题解决，即可受令出征！"

大江东去，势不可挡。在形势的逼迫下，已经唱了十年武装"对台戏"的国共双方再次吹响了合作的小曲，政治和解的气氛迅速弥漫在黄河两岸。不过，对于在日本军校只受过二流教育，后来又在上海当过股票经纪人的蒋介石来说，实在不能有过高的期冀。

八月十九日，朱德回到西安东南云阳镇抗日红军前敌总指挥部，加紧进行红军改编工作。三天后，南京国民政府军事委员会发布将红军改编为国民革命军第十八集团军的命令，任命朱德为总指挥，彭德怀为副总指挥。

与此同时，中共中央在陕北洛川县的一个村庄召开了为时三天的会议，史称"洛川会议"。毛泽东在会上作了关于军事问题和国共两党关系问题的报告，会议通过了《关于目前形势与党的任务决定》和《抗日救国十大纲领》。朱德在这次会议上作了多次发言，主张早上前线，谨慎用兵，广泛发动游击战争。

在洛川会议上，决定改组中共中央革命军事委员会，由朱德等十一人组成，毛泽东任书记，朱德、周恩来任副书记。

八月二十五日，中共中央革命军事委员会正式发布中国工农红军改编为国民革命军第十八集团军的命令。根据这一命令，红军前委总指挥部改为八路军总指挥部，朱德为总指挥，彭德怀为副总指挥，叶剑英为参谋长，任弼时为政治部主任。下辖一一五师、一二〇师、一二九师。

九月六日，八百里秦川仍然骄阳似火，红了的高粱和黄了的豆荚将大地染得斑斑驳驳。由于久旱无雨，地里的庄稼都打了蔫，路旁的小草也黄了尖，连人心都是干枯的。农民们早就盼着一场透雨，今日终于变天了，天边翻滚着乌云，一阵大风吹下了绵绵细雨。

早饭过后，细雨将云阳镇涂抹成一幅如烟如雾的水彩画。红军队伍从四面八方向广场集结，这里正在准备举行八路军总部出征抗日誓师大会。在广场的一边，用十几张八仙桌搭起了一个台子。

不一会儿，队伍到齐了。在人头攒动的会场上，《到敌人后方去》的歌声此起彼伏，"打倒日本帝国主义"的口号震撼长空。这时，朱德穿着一身灰色的布军装，精神抖擞地登上了讲台，全场响起了热烈的掌声。

　　大将雄风，气贯长虹，朱德的讲话如黄河般滔滔不绝："同志们，老乡们！七月七日在卢沟桥又燃起了第二个'九一八'的号炮。日本法西斯的铁蹄又践踏在我们华北的大地上，又在屠杀中国人民，掠夺中国国土了。和平已到了绝望的时期，国难已到了最后关头。现在，摆在我们每个中华儿女、炎黄子孙面前的问题是，只有对日本强盗实行抗战，从华北的局部抗战走向全国的抗战，才能挽救中华民族的危亡。抗战，只有在抗战中找出路，求生存，没有什么踌躇，而且不容徘徊。这是每个中国同胞应有的决心。全国军民应该紧急动员起来，免去一切隔阂，扫除一切门户之见，不分畛域，不分派别，齐心协力，整齐步伐，实行团结一致的对日抗战，时间再不等我们了。"

　　朱德那洪亮而又激昂的声音，在广场的上空回荡着。他讲的每一句话，都像沉重的铁锤，撞击着人们的心灵；都像炽烈的火焰，燃烧着人们的胸膛。人民在受难，祖国在流血，日本强盗的战车正轰隆轰隆地开过来，要从我们兄弟姐妹的胸膛上压过去，我们能坐视不理、束手待毙吗？不能，万万不能！

　　朱德向台下望了一眼，只见会场整齐有序，横竖成行，就像一个布满棋子的大棋盘。于是他提高声音说："我们红军的志愿，就是抗日救国。为了实现这个志愿，我们愿意放弃有着十年光荣声誉的'红军'这个名称，改编为国民革命军。旗号变了，帽徽变了，但我们的心还是红的，人民军队的本质没有变，红军的传统没有变，解放全中国的意志没有变。为了打日本救中国，我们这样做是必要的、正确的。"

　　换下红五星八角帽，对每个红军战士来说，在感情上是很别扭的，开始时还有些接受不了。可是，总司令把道理讲得明明白白，还有什么可说的呢？名称变宗旨不变，军装换本质不换，问题不在形式，最为重要的是为了抗日救国。战士们个个都无条件地服从了，他们对红军帽的感情，尽在飞泪之中。

　　雨，越下越大了。透过雨帘，战士们看见站在讲台上的朱德挥着手臂讲道："我们要到华北去！到敌人后方去！开展广泛的游击战争！只要我们把华北的广大人民群众组织起来，武装起来，进行持久的斗争，最后的胜利必定是我们的！"

最后，朱德带领大家庄严宣誓。全体指战员跟着总司令一字一句高声复诵着《八路军出师抗日誓词》：

> 日本帝国主义是中华民族的死敌，它要亡我国家，灭我种族，杀害我父母兄弟，奸淫我母妻姊妹，烧我们的庄稼、房屋，毁我们的耕具、牲口。为了民族，为了国家，为了同胞，为了子孙，我们只有抗战到底！……我们是工农出身，不侵犯群众一针一线，替民众谋福利，对友军要亲爱，对革命要忠实。如果违犯民族利益，愿受革命的制裁，同志的指责。谨此宣誓。

临危不乱

金秋时节，华北大地像一幅硕大的油画，呈现出五彩缤纷的景象。连绵起伏的群山，像千顷碧波、万顷巨浪在汹涌澎湃。在阳光照耀下，那一座座青山又像无数的战马在嘶鸣，在跳跃，在奔腾。

九月十六日，是农历的中秋节。在这个"烽火连三月"、阖家大团圆的日子里，朱德给四川亲属写了一封信后，便率领八路军总部按照毛泽东亲自选定的路线从韩城渡过黄河，即以强行军奔赴同蒲铁路南端的侯马车站，由此乘上阎锡山特意安排的运兵车，义无反顾地驶向硝烟弥漫的晋北战场。

由于日军飞机轰炸，列车走得很慢，逢站必停。车站上挤满了欢送的人群，有当地的平民百姓，有东北、平津的流亡学生，也有地方官员和各界代表。他们打着标语，喊着口号，不断把大饼、红枣、核桃等食物塞进车厢。

朱德深为人民群众的抗日救国热情所感动，每逢停车都要走出车厢向群众讲话，宣传共产党、八路军团结抗战的主张，鼓励大家团结起来，坚决同日本侵略者血战到底。

车到洪洞站时，一位外国传教士找到朱德，双手奉上一本《新约全书》，并祈祷他的"主"来对付人间的撒旦。朱德便把一本《法西斯是什么》回赠给他。人无权改变命运，而命运却在无情地改变人。几个月后，这位传教士的圣经班里竟有一批学生成了八路军战士。

火车头发出呼哧呼哧的声音，像哮喘病发作。朱德在列车的颠簸中，一边处理来往的文电，一边冷静思考部队到达前线后如何行动，如何开创华北抗战的新局面。

平津失陷一个月后，日军又在南口、居庸关突破国民党军队防线，进占张家口，而后分三路长驱直入：一路沿津浦铁路南下，直逼山东；一路沿平汉铁路南进，直指中原；一路沿平绥铁路西进，会攻山西。

在山西指挥日军作战的第五师团长板垣征四郎是个"中国通"，他熟悉当年忽必烈入主中原的进军路线，深知沿同蒲线南下，只要占据太原就足以控制华北，再由此南进，渡过黄河，占领潼关，就扼住了进军西南和西北的咽喉。

按照南京政府的划分，华北分为两个战区：第一战区由蒋介石任司令长官（后改任程潜、卫立煌），负责平汉、津浦铁路沿线作战；第二战区由阎锡山任司令长官，负责晋绥方向作战。两个战区虽有七八十万兵力，却抵挡不住不足二十万日军的进攻。

河北方面，国民党军已由南口退至保定一线。晋绥方面，阎锡山原想在晋北组织硬顶，但大同会战的部署还没有完成，日军就已攻占大同。于是，阎锡山又想凭借宁武关、雁门关和平型关一线内长城的险要地势组织防守。

然而，这一仗能否打赢，阎锡山心里实在没底。大同失守，就是因为他的铁杆部队行动迟缓、贻误战机所致。不过，这一次内长城会战，八路军的第一一五师和第一二〇师已经到达晋北，这无疑给阎锡山带来了希望。

秋高马肥战事急。来到太原的第二天，朱德即与先期到达的周恩来乘汽车前往太和岭口，与阎锡山共商抗日大计。

对于阎锡山其人，朱德早已了然于胸。这位自辛亥革命以后在山西经营了二十多年的土皇帝，是一个善于政治投机的老手，又是国民党地方实力派的领袖人物之一。他早年留学日本，因此与日本关系甚密，他的军队装备、山西一些工厂的机器大都是一衣带水的邻国制造。

"九一八"事变以来，这位山西有名的老狐狸其政治战略是"踩着三个鸡蛋跳舞"，而且做到哪一个也不踩破。"事情不要做绝了，抗日要准备联日，拥蒋要准备反蒋，联共要准备'剿共'。"

对于日本人，阎锡山迫于山西民众和全国人民反日的压力，不得不口头上叫喊抗战，但暗地里又和日本代表秘密勾结，幻想日军能给他留下山西这块地盘。对于蒋介石，他是明从暗拒。他深知要对付日本人和共产党，保住他在山西的统治地位，就不能甩开蒋介石搞孤军奋战，但又害怕蒋介石把筷子伸到他的菜盘子里把山西给吃了。

一年前红军东征时，阎锡山曾与红军交过手，石楼村一役就被红军吃掉两个师。而蒋介石竟趁火打劫，以援晋为名调进十几个师的中央军，在陈诚的带领下占据晋西南不走，明摆着是要控制山西。真是请神容易送神难啊！

阎锡山与其说是"踩着三个鸡蛋跳舞"，毋宁说是"踩着三个刀尖演戏"。卢沟桥事变后，他像一个杂技演员在意想不到的情况下失去了平衡，从刀尖上掉了下来。沿平绥线西进的日军完全不念这位"老朋友"的旧情，分三路南下，要直捣他的老巢太原。他再也跳不起"三角舞"了，不得不和日军刀枪相见。

更让阎锡山恼怒的是，指挥进攻山西的日军主将板垣征四郎竟是他当年在日本士官学校时的老师，几年前他还以"师徒"之情邀其到太原访问，而这个"恩师"正好借机把山西的军情、政情、山情、水情摸了个透熟。

于是，阎锡山只好把求助的重点转向昔日的对手共产党。经过世事风云，他深知共产党、八路军是坚决抗日的。再说，要坚持山西抗战，有赖于民众的广泛动员和支持，但动员组织民众这件事，靠他手下那些长期欺压百姓的官僚政客是做不成的；共产党则是这方面的行家里手，何不借共产党的力量把民众发动起来呢？

不过，阎锡山也有他的顾虑：一是怕共产党挤占他的地盘；二是怕八路军不听他的指挥。为此，他曾约请八路军驻太原办事处主任彭雪枫投石问路。听完彭雪枫阐明的中共坚持团结抗日的决心和诚意后，阎锡山悬着的心才平静一些。他觉得与共产党合作，既可以守土抗战，又可以削弱蒋介石的控制，算得上是一举两得的好事……

这天下午，留着短须但军容整齐的阎锡山早早来到太和岭口迎接耳闻已久的朱德。他往伸向远方的大路举目而望，只见路边的白杨树睁着一只只忧伤的大眼睛，好像在怒视他，又像在祈求他。

从年岁上说，阎锡山长朱德三岁；从投身国民革命的资历上讲，他似乎也觉得比朱德深一些；如今朱德又作为他的"下属"被划在第二战区，这使他那惯有的虚荣心得到了稍许满足。然而，朱德毕竟是名震中外的大军统帅，讲文韬武略、领兵打仗，他阎锡山不及万一，这又使他不能不感到心虚气短，以至于见面时竟先于朱德举手敬礼。

"玉阶兄辛苦了，走了这么远的路，真是风尘仆仆啊！"阎锡山对军帽、军服上沾满黄土的朱德说。

"这没有什么，军人嘛，行军惯啦！"朱德举手还礼。

"副官，先安排休息。晚上我要为朱司令接风洗尘，咱们好好喝两盅，我这里备有上好的汾酒。"阎锡山笑着说。

"阎长官，大可不必客气！"朱德快人快语，"前线军情紧急，还是先谈军务要紧。"

推辞不过，主随客便。几杯清茶，满口国事，他们就内长城一线防务作战问题开始了研讨。只是阎锡山由于预感战局不妙，口气里有了一丝悲凉。

朱德以真诚和坚定的语气说："遵照司令长官同彭德怀副总司令商定的作战计划，我一一五师今日已集结于上寨、下关地区；我一二〇师主力已向神池、宁武地区集结，该师另一个旅正向五台地区开进；我一二九师也即将渡河进到山西前线。我打算将八路军总部放在五台山附近的前沿地区，以便于指挥敝军在平型关地区作战。在这次内长城作战中，战区要求敝军如何配合，请阎司令长官明示，我们可以商量。"

"阎某不才，全仗贵军！"害了恐日症的阎锡山显得底气不足。

双方经过商讨，决定内长城线作战的重点放在平型关地区，待敌人向平型关进攻时，阎军从正面出击，八路军则从侧翼击之，两军配合以求在关外歼敌一部。同时，八路军派出一部远至沁源、广灵地区，打击敌之增援部队，袭击敌人运输线，以配合平型关正面的作战；第一二〇师之一部在晋西北地区与晋军的骑兵部队配合袭扰敌之后方，以减轻内长城线上的压力。

"好，好……"山西腔十足的阎锡山颇感兴奋。

朱德趁势又提出几项建议："一、敝军装备很差，弹药奇缺，请战区予以补充；二、现已深秋，战士还穿着单衣，请战区速供棉衣御寒；三、根据敝党所定方针和与南京商定之原则，敝军活动地的群众工作由我们负责，不利于抗日的地方政权予以改组，不好的县长应予撤换，对民众应实行减租减息，并应允许给民众武装和游击队发放枪支。"

"好好好！贵军真是新事新风，我支持同意。"阎锡山知道尽管国共两军已在一个锅里搅勺子了，但蒋介石在经费分配上的差距却比亲娘和继母还大。不能既让马儿跑，又不让马儿吃草，于是当场拍板，"先拨给贵军冲锋枪、机关枪二百支，七九步枪子弹五十万发……"

会谈结束，已到晚饭时分。朱德婉辞了阎锡山的宴请，当即乘车赶赴五台山八路军总部部署作战。

阎锡山亲自送朱德上车，并主动敬礼告别。他望着汽车在山间土道上越跑越远，而滴酒未沾、来去匆匆的"共军总司令"的身影却依然浮现在他的眼前。此时，他若有所思地点点头，似乎对一些问题有了答案："怪不得蒋委员长几十万大军剿灭不了这支几万人的游击队……"

朱德回到五台县南茹村八路军总部后，立即把与阎锡山会晤的情况和八路军准备参加平型关作战的计划电告延安。次日，由朱德主持召开军事会议，出席会议的有周恩来、彭德怀、任弼时、左权等人。

朱德在会上指出：目前山西的抗战局面已经形成，阎锡山和其他国民党将领对我军比较友好，全国人民对八路军寄予很大希望，我们必须选择时机，在山西先打一个胜仗，以打击日本侵略者的骄狂气焰，鼓舞全国人民和友军的士气，进一步扩大我党我军的政治影响。

会议决定，第一二〇师主力继续留在晋北左云一带袭击日军侧后，第一一五师主力在平型关配合友军侧击敌人，要立即做好战斗准备。

九月二十三日下午，八路军在接到阎锡山关于"日军忽然奇袭平型关中国军队阵地，双方发生激战，要求八路军配合作战"的电报后，朱德、彭德怀下达作战命令：一一五师应即向平型关、灵丘间出动，机动侧击向平型关进攻之敌。

平型关是山西东北部古长城上的一个重要隘口，它与西边的雁门关、宁武关连为一线，成为晋北的重要屏障。三关中又尤以平型关最为重要。关前有一条公路蜿蜒在群山之间，地势极为险要，被称为晋东北的门户，由平绥线南下的日军右路进攻的重点就在这里。

八路军第一一五师按照朱德、彭德怀的命令，在林彪、聂荣臻的率领下冒着倾盆大雨悄无声息地向平型关以东开进，拂晓前占领了灵丘至平型关公路南侧的高地，准备在这里伏击由灵丘增援平型关的日军。

从一一五师进入阵地，朱德就一直守候在八路军总部的作战室里。烛光摇曳，心潮难平，他在那张硕大的军事地图前不停地踱来踱去，部署着、思考着、等待着。

八路军第一一五师师长林彪与日军第五师团长板垣有许多相似之处：都是秃顶，个头都不高，都人小鬼大，指挥的部队都带"五"字，都想借平型关创一个惊世之举。所不同的是：一个是侵略者，一个是反侵略者。

九月二十五日中午，当朱德看完林彪和聂荣臻联名发来的电报后，胜利的微笑顿时浮现在他的脸上，连日奔波的疲劳一扫而光。他对左权副参谋长说："立即向毛主席发报。同时上报南京和阎长官。"

> 我一一五师今晨八时出击平型关北面之敌，于十二时许已占领关沟、辛庄、东跑池一带敌阵地，缴获汽车五十辆，满载军用物品，停敌二百余人，敌伤亡甚重，但战斗尚未解决，仍在激战中……

这是八路军第一次同日军作战，是卢沟桥事变以来中国军队对日作战中取得的第一次大捷，它粉碎了"皇军不可战胜"的神话，有力地打击了日军的嚣张气焰，迟滞了敌人的进攻。这天晚上，朱德盖着一条弹迹累累的破毛毯在土炕上轻鼾起伏地美美睡了一觉。

八路军平型关大捷如平地一声惊雷，震撼了全国上下。在延安窑洞里的毛泽东欣闻此讯，连声说："好好好，板垣师团终于尝到了我八路军健儿的铁拳！"

九月二十六日，南京的中央电台首先播发了这一消息，接着全国的各大报刊都以大字标题予以报道。各种贺电、嘉奖电、慰问电雪片一般飞进八路军司令部。其中，蒋介石的贺电是："二十五日一战，歼寇如麻，足证官兵用命，深堪嘉慰。尚希益励所部，继续努力。"

这天一大早，朱德就带领总部的参谋人员，赶到抢了全国抗战头功的第一一五师驻地，召开有关人员会议，总结这次作战的经验。

状若林妹妹的林彪仿佛随时都在思考着什么问题，两撇浓眉下的双目显得阴郁冷峻，对四周不屑一顾。他从来不说废话，仿佛他的话全都是用金子做的，多说一个字都是浪费。然而今天却一反常态，他那冷若冰霜的脸上偶尔露出一点笑容。他不仅滔滔不绝地向总司令汇报作战的经过，而且还带着朱德参观了各种战利品。

朱德对每一件战利品都看得仔细认真，并感慨地说："这都是我军官兵用鲜血和生命换来的呀！"

在所有的战利品中，有两样东西引起了朱德的格外关注。

一样是板垣九月二十三日签发的第二十三号作战情报。这份文件详细记述了日军对华北进攻的作战计划、兵力部署、攻击重点方向等，并附有清晰的进攻路线图。另一样是日军绘制的华北地区十万分之一的军用地图。

朱德边阅读文件边对照地图，发现日军的地图是八月份印制的，比南京政府发的军用地图要精确得多。他还发现，由于南京政府和第二战区的军事情报不准，对日军进攻的判断常常失误，所作的兵力部署和作战方案完全处于被动状态，照这样打下去，国民党军队还得吃败仗。

朱德感到这两样东西事关整个华北战场和全国战局，应该马上报告延安党中央和毛主席，特别要告知南京军事当局和太和岭口的阎锡山。

正当朱德起身去找左权交代此事时，林彪笑眯眯地走了进来，手里捧着一件新缴获的日军呢子大衣。他略带激动地说："总司令，送你一件礼物！你一定要收下，这可是全师同志的一点心意呀！"

在这欢庆胜利的日子里，朱德非常高兴。他接过大衣穿在身上，大衣很合体，穿上确实精神了许多。

"总司令，你穿上这件大衣可别一个人出去，弄不好战士们会误认为是日本军官，朝你开枪，那可就麻烦了！"

朱德并未在意，只是一笑置之。但意想不到的是，林彪乐极生悲，没过多久，这句玩笑话竟在他自己身上应验了。

一天，林彪穿了一件缴获的日军黄呢子大衣，骑着缴获的日军大洋马出去兜风，阎锡山的士兵误认为是日本军官，就朝他打了一枪。从此，林彪便离开抗日战场到苏联治伤去了……

平型关的胜利鼓舞了阎锡山，也鼓舞了在内长城线上防守的国民党军队。阎锡山决定在内长城东段的平型关外与日军进行一次决战。他抽调晋绥名将傅作义到平型关任前线总指挥，并调集了近三个军的兵力布防。

日军因平型关的失败也在不断增加兵力，对内长城发起全线攻击。激战从九月二十六日开始，战斗最残酷的地点在东跑池一带，晋绥军有一个团全部阵亡。应该说这一次的内长城防御作战，国民党军队抵抗还是顽强的。但是，由于其消极防御的作战思想仍未改变，最终还是没有顶住日军的进攻。

九月二十八日，无情的战云像恶魔一样又压在三晋父老的头顶。日军从平型关与雁门关中间的茹越口突破防线，迅速向东西两个方向扩展，对国民党军形成迂回包围和两面夹击之势。面对突如其来的不利局势，阎锡山、傅作义均感无力回天，便于三十日上午八时被迫下达从内长城全线撤退的命令。

山西古称晋，因两千多年前春秋战国的晋文公曾作过"五霸"之首而得名。这里群山连绵，沟壑纵横，居高临下，北控燕赵，南指鲁豫，成为华北、华中、西北的中心枢纽。有人说它是"华北的脊梁"，更有人说它像人的"肋骨"，保护着京畿"内脏"。

然而，阎锡山用三年时间修筑的三千多个大小碉堡，并吹嘘"凭此三千碉堡，足抵百万精兵"的太原失守了！万家灯火在同一个时刻熄灭，像是从人间一步跨入了地狱。国民党各路会战部队溃逃的景象如山洪爆发，惨不忍睹。

当时，朱德率领八路军总部正在晋东南和顺县石拐镇。公路上各种车辆和行人交织在一起，像大峡谷里的激流那样湍急。大量军人有队没形地从前方源源不断退下来，乱哄哄的一片，官找不着兵，兵见不着官。马匹失去管束，在镇上四处乱窜。散兵丢下的枪支，被小孩们拾起来嬉戏。

镇上逃难的人带来太原岌岌可危的消息：日军正向这边推进。

天阴沉沉的，大块大块的乌云笼罩在山西上空，昔日安静的晋东南小镇一直弥漫着紧张空气。在这条很不起眼的小街上有一个更不起眼的小院，八路军总部就设在这里。从国民党军退下来的那一天起，警卫部队就在准备总部机关下一站的迁移。几乎每一天，他们都人不解甲、马不卸鞍，随时等待开拔的命令。

"总司令，太原顶不住了！"又有机关工作人员前来提醒。

"不要慌！"朱德若无其事。

"快撤退吧！"

"撤退？"朱德问，"往哪里撤？还要退到哪里去？"

临危不乱的朱德，经历过反"围剿"和长征，多少次比这更危急的险情都过去了。真是泰山崩于前而色不变，麋鹿兴于左而目不瞬。大局在胸，果断处置，此时他正在认真思考下一步的部署。

十一月十一日，朱德召开八路军领导干部会议，讨论了太原失陷后的山西局势和兵力部署问题。会议决定：第一一五师一分为三，由聂荣臻率领一部继续留下创建晋察冀根据地，主力迅速转移到汾河流域和晋南地区，再抽一部兵力在太行山配合第一二九师于晋东南创建根据地。

日军的轰炸惊动了延安

日历如秋后的树叶一片一片地飘落而去，不知不觉飘进了一九三八年。虽然春天即将来临，但大雪纷飞，北风劲吹，中原大地依然是滴水成冰、呵气成霜的寒冷气候，丝毫看不到春暖花开的影子。

一月十三日，中国四大古都之一的洛阳，一片喧哗和骚动。蒸汽机车发出猛兽般的吼叫，车站上军警林立，警笛轰鸣。一组来自临汾的军列徐徐驶进站台，马上引来一大串小汽车。在"欢迎第二战区将领载誉归来"的横标下，出现了卫立煌、朱德、彭德怀以及八路军的三个师长林彪、贺龙、刘伯承。

朱德等八路军将领出现在洛阳城，受到了各阶层人士的关注。同上次参加南京座谈会不同，这次是八路军将领公开亮相，同时也是载誉凯旋。年轻女学生们的鲜花堆满了各位将军的怀抱，人们把八路军将领的车队围得水泄不通，幸亏有军警开道，大家才按时赶到会场。

洛阳城难得有今日这般景象，整个城市仿佛一座兵营。如此兴师劳众、惊州动府，除两个战区将领到来之外还有一个重要因素，那就是蒋介石的莅临。据说，蒋介石到来之前，这里已调来国民政府的卫队，全城都在为委员长的到来披红戴绿，张灯结彩。

一月十五日，蒋介石召集一、二战区将领开会。如他以往召开的军事会议一样，主要是听他训话，很少展开认真讨论。他在会上像小学教师布置作业那样作出部署："下一个会战是津浦路南。这样才能保卫武汉，夺回太原……"

蒋介石在"训话"中虽然没有改变片面抗战的错误思想，但对抗日还比较积极，准备在津浦路南段同日军会战，以保卫武汉，还要求反攻太原。因此不让阎锡山、卫立煌的部队退过黄河。他甚至还以失地误国罪枪毙了山东省政府主席、第五战区副司令长官、第三集团军总司令韩复榘。

会议既已定下友军不过黄河，当然八路军也不宜作更大的调整。但是，朱德意识到，即使阎锡山、卫立煌的军队留在山西，也很难再组织像样的正规战了。运动战、游击战将成为华北抗战的主要作战形式，而这两种作战形式恰恰正是国民党军队的"瘸腿项目"。

"看来得由你们这些黄埔生去教一教当年的老师啦！"在返回途中朱德对林彪说。

几天之后，朱德同彭德怀在一次八路军团以上干部会议上又如是说。

春节很快来临，这是朱德在抗日战场上度过的第一个春节。年关，军务很紧，但他还是抽出时间来阅读各地和各界发来的贺信、贺电，特别是卫立煌将军亲自送来的"贺礼"，令他高兴不已。

这一天，洪洞县马牧村的土墙上贴满了"欢迎劳苦功高的卫总司令"等标语，村口还挂上横幅。卫立煌同他属下的第十四军军长李默庵、第九军军长郭寄峤兴高采烈地到八路军总部驻地向朱德拜年。

欢迎会上，朱德高度评价了卫立煌及其部下在忻口战役中的表现和功绩。卫立煌在讲话中也表示很钦佩八路军的英勇善战。他说："我知道八路军确实是抗日的，是复兴民族的最精锐的部队，尤其是抗日的方法和经验都非常丰富，希望以后不要忘掉责任，不要忘掉自己是中国最精锐军队的一部分，去和日本作战。"

八路军的游击战"效应"已露端倪，果然如朱德所说，不少国民党的高级将领纷纷来电来人联系，请求八路军教授游击战术和帮助他们进行政治工作，这次卫立煌就要求朱德介绍一些人到他部队里去工作。他还从自己的部属中抽出六个团交给朱德指挥。朱德答应了卫立煌的请求，将其中的两个团配属给一二〇师，四个团配属给一二九师。

为此，朱德专门指示两个师的领导："要正确使用拨归你们指挥的友军部队，给他们以必要的帮助和照顾，不要使他们受到敌人的意外袭击，也不要把他们使用在过分艰苦复杂的区域，既不要骄傲自大看不起友军，又要防止友军中有些人以吃喝、金钱来引诱我们的干部走上邪路。"

新年、新春、新气象，这是一个新的开端，是一个由八路军配合国民党军打正规战转变为国民党军配属八路军打游击战的开端。朱德恰当地把握了这个开端，由此开创了华北游击战争的新局面。

二月十七日，朱德赶赴临汾附近的土门镇，同阎锡山、卫立煌等研讨下一步的作战计划。会议决定，由阎、卫拨出七个半师归朱、彭指挥。因此，东路军除八路军和山西青年抗敌决死第一纵队、第三纵队外还辖有第三军、第十七军、第四十七军、第九十四师、第十七师、骑兵第四师、第五二九旅等部队。

由于晋东局势紧急，阎锡山、卫立煌又坚持要朱德就任东路军总指挥一职。朱德致电毛泽东，表示同彭德怀一起组织野战司令部在晋东南前线指挥作战。

起初，中共中央对阎锡山、卫立煌的这一安排持保留态度。出于安全考虑，延安认为年已五十有二的朱德不宜再担此重任。因此，中央和毛泽东建议"由彭德怀前去指挥""朱德在后方较妥"。但阎锡山和卫立煌都不改初衷，苦苦恳求，认为晋东局势"非玉阶不能驾驭"。

形势复杂，情况特殊。朱德收到延安的电报后马上复电："晋东局势目前仍十分紧急，不能在此危难之际不受命，我决心与彭德怀同志一起组织野战司令部，在晋东南前线指挥作战。"

中共中央和毛泽东对朱德安全的担心不是没有道理的，就在他就任东路军总指挥后没有几天，便发生了一场惊动延安、南京和全国的险情。

中原的早春，风寒料峭，一派肃杀。日本的情报机关很快侦悉了洛阳会议和土门会议的内情，知道中国军队要反攻太原。于是，日本在华北的军事首脑机关也开始迅速运转起来。

二月初，日军驻太原的军队从北路向南进攻，并调集已进占邢台、邯郸、安阳的军队由东阳关越过太行山向西进攻，北、东两路日军进攻的目标是晋南重镇临汾。

临汾自太原失陷后，便成为山西的临时省会，党政军的机关全部集中于此。为了保卫临汾，阎锡山、卫立煌与朱、彭商定：由卫立煌的南路军在霍县之韩信岭一带阻击南下的北路日军，由朱、彭的东路军于临汾以东地区阻击西进的东路日军。

二月二十日，朱德和左权率八路军总部离开马牧村，向太行前线进发。随行的除总部十几名工作人员外，武装部队只有总部的两个警通连，总共不足二百人。

二月二十二日，日军占领屯留、长子，向八路军总部所在的安泽逼近。晚上，毛泽东从延安来电，告诉他们有一部分日军已到晋西黄河边的离石县军渡一带，请朱德判断这路日军的主要目的。

此时，东路日军的先头部队苫米地旅团已进入良马镇，良马地处屯留和安泽两县的交界处。朱德判断东路、北路敌军的直接目的都是攻占临汾，于是复电毛泽东：北路日军的一部分进到离石军渡一带，可能是佯动，用来引诱八路军西渡黄河，回师陕北。

当天深夜，毛泽东又致电朱德，对日军意图作了类似的估计。他判断日军这次行动的目的，在夺取临汾、潼关，然后进攻西安、武汉。要求朱德和阎、卫两部"在好的情形下，力图在临汾以北、以东两地区歼灭敌人，顿挫敌之进攻"。

这一天，朱德率部行军到安泽县的岳阳镇时，前面不远处突然传来枪声，朱德立即派人去了解情况。侦察员很快回来报告："前面有苫米地旅团约三千人，他们是去攻占临汾的，前卫部队正在快速前进。"

军情紧迫，如何决断？一位参谋提出建议："可否给临汾的友军发电，通报一下敌情？我们立即离开公路，向南面山区转移。"

"我说同志呀，走很容易！" 久经沙场的朱德深知在与敌人遭遇时来不得丝毫犹豫，"但我们走脱了，临汾就麻烦了。临汾有麻烦，晋南局势就遭殃了。我看大家不要急，电报可以发，但我们不能撤！一定要顶住，给临汾的军民争取几天备战和疏散的时间。你们说，好不好？"

"好！不过……"那位参谋犹豫道。

"不过个啥子？马上进入战斗！"

朱德身边的参谋人员多数是跟随朱德从九死一生中闯过来的，都知道朱德的脾气，是不允许讨价还价的。但是，眼下的形势又确实让人很担心。

打仗，毕竟不是做游戏，而是生死搏斗。两个连对付一个师团，二百壮士拖住三千个敌人，敌我力量的悬殊是显而易见的。但是，他们都有一个坚强的信念，那就是只要有朱总司令指挥，就能胜利！他们相信他们的总司令，知道总司令自有战胜敌人的法宝。

二月二十三日，一路烧杀掳掠的日军没放几枪，就轻而易举地侵占了良马镇，于是更加肆无忌惮，觉得他们是大军开进，如入无人之境。在通往临汾的大道上，浩浩荡荡，耀武扬威，毫无戒备地一直向西开进，并狂妄叫嚣：“今天要到临汾城品尝汾酒！”

就在他们做着好梦来到三不管岭时，突然遭到劈头盖脸的一阵枪击，把快速行进中的先头部队给压住了。他们像缩头乌龟一样趴在公路旁，不敢前进一步，胆战心惊地说：“不好了，前面八路的有！”

这一带正是太岳山的南端，山高林密，一条公路蜿蜒而过，是阻击敌人再好不过的地形，朱德让左权带着两个连和安泽县自卫队去同日军周旋。他们依据地形组织了防御纵深，采用节节抗击战术，在山势险要地段设下几道防线，阻击日军前卫部队行进。

在第一道阻击线上，只部署了两个班，就把日军给镇住了。

日军不敢再贸然前进，枪声也停了。

过了好久，日军发现没有异常情况，便摸索着前进。但是，一扫那种挺胸腆肚的“武士道”威风，个个都像惊弓之鸟，提心吊胆地端着枪、猫着腰一步一步往前挪，生怕从山上杀出一支“八路”来。

天不转地转，山不转路转，日军刚刚转过一个山弯，突然又是一阵枪声，而且还飞来几枚手榴弹，炸得日军鬼哭狼嚎，乱作一团。这是八路军设下的第二道阻击线，就是要打他个措手不及，就是要叫他不得安宁，就是要他不敢前进。日军哪受得了这种捉弄，早已气急败坏，号叫着冲向丛林。这时，八路军早已转移阵地，他们连个人影也没见到。

枪声停了，又恢复了平静。日军以为遇上了游击队，是一场虚惊，在当官的指挥下，又大模大样地开始赶路，因为今天的目标是临汾城，这里离临汾少说还有一百里。

日军哪晓得，左权带着部队已设下第三道阻击线，正在前面“恭候”他们呢！

又是一阵排子枪和手榴弹，比前两次来得更猛烈更突然，打得日军晕头转向，血肉横飞。

一个日本侵略军头目昂起头，绷着脸，一副誓死不屈的样子。他抽出东洋刀，声嘶力竭地叫嚷着："冲过去，冲过去！不要停下来！八路的，不要怕！"

被驱赶的日军，端着"三八大盖"向两边的丛林冲去、向公路的前方冲去。子弹在日军头上乱飞，手榴弹在敌群中开花。

八路军神出鬼没，打打停停，节节抗击。三千日军被拖在太岳山的盘山道上，既不能集中，也不能展开，前进不得，后退不成。纵然人多势众，武器精良，也无法施展开来，只能被动挨打。

二月二十四日，左权带着部队同日军又周旋了一天。敌人没有前进多少，更没占到什么便宜，而且还送掉了不少性命，丢掉了不少武器，气得一直在叫骂：

"八路的，狡猾狡猾的！"

"八路的，良心的通通坏了……"

当官的拿日军出气，像赶羊似的驱赶着日军到处冲杀，到处放枪，哇里哇啦的吼叫声在山谷中回荡着，一个个像被夹住尾巴的狼。

太行山的早春，黄土还没有完全解冻，山沟背阴地上还留有残雪。天边的太阳如同一张白纸贴在树梢上，几只飞来飞去的乌鸦发出揪心的悲鸣。插在炮楼上的"膏药"旗活像招魂幡，在一刻不停地为他们那些命丧异国的野鬼扬幡招魂。

二月二十五日，日军不知从哪里获得情报，弄清了阻挡他们前进的不是八路军的大部队，只是一支小分队，尤其让他们震惊的是指挥这支小分队的竟然是威名赫赫的朱德总司令。由此，他们判断八路军总部可能就在附近，立即报告了侵华日军华北方面军司令部，请求空军支援，轰炸八路军总部及其总司令。

当时，朱德和八路军总部正战斗在安泽与良马之间的古县镇一带。日本侵略军的空军接到出击的命令后，就摊开作战地图，在山西省的南部寻找古县的位置。

自以为是"中国通"的几个侵略军头目，凭着他们认识的几个汉字，趴在地图上东寻西找，终于在屯留的西北方向发现一个叫"故县"的地名，便如获至宝地认为这就是他们要轰炸的目标。于是命令十几架飞机立刻起飞，到了故县的上空就是一通狂轰滥炸。转眼之间，一个好端端的和平村镇被炸平了，成百上千的无辜百姓惨遭杀害。

故县在流血，故县在流泪，故县变成了一片火海。日本的空军为了报功领赏，谎报战绩说："目标已全部消灭，再未见一个八路！"其实，他们压根儿就没有见过八路军的影子。是他们自作聪明，把屯留西北的"故县"当成了安泽的"古县"，一字之差竟失之百里。

于是，他们迫不及待地在占领区的报纸上刊登耸人听闻的消息：日本皇军摧毁八路军总部，朱德在空袭中丧生。大后方的新闻媒体不明就里，不辨真伪，竟当作一个重大新闻争相转载。

"八路军总司令朱德为国捐躯！""民族英雄朱德以身殉国！""八路军总司令朱德战死在华北抗日前线！"一时之间，乌云满天，风雪漫舞，各种传闻不胫而走。外界不知，都替八路军捏了一把汗。

延安的毛泽东听到"朱德为国捐躯"的传闻后，马上发电询问朱总司令的总部究竟在何处，是"古县"还是"故县"？大后方的上层人士也都为朱德担心，纷纷通过八路军驻武汉等地办事处或《新华日报》社探询朱德将军的安危。

这时，安然无恙的朱德仍在古县一带指挥战斗。已经把敌人拖了三天，但这终究不是久留之地，此次行动的目标是建立太行山根据地。左权非常担心总司令的安全，认为在敌众我寡的情况下万一发生什么意外，就不好向党中央和毛主席交代。他再三向朱德建议：

"把日军拖了三天，已为友军赢得了时间，该撤了！"

"敌人已知道我们不是大部队，正从四面八方围拢过来，该转移了！"

"现在，四面枪声不断。日军不再夺路前进，而是向我们扑来。情况非常紧急，再待在这里就危险了……"

到了傍晚，情况更加危急。敌人的炮弹不停地在朱德身边爆炸，枪声越来越近，子弹在头顶上呼啸而过。这时，朱德才率部离开大路，转移到路南的刘垣村。

就在此时，后面总部警卫团新建的警通第二营的两个新兵连赶到了。他们的人虽然不少，可没有枪支，每人只有两颗手榴弹。朱德觉得这是锻炼他们的一个好机会，应该让他们同日军拼搏一下。

说来也真巧，就在这时，日军的后续部队过来了。从侦察的情况得知，过来的是由许多大车组成的日军辎重队。

朱德当即下达命令，并亲自组织新兵们打一个伏击战。两个新兵连在老部队的掩护下，埋伏在敌人必经的大路旁。当前后相续、踽踽而行的大车进入伏击圈后，朱德一声令下，两百多颗手榴弹像扔萝卜一样落入敌群。日军死的死，伤的伤，辎重全部被缴获，不仅有枪支弹药，还有不少军需物质。

这一仗打得干净利落，炸毁敌人大车几十辆，歼灭一部分日军。更重要的是两个新兵连不仅得到了锻炼，还用缴获的武器装备了自己。

朱德是一只战火中涅槃的"不死鸟"，以他那大智大勇的英雄气概，冲出了日军的包围，胜利地到达了太行山区。"为国捐躯"是敌人编造的谣言，朱德正威武地站在太行山上，指挥着千军万马为中华民族的独立而浴血奋战！

后来，当康克清亲眼见到"完好无损"的朱德时，便来一个西洋式的激情拥抱。朱德知道妻子一直在为他担惊受怕，便哈哈大笑说："我朱德有避弹神功，炸弹离我远着呢！"

天无绝人之路

冬天过去了，沉睡的大地被暖风吹醒了，冰雪融化，草木萌发，春天在人们不经意中悄悄降临于太行山区。千峰万仞都披上了绿色的青葱睡衣，偶尔几处裸露的山丘如庄稼汉的黑黄色脊梁，山丘与山丘之间的深谷像是庄稼汉身上的筋骨。

太行山脉绵延于山西、河北等省之间。它居高临下，地形险峻，向东可以控制河北、山东；向西同太岳山相接，中间的盆地是晋中富饶之地；北面同晋察冀抗日根据地为邻。朱德仁马太行，便于从这里指导整个华北敌后抗日军民同日本侵略军的斗争。

三月十五日，在沁县县城东南约十五里小东岭的关帝庙里，一张破损之后用毛边纸裱糊过的华北地图被轻轻打开，朱德一边看着地图一边蹙眉沉思。

临汾失陷后，山西的主要城市和交通干线基本上被日军占领。但广大的乡村和山区却依然控制在抗日军民手里，二十多万中国军队和近百万民众武装广布于敌后。日军虽然占领主要城市但又不敢南渡黄河，不得不回过头来巩固它的占领区。于是，日军便首先对晋东南抗日根据地发动空前规模的"九路围攻"。

对于日军的这种"吃回头草"战略，朱德早就有所预料。综合各方面消息，他向延安和南京报告了敌人"肃正"的迹象。到了月底，各方情报印证了他的正确判断。

大战在即，部队又热闹起来了。八路军各路将领纷纷来电请战，要给日本侵略军以有力回击，但东路军的国民党军将领普遍情绪低落。

"仅我军打，也有五六成把握。"彭德怀从未被困难吓倒过，"即使打不胜，也能粉碎日军围攻的企图。"

"友军不打，我军也要打，但能拉上友军打更好。"朱德有他的考虑，"若由我东路军指挥战区部队粉碎日军围攻，必将鼓舞友军士气，同时可以扩大游击战的影响力。"

三月二十四日，关帝庙里又灯火辉煌，东路军总部在这里召集八路军旅以上干部和划归东路军指挥的友军少将以上军官会议。国民党军队的曾万钟、李家钰、朱怀冰、赵寿山等将军到会，加上八路军的干部，共有三十多人。

为了开好这个会议，总部机关认真进行了敌情资料准备。同时，朱德还派出总部警卫团老战士到小东岭打猎，给友军将领改善伙食。

朱德宣布会议五项议程：报告、讨论目前战争形势与任务；研究改善部队政治工作与健全组织；确定与统一民众工作方针和敌军工作方针；确定作战方针、建立根据地、武装民众；商定由东路军开办地方工作、敌军工作与部队政治工作训练班。

一副横刀立马威武严峻气派的彭德怀作会议主报告。他掀开两道浓眉着重阐述了三个问题：第一，为了动员全社会共同抗日，必须改造旧的地方政权，实行民主政治；第二，要改造军队，在军队中实行有利抗战的政治工作；第三，要武装民众，学习游击战争的战略战术。

会议开到第四天，朱德作了总结。他重点分析了当时的抗战形势，结合忻口战役以来正反两方面的作战经验，具体阐述了游击战和运动战的组织指挥问题，还阐述了政治工作和增强官兵之间、军民之间团结的问题。

讲到最后，已是日头偏西，朱德宣布："会议开到这里，明天再劳累大家一天，我请大家看戏！"

"看戏，在哪里看戏？看什么戏？"当第二天朱德把大家带到一个山头时，有些人还没弄清是怎么回事。

原来，就在会议快要结束时，八路军第一二九师计划在响堂铺打一次伏击战。朱德认真审核了作战计划，认为从对敌情的侦察、判断到对地形的选择和兵力的部署都比较理想。他当即批准了这一计划，并决定安排参加会议的友军将领到战场附近的高地现场观摩这次战斗，以实兵实战的事例加深他们对游击战术的了解。

日军占领临汾后，从河北邯郸到山西长治再到临汾之间的公路，就成了日军重要的后方交通干线，大批军用物资和增援部队都要通过这条公路运往晋南前线。响堂铺就在这条公路的东段，位于河北涉县到山西东阳关之间的公路上。村外一侧是悬崖峭壁，不易攀登；另一侧是隆起的高地，便于隐蔽和出击，朱德便在这里导演了一场大戏。

三月三十一日拂晓，几十名观摩者悄悄进入了响堂铺村外的一处高地。这里视野开阔，便于观察，通过望远镜，下面公路上的一切尽收眼底。

上午九时许，一切都像事先安排好的一样，日军第十四师团森本、山田两个汽车中队由东向西开来，车队的头尾和中间各有一车押运士兵。一上碎石路，速度顿减，二百余辆汽车拉成一条十余里的长蛇。

当车队进入响堂铺伏击圈后，徐向前一声令下，埋伏于公路一侧高地上的七七一团向敌后尾发起突然袭击，他们用炮火和手榴弹炸毁了所有卡车，用机枪和步枪扫射护送车队的日军，并组织机动部队实施快速反击，打退了前来增援的日军。顷刻间敌人的车队瘫痪了，公路上出现了一条僵死不动的火龙。

这一仗打得干巴利脆，从开始到结束仅用两个小时。共炸毁日军汽车一百八十余辆，击毙日军官兵四百余人，缴获迫击炮四门，各种枪械百余支，还有大批的军用物资，而八路军仅伤亡十几人。

这是一台精彩的好戏，尽管到会的将领指挥过不少战役，但还没见过如此快捷的歼灭战。撤出战斗后，观摩的友军将领感叹地说："要不是亲眼所见烧了一百多辆日军的汽车，说什么我也不信这是真的！这太像一次预先安排好的'作战演习'了！"

然而，日本人是不会拿两个中队的汽车和士兵让八路军演习的，这只能表明朱德等八路军将领打伏击战已经到了出神入化的程度。如果没有事先的周密侦察和精确判断，如果不是对日军的活动规律了如指掌，如果不是对地形的选择恰到好处，如果没有八路军官兵的果敢机智，响堂铺伏击战是不会组织得如此天衣无缝的。

无疑，小东岭会议是由八路军总司令朱德组织的一次对友军实施统一指挥的会议，同时也是一次关于敌后游击战的政治、军事集训班。小东岭会议对坚定东路军将领的抗战信心、鼓舞友军士气起到了很大作用。

阳春三月，大地回暖，万象更新。就在这桃李含苞、柳烟渐浓的时候，蛰居一冬的日军也开始活动了。他们到处强拉民夫，强征车马，在晋东南地区建机场、修公路、运物资，俨然一幅紧急备战的景象，看来一个大的军事行动即将发生。

八路军总部在半个月前曾缴获一张日军绘制的"九路围攻"作战地图，最近又从缴获的日军文件和士兵家信中得知"四月上旬又有大进攻"的信息，特别是得到可靠情报：日军开始调动第一〇八师团和一〇九师团以及骑兵、炮兵、工兵、辎重兵共三万余人，向晋冀豫抗日根据地集结，企图用"分进合击"的手段，将八路军总部和主力逼到辽县、榆社、武乡、襄垣一带加以消灭。

朱德和彭德怀根据敌情，采用运动战和游击战相结合的作战原则，制定了粉碎敌人"九路围攻"的作战方针。他们命令刘伯承、邓小平、徐向前率领八路军一二九师主动转入外线，隐蔽集结，伺机歼敌一路；同时发动群众，空舍清野，破坏交通，多方游击，袭扰敌人。按照这一方针，在敌人发动围攻之前，朱德命令八路军主力一部进入山西与河北交界的麻田、涉县一带待机。

果然不出所料，日军大规模出动了，一路烧杀直向根据地中心扑来。但是敌人万万没有想到，一进入根据地就碰上了"空舍清野"，甚至水井都被堵死了，他们变成了"聋子""瞎子"，根本弄不清八路军的行踪，没有吃的，没有喝的，还不断遭到游击队的袭击。

此时，由苦米地亲自率领的南路日军已进至下良镇。苦米地是日军中一个凶狠毒辣、目空一切、刚愎自用的将领，就在一个月前，日军三路会攻临汾的战役中，由于他诡计多端，提前一步冲进临汾城，抢了头功，日军大本营为他颁发了一枚勋章。从此，他更加狂妄骄纵，自诩精通八路军的游击战术，扬言一定要打垮八路军的主力部队。

针对八路军的"敌进我退""敌退我追"原则，苦米地提出了"拖刀计"战术，就是在作战中烧毁民房后佯装撤退，当八路军游击队尾随追击时，进行伏击或围攻。这种战法，开始时使有些游击队吃了亏，他就更加目空一切，不可一世。他曾自鸣得意地给女儿写信说："天皇因我先入临汾，赐我一枚勋章，我已挂在左胸前，我的右肩也高起来了，你看我像不像墨索里尼……"

此时，日军第一〇四旅团已经进逼襄垣县虒亭一带，距八路军总部驻地小东岭只有二十公里。参谋人员看到朱德还在聚精会神地研究作战计划，就一次又一次地报告敌人越来越近，可是朱德仍岿然不动。

贴着血红"膏药"的日军飞机发出震耳欲聋的声音，在小东岭上空飞来飞去。情况已经相当危急，警卫员再三劝说朱德到村外树林里防空，可他却关心起别人来了，"去通知部队注意隐蔽，绝不能随意走动，以免暴露目标。"

虽然敌人大兵压境，来势凶猛，但朱德胆略超凡，镇定自若。直到敌人靠得很近了，他才不得不和彭德怀撤离小东岭，率领八路军总部向东北方向转移。

部队赶到浊漳河畔时，都被眼前的情景惊呆了：原本平缓而流量不大的浊漳河，现在却像一群疯狂奔腾的野马，巨浪翻卷着黄沙和泥浆从上游滚滚而下，发出雷鸣般的呼啸，震得地动山摇。前无去路，后有追兵，如何冲出绝境？

不远处传来阵阵炮声，表明敌人离这里不远了。情况越来越紧急，掩护总部机关的只有一个警卫排，要是过不了河，那只能背水而战，后果不堪设想。大家心急如焚，眼睁睁地等待朱德的决断。

走在后面的康克清一听说过不了河，顿时紧张起来。她跑到前面对朱德和彭德怀急不可耐地说："后面的炮声越来越响，敌人眼看着就要追过来，部队过不了河，你们两位老总得赶快想个办法呀！"

手拿望远镜正在树下观察浊漳河对岸地形的朱德，听到是妻子在说话，便回过头来慢悠悠地说："天无绝人之路。办法，总会有的，急个啥子哟！"

这时，炮声更清晰了，除了日军小钢炮的声音之外，还夹杂几声山炮声。人们的心被揪得更紧了，不是怕自己有什么危险，而是担心总司令的安全。参谋们都围在朱德、彭德怀周围，随时等待着他们的命令。

"要沉着！"朱德放下望远镜，"越是在这种紧急关头，越不能慌乱。通知大家做好一切渡河准备，抓紧时间休息。"

入夜后，朱德把大家集中起来，一字千钧地说："同志们，我们工农红军跟着党中央、毛主席从南方打到北方，在雪山、草地、腊子口冒着敌人的炮火照样走，今天碰上这么个小小的浊漳河，难道就能让它把我们挡住吗？"

指战员听了总司令那气吞山河的讲话，一个个斗志昂扬，信心百倍。趁着夜色，大家抓紧时间进行渡河准备。

次日清晨，云开日出。这时，敌人的追兵也更近了，已能清楚地听到敌人的枪声，估计顶多也不到十里路。形势紧迫，不能再等了。朱德下达命令："现在开始渡河。先把一根绳子固定在大树上，然后派人带着绳子游过河去固定好，大家拉开距离，抓着绳子涉水过河。挑选几个会游泳的，由孙泱带着去完成任务。"

朱德的参谋兼秘书孙泱是革命先烈孙炳文的儿子，水性很好，赛过"浪里白条"张顺。孙泱很快挑选几个会游水的来到河边，在身上系好一根粗粗的绳子，然后跳进浊漳河，穿过浑浊的激流，很快游到对岸，在一块巨石上拴好绳子，部队开始渡河了。

看到朱德把自己的马让给病号骑了，警卫员提出要背他过河，但他说什么都不肯。这时的朱德已经五十二岁了，他慢步走下河滩，抓着一匹驮文件箱的马尾巴，走进了激流。他一边过河还一边鼓励大家："过河时，眼睛要往前看，不能只看眼前的恶浪。这同咱们搞革命一样，不要被眼下日寇的疯狂所吓倒，要看到抗战必胜的光明前途。"

朱德过河后一直站在岸边，密切注视着大家过河。最后，他看到对岸还有几个战士在徘徊，好久了也不过河，便问怎么回事。原来是几个刚入伍的战士，从来没见过这么大的河和这么大的水，一看见河水就头晕。朱德立即叫人把自己的大红马牵过去，让新战士骑马过河。

几个新战士一听牵来的是总司令的马，就你推我让不肯骑上去。他们激动地说："总司令这么大年纪了，还蹚水过河，咱们怎么能骑马？何况又是总司令的马呢！"

"对，天冷水冷，没有什么大了不得的，我们的血是热的！"

后来，他们在几个会游水战士的帮助下，有的手挽着手，有的抓着绳子，互相鼓励着渡过了浊漳河。

把日军甩在了河对岸，刚刚松了一口气，没料到惊涛又起：在夜行军中他们同敌人又遭遇上了。日军有好几千人，到处打枪放炮。而朱德率领的总部只有一个警卫排，幸亏遭遇战中敌人也弄不清八路军的虚实，根本就不知道同他们打仗的正是他们时刻想要消灭的朱德、彭德怀和八路军总部。

朱德当机立断，利用夜黑如墨的有利条件，在警卫排的掩护下，总部通过山间小径向敌人侧后转移，终于跳出了日军的合击圈。

四月十日，雄鸡发出的长鸣在晨曦中传得很远，留下娓娓的回声。武乡县的马牧村传来一阵犬吠，不久又恢复了宁静。武乡县是日军将要进攻的第一个重点地区，而朱德在这天晚上却把总部设在了马牧村的东头。

"老总，不是不欢迎您。"地方干部劝道，"这里离日军拉网的地方太近了，还是换个地方安全些。"

"莫急，同志哥！"朱德不以为然地说，"九路围攻，哪里安全呢？不过，我在这里你们也不要保密，让日军知道没啥子关系，知道了他们才会来嘛！"

"让日军来？"大家有点丈二和尚摸不着头脑。

接着，朱德开始排兵布阵。他命令东路军中的友军曾万钟部和山西青年抗敌决死队第一纵队在内线钳制日军，在日军进攻时，以连或营为单位采取运动防御的态势吸引日军，其余部队则相机绕到敌之侧后，集中优势兵力袭击或夹击其一路，以削弱敌人。

在马牧村，朱德还布置部队发动根据地群众，实行"空舍清野"；地方自卫军、游击队要四处出击，以袭击敌人，疲劳敌人，分散敌人，迷惑敌人。

一切安排就绪，朱德便同村里一位外号叫"张高棋"的私塾先生摆开了棋局。一杯清茶，一盘象棋，朱德下得兴致很高。有时一盘棋从上午下到下午，不知心事是在棋盘里，还是在战场上。高人博弈，高就高在不露声色，只见一局接着一局，朱德总是把对手将得一败涂地，而且局局都赢在"卒"子上。

朱德一边下棋，一边和老乡们摆龙门阵："这下棋也如同打仗，必须纵横机动，进退得当，有时步步进逼，猛吃一口，打开了缺口，连续进攻；有时灵活撤退，避其精锐，摆好阵势寻机歼敌。所以每招棋都不能四平八稳，延续老套子。再说咱们抗战，只靠我们八路军不行，还要靠咱们全国的老百姓。只有军民并肩战斗，才能把日寇赶出中国去！"

乡亲们听了朱德的"棋谱"，都纷纷点头表示钦佩。他们不仅学到了棋技，还聆听了一堂生动的抗日斗争课。以后，他们都爱找平易近人的朱总司令下棋。

四月十四日，侦察员的到来中断了朱德面前的那盘棋。据侦察员报告，苫米地旅团已进至武乡地界。

朱德乐哈哈地对张老先生说："这盘棋能封起来就好了，我还要赢呢！"

说罢，朱德回到总部作战室，发出一道急电："在外线隐蔽待机的八路军第一二九师主力和第三四四旅迅速向武乡靠拢。"

刘伯承、邓小平、徐向前当即率领自己的部队向武乡县城西北集结，于次日晚赶到目的地。此时，原在这里的日军刚刚带着辎重骡马弃城向襄垣方向退去。刘伯承当即下令，部队分左、右两路沿浊漳河星夜追击。

第二天拂晓，左、右两路追击部队超越日军抢先到达武乡县以东的长乐村，构成了对日军的两面夹击之势。朱德接到消息，一巴掌拍在标示着"长乐"两个字的地图上："那就打吧！"

追击部队立即占领阵地，将日军困在了长乐村外狭窄的河谷里。日军被截为数段，首尾不能相顾；而八路军则凭借有利地形，从河谷两岸发动猛攻。双方从上午激战至黄昏，八路军大胜，共歼灭日军第一〇八师团的柏崎联队和苫米地旅的工藤联队及炮、骑、工、辎分队各一部，毙敌两千二百余人，击毙战马五百余匹，缴获枪支和军用物资一批。骄横不可一世的苫米地旅团长尽管逃脱，但也因惨败而受到上司的处分。

长乐村一役对粉碎日军的"九路围攻"产生了决定性影响。由于这一路日军主力几乎被全歼，其他各路日军也遭到不同程度的打击，纷纷退却，不敢再向前深入，日军精心策划的"九路围攻"遂告破产。

挫败顽固派的嚣张气焰

根据中共中央的电报通知，朱德准备回延安参加六届六中全会。鉴于沿途情况复杂，左权除了配备精干的总部特务团为总司令做警卫工作之外，还为朱德选择了一条便捷安全的路线。

方案制定后，朱德提出两点意见："警卫部队从简，目前前方更需要人，我可以同其他参加会议的同志搭伴走；还有路线，这一次我要多转几个地方，想会会几个朋友。"

七月五日，朱德一行出发了。在返回延安的途中，他先后会见了卫立煌、程潜、李根源、蒋鼎文、阎锡山等国民党军政要员，向他们宣传了八路军独立自主的抗日主张和通报一年来的抗日情况，并向他们陈述了目前面临的困难。

八月二十五日，清清的延水河一路欢唱，迎来了凯旋的朱德。此时，朱德又感受到浓烈醇厚的黄土气息和积极向上的革命氛围。这是他在前方战斗一年后第一次回延安，受到延安军民的热烈欢迎。

九月二十九日，中共六届六中全会在延安城东桥儿沟天主教堂胜利召开。朱德在会上用一天半时间作了关于军事问题的报告，总结了八路军一年来在华北广泛开展游击战争、开辟敌后抗日根据地的经验教训，分析抗日战争进入到现阶段的政治、军事形势和敌我战略战术的变化，提出八路军今后的任务等。

会议期间，传来广州失陷的消息，历时四个半月的武汉会战已露败象。为鼓励并支持蒋介石继续抗战，朱德乘战斗机冒险飞到汉口，随即在中共谈判"第一高手"周恩来的陪同下会见蒋介石。在日机频繁的袭扰中，他向蒋介石报告了八路军一年来的战绩，敌后抗日根据地建立的情况以及取得这些胜利的原因。并且强调：只要发动群众、武装群众，即使退到重庆也不要紧，日寇是一定能够打败的！并提出了八路军再扩编三个军，增发经费和弹药的要求。

十月底，陕北已是秋风飒飒，寒意袭人了。中共六届六中全会一结束，朱德就准备离开延安重返太行前线。这天，终日在窑洞里办公的毛泽东难得"偷得浮生半日闲"，想到户外走走，没想到刚出门就遇上了登门造访的客人。

"看来主席是要出门啰！"朱德笑眯眯地站定。

"不是要出门，是要迎接贵客！"身着破棉衣的毛泽东往窑洞里一指，"贵客既到，那就请吧！"

毛泽东近来心情颇佳，不仅身体有点发福，脸上也容光焕发。这一切变化，在一定程度上与来自共产国际的指示不无关系。

就在朱德返回延安之前，中共驻共产国际代表王稼祥归来，传达了共产国际对王明的批判，并认同毛泽东为中国革命领袖的指示。中共中央政治局为此召开了专门会议，宣布了这一重要指示，并确定召开六中全会向全党通报情况。

中共六中全会批准了以毛泽东为首的中央政治局的政治路线，批判了只讲联合、不讲斗争的右倾错误，提出了党加强对抗日战争领导的战略规划。

这是毛泽东在中央苏区受排挤后，一次真正意义上的胜利。作为合作近十年的老战友，朱德从内心里表示祝贺。此时，他是在准备回八路军总部之前特意来告别的。

"蒋介石退居重庆，汪精卫企图与日本人求和，战局发生了变化，形势会越来越复杂，总司令此行担子不轻哟！"待朱德在充满着烟草和辣椒味道的窑洞里坐下后，毛泽东感慨地说。

"有主席和中央同志把握全局，还有大家的齐心协力，华北的问题不大，是挡不住我们向华中发展的。"

"我十分赞成你在全会上讲的八路军今后的任务就是坚持统一战线，坚持抗日，坚持根据地，争取友军，巩固本身。这叫从思想上'三个坚持'　'两项任务'。只要华北有了发展，华中有了进展，我们就获得了主动权！"

"华北的发展形势很好。"朱德的语气突然低沉下来，"当前面临的矛盾主要是地盘问题。我离开前线两个多月，冀中、冀南、豫北和鲁西北等地都相继发生了顽固分子进攻八路军根据地的问题。不过，我们也进行了防御性的斗争，一二九师派出部队进入河北南宫县境，三八六旅陈赓率两个团进入鲁西北聊城，在豫北方向作了必要的让步。总体看来，下一步还有一个摩擦与反摩擦的斗争。"

"蒋中正，我看他既不中也不正，只懂得拳头，不懂得礼让。"毛泽东边点烟边说，"他现在是抗日限共一步棋，我们只有斗争才能抗日。"

"蒋介石也有个好处，你把他打赢了，他就不开腔了，这一点确是一个好处。"朱德笑着说，"假如他打赢了你，那你就不得不下台，你打赢他，他一点腔也不开了！"

"河北的那个省政府主席兼保安司令鹿钟麟怎样啦？"毛泽东吐出一口烟雾问，"从前一段情况看，他可是蒋介石所需要的那种人！"

"我回延安后，不断有电报反映鹿钟麟和河北民军总指挥张荫梧在八路军抗日根据地制造矛盾，强行向晋察冀边区平山、阜平、行唐插手。"朱德肃然道，"经过这一段时间观察，发现他已决计向八路军方面进攻。我曾让八路军总部向当局提出质问，必要时坚决还击，可这些顽固分子不仅没有收敛，还悍然宣布取消抗日的冀南行政主任公署，撤换各地抗日县长。鹿钟麟的面目已十分清楚，他现在是步步紧逼，同我是寸土必争。"

"阎锡山在准备'雨伞'，你们也准备嘛！"毛泽东引用了阎锡山的反共语言，接着说，"他要斗，我们就与他争，这是事物的变化规律嘛！魔高一尺，道高一丈，我们不能再退让了！"

"斗争是难免的。当前，我们反摩擦要有节制：硬，不破坏统一战线；软，不丧失政治立场。下一步，就要看情况而定了……"

朱德与毛泽东在窑洞门前告别后，连夜动身返回华北前线。

一九三九年一月，鹅毛大雪铺天盖地，旋转飞舞，华北大地已成茫茫雪野。此时，华北的政治局势也很寒冷，可以说是雪上加霜。第二次国共合作交响曲奏过了温情脉脉的行板，进入了磕磕碰碰的快板乐章。

对于第二次国共合作，朱德曾作过形象的表述："开始时，蒋介石让共产党、八路军到敌后去是想借刀杀人，像把孙猴子放在太上老君的八卦炉里烧，看你活得成活不成。可是，他没有想到，共产党、八路军在敌后不但没有被消灭，反而迅速发展壮大起来，这下可把他给吓死了！"

于是，蒋介石采取了一系列措施进行"防共""限共"和"制共"。他任命一向反共的石友三为察哈尔省主席，同时电令八路军一二九、一一五师正规部队归还第二战区，而将八路军在河北、察哈尔、山东创建的游击部队，分别交给国民党冀察战区和苏鲁战区指挥，以切断八路军与当地群众武装的联系。

朱德当然不能接受这一无理电令，于是中共中央书记处电告重庆国民党当局，认为河北之摩擦，盖由鹿钟麟引起，为真正统一指挥及统一行政起见，应坚决撤换鹿钟麟，以朱德为冀察战区总司令兼河北省主席。

国民党当局对中共中央的要求不但不予采纳，反而于三月二十日任命朱德为第二战区副司令长官，其目的仍然是把八路军的活动范围限定于晋绥境内，不准在河北、山东等地发展。这样一来，国民党顽固派在河北制造的反共摩擦公然升级：

二月上旬，鹿钟麟部下在河北束鹿附近袭击八路军汪乃贵支队，杀害连以下官兵和群众二十三人；

二三月间，鹿钟麟所属的赵云祥部活埋八路军通讯员、地方工作人员、副官和侦察员几十人，并挖走八路军埋藏的经费和机器；

六月二十一日，"吃摩擦饭，发国难财"的摩擦专家张荫梧利用日军"扫荡"之机，率部袭击八路军后方，包围八路军驻河北深县刘庄的部队，残杀八路军指战员四百多人，制造了震惊中外的"深县事件"；

八月一日和十二日，张荫梧率三千余人两次袭击八路军驻河北赞皇县工作团，捕杀八路军工作人员十余人，并将该工作团的公私财物及文件抢劫一空……

"凡事都不能过分，我们一而再再而三地忍让，现在没有再忍下去的理由了。"面对顽固派肆无忌惮的进攻，忍无可忍的朱德不得不下令反击，"鹿钟麟尚有争取之可能，先以政治揭露和舆论谴责为主；张荫梧已顽固不化，必须给予军事打击并全部歼灭之。"

八月二十四日，朱德指挥第一二九师再战张荫梧，将其大部消灭。三天后，乘胜追击，将张之残部全部歼灭，只放张荫梧一人逃跑。八路军还缴获了其部下勾结日军共同进攻八路军的密信。

"赶快把这些东西报给重庆！"朱德让人将此信和张荫梧制造摩擦的种种罪证一并报告国民党当局。

在如山铁证面前，蒋介石不得不把千曲百折的难言之隐藏于胸中，以通敌罪撤了张荫梧的职，由第九十七军军长朱怀冰兼任冀察战区政治部主任和河北省政府民政厅长。

打掉了张荫梧，鹿钟麟的反共摩擦势力基本上就被摧垮了。他手下没有多少兵力"赶"共产党、八路军，反而在政治上给重庆国民党当局造成被动，蒋介石又不赏识。他自觉没趣，不久便辞去一切职务，躲到重庆过清闲日子去了。

一场接着一场的战斗刚刚结束，朱德还没来得及松口气，不料山西又在告急。

国民党在河北制造摩擦的同时，阎锡山在山西也蠢蠢欲动。他慑于八路军在山西民众中的崇高威信，又配合他的晋绥军从晋北打到晋南，所建立的抗日根据地都是经他认可的，因此他不敢把反共摩擦的重点直接指向八路军，只好拿新军决死队开刀。

这年年底，阎锡山指使手下的反共顽固派将领发动了进攻山西新军的"十二月事变"，杀害了新军中的一些共产党员干部。

事变发生后，朱德发表讲话，严厉谴责了肇事者，明确表示"八路军对此亦不能漠不关心"，我们"正在密切注意之中"。与此同时，他指挥八路军配合山西新军进行了坚决的自卫抵抗，给制造摩擦的王靖国、陈长捷两部以沉重打击，阎锡山想用旧军摧垮新军的目的没有得逞。

朱德根据中共中央的指示，对山西的反摩擦采取了适可而止的方针。在打击了山西旧军之后，为防止事态扩大，避免统一战线在山西破裂，八路军对阎锡山也作了一些让步，把晋西吕梁山的大部分地区让了出去，八路军只控制一小部分地区和一条通道。

一九四〇年，正是国际法西斯嚣张猖狂的年头，国民党也遥相呼应地掀起了反共浪潮，使国内局势更加复杂动荡，凶险难测。原以为打击了鹿钟麟，回击了阎锡山，事态似乎该平息了，没想到朱怀冰和石友三又成了国民党在河北反共摩擦的两支主力。

早春的天短，一过中午天色就开始暗淡了。刚刚转移到王家峪的朱德正在八路军总部研究敌情，警卫员就急匆匆地走进来报告："总司令，有一个国民党军长叫朱什么冰的带着七八个骑兵来了，一进村就被老百姓给围住了。"

"哦，是朱怀冰。"参谋长左权看了看朱德，"他来干什么？"

"夜猫子进宅——没有好事。"朱德摇了摇头，回身吩咐警卫员，"让他进来吧！"

"还见他？"警卫员一双大眼睁得圆圆的，"他跟老百姓说，这块地方过去是他的。总司令，他可能是来争地盘的！"

"哦，是这个样子。"朱德眉头一皱，"赤膊上阵往往是黔驴技穷的先兆。好吧，我正想敲打敲打他！"

"来者不善！"左权一挥袖子说，"这小子准是想搞摩擦来的，错不了！"

"你在外面看好，来了叫他在院里等着。"朱德对警卫员说完，脸色一沉，"哼，要地盘来了，真不知天高地厚！"

警卫员一见两位首长的神情，立刻高兴地脚跟一磕，说了声"是"就转身出去了。他跑出院子，往大门外土坎上一坐，一边等候朱怀冰，一边不住嘴地嘀咕着："好小子，做梦娶媳妇——想得倒美，连碗白开水也不给你喝……"

工夫不大，警卫员看见朱怀冰带着几个骑兵朝总部走来了，他赶紧回屋通报首长。

朱怀冰跨进院子的大门时，朱德正好从堂屋里走出来。朱德在台阶上一站，叉开双腿，两手背在身后，迎面堵住了朱怀冰。

朱怀冰大概刚才在老百姓那里没有听到顺心的话，显得火气很大。他手里攥着马鞭子，三两步走到台阶前，昂着头气势汹汹地对朱德说："这一带过去是我们的防区……"

　　"你这是在跟谁说话？"居高临下的朱德打断朱怀冰的话，严厉喝道，"我是你的副司令长官！连点起码的礼貌也不懂，你还算是个军人吗？"

　　朱怀冰的脑子转得再快，也有点方向盘失控的感觉。他愣怔了一会儿，很快恢复了军人那种千篇一律的姿态：挺胸收腹，双腿如并拢的圆规，还啪的一声靠拢脚跟，规规矩矩地敬了个礼。

　　朱德这才用和缓的口气问道："有啥子事？说吧！"

　　朱怀冰当头挨了一棒，心里更加窝火，于是气不打一处来："有啥事？弟兄们现在没处站脚的地方，请你们让出这块地盘！"

　　"为啥子？"

　　"因为这块地方过去是我们的！"朱怀冰自恃拥有实力较强的国民党第九十七军，气焰十分嚣张。

　　"你们的？你们是谁的？这是中国人民的土地！过去，你们占着这里，人民用血汗把你们喂肥了，养胖了。敌人打过来了，你们倒好，跑得比兔子还快！老实说，你们不战而退，丧失国土，人民还没找你们算账哩！现在，八路军和人民群众拼着性命把这块土地从敌人手里夺了回来，你们又想起这是你们的地盘了？"朱德把右手从腰间拿下来，往前一指，"要抢地盘吗？有的是！二三十里外就有，你们从日军的手里去抢嘛！"

　　这个貌似公允的无耻要求得到明确的答复后，朱怀冰像只霜打的茄子，耷拉着脑袋尴尬地立在院子当中，手里搓弄着马鞭子，连大气也不敢出了。

　　本来想怒而逐客的朱德舒展了一下胸脯，长吁一口气，走下台阶，来到朱怀冰跟前，转缓语气说："同志，不兴这么说。大敌当前，很多领土还被敌人侵占着，一个有良心的爱国军人，应该去争中国人民的地盘，怎么能争哪一个人的地盘呢？我们应该团结抗日，想办法去收复失地才对嘛！"

　　朱怀冰仰起脸，斜着眼瞅着房檐，把嘴撇得像个水瓢，牛气劲又上来了，"说得好听！不争个人的地盘，你们为什么不取消根据地呢？"

　　"为啥子要取消根据地？"朱德掰着手指说，"这里一没有贪官污吏，二没有土豪劣绅，三没有赌棍，四没有娼妓，五没有小老婆，六没有叫花子，七没有结党营私之徒，八没有萎靡不振之气，九没有人吃摩擦饭，十没有人发国难财。这么好的地方，为啥子要取消它？"

朱德的这番话如同黄河越九曲，长江泻三峡，势如破竹，一泻千里，把朱怀冰说得理屈词穷。过了一会，朱怀冰才气鼓鼓地说："我这也是执行上头的命令！"

"谁的命令？"朱德追问道。

"谁的，哼！"朱怀冰扭过头来用白眼球瞅了瞅朱德，鼻子一哼，又把眼睛移到房檐上去了。

朱德见他不说，便道："我相信你是奉命而来。奉谁的命令，我也很清楚。不过，八路军没有接到撤出的命令。关系到友军的问题，不同友军协商就单方面下命令，这个下命令者的企图只有一个，那就是制造摩擦。"

"摩擦不摩擦我管不着。"朱怀冰梗着脖子说，"我是军人，只知道执行命令。"

"一个爱国军人，应该执行的是抗日命令。"朱德像剥玉米似的揭露道，"最近，日汪和国民党内部的顽固派勾结起来，到处挑拨离间、制造分裂。在山西闹旧军打新军，在河北闹张荫梧打八路军，在山东又闹秦启荣打游击队……所有这些破坏团结、削弱抗日力量的做法只能把中国引向亡国灭种。难道你还要在这里再闹出个朱怀冰打抗日根据地吗？同志，这种亲者痛、仇者快的事情千万不能再做了。"

"讲政治，我讲不过你们。"朱怀冰不耐烦地说，"我只想听一句话，你们到底想不想让出这块地方？"

朱德见他半句好话也听不进去，就像油盐不进的铁公鸡，便斩钉截铁地说："没有让出的道理！"

"那好，伤了和气打了起来，不要说我朱某言之不预。"朱怀冰说罢转身要走。

朱德伸手拦住他说："慢一步，八路军也有言在先，我们的原则是：人不犯我，我不犯人；人若犯我，我必犯人。请吧！"

朱德的口气强硬，强硬得若扔到案板上，也能斫骨剁肉。朱怀冰被顶回去后，并未就此罢休，他收罗散在河北的游杂武装，准备与八路军抗衡。石友三则和日军加紧勾结，准备配合日军向八路军进攻。

根据这些情况，中共中央指示：对石友三已不适用争取方针，应坚决、彻底、全部、干净消灭之。据此，朱德作出了部署，决定先打石友三，再打朱怀冰。为了确保这一仗的胜利，他从晋察冀和冀中两个根据地抽调了增援部队，分别由聂荣臻、吕正操带领南下。

三月四日，朱德指挥八路军发起了卫东战役。经一个星期的激战，共毙俘石部三千六百余人。石友三率残部逃到河南开封，与日本驻军司令佐佐木签订互不侵犯协议，并准备在联合消灭八路军后向日军投降。因此举不得人心，后被部下活埋于濮阳黄河岸边。

在发起卫东战役的第二天，八路军又在冀南和豫北交界的磁县、武安、涉县和林县地区发起了反击朱怀冰部的战役。朱怀冰搞摩擦时虽然气势汹汹，其实不堪一击。战役仅进行四天，朱部的第九十七军及其游杂武装就被歼灭一万余人，俘虏了朱怀冰部第九十四师参谋长蒋希文、原鹿钟麟部参谋长王斌、武安自卫军军长胡象乾等要员。

在整个作战中，朱德一直坐镇总部指挥全局。仗要打，但还要把握适可而止的"度"。到三月九日，朱德看到朱怀冰部主力基本被歼，便下令停止反击，命令部队主动后撤。

"撤？为什么要撤？大家都想活捉搞摩擦的头子朱怀冰。"前线来电询问八路军总部。

"不要捉！请神容易送神难，捉了是自找被动。"朱德解释道。

顾全大局的朱德指示部队故意让开一条路，放他们走。对抓到的俘虏和收容的朱怀冰部军官家属，包括朱怀冰的夫人，也都给予优待照顾，不久全部释放。

这年春天，尽管形势诡谲变幻，险象环生，但朱德胸有成竹，沉着应战，始终把主动权掌握在自己手中。在他的指挥下，八路军一打张荫梧，二打石友三，三打朱怀冰，国民党在华北的顽固派势力基本上就被打掉了，从而打退了国民党的第一次反共高潮。

回延安之路

　　春风和煦，百花盛开。在这醉人的季节里，朱德拟去河南洛阳会见第一战区司令长官卫立煌，然后返回延安协助毛泽东进行整风并为七大的召开做准备工作。此时，冀察战地党政分会副主任、参政会参议员王葆真正在八路军总部，商讨国内和平和共同抗日的问题。

　　四月二十五日，朱德告别八路军总部南下，踏上重返延安的旅程。朱德夫妇和王葆真一行同去洛阳，随行的有总部供给部政委周文龙等人，左权抽调了精明强干的红三连作为朱德的随行卫队。

　　由于南下途中要经过日军的封锁线和某些对八路军对立情绪严重的国民党军队的防区，八路军各部都非常担心朱德的安全，但朱德却从容淡定地对待这一切。临行前，左权一再向随行人员交代，途中要绝对保证朱总司令的安全。

　　朱德这次南下，很快引起各方的注意。中共中央期望他同卫立煌的谈判不仅能解决划分防区、停止军事冲突、继续团结抗日的问题，还能解决八路军的扩编、增饷问题。蒋介石希望朱德在谈判中能再做让步，并要求朱德在洛阳会谈后去重庆向他"述职"。日本侵略者则希望朱德同卫立煌的谈判失败，以削减中国的抗日力量。

　　每到一个宿营地，朱德总是提醒大家要加强戒备，注意观察敌情，严防敌特破坏。通过敌占区时，朱德亲自用望远镜观察敌人碉堡里的动静，充满信心地鼓舞大家穿过封锁线。在紧张而有序的行军中，朱德一面随大伙翻沟穿林，一面通过电台随时和延安保持联系，并了解前线各作战部队的情况，及时传达党中央和毛主席的指示。

朱德来到壶关县郭家坨的八路军新一旅驻地，便和同行的王葆真进行了划界谈判。确定以距郭家坨五华里的大井村为界，界北为八路军防地，界南为国民党防地，双方不越界，界上不驻兵，消除摩擦，团结抗战。这一举动对于揭露顽固派、团结友军起了很大作用。

五月一日，朱德一行到达四十七军司令部，军长李家钰在东路军时期曾接受过朱德的指挥。朱德向李家钰介绍了晋东南的敌情，谈了团结抗日的必要性。由于朱德态度诚恳，讲得有理有据，李家钰心悦诚服。临行时，李家钰亲自送行，并派了一个连的步兵护卫。

五月四日，当朱德一行正准备穿越封锁线时，日军忽然打来几十发炮弹，只好等到黄昏后再继续前进。当夜十时，他们巧妙地通过离日军驻地只有五华里的封锁线，然后由当地群众做向导，走小路西行。凌晨到达太行山的尽头，九军的一个营早已在这里迎候。

太行这座历尽人世沧桑的名山，屡见于中国的诗词歌赋之中。魏武帝曹操的《苦寒行》中，就有"北上太行山，艰哉何巍巍"的诗句。巍峨雄伟、气势磅礴的太行山，在抗日战争中更成为华北抗日根据地的中枢。

五月五日，朱德抵达河南济源。第二天，就要离开这座曾经浴血奋战三年多的大山了，瞩目巍巍的太行山，遥望滚滚的黄河水，他心潮起伏，无限感慨，挥毫写下了壮丽的诗篇《出太行》：

> 群峰壁立太行头，天险黄河一望收。
> 两岸烽烟红似火，此行当可慰同仇。

朱德一行离开太行，渡过黄河，于下午六时左右到达洛阳。卫立煌早就盼望着朱德到来，为了安全和便于交谈，他把朱德夫妇安排在自己的官邸歇息，其他随行人员住在九军军部。

当时洛阳的情况甚是复杂，既有大批国民党特务在活动，又有不少在反摩擦斗争中吃了败仗而又不甘心的顽固派头面人物，他们企图为难甚至加害于朱德。但由于卫立煌是当地最高军事长官兼河南省政府主席，他对朱德的热情接待，使这些人不敢轻举妄动。

卫立煌（1897—1960），字俊如，安徽合肥人。辛亥革命爆发后离家从军，成为孙中山卫队的一个营长。孙中山逝世后，他跟随蒋介石，很快擢升为国民党"五虎上将"之一。国民党顽固派军队同八路军打起来以后，作为蒋介石的部下又是朱德的挚友，他非常焦急和为难，立即致电朱德希望适可而止，通过谈判来解决问题。

朱德在卫立煌为他举行的欢迎会上致辞，强调国共两党和全国军队团结的重要性。他指出全国人民需要这种团结，国民党的大多数党员需要这种团结，共产党、八路军坚决要求这种团结，只有日寇、汪精卫等汉奸、投降分子和摩擦专家害怕这种团结。这种团结必须建立在进步的基础上。只有这样，才能克服困难，争取抗战的最后胜利。

卫立煌和朱德的会谈，气氛非常融洽。这次谈判取得了一定成效，协商解决了晋东南国共两方军队以漳河为界的驻防区，允许八路军在中条山保留一条运输线，继续给八路军发放军饷等。

临行前，卫立煌赠给康克清一支钢笔，和两年前送给朱德的那份鹅毛重礼一模一样。又见康克清挂着笨重的十响盒子炮，便送她一支精致的德国毛瑟小手枪。随朱德来的干部穿的都是晋南土布军装，卫立煌下令为每位干部缝制一套优质斜纹布料的灰色军装，对朱德带来的警卫连战士，则按第一战区司令长官部特务团的标准，发给每人一套新衣新鞋。

卫立煌真诚地说："朱玉阶对我很好，真心愿意我们抗日有成绩。这个人气量大、诚恳，是个忠厚长者。"

五月十六日上午，冀察战地党政分会的委员们来看望朱德。朱德同他们谈话时指出："华北敌军不包括伪军在内约有五六十万人，正在加紧修筑堡垒、公路和铁路，同时不断扫荡抗日根据地，但八路军游击队也很活跃，力量相当强大，在同日军进行着不懈的斗争。八路军的对策就是巩固和发展联合各党、各派、各阶层人民的抗日民族统一战线，团结起来，争取抗战的最后胜利。"

在回答国共两党如何才能亲密合作时，朱德说："我们共产党当前是为民族解放而奋斗，并没有自己的私利。凡是有共产党的地方，抗战就热烈；抗战热烈的地方，共产党的力量就大。可是，有的人对抗战的兴趣不大，却积极限共、防共、反共，限制八路军发展，不断制造摩擦，甚至利用汉奸队伍来反共。长此下去，国就要亡了。只有解决这些问题，取消妨碍抗战的东西，国共两党才能亲密合作，共同抗日，否则是没有出路的。"

五月十七日，火车在西安车站刚刚停稳，站在车门口的朱德就看见了刚从苏联疗伤回来的周恩来和八路军西安办事处主任伍云甫，于是惊喜地说："恩来同志，你怎么也来了？实在担当不起！"

"总司令凯旋，理应迎接！"

他们亲切握手，互致问候。自从中共六届六中全会结束后，他们就天各一方，快有两年没有见面了，当然有说不完的话。这位对谈判有着丰富经验，又是中共驻重庆代表团团长和南方局书记的周恩来要代替朱德去重庆同蒋介石谈判，两天前才从延安赶到这里。

国民党陕西省政府和当地驻军也派人来迎接，希望朱德能住在他们条件优越的宾馆里。朱德婉言谢绝说："多谢各位，不再给大家添麻烦了。我还是住在七贤庄吧！到了办事处，就跟回到自己家里一样，一切可以随便些。"

回到七贤庄八路军办事处，刚安排住下，伍云甫就来向朱德汇报办事处的情况，希望总司令能给办事处的同志讲讲话。朱德欣然答应："好，那就给大家讲讲！"

第二天上午，在周恩来和伍云甫的陪同下，朱德给全处同志讲了话。他说："我们中华民族三年来的抗战，已为全世界殖民地人民争取解放斗争的历史，为反对侵略扩张的历史，写下了光辉的一页，证明我中华民族有充分的英勇和坚决，有足够的团结性和坚韧性，能够愈战愈强，直至最后战胜日本帝国主义。"

朱德着重介绍了抗战三年来八路军所取得的辉煌战绩：

"八路军三年来，进行大小战斗九百多次，毙伤日、伪官兵十六万人，缴获各种枪五万多支，各种炮三百多门。当然，我们也作出了很大的牺牲，有三万多将士为中华民族的解放流尽了最后一滴血，我们应该永远记住他们！

"三年来，我们曾在敌后建立和巩固了许多抗日根据地。我们曾在山东、山西、河北、察哈尔、绥远的三百七十五个县中，收复过一百九十八个县城。直到现在，可以说华北没有哪一个县是在日寇的完全统治之下，在华北二百二十一万平方公里的土地上，我们活动的地区达到百分之八十。我们一定要坚持华北抗战，广泛地开展游击战争。华北历来就是反对外民族入侵的主战场，自古养成了一种爱国的伟大精神。常说的'燕赵自古多慷慨悲歌之士'，就是极好的证明！"

接着，朱德在介绍华北反"摩擦"斗争的情况时说："从一九三九年底到一九四〇年春，国民党顽固派发动了反共高潮。他们到处制造摩擦，残杀我八路军和抗日群众，一时间内战的阴云又笼罩着整个中国。我们按照毛主席的指示'人不犯我，我不犯人，人若犯我，我必犯人'开展斗争，前门打狼，后门拒虎，坚持有理、有利、有节的原则，在团结中不放弃斗争，在斗争中求得团结，有力地打击了国民党反共顽固派的投降活动。听说你们在后方，也同样遭到国民党顽固派的骚扰、破坏和暗算，处境也很困难，斗争也很复杂。希望你们坚持下去，取得胜利！"

在座谈中，办事处人员毫无拘束地提出了许多问题，请朱德解答。

"请问总司令，我们应该如何对付敌人的盯梢？"有人问朱德。

这是八路军西安办事处最为头疼的一个问题。按理说，办事处是八路军的一个合法机关，国民党当局理应加以保护。但是，国民党中的顽固派却把它视为眼中钉、肉中刺，千方百计使用各种卑鄙手段想把它赶走或除掉。他们把办事处对面的一幢小楼强行买去，不分昼夜地用望远镜监视办事处，还公开宣布不准商人卖东西给办事处，同时在办事处的周围设立了二十多个"锦衣卫"，有"东厂"的，也有"西厂"的，化装成小贩、修鞋的、拉洋车的、收破烂的，整天蹲在七贤庄一带专门盯梢。进来的、出去的一个也不放过，不仅记录在案，还常跟踪骚扰。

朱德沉思片刻，回答说："大家都打过仗，懂得声东击西，懂得佯攻迂回。我看对付国民党顽固派的盯梢、跟踪，也可以用佯攻的战术，给他来个明修栈道，暗度陈仓。他设了那么多点，你不让他盯着能行吗？不行！那就让他盯吧！你先给他个'假的'让他盯上，引开了他的视线，'真的'再出来，不是他就盯不上了吗？你出去一两个人，他能盯上，你出去七八个人，分散开了，不是他就盯不住了吗？他要死盯着你了，也没啥子关系，你以万变应其不变，搞点灵活机动，他就无法应付了。比如，要去送文件，要去搞联络，你白天不去晚上去，晴天不去雨天去，不让他摸到规律。出去了，就由不得他了，他跟踪你，你不走大街走小巷，穿堂过屋，前门进后门出，把'尾巴'甩掉。恩来同志搞过长期的隐蔽斗争，这方面有着丰富的经验，应该向他学习！"

周恩来站起来说："总司令把隐蔽斗争和打仗联系起来，讲得非常深刻和实在。你们应该结合实际订出几条来，我相信你们一定会战胜各种破坏阴谋，取得更大的成绩。"

朱德语重心长地嘱咐大家："你们是在险恶环境之中，一不要惧怕，二不要麻痹，三要讲究策略。只要大家认清了顽固派的反动本质，时刻提高警惕，保持革命气节，做好应付一切可能出现的突然事变的准备，就可以做到万无一失，勇往直前了。"

后来，朱德得知办事处交通科的一个姓贾的战士被特务秘密绑架了，办事处曾多次同国民党当局交涉、查寻，对方总是遮遮掩掩，推脱搪塞，至今仍无下落。他仔细分析了西安的情况后，觉得此事必须利用对方的矛盾才能探得虚实。

西安是西北重镇，又是连接前方、重庆和延安的枢纽，各种反动势力都在这里插了一脚，特务系统就有军统、中统，还有宪兵、警察，另有国民党的嫡系部队、地方的杂牌军等等。朱德通过造访陕西省政府主席蒋鼎文和三十四集团军总司令胡宗南等人，从旁探得情况，此事确系国民党当局所为，于是便理直气壮地找上门去，指名道姓地向他们要人，迫使特务们不得不把人交出来，终于使小贾脱险，又回到了办事处。

五月十九日下午，当时担任新疆文学院院长的茅盾（沈雁冰）一家和理论家张仲实由迪化（今乌鲁木齐）经咸阳来到西安。次日下午，茅盾和张仲实找到七贤庄八路军办事处。两人走进客厅，意外地看到了朱德和周恩来。

茅盾是第一次见到久闻大名的朱德总司令，感到他是一位话语不多的敦厚长者。周恩来详细询问了他们离开新疆的经过，并问他们今后有何打算，茅盾和张仲实都说想去延安。

"好啊，你们无论是去参观还是去工作，我们都欢迎。正巧总司令过几天要回延安，你们可以同他一道走，这样路上的安全就有了保证。"周恩来说，"哦，你们也许还不知道，近年来，国民党特务机关在去延安的沿途设下重重关卡，随便抓人。我们对于自愿去延安的青年，采取集中后分批护送的办法。去的青年都换上军装，充作八路军的人员。但即使这样，仍发生过多起国民党特务机关截留卡车的事件。不过，你们这次搭总司令的汽车去延安，国民党特务机关是不敢为难的。"

五月二十四日，朱德一行离开西安向延安进发，同行的除茅盾夫妇和张仲实外，还有一批滞留西安的进步人士和青年学生。朱德不坐小汽车而坐大卡车，因为卡车里装的都是国民党当局禁运而延安又急需的一批通信器材。他们一行由三辆卡车组成车队，共有四十多人。这些人大多都穿上了军装，充作朱德的随从。

当晚抵达铜川，大家分别下榻于几家旅馆。子夜时分突然响起一阵嘈杂声，茅盾起身一看，原来是国民党的宪兵要搜查可疑分子。朱德的副官亮出总司令的通行证，坚决阻止宪兵的无理取闹。在双方各不相让之际，来了一个国民党军官，他对副官说了一声"误会"，就带着那群宪兵溜走了。

第二天经过黄帝陵时，朱德提议前去拜谒。当大家抬级而上来到黄帝陵前，却遭到驻守黄陵卫兵的阻拦，说这里是国防重地，不得进入。黄陵管理处的负责人看到来人是八路军总司令，就特别通融，还陪同朱德一起进行了参观。

在陵前留影后，朱德提议请茅盾给大家讲讲黄帝的故事。茅盾推辞不掉，只好提高声音简略地讲了讲："黄帝是传说中的人物，姓姬，号轩辕氏，相传是中原各族的共同祖先，用现代的话说，大概是中国氏族社会最早的各族公认的首领。黄帝既有武功又擅文治，他先打败了炎帝，后又击杀蚩尤于涿鹿之野。在他统治下有许多发明创造：他手下的史官仓颉，创造了文字；他的妻子嫘祖发明了养蚕和缫丝；他又与一个叫岐伯的医生编写了中国第一部医书《内经》。当然，这些都是传说，或者是神话。但这些神话传说在人们口头传颂了五千多年，正证明了黄帝在中国人心目中的特殊地位，他代表了我国悠久的历史和文化，他是中华民族的象征！"

茅盾讲完后，朱德带头鼓掌，并幽默地说："刚才沈先生讲了历史上的黄帝，现在我再讲讲当代的黄帝——我们这些黄帝的胄裔。中华民族有五千年光辉的历史，然而近百年来我们这个民族却遭受了帝国主义的百般欺凌，被称作'东亚病夫'。现在这个古老的民族觉醒了，我们这些黄帝的子孙点燃了民族解放的烽火，全国人民正进行着神圣的抗日战争。抗日战争就是中华民族复兴的战争，我们一定要把这场战争进行到底，也一定能取得战争的最后胜利！现在有人想阻挠抗日战争的胜利进行，想妥协投降，这种人是黄帝的不肖子孙！"

茅盾紧紧握住朱德的手说："总司令，从你精辟的讲演中，我学到了许多东西。我始终坚信我们中华民族是大有希望的，我为能和你一路同行而感到荣幸！"

当天下午四时左右，车队通过最后一道国民党的关卡，跨进了山丹丹花开红艳艳的陕甘宁边区。

朱德在华北那样复杂的环境中指挥八路军坚持抗战近三年时间。三年来，他广泛地发动民众，收复了大片国土，建立起抗日根据地，创立抗日民主政权，发展游击战争，抑制了侵华日军的大量兵力，使其无法开发并利用华北的丰富资源，大大提高了全国人民坚持抗战的信心和决心。八路军自身也从原来的三个师发展到有正规部队二十二万人，在全国人民中享有巨大威望。

一跤跌出个南泥湾

延安，位于黄土高原的陕西北部、延河中游，距省城西安三百多公里。这里是中国革命的摇篮，是中共中央领导中国革命取得胜利的红色圣地。这里的一山一水都印证着民族奋斗的历史，这里的一草一木都记录着民族解放的足迹。

五月二十六日，朱德带着满身征尘从抗日前线回到了阔别近三年的延安。他在城外杨家岭的窑洞一住下，一大堆工作就摆上了案头。康克清开玩笑说："你这个老总啊，走到哪里都像个总管。明明回来是有休养任务的，怎么一夜工夫就接管了这么多事！"

"不打紧！"朱德乐呵呵地说，"我多做一些工作，毛主席的担子就会轻一些，好让他腾出精力多考虑重大问题。"

朱德这次回延安，正是国际国内风云险恶、抗日战争十分艰苦的时候。

七月二十二日，为了回击日军的"囚笼政策"，打破其进犯西安之企图，朱德和前方的彭德怀、左权联名致电聂荣臻、贺龙、关向应、刘伯承、邓小平并报中央军委，正式下达破袭正大铁路战役的预备命令。

正当东条英机美梦正酣的时候，华北突然霹雳一声，五千里的敌后全线进出了战斗的火花。战役发起第三天，八路军参战部队就达一百〇五个团，故称"百团大战"。

这次战役共打死打伤日军两万余人，伪军五千余人；俘虏日军二百八十一人、伪军一万八千人，日军投降四十七人，伪军反正一万一千人；破坏铁路九百多里、公路三千里，破坏桥梁、车站二百六十多处；并缴获了大批武器和军用物资，共产党所控制的华北抗日根据地也随之大幅扩大。

毛泽东拿着"百团大战"的战报，高兴地称朱德下了一着好棋，在华北捅了一个马蜂窝。并给前线的彭德怀发电："百团大战真是令人兴奋，像这样的战斗是否还可以组织一两次……"

在协助毛泽东指挥各敌后抗日根据地的军事斗争的同时，朱德十分关心陕甘宁边区的财政经济工作。陕甘宁边区是中共中央所在地和敌后抗日根据地的总后方，由于日本侵略者的残酷扫荡和国民党顽固派的严密经济封锁，延安困难重重，步履维艰。

在千头万绪之中，朱德始终抓得最紧的只有两件事：一是指挥前方作战。他几乎每天都要通过无线电了解华北战场的敌情和战况，把毛泽东、党中央的指示变成具体的作战方案、计划发往前线；二是组织部队进行生产，加强边区的经济建设。

当时，胡宗南二三十个师几十万大军正虎视眈眈地注视着边区，构筑五道封锁线，加紧对延安的经济封锁。为了加强边区防务，保障中共中央的安全，朱德下令从晋西北调一个主力旅回到陕甘宁边区。这样一来，粮食就更加紧张了，有些部门甚至到了揭不开锅的地步。因此必须尽快解决吃饭、穿衣、日用品和军需等问题，使边区的财政经济从半自给到完全自给自足。否则，抗日战争就难于坚持，抗战的胜利就没有保障。

一九四一年，是克服陕甘宁边区严重经济困难最关键的一年。熟悉苏欧经济与军事关系的朱德曾发表多篇文章，阐述他对发展边区经济的构想。他在文章中指出："发展陕甘宁边区经济建设的问题，提出已经相当久，而且也取得相当成功，只因这问题尚未引起各方面最广泛的注意，并为某些条件所限制，直到今天还未达到应有的成绩，所以有重新提出的必要。"

二月二十五日，身穿灰色军大衣的朱德在边区县委书记联席会议上作了关于生产运动的报告。他说："我们党的负责同志要把生产运动看严重一点，看远一点。因为这是一个战争的环境，现在边区周围有二十几万军队、五道封锁线，企图把边区蚕食取消，它的力量很大，可能打进来，所以我们要把经济建设看远一点，要把力量准备一下，应付他们来打我们。"

为了打破日寇和国民党顽固派对陕甘宁边区的经济封锁，克服部队供应的困难，朱德提出在不妨碍部队作战和训练的前提下，实行军垦屯田。以部队强壮众多的劳动力，投入到生产运动中去，以减轻人民的负担，密切军民关系，同时帮助边区的建设，也改善部队本身的生活。

对于中国历史上的屯田，朱德是耳熟能详的。早年读《三国志》时，他对书中记载的曹操"开芍陂屯田"就很赞赏，眉批道："留薪办法"，认为这是解决军队生活必需品的好办法。而现时在革命军队中实行屯田，则是个伟大的创举，不仅在规模上比曹操的屯田大得多，而且搞农业生产，还要从事林、牧、副、渔业及手工业、商业、运输业的综合开发。

实行屯垦需要两个最起码的条件：可供开垦的大片土地和能够担当此任的部队。于是朱德决定对边区附近进行调研，寻找可资开发的土地。

当朝霞染红黄土高坡的时候，朱德喝了一杯淡盐水，就带上火种和干粮骑马向东南方向勘察去了。从延安到三十里铺这一段路还比较顺利，可是再往前走都是崎岖的山路，坑坑洼洼很不好走。临近中午时分，他们来到金盆区南泥湾的西北角。

朱德爬上一个山坡，举目四望，只见树木葱茏，杂草丛生，荒无人烟，野兽成群。正如当地的歌谣所描述：南泥湾呀烂泥湾，荒山臭水黑泥滩。方圆百里山连山，只见梢林不见天。狼豹黄羊满山窜，一片荒凉少人烟。

进入南泥湾，根本没有路，有的地方只能靠砍刀、斧子劈出路来。看到这里河流纵横，土地肥沃，出身农村的朱德就像发现了新大陆似的欣喜地说："好土，好土！开荒种粮完全可以。这里的污泥并不深，可以改造成水田，看来我们不久就能吃上陕北的白米饭啰！"

朱德的一席话，令大家兴奋异常，又信心倍增，几乎忘记了一天的奔波劳顿。

月牙在深邃的夜空中遨游，古老的处女山野一片苍茫，给人们带来神秘莫测的感觉。朱德一行在一孔破窑洞里歇下来，警卫战士捡来一堆干柴，点起篝火，把携带的干粮和水壶架在火上加热。熊熊大火把茫茫的夜空照得通红，这是南泥湾的第一堆篝火，也是八路军总司令点燃的拓荒之火。

这时，拴在一旁的战马突然骚动起来，发出"咴咴"的嘶鸣。不远处传来狼群的嚎叫，躲在附近的豹子大概受了惊扰，也跟着吼叫起来。朱德看到警卫战士都端起了枪，就向他们摆手说："不要紧张，野兽怕火，只要把火烧旺点，野兽就不敢过来。"

第二天，他们继续勘察地形，采集水样，访问山民。朱德与警卫人员一起在树丛间、草莽中艰难地探路，走到一处山坡坐下休息时，他给战士们讲三国时期曹操屯田的故事。讲完后，看到大家听得都入了神，就满意地笑着说："主席讲得好，只有生产，才能战胜困难。我们很需要毛主席提倡的那种艰苦奋斗的精神！"

热爱大自然的朱德望着眼前郁郁葱葱的荒野，闻着扑鼻而来的没有开发的泥土气息，不禁心旷神怡。他突然发现不远处飘出一缕淡蓝色的炊烟，一按大腿站起身："那边有户人家。走，访访去！"

来到一间孤零零的破草屋门前，一个身材瘦小的老汉惊慌地站起来，打量着这些持刀背枪的不速之客。朱德快步上前打招呼："老哥，你好啊！这地方是啥位置？"

"南泥湾。"老汉表情木讷。

"老哥贵姓？"朱德拉着老汉一起坐在石头上，"就你一个人在这里住？好像附近没有什么人？"

"我姓唐，住在这里几十年了。这地方一直没人，兵荒马乱的，我孤身一人，只有和野兽做伴。"老汉见这个当兵的很和善，便如实说。

"听口音你是四川人，我们应该是老乡噻！"朱德以他特有的家乡方言说。

"你也是四川人！"唐老汉一听是老乡，高兴地咧开布满胡茬的嘴。

"是的！"朱德颔首道，"我家在川北，也有几十年没有回去啰！"

"我是当年随父亲从四川逃荒过来的，现在就剩我一个人了。"唐老汉掏出烟袋，装上大黄叶，用拇指肚按了按烟锅说，"长官，你也抽一袋！"

"戒了！过去爱抽，而且烟瘾还不小呢！可是现在，部队的供应这么困难，眼下主要是解决吃饭问题。我现在每月只有一块钱的津贴，如果再抽烟，就连洗衣服的肥皂钱都没有了，所以我戒烟已有两年了！"朱德伸手往前一指，"老乡哥，请问这里能打粮吗？"

"怎么不能！"唐老汉肯定地说，"这里我太熟悉了！相传在同治年间，南泥湾曾是人口稠密的富庶之乡，后因连年战乱，疾病流行，再加上军阀、土匪的抢掠，老百姓流离失所，背井离乡，人烟就稀少了，后来变成了荆棘丛生、杂草遍野的荒芜之地。"

"我们对这里不熟。老乡哥，我想请你帮帮忙……"朱德当即表示要请这个貌似土著的唐老汉为开垦部队的编外"顾问"。

唐老汉乐呵呵地捋了捋自己的胡须，随手扔开烟袋窝："要得……"

朱德以唐老汉为向导，勘查了南泥湾的山林野谷、沟壑池潭。大家一边走，一边看，一边聊，都被眼前的自然景色所吸引，不知不觉走进了南泥湾腹地。

走着走着，只听呼哧一声，朱德不见了，随同人员大惊失色。原来朱德一不小心被野蒿绊倒，滑入山谷。几个警卫员一边喊着"总司令"，一边抓着树根顺着陡坡溜下去，好不容易才找到朱德。警卫员把他拉起来，只见他两手被树枝刺伤了，脸也被野蒿划出了血痕。然后经警卫员前拖后推一阵忙乎，才把他从深谷里拉上来。

"老乡，怎么样？"唐老汉担心地问，"这一跤跌得不轻，身子骨没事哈？"

"这一跤跌得好哟！"朱德笑着说，"你们都来看……"

大家顺着朱德手指的方向望去，前面是一片开阔地。朱德走过去拔起一棵野蒿，带起了一大坨松软泥土，黑油油的。他抓了一把土，像老农民似的凑到鼻子前嗅了嗅，又攥在手里捏了捏，兴奋地说："好土，好土！开荒种粮完全可以！"

经过几天踏勘，朱德对南泥湾的整体情况有了基本了解。传说这里的水有毒，不能喝，因此他们来时自备了水。临走时，他们又取走当地的水样和土样。

五天后，朱德结束考察返回延安。由于延安化验条件有限，就把水样、土样送到重庆办事处，请周恩来找人化验。化验结果表明：南泥湾的地下水没有问题，地面水中的毒素系枯草败叶长期腐烂所致，只要采取适当措施，完全可以饮用。

这一消息令朱德异常兴奋，一个开发南泥湾的总体计划在他脑中形成，于是马上向毛泽东汇报。虽说已经是春末夏初了，毛泽东还没有换季的衣服。穿着棉衣的毛泽东一边捧出红枣招待，一边连声赞道："这件事你朱老总抓得好，抓得好哇！"经过再三权衡，他们想到一位军垦屯田的极佳人选——王震。

王震（1908—1993），湖南浏阳人。一九二四年参加工作，一九二七年加入共青团，同年转入中国共产党。一九二九年参加中国工农红军，曾任湘东独立一师团政委、师政治部主任、师政委兼第八军代政委、湘赣军区代司令员。后任第六军团政委、第二军团政委。一九三五年参加长征。

抗日战争爆发后，王震担任八路军一二〇师三五九旅旅长兼政委。一九三七年九月，他率部进入晋西北抗日前线，配合忻口战役，切断敌人交通，有力地打击了敌军，参与创建晋西北抗日根据地。而后，又挥师向晋察冀边区挺进，在山西抗日前线英勇转战近两年，取得过多次胜利，在邵家庄的伏击战中，一举击毙日军旅团长常冈少将，威震华北。

几年抗战，三五九旅愈战愈勇，连战连捷，震惊了侵华日军。八路军总部和边区政府分别授予王震所属部队"模范党军""百战百胜的铁军"等称号。一九三九年国民党搞摩擦，日军趁机进占晋西黄河沿岸，妄图进攻延安。胡宗南的二十多个师部署在陕甘宁边区的东部和南部，对边区实行封锁，并不断蚕食边区。为保卫边区和延安的安全，中共中央决定调三五九旅回防陕北，部署在米脂、绥德一带，一方面防止日军西进，同时也是对付胡宗南的摩擦。

朱德把开垦南泥湾当作克服经济困难的一项重点工程来抓，于是找来王震提出了自己的想法。铁路工人出身的王震对种地虽然是外行，但他执行中央指示非常坚决，只是不知这么多部队到哪儿去找开垦的土地。朱德风趣地说："土地倒是有，而且是块大肥肉，好多人想去啃都啃不动，就看你王胡子敢不敢啃？"

"有什么不敢的？"王震把大腿一拍说，"只要你朱老总下命令，就是再硬的骨头我王震也要把它啃下来！"

"好！在东南九十里的地方有一个乡叫南泥湾，方圆百里，渺无人烟。那里的土地肥沃，是适宜垦殖的好地方。"朱德又对王震说，"部队参加生产后，不仅可以休养兵力，增进军民关系，还可以使指战员得到锻炼。南泥湾开垦起来困难较大，希望你们好好搞。要充分做好思想动员和组织准备工作，用大家劳动的双手，建立起革命的家务。"

开发南泥湾，交通是个大问题，从三十里铺到南泥湾必须修筑一条平坦的大道，以便运输。朱德把这项任务交给炮团三营九连去完成。九连指战员在边区政府建设厅的指导下，抓紧铺石筑路，不畏艰辛，一条平整的大道很快就通向了南泥湾。

清明前后，种瓜种豆。在王震的亲自率领下，三五九旅高唱"一把镢头一支枪，生产自给保卫党中央"的战歌，浩浩荡荡地开进南泥湾，开展轰轰烈烈的"背枪上战场，荷锄到田庄"的大生产运动。三五九旅到达南泥湾的第二天上午，庄严而热烈的誓师大会便开始了。朱德特地赶到南泥湾参加誓师大会，他要亲自指挥打响这场屯田战斗！

朱德风尘仆仆的面容、慈祥有神的目光、坚毅顽强的神情，深深地感染着全体指战员。他热情激昂地说："我们三五九旅为什么要到南泥湾来？我们八路军、新四军是最坚决的抗日先锋，蒋介石一不发饷，二不发粮，对我陕甘宁边区实行军事与经济封锁。毛主席要我们自己动手，丰衣足食。你们在前方是英雄部队，就是为了保卫陕甘宁边区，保卫党中央，才把你们从战场上调回来，一手拿枪杆，一手拿镢头，就在南泥湾安家。南泥湾是个好地方，有的是荒山，土质肥沃。南泥湾就是你们的家，你们在这里好好地安家立业吧！"

王震代表三五九旅，在誓师大会上表决心："朱总司令昨天才从延安赶来，指挥我们展开屯田战斗，并且和部队一起露营，同甘苦，共患难，给了我们很大鼓舞，这只有共产党人才办得到。我们要努力做到不吃老百姓一颗粮，还要有余粮送交边区。我们还要开水田，种稻谷，使人人吃上大米，把南泥湾变成陕北江南。"

王震率领七一七团官兵进入南泥湾后，接着七一八团、七一九团也相继开进，旅部就设在金盆湾。部队进驻后没有房子住，尤其是夜间露宿，寒风刺骨，官兵们衣衫单薄，难以御寒。于是，大家拣些树枝、柴草，点起堆堆篝火，用来取暖。为了不误农时，部队先组织开荒，大家搭临时棚；等种子下地后，才开始为自己建造窑洞。

三五九旅果然不负众望，"面朝黄土背朝天"的战士们边挖窑洞边开荒。南泥湾在沉睡了近百年之后突然苏醒了，到处是开荒的人群，到处是劳动的号子，到处是记录开荒进度的黑板报。人们关注开荒记录的热情不亚于对抗日前线战报的关注。

五月，毛泽东和朱德、王稼祥、叶剑英以中共中央军委名义发出《关于陕甘宁边区部队生产工作的指示》。随后，朱德又一次来到南泥湾，在王震陪同下视察了刚来南泥湾不久的七一八团的生产情况。他观看了正在成长的谷子，听取了团部的汇报，又到战士中找人谈话，征求大家对建设南泥湾的意见，向大家讲解屯田政策的重大意义。

朱德语气沉重地说："边区地广人稀，只有一百五十万人口，我们这么多机关部队都要靠人民负担，怎么行呢？我们一定要把生产运动搞起来。敌人来了就去打仗，敌人不来就生产。毛主席说敌人要封锁我们，我们对敌人的回答是：自己动手，用我们的双手，做到生产自给，丰衣足食。"

六月二十日，朱德写了一封长信给三五九旅的七一七和七一八两个团领导，对南泥湾生产作了具体指示："你们两团的生产有成绩，有了基础，望你们每天都向前推进，建立起模范的生产运动。你们要知道此一工作的重要性，它不但解决了目前自给自足的生活，并且也为边区建立了新民主主义的经济，将来即是国家一部分优良的产业。"

辛勤的耕耘劳作，终于换来了秋后的累累硕果。屯垦的第一年气候条件比较好，南泥湾和整个边区获得农业大丰收，解决了边区部队相当一部分的口粮问题。三五九旅使昔日的荒原变成了平川稻谷香、遍地是牛羊的"陕北江南"，以后不仅实现了吃用全部自给，而且每年还向政府上交公粮一万石，成为全军大生产运动的一面旗帜。

一九四二年，陕甘宁边区已初步出现欣欣向荣的景象。边区军民积极参加大生产运动，延安出现了生机，出现了希望。这年年初，毛泽东、朱德在给抗日前线彭德怀的电报中说："此间财经问题，今年可解决，并在去年打下了基础。"

四月下旬，凉意还没有完全褪尽，是人们乱穿衣的时候，但陕北大地却染上了一层斑驳的绿色。朱德又亲临南泥湾视察，随他一同前往的有一二〇师师长贺龙。这时的南泥湾再不是人烟稀少、杂草遍地的荒山野岭，而是炊烟袅袅、人欢马叫的屯田长廊。

朱德和贺龙在王震陪同下，首先到距金盆湾四十里的七一七团视察，看望了驻地全体指战员。之后他们一行又回到金盆湾驻地，亲切接见在南泥湾立下汗马功劳的全体指战员。在盛大而隆重的检阅大会上，朱德和贺龙检阅了驻军七一八团射击、投弹等军事演习。

这时的南泥湾旧貌换新颜，庄稼长势良好，生机勃勃，绿意浓浓，丰收在望。朱德在视察南泥湾农场和工厂后，称赞南泥湾建设搞得好，是"陕北的江南"。朱德还欣然为七一八团的《战声报》题写了报头，并鼓励他们越办越好。

在延安，有五位年纪最大的老同志，人称"延安五老"。除朱德外，其他四位是延安自然科学院院长徐特立、陕甘宁边区政府秘书长谢觉哉、延安大学校长吴玉章和晋西北行政公署主任续范亭。纪念七七抗战五周年后，朱德邀请他们同游南泥湾。

此时的南泥湾，片片稻田在阳光下熠熠闪光，田野泛起层层菽浪，山上散布着肥壮的牛羊。看到这一派喜人的景象，朱德兴致很高，诗兴大发，即兴写下了《游南泥湾》：

纪念七七了，诸老各相邀。

战局虽紧张，休养不可少。

轻车出延安，共载有五老。

行行卅里铺，炎热颇烦躁。

远望树森森，清风生林表。

白浪满青山，绿叶栖黄鸟。

登临万花岭，一览群山小。

丛林蔽天日，人云多虎豹。

去年初到此，遍地皆荒草。
夜无宿营地，破窑亦难找。
今辟新市场，洞房满山腰。
平川种嘉禾，水田栽新稻。
屯田仅告成，战士粗温饱。
农场牛羊肥，马兰造纸俏。
小憩陶宝峪，青流在怀抱。
诸老各尽欢，养生亦养脑。
熏风拂面来，有似江南好。
散步咏晚凉，明月挂树杪。

生离死别

一九四三年，正是抗战烽火熊熊燃烧的岁月。当朱德指挥千军万马同日本侵略军进行艰苦卓绝斗争之时，突然收到家乡寄来的两封信，知道母亲的健康大不如前。"儿行千里母担忧"，他由思念千里之外的母亲转而又想起远在万里的女儿。

在花好月圆的中秋之夜，戎马倥偬的朱德忽然想到应该给女儿写封信了，再寄上两张相片。于是他抽出信纸，捻亮油灯，感情的洪水在笔下涌流。"烽火连三月，家书抵万金。"父爱如山，他把对女儿的思念化作殷切的希望：

"你在战争中应当一面服务，一面读书，脑力同体力都要同时并练为好。中日战争要比苏德战争迟些结束，望你好好学习，将来回来做些建国事业为是……"

这封字字和着泪水的信，在国际邮路上辗转一段时间，又从终点回到了起点：信封上盖着"邮路中断，无法投递"的戳子，被原封不动退了回来。

此时，中国的抗日战争已进入最艰苦的阶段，苏联的卫国战争也异常残酷。朱德收起信对康克清说："自己家的事再大也是小事，还是等战争结束以后再说吧！"

"人想人，想死了人。"康克清深知丈夫对女儿的思念之情，她又何尝不惦念远在异国他乡的朱敏呢！这位身体健壮的"女司令"看上去毫无司令的气概，倒是更像一位农妇。她一直都在关心朱德的一双儿女，视同己出。母爱的光辉，使她赢得了儿女的爱戴与尊敬。

朱敏一九二六年生于莫斯科，是朱德的独生女儿。女儿生下不久，朱德就回国投身革命了。朱敏回国后，在四川外婆的抚养下长大。直到十四岁来到延安，朱敏才回到日思夜想的父亲身边。父女相见，百感交集。战争阻断了骨肉亲情，阻隔了天伦之乐，"十年生死两茫茫"，朱敏再也控制不住思念的泪水。朱德心疼地为女儿擦干眼泪，朱敏分明看到了父亲的眼睛也是潮湿的。

两个月后，朱敏不得不与父亲告别，和毛泽东的女儿李敏等一起踏上去莫斯科的求学之路。临别之际，舐犊情深的朱德依依不舍地拉着女儿的手，疼惜地说："你到了苏联，一定要好好学习，努力掌握专门知识。等打完仗，国家就需要建设，那时我们会需要很多建设人才，爹爹等你回来建设新中国！"

化名赤英的朱敏带着父亲殷切的希望与深深的牵念，离开了战火纷飞的祖国，飞往她的出生地莫斯科。"赤英"是朱德给她起的名字：朱者赤也，赤者红也，意即红色英雄。

飞机从延安起飞时，朱敏透过舷窗看见父亲和康妈妈还有毛伯伯站在跑道边，仰头望着空中，他们久久地目送着女儿离去，直到从视线中消失。

到苏联几个月后，朱敏因身体不好被送到白俄罗斯的夏令营疗养。她做梦也没有想到，德国法西斯向苏联发动了闪电般的进攻，转眼之间就落入了法西斯的魔掌，过上了九死一生的集中营生活。在充满死亡气息的"孤儿院"里，她过着地狱一般的生活。斯大林格勒保卫战胜利那天，她又成了纳粹的一名小囚徒。她被装入闷罐车押往德国东普鲁士，在法西斯的集中营里服苦役。

在延安的朱德完全想象得到这场战争的残酷性，但他认为女儿的学习条件应该好于当年他在莫斯科的情况，可万万没有想到朱敏落入了德国法西斯的魔掌。由于新疆军阀盛世才转向反共，延安与莫斯科的秘密通道中断了。女儿音信杳无，他只能把对女儿的思念之情深深地埋在心底。

今年春天，苏联卫国战争取得了转折性胜利。这时，莫斯科国际儿童院把在战争中死亡和失散孩子的名单送到了斯大林的案头，其中就有中国八路军总司令朱德的女儿。这引起斯大林的关注，他给前线指挥战斗的朱可夫元帅发去一电，令其在解放南方城市时，特别要注意寻找朱德的女儿。然而，直到收复了苏联最后一个城市也没有找到朱德女儿的下落。斯大林决定暂不把这个情况报给中国共产党，又一次将继续寻找的命令下达到攻占柏林的部队。

朱敏逃出东普鲁士集中营，收容站政委知道她的情况后，禁不住连声惊叫："天哪！这样重要身份的孩子居然没有被德国人发觉，活着走出集中营，简直是个奇迹，是个奇迹！你知道吗？因为你活着从他们眼皮底下溜走，德国佬将要多后悔啊！"

在这位有着一副好心肠外搭一副好脾气的政委的帮助下，朱敏开始给父亲写信。她激动地坐在桌子前，展开信纸，提笔时才知道早已把老祖宗的方块字忘得差不多了，俄文她又没有学好……这可好，朝思暮想要给亲人写信，如今有了机会，她这个昔日的初中生却被法西斯摧残成了一个既不会中文又不懂俄文的文盲了！

看来给父亲写信，朱敏这样的文化水平肯定是不行了，她只好又去求助政委，告诉政委她不会写中文了。这让政委也很惊讶，感慨这地狱的魔力竟把人改变得这样厉害。最后，政委答应帮助她写信。可是她什么线索也没有，代笔写信也不是一件容易的事情。

朱敏在莫斯科只生活了三个月，对那里的街道地名都不了解，甚至连她所在的国际儿童院在什么位置都说不清楚，只知道他们的国际儿童院是共产国际负责创办的。

这个信息让政委很兴奋，他说他知道这个地址，很快就帮朱敏写好了一封信。信中说一个叫赤英的中国女孩要寻找在中国的父亲，并且将朱敏在国际儿童院的情况也介绍了一下。因为他们还在靠近德国的边境，怕信件丢失，就没敢直接写上父亲的名字。但她忽略了一个关键问题，也没有写上自己的真实姓名。

信倒是没有丢失，顺利地寄到了莫斯科，可共产国际已经解散了，无人受理她的信件。这封信在莫斯科滞留了一段时间，又被热心的邮递员转到莫斯科红十字协会。工作人员打开信，看到原来是国际儿童院的孩子，就准备转给国际儿童院。

巧合的是，毛岸英在苏联卫国战争结束后听从父亲的安排，到红十字协会办理回国手续，而朱敏的信当时正放在工作人员的办公桌上。毛岸英看见后，问这是谁的信？工作人员见毛岸英也是中国人，就问他认不认得儿童院里有个叫赤英的中国女孩，说她要寻找在中国的父亲。

如果当时告诉是朱敏，毛岸英或许根据姓氏推测，还能知道她是谁的女儿。可一听到这个类似少数民族的名字，他想了半天，实在没有印象。朱敏在国际儿童院时，毛岸英已经考入大学，只有星期日才回儿童院住，加上他们的年龄差别，毛岸英和朱敏只有几次点头之交，而且三个月后朱敏又失踪了，毛岸英当然记不住一个叫"赤英"的新生。不过，毛岸英答应回延安后帮助打听一下谁是赤英的父亲。

就这样，毛岸英带着"赤英"的名字回到了延安。在一次和毛泽东的交谈中，他无意中说起有个叫赤英的中国女孩在寻找她的父亲。

当时，毛岸英并没有想到他父亲会知道这个古怪的名字，但一听说赤英，毛泽东马上停下手头的工作，兴奋地问："你知道赤英在哪里？"

难道父亲知道赤英是谁？毛岸英急忙把他在莫斯科红十字协会看见的一封信告诉了父亲。

"这是我们朱老总的千金啊，这个化名我知道！"毛泽东高兴地说，"这下可好了，好多年没有音信了，没想到她还活着，你赶快去告诉朱伯伯，让他也放心！"

毛岸英急忙走进朱德的窑洞，把朱敏在德国寻找父亲的情况告诉了朱德。

听到这个喜从天降的消息，朱德激动得没有说什么，似乎在想：一个能指挥千军万马的将军，却保护不了自己的宝贝女儿。他第一个反应是到桌前坐下，拿出纸和笔，马上要给朱敏写信。

"朱伯伯！"毛岸英想了想，"信上说，赤英的中文已经忘记了很多，你写信给她，不知她能不能看得懂。还是我代笔，用俄文写信给她，好吗？"

朱德放下毛笔，连声说："要得要得，你写你写！"

毛岸英写好信，寄到莫斯科红十字协会，请他们将信转给国际儿童院的赤英。

直到抗日战争结束后，苏联政府把朱敏的音讯通报中共时，朱德才知道女儿的具体情况。于是，朱德立即写去一封信，希望女儿能够原谅他。他之所以没有向苏联方面询问她的情况，是因为苏联当时也处在战争灾难之中，他怎么能为个人的事情去麻烦苏联政府呢！

出了集中营的朱敏，已在苏联红军的关照下回到莫斯科。这时，她已考上列宁师范学院。在大学的第一个暑假，朱敏才回国探望阔别十年的父母。这时，中华人民共和国已经成立了……

一九四四年二月十五日，朱德的母亲以八十六岁高龄辞世。噩耗传来，朱德再也抑制不住思念的泪水。母亲的音容笑貌，母亲的一言一行，声声入耳，历历在目。母亲的宽厚仁慈，母亲的勤劳能干，让他久久难以忘怀。

朱德的母亲钟氏晚年知道自己的儿子担任了八路军总司令，仍不辍劳作，自食其力。她唯一所求就是能在有生之年见上儿子一面，但在战火纷飞的岁月，朱德身负重任，母亲临终也未能见到日夜思念的儿子。

夜深人静之时，朱德怀着无限的敬爱之心与不尽的思念之情，写下了《回忆我的母亲》这篇感人肺腑、催人泪下的祭文：

得到母亲去世的消息，我很悲痛。我爱我母亲，特别是她勤劳一生，很多事情是值得我永远回忆的。

我家是佃农。祖籍广东韶关，客籍人，在"湖广填四川"时迁移四川仪陇县马鞍场。世代为地主耕种，家境是贫苦的，和我们来往的朋友也都是老老实实的贫苦农民。

母亲一共生了十三个儿女。因为家境贫穷，无法全部养活，只留下了八个，以后再生下的被迫溺死了。这在母亲心里是多么惨痛悲哀和无可奈何的事情啊！母亲把八个孩子一手养大成人。可是她的时间大半被家务和耕种占去了，没法多照顾孩子，只好让孩子们在地里爬着。

母亲是个好劳力。从我能记忆时起，母亲总是天不亮就起床。全家二十多口人，妇女们轮班煮饭，轮到就煮一年。母亲把饭煮了，还要种田，种菜，喂猪，养蚕，纺棉花。因为她身体高大结实，还能挑水挑粪。

母亲这样地整日劳碌着。我到四五岁时就很自然地在旁边帮她的忙，到八九岁时就不但能挑能背，还会种地了。记得那时我从私塾回家，常见母亲在灶上汗流满面地烧饭，我就悄悄把书一放，挑水或放牛去了。有的季节里，我上午读书，下午种地；一到农忙，便整日在地里跟着母亲劳动。这个时期母亲教给我许多生产知识。

佃户家庭的生活自然是艰苦的，可是由于母亲的聪明能干，也勉强过得下去。我们用桐子榨油来点灯，吃的是豌豆饭、菜饭、红薯饭、杂粮饭，把菜籽榨出的油放在饭里做调料。这类地主富人家看也不看的饭食，母亲却能做得使一家人吃起来有滋味。赶上丰年，才能缝上一些新衣服，衣服也是自己生产出来的。母亲亲手纺出线，请人织成布，染了颜色，我们叫它"家织布"，有铜钱那样厚。一套衣服老大穿过了，老二老三接着穿还穿不烂。

勤劳的家庭是有规律、有组织的。我的祖父是一个中国标本式的农民，到八九十岁还非耕田不可，不耕田就会害病，直到临死前不久还在地里劳动。祖母是家庭的组织者，一切生产事务由她管理分派，每年除夕就分派好一年的工作。每天天还没亮，母亲就第一个起身，接着听见祖父起来的声音。接着大家都离开床铺，喂猪的喂猪，砍柴的砍柴，挑水的挑水。母亲在家庭里极能任劳任怨。她性格和蔼，没有打骂过我们，也没有同任何人吵过架。因此，虽然在这样的大家庭里，长幼、伯叔、妯娌相处都很和睦。母亲同情贫苦的人——这是朴素的阶级意识，虽然自己不富裕，还周济和照顾比自己更穷的亲戚。她自己是很节省的。父亲有时吸点旱烟，喝点酒；母亲管束着我们，不允许我们染上一点。母亲那种勤劳俭朴的习惯，母亲那种宽厚仁慈的态度，至今还在我心中留有深刻的印象。

但是灾难不因为中国农民的和平就不降临到他们身上。庚子年（1900）前后，四川连年旱灾，很多的农民饥饿、破产，不得不成群结队地去"吃大户"。我亲眼见到，六七百穿得破破烂烂的农民和他们的妻子儿女被所谓官兵一阵凶杀毒打，血溅四五十里，哭声动天。在这样的年月里，我家也遭受更多的困难，仅仅吃些小菜叶、高粱，通年没吃过白米。特别是乙未（1895）那一年，地主欺压佃户，要在租种的地上加租子，因为办不到，就趁大年除夕，威胁着我家要退佃，逼着我们搬家。在悲惨的情况下，我们一家人哭泣着连夜分散。从此我家被迫分两处住下。人手少了，又遇天灾，庄稼没收成，这是我家最悲惨的一次遭遇。母亲没有灰心，她对穷苦农民的同情和对为富不仁者的反感却更强烈了。母亲沉痛的三言两语的诉说以及我亲眼见到的许多不平事实，启发了我幼年时期反抗压迫追求光明的思想，使我决心寻找新的生活。

我不久就离开母亲，因为我读书了。我是一个佃农家庭的子弟，本来是没有钱读书的。那时乡间豪绅地主的欺压，衙门差役的横蛮，逼得母亲和父亲决心节衣缩食培养出一个读书人来"支撑门户"。我念过私塾，光绪三十一年（1905）考了科举，以后又到更远的顺庆和成都去读书。这个时候的学费都是东挪西借来的，总共用了二百多块钱，直到我后来当护国军旅长时才还清。

光绪三十四年（1908）我从成都回来，在仪陇县办高等小学，一年回家两三次去看母亲。那时新旧思想冲突得很厉害。我们抱了科学民主的思想，想在家乡做点事情，守旧的豪绅们便出来反对我们。我决心瞒着母亲离开家乡，远走云南，参加新军和同盟会。我到云南后，从家信中知道，我母亲对我这一举动不但不反对，还给我许多慰勉。

从宣统元年（1909）到现在，我再没有回过一次家。只在民国八年（1919）我曾经把父亲和母亲接出来。但是他俩劳动惯了，离开土地就不舒服，所以还是回了家。父亲就在回家途中死了。母亲回家继续劳动，一直到最后。

中国革命继续向前发展，我的思想也继续向前发展。当我发现了中国革命的正确道路时，我便加入了中国共产党。大革命失败了，我和家庭完全隔绝了。母亲就靠那三十亩地独立支持一家人的生活。抗战以后，我才能和家里通信。母亲知道我所做的事业，她期望着中国民族解放的成功。她知道我们党的困难，依然在家里过着勤苦的农妇生活。七年中间，我曾寄回几百元钱和几张自己的照片给母亲。母亲年老了，但她永远想念着我，如同我永远想念着她一样。去年收到侄儿的来信说："祖母今年已有八十五岁，精神不如昨年之健康，饮食起居亦不如前，甚望见你一面，聊叙别后情景。"但我献身于民族抗战事业，竟未能报答母亲的希望。

母亲最大的特点是一生不曾脱离过劳动。母亲生我前一分钟还在灶上煮饭。虽到老年，仍然热爱生产。去年另一封外甥的家信中说："外祖母大人因年老关系，今年不比往年健康，但仍不辍劳作，尤喜纺棉。"

我应该感谢母亲，她教给我与困难作斗争的经验。我在家庭中已经饱尝艰苦，这使我在三十多年的军事生活和革命生活中再没感到过困难，没被困难吓倒。母亲又给我一个强健的身体，一个勤劳的习惯，使我从来没感到过劳累。

我应该感谢母亲，她教给我生产的知识和革命的意志，鼓励我以后走上革命的道路。在这条路上，我一天比一天更加认识：只有这种知识，这种意志，才是世界上最宝贵的财产。

母亲现在离我而去了，我将永不能再见她一面了，这个哀痛是无法补救的。母亲是一个平凡的人，她只是中国千百万劳动人民中的一员，但是，正是这千百万人创造了和创造着中国的历史。我用什么方法来报答母亲的深恩呢？我将继续尽忠于我们的民族和人民，尽忠于我们的民族和人民的希望——中国共产党，使和母亲同样生活着的人能够过快乐的生活。这是我能做到的，一定能做到的。

愿母亲在地下安息！

四月十日，延安各界隆重举行追悼八路军总司令朱德的母亲钟太夫人大会，这是中国共产党历史上仅有的一次为党的领导人的母亲举行的公祭仪式。中共中央希望通过这次祭奠，号召全国军民学习朱德母亲深明大义，支持儿子进行抗战大业；学习朱德母亲勤劳不辍，努力劳动，创建家园。

下午二时，中共中央、陕甘宁边区政府的领导人毛泽东、周恩来、林伯渠等，以及延安各界代表一千多人集结在杨家岭大礼堂，参加了此次追悼大会。

中共中央的挽联是："八路功勋大孝为国，一生劳动吾党之光。"毛泽东的挽联是："为母当学民族英雄贤母，斯人无愧劳动阶级完人。"中共中央党校的挽联为："唯有劳动人民母性，能育劳动人民领袖。"刘少奇、周恩来等同志的挽联为："教子成民族英雄，举世共钦贤母范；毕生为劳动妇女，故乡永保好家风。"

在追悼大会上，周恩来代表中共中央讲话。他怀着对朱德母亲的崇高敬意，深情地讲道：

> 看到总司令母亲的传记，感到一个农民家庭从小到老都在生产劳动中，这是全人类的希望。我们中国的新社会就是从千百万劳动者中间创造出来的。钟太夫人是个好母亲。我们看到总司令母亲以勤劳的习惯、革命的意志教养了朱总司令。全中国人民的母亲教养了朱总司令成为民族英雄，是很值得骄傲的，我们很荣幸有这样一位民族母亲。钟太夫人是个好抗属。总司令早年去云南讲武堂学习，虽然没有告诉母亲，但她很高兴。后来，总司令转战川滇，把母亲接出来，但她仍愿回家劳动，从那时就和总司令分开了。以后，总司令到国外寻觅革命知识，参加共产党，二十多年来从未回过家门，但她仍不断鼓励总司令。抗战后，总司令只寄了几百元钱回去，她仍然继续劳动，并不依靠总司令、八路军、共产党为她养老，因为她知道抗战是艰苦的，共产党人是大公无私的。这种抗属在全中国是少见的，即使在全世界反法西斯军人的母亲中，也是值得骄傲的。她的操守，值得全国军民学习。

这景、这情、这爱，既撼天动地、荡气回肠，又缠绵百转、催人奋进，同过去召开的为寄托哀思、化悲痛为力量的各种追悼会的气氛迥然不同。

朱德母亲去世之际，正是抗日战争胜利曙光显露于东方之时。中国共产党召开这次追悼大会，是号召大家以朱德母亲为榜样，发扬艰苦奋斗的精神，争取抗战的最后胜利，同时也是树立共产党人的光辉形象。

第八章
逐鹿中原

　　朱德：中原战场是决战的战场。自古以来谁在中原取得胜利，最后胜利属于谁的问题就能解决，如汉楚相争刘邦与项羽的决战即在中原。韩信将兵所以能"多多益善"，就是因为那里人口众多，地区广大。

险遭敌机轰炸

一九四五年对中国人民来说，可谓开门见喜，好事连连。四月二十三日，推迟多次举行的中共第七次全国代表大会终于在延安召开，从而形成了一个成熟稳定的"毛刘周朱任"领导体系。紧接着，又接连传来令人振奋的喜讯：美、英、中三国发表《波茨坦公告》，促令日本无条件投降；苏联发表对日作战宣言，苏军随即进入中国东北，向日本关东军大举攻击……

八月十五日，日本政府正式宣布无条件投降。八年了，谁也说不清这场战争消耗了多少钢铁，吞噬了多少生灵，毁坏了多少家园。现在，它终以中国人民的完全胜利而结束了！全国一片欢腾，人们流着喜悦的眼泪奔走相告，欢呼雀跃。整个延安城洋溢着比过年还要兴奋的喜庆热浪，从城区到郊外，到处都是欢乐的人群，到处都是扭秧歌的队伍和"信天游"的歌声。

然而，胜利后的国内局势甚是复杂。面对军事地图露出诡谲而自信冷笑的蒋介石，自以为这回可腾出手来对付共产党了，但又顾虑到国内外呼吁和平的舆论，军队部署也尚需时日。为了应付舆论和留出准备时间，于是他又耍了一个手腕：请毛泽东到重庆谈判。

八月二十三日，在收到蒋介石的第三封邀请电时，中共中央政治局召开扩大会议，专门讨论时局和同国民党谈判的问题。"欲与天公试比高"的毛泽东说："我是否去重庆？还是出去。出去的时机由政治局、书记处决定。先派恩来同志出去。我出去，决定少奇同志代理我的职务，书记处另推选陈云、彭真同志为候补书记，以便我和恩来同志出去后，书记处还有五人开会。"

"毛主席是否去？现在是要解决问题，出去是有利的。保不保险？比过去总要好些。毛主席出去，对将来选举运动也是有利的。" 朱德幽默地说，"可以让蒋介石当总统，我们当副总统嘛！"

"蒋介石不会那么大方！"毛泽东也幽默地说，"副总统这种有职有权闪着灿灿金光的宝座，他可舍不得让给我们！"

八月二十八日上午，送走了毛泽东、周恩来，朱德来到中央党校大礼堂为将要去东北工作的干部送行。他谈了对形势的看法："整个世界要和平，中国人民要和平，国民党虽然不要和平，要消灭我们，但是事实上行不通。这次毛主席去重庆谈判，安全回来的可能性大。谈判会有结果，但是不会那么顺利，我们是要民主、团结、和平，建设新中国。如果他要打，那就消灭他一部分，再来谈和平。无论时局如何变化，我们都要准备好，使抗日战争的胜利果实不致被人家抢走。"

朱德在讲话中强调："我们要积极向东北发展，东北大有文章可做。蒋介石的部队大部分在南方，到东北要走半年。即使他到了东北，顶多是他占城市，我占乡村，像日本占领东北那样。打日本我们有办法，对他我们就没有办法了吗？不怕！"

朱德还讲道："有些同志这几天看到苏联和蒋介石订了条约，有些灰心。过去以为苏联会大大帮我们一手，现在失望了，这是因为过去希望过奢。但是要知道虽然有个条约，东北的工作还大得很。苏联三个月撤兵，中国要归中国人自己管，东北要归东北人管，我们当然可以管，条约上没有规定不要我们去，不要我们管。东北工业发达，又挨着苏联，不受夹击，就是打退却，也应该向东北退，退华北还不够。现在要派五万队伍插过去，再派万把干部，将来还要去，这是很长远、很巩固的路，是长期艰苦的群众工作，是争取三千万群众和我们在一起。"

针对蒋介石要从苏联红军手中和平接收东北的企图，为了抢夺进入东北的先机，刘少奇和朱德决定军队尽快进入东北，并部署晋察冀和山东派往东三省的干部和部队迅速出发，如能由海道进入东三省，则越快越好。此时，争取苏联方面的支持是我军能否顺利进入东北的关键之一。

九月十四日，西北的骄阳暴晒着黄土高原，先期进入东北并担任沈阳市卫戍司令的曾克林与驻东北的苏军最高司令马林诺夫斯基的代表飞赴延安。朱德与苏军代表进行了正式会谈，经过努力争取，最后与苏联军方达成协议：允许八路军留在热河、辽宁等抗日根据地。

在曾克林到达延安的当天下午，刘少奇主持召开了中央政治局会议，听取曾克林关于冀辽热部队挺进东北配合苏军作战及我军在东北工作情况的详细汇报，并讨论东北的工作问题。朱德在会上说："中央要迅速派人到东北去。要准备组织四十万至六十万军队和国民党军队对抗。"

九月十七日，刘少奇和朱德致电在重庆的毛泽东、周恩来，提出："东北为我势所必争，热察两省必须完全控制。……为了实现这一计划，我们全国战略必须确定向北推进、向南防御的方针。否则我之主力分散，地区太大，处处陷于被动。"

毛泽东、周恩来收到电报后，当日复电表示完全同意力争东北的方针。

于是，刘少奇和朱德立即召开中央政治局会议，进一步讨论全国战略方针。朱德在分析战争形势时说："蒋介石对我们的办法是能打就打，不能打就暂时避免打。三个月内打不起来，要打至少得六个月，我们要争取主动，争取时间。南面定天下，古来如此，我们将来也会如此，但我们现在要争取北方。只要北方行，南方不巩固甚至丢一些地方也是需要的。苏北、皖中、长江流域，准备做交换条件，我们要来个主动的行动，形成北面归我们的形势。"

会后，中共中央电示各中央局："全国战略方针是向北发展、向南防御。只要我能控制东北及热、察两省，并有全国各解放区及全国人民配合斗争，即能保障中国人民的胜利。"

战争形势正如朱德所分析的那样，"三个月内打不起来，要打至少得六个月"。这给中国共产党调整战略布局，预留了很大的空间。刘少奇、朱德抓住这"千载一时机"，完成了调集军队迅速挺进东北的准备。为了尽快实施争取东北的战略，当务之急是至少屯集五万军民在冀东，以备苏联红军撤退时能抢先进入东北。

刘少奇和朱德决定第一步从山东调三万兵力到冀东，再由山东调三万兵力进入东北发展；华东新四军调八万兵力到山东和冀东；浙东我军即向苏南撤退，苏南、皖南主力立即撤返江北；晋冀鲁豫军区竭力阻止并打击国民党军北上部队，并准备三万兵力在十一月调到冀东和进入东北。从这时起，中共中央陆续派了十名中央委员、十名候补中央委员进入东北。

此时，重庆谈判正为部队整编和解放区问题相持不下。刘少奇、朱德根据"向北发展、向南防御"方针的精神提议：以江南部队向江北转移"作为一个对国民党让步姿态出现"。毛泽东、周恩来与刘少奇、朱德的想法不谋而合。他们复电说："此间已当作一个让步条件，向对方提出。"

此后，中共从江南八个省区的根据地主动撤军，北渡长江，避免了被各个击破的危险，也加强了华东、华北各解放区的力量。同时，赢得国内外舆论的同情和支持，粉碎了国民党散布的中共对和谈无诚意的谎言。中共不仅达到了战略转移的目的，而且取得了政治上的主动权，可谓一举三得。

一九四六年夏天，国共双方签署的"双十协定"墨迹未干，正像毛泽东告诫全党"纸上的东西并不等于现实的东西"那样，自以为万事俱备的蒋介石悍然撕毁了停战协定和政协决议，准备向中原解放区发动进攻。不过，这场由口水战演变成真枪实弹的大戏，还需要演奏一段较长的不可省略的过门。

这年五月，朱德在西北局高级干部会议上感慨地说："我们中国的问题，麻烦得很。这半年来，要和平，要和平，事实上不和平，打得不得下台。……因为反动派不要我们这样的和平，他们要他们的独裁制。所以蒋介石讲好了又翻了，讲好了又翻了。这是为什么呢？如果他不翻，他就独裁不成了。"

解放区各部队由于战略任务的转变，八路军、新四军便改称中国人民解放军，朱德任总司令，彭德怀任副总司令。

十二月一日，朱德进入花甲之年。全党、全军和解放区人民为总司令的六十诞辰举行了庆祝活动，延安全城悬旗三天，党、政、军、农、工、商、学各界纷纷为总司令祝寿。《解放日报》接连几天以整版的篇幅刊登毛泽东、刘少奇、周恩来等中共领导人的贺词。

一个人走过了六十年，不能不面对老年的余晖了。然而，革命者有革命的人生观。在中共中央为朱德举办六十寿辰的庆祝晚会上，身着军装的朱德豪情万丈地预言道："反动派一定失败，中国人民一定胜利，我相信我可以亲眼看到中国革命获得成功！"

在中国共产党的历史上，全党为自己的领袖祝寿，也只有这一次。当时正处在中国两种命运、两个前途历史大决战的关键时刻，人们在这个严峻的历史关头为自己的总司令祝寿，有着一种特殊的意义，自然把朱德的名字同中国人民的命运联系在一起，形成热烈、真挚的感人情景。

朱德刚刚过完六十大寿，蒋介石、胡宗南部队进犯陕甘宁边区的步伐加紧了。为此，陕甘宁边区政府主席林伯渠号召边区军民："从备战动员转入战斗动员，坚决粉碎蒋胡军的进犯！"

岁月并不因为战争的残酷而停止它的脚步，在枪炮和爆竹的交响声中，陕北人民迎来了一九四七年春节。山雨欲来的延安城里充满着张灯结彩的欢乐气氛，黄土地上呈现出抬头见喜的节日景象。

二月一日，初升的太阳开始明媚起来，经地上的皑皑白雪一辉映，显得格外耀眼。这一天，刘少奇主持召开了中央政治局在延安的最后一次会议。这次会议的主要议题，是为迎接中国革命新高潮作准备。中央委员和有关单位负责人共三十七人参加了会议。

朱德在会上作了重要讲话。他说："现在到了快打出去的时候了，准备工作要做好，革命高潮的基础仍然是土地革命，土地工作解决得愈彻底，我们胜利的把握愈大，内无后顾之忧，外有发展之途。去年最大的成绩是土地革命，否则战争的进行没有那么顺利。东北能够站稳脚跟，也是靠土改。我们打这么大的仗，部队有饭吃，就得靠土改。土改要一村一村地搞。你来打，我就打运动战；你不来，我就搞土改。部队打出去以后，除了打仗就要去解决农民的土地问题。"

会议通过了毛泽东为中共中央起草的《迎接中国革命的新高潮》的党内指示，并决定于五月四日在延安召开全国土地会议。

二月二，龙抬头。惊蛰的雷声摇撼着冻土，蛰居于洞穴里的虫蛇蚁兽从冬眠中醒来了。正当陕北人民为迎接春龙节而"耍龙灯、照房梁"，让"蝎子蜈蚣无处藏"的时候，蒋介石顶着黄尘滚滚的西北风飞到了西安，亲自部署三十多个旅二十五万人的兵力和一百架飞机，就像二十年前他翻脸举刀一样向陕甘宁边区发动猛烈进攻，并气急败坏地宣称："打到延安去，活捉毛泽东！"

两军对阵，不仅是兵力、火力、士气的较量，也是双方指挥员谋略水平和指挥艺术的较量，在一定情况下，胜负往往取决于指挥员的一念之间。国民党方面不乏善战之人，但胡宗南向来被其他将军瞧不起，称之为

"志大才疏的草包"。

在获知蒋介石决定让胡宗南领兵进攻延安的消息后，当年在上海预选时破例接纳胡宗南进黄埔军校的毛泽东说："派胡宗南来对付我们，委员长又犯了一个大错误。朱老总以为如何？"

"请主席放心，彭老总对胡宗南非常了解，他对付胡宗南有一整套！"朱德笑眯眯地说。

三月十三日，延安上空出现了成群结队的美制蒋记轰炸机，国民党开始大规模轰炸延安了。顿时，大地颤抖，土石崩飞，滚滚硝烟弥漫在这片曾经和平、宁静、原始的黄土地上。

当晚，中央书记处在钢铁和炸药制造的雷霆风暴中召开了紧急会议，决定刘少奇、朱德、任弼时率领中央机关部分人员北移子长县。毛泽东和周恩来从枣园迁入王家坪中央军委总部办公，指挥延安保卫战，掩护中央机关转移。从此，朱德就离开了他住了十年之久的那间充满麻辣味道的窑洞。

三月二十五日，从延安撤出来的毛泽东、周恩来同刘少奇、朱德、任弼时在瓦窑堡举行书记处会议，初步决定：中央和军委机关除留极少数人员于延安以北地区坚持工作以外，其余部分和老弱妇孺均转移到晋西北柳林、临县、兴县地区；并派周恩来到晋西北安排中央机关的转移事宜。

三月二十九日，毛泽东、刘少奇、朱德、任弼时等又转移到清涧县的枣林沟，开会讨论中央机关的行动问题。朱德首先表示："这一回，我是不想过河喽？"

"党内分工我管军事，我不在陕北谁在陕北？"毛泽东像一位古罗马的角斗士，参加角斗前虽然平静如常，却仍然难以掩饰战斗激情，"我不能走，党中央最好也不走。党中央走了，蒋介石就会把胡宗南投向其他战场，其他战场就会增加压力。我留在陕北，拖住胡宗南，别的地方就能好好地打仗……"

最后，会议决定由刘少奇、朱德、董必武组织中央工作委员会，在刘少奇主持下准备经五台往太行，进行中央委托的工作。毛泽东、周恩来、任弼时三人率领中央机关和人民解放军总部留在陕北，坚持保卫和发展西北解放区。

"不行，不行，人数太少了。武器装备又不好，我们不放心！"朱德提议人多留一点。刘少奇则提出再调一个团来，加强警卫力量和作战能力。

"留下中央警卫团的四个半连就够了。"毛泽东不同意多留兵力，"兵留在前方多消灭敌人，我们靠陕北老百姓，靠自己保护自己！"

凌厉的北风和滚滚的黄尘挡不住胡宗南的大举进攻，其先头部队已进至清涧县，离中央机关驻地只有三十里。毛泽东、刘少奇、朱德和任弼时一起从绥德南部的石咀驿出发，驱车向西北的田庄镇行动。

就要和毛泽东分手了，朱德召集中央警卫团连以上干部开会，叮嘱道："毛主席、党中央的安全就交给你们了。这个任务很重大，也很艰巨。你们可要坚决勇敢，千万不能出一点差错，否则是无法补偿的。"

枪、地图、指北针、望远镜是朱德手中的四大"宝"。朱德把自己使用了多年的望远镜送给警卫团的骑兵连长，说："你们担负着武装侦察的任务，是中央的耳目，拿着它去发挥作用吧！"

三月三十一日，上弦月还没有升起，朱德和刘少奇带领一部分机关人员，从田庄出发东渡黄河。望着星光灿烂的夜空，朱德感慨地说："我已经六十岁了，从此以后，每活一年都是多赚的！"看到前来送行的群众神色忧戚，朱德就安慰他们："我们不久会回来的！"

四月二日晨，朱德和刘少奇到达中共后方委员会所在地山西临县的三交镇，和周恩来、贺龙、董必武会面。谈话半小时后，周恩来西返陕北。朱德和刘少奇、董必武、叶剑英一起，组织已到这里的中央工委和军直机关四千余人，分别向太行和五台地区转移。

几天后，中共中央根据枣林沟会议精神，作出了《关于中央工作机构分为三部分及其人员分配的通知》。其中指出：

> 根据目前战争形势，与上月中央仍留陕北另组中央工作委员会去华北之决定，为求中央领导及工作进行的便利起见，现在晋西北的中央工作机构应分为三部分：一部分回至陕北，一部分去太行，一部分暂留原地不动，准备将来仍与中央会合。……中央工作委员会现由刘、朱、董三同志为常委，刘为书记。朱、刘先至晋察冀指导工作一时期，董经五台即转太行参加财经会议，准备担任华北财经办事处主任，将来康生、彭真参加土地会议后，

亦留中央工委为常委。

四月四日晚，朱德和刘少奇乘汽车到达晋绥军区司令部所在地兴县。在这里，朱德听取了贺龙、李井泉、康生等人的汇报，并在蔡家崖向晋绥干部作了讲话。接着朱德和刘少奇经静乐、宁武到达崞县晋绥第六军分区司令部，又同第六地委的领导人谈了话，了解晋西北各方面特别是土改工作的情况。

春天的阳光，明媚而灿烂，把青山绿水辉映得金光闪闪。路边的野花在寂寞中开放，蜜蜂围着花儿飞舞，使花儿越发光艳四溢。站在不甚宽阔却清澈见底的滹沱河畔，可以看到在蔚蓝色的天幕下有一座五峰相连的大山，这就是名闻遐迩的五台山。

四月十八日，朱德和刘少奇来到五台山脚下，准备第二天翻越这座闻名中外的佛教名山。他们从陕北带来的两辆美式吉普，是前方部队送给党中央的战利品。这些毛病百出如老马一般的汽车能够鞠躬尽瘁地为它的新主人服务，全靠司机的精心养护。这些天，国民党的飞机天天在这一带上空盘旋、轰炸，路上必须倍加小心。

开始翻越五台山了，因山高路陡，道路崎岖，大家只好弃车骑马。翻过山，可以乘车前进了，没想到朱德的汽车抛锚了。司机下车一看急了，因为这回出的是大毛病，一时半会修不好。车停在半道上，前不着村，后不靠店，敌机来了怎么办？

司机看朱德也下了车，就搓着手着急地说："总司令，车子出了大毛病，怕一下子修不好，这可怎么办？"

"有啥子着急的，慢慢地修嘛！这辆老爷车能翻过这座高山已是很不简单了。"朱德朝天际望了一眼，风趣地说，"敌人现在还没有发现我们，还没有追赶过来，我们也不追赶敌人，有的是时间嘛！"

朱德这几句话不多，却使司机紧张的心情松弛了不少，于是赶紧开始修车。

这时，刘少奇的吉普车赶到了。他看到朱德的车坏在路上，便立即下车走过来了解情况。当听说故障一时难以排除，就让朱德和他的警卫员坐自己的车先走，让自己的警卫员留下来帮助司机修车。

朱德和刘少奇刚走不久，敌机就飞过来了。飞机沿着公路虚张声势地乱扔一通炸弹，把山石炸飞，把路面炸破，把行人炸跑，这才摇摇摆摆地飞走。事后，说起那天的情况，大家都说幸亏刘少奇当机立断，不然后果就不堪设想。

四月十九日上午，朱德和刘少奇翻过奎关岭，来到同川上庄村。在村前河滩的树丛中作短暂休息时，刘少奇的胃病又发作了，疼得他头上直冒冷汗，连饭也吃不下，更不能骑马行军了。朱德让张连奎从村里找来八个青年，绑起一副简易担架。不一会儿，面部清癯、身体单薄的刘少奇在警卫人员搀扶下躺在担架上，继续赶路。跟在后面的朱德一再叮嘱抬担架的青年要走得轻一点，稳一点，尽量不要颠簸。

四月二十六日夜，朱德和刘少奇到达晋察冀中央局所在地阜平县城南庄。十天后，他和刘少奇对冀东土改工作作了批示。原定五月四日在延安召开的全国土地会议，决定于七月十七日在河北平山县召开。

六月十四日，毛泽东致电朱德和刘少奇："各电均收，处置很对。……就全局看，本月当为全面反攻开始月份，你们在今后六个月内如能（一）将晋察冀军事问题解决好；（二）将全国土地会议开好；（三）将财经办事处建立起来。做好这三件事，就是很大成绩。"

这个电报，确定了中央工委在半年内的三大任务。遵照毛泽东的指示，刘少奇和朱德领导中央工委，一方面进行晋察冀的军事整顿工作，并准备成立华北财经办事处；一方面以主要精力筹备召开全国土地会议。

这时，中央工委已迁至平山县西柏坡。这是太行山东麓的一个小山村，有七八十户人家。它四面环山，南面的滹沱河在这里拐了个弯后向东流去，东面距华北最大城市石家庄只有九十公里，同晋冀鲁豫等根据地都有公路相通。这里既靠近城市又隐居丛山，物产也比较丰富，十分适宜安置大机关。

七月十二日，鉴于董必武、彭真和康生先后来到西柏坡，中央工委的领导成员全部到齐，在西柏坡正式成立了中央工委。为了适应战争环境，中央工委对外称"工校"，刘少奇称胡校长，朱德称朱校董。

七月十七日，中央工作委员会根据中共中央在西柏坡召开全国土地会议的决定，制定并通过了一个彻底消灭封建剥削制度的土地改革纲领——《中国土地法大纲》。会议期间，朱德作了多次报告和讲话，还接连听取各解放区负责人关于土地改革及其他工作情况的报告。

司令向总司令下逐客令

太阳从东山头还没露脸，大地像打了一个哈欠便有了生机。村子里的烟囱陆续冒出一缕缕炊烟，如同一支支画笔，在为朝霞映红的天空作画。在室外散步的朱德蹙眉沉思，他关心着土改，关心着财经，关心着军工生产和后方勤务，然而他更关心华北的战局，时刻关注着战局的变化并提出相应的对策。

七月二十日，自晋察冀军区主力部队南下正太、东取青沧、出击保定三战皆捷掌握了战争主动权后，朱德在写给毛泽东、周恩来、任弼时的报告中，显示出他对晋察冀的强烈自信："晋察冀工作，这三月来已有转变。……进行了青沧战役及徐固北战役（保定战役）后，引起敌人大集中……好好打一次十个团的歼灭战，此间敌人就能大转变。转到守，成为被动，这是很有可能的。"

然而，转机似乎并没有马上出现。大清河北战役——晋察冀野战军所打的第一仗虽然消灭国民党军队五千余人，但由于战役之初围敌过多，口子张得过大，打成了消耗战，没有达到全歼的目的。

那天，朱德走进晋察冀军区司令部，看到杨得志、杨成武坐在那里不吭不叽地抽闷烟，就一左一右地握住两人的手说："身当大将，宠辱不惊，等闲胜败！"

落座后，朱德让杨得志、杨成武也坐下，安慰道："晋察冀打胜仗，包票是我朱德向中央打的，你们不该有任何包袱，要放手指挥，按照既定的想法干。更何况，此役是野战军的第一仗，一定要珍惜这个第一。"

"晋察冀野战军新的领导机构建立不久，这一仗打得不理想，部队的情绪有些波动。有人说：肉没吃到，倒把门牙顶掉了！"杨得志略有愧怍地说。

"这话不对。"朱德纠正道，"这一仗，我们消灭了国民党军五千二百多人。这个数字不算大，但意义不同寻常。这是我们改变了作战方式所取得的五千二百，是初次打大歼灭战所得到的五千二百。这里包含着经验、训练和方法，虽来之不易，却来之及时，是对野战军的一次锻炼和实战教育。"

是夜，朱德以他和刘少奇两人的名义致电军委："大清河北战役因围敌过多，不能最后解决，伤亡四千余，毙俘伤敌三千余。但此次士气旺盛，干部之有牺牲精神，较以前不同。罗因病未去，聂初离开，杨、杨初出马，未获大胜，后方干部难免浮言。朱拟去野战军整理一时期，随同杨、杨等打一两个好仗，将野战军竖立起来。"

在陕北与胡军周旋的毛泽东当即以中央军委的名义复电肯定此战役，并为朱德的安全提出意见。电报称："朱总是否亲临前线，请加慎重。"

九月十四日，东北民主联军在长春、吉林、四平地区和北宁线锦州至义县地区发起大规模秋季攻势，蒋介石被迫先后从晋察冀战场抽调五个师出关增援，从而减少了晋察冀战场的兵力。为了抓住这一战机，晋察冀野战军准备再次出击保北，吸引国民党军队出动。

十月三日，杨得志、杨成武为组织保北战役向中央军委、工委和晋察冀军区领导提出报告。两天后朱德和刘少奇复电："同意你们出击保北并仍以寻求打运动战为主之方针。"结果，由此演变成为著名的清风店战役，打了一个漂亮的大歼灭战。

十月二十二日十一时三十分，战斗全部结束。由蒋介石亲自指挥并运用多批飞机掩护的第三军主力，在河北定县以北清风店地区被全部歼灭——计有第三军军部、第七师及第十六军六十六团全部，共一万七千余人。

捷报传来，全军振奋。诗情勃发的朱德大声喊道："拿笔来！"

机要秘书摆好文房四宝，恭敬地说："总司令，请！"

朱德一手压案，一手执笔，略加思索后饱蘸浓墨，笔走龙蛇：

南合村中晓日斜，频呼救命望京华。

为援保定三军灭，错渡滹沱九月槎。

卸甲咸云归故里，离营从此不闻笳。

请看塞上深秋月，朗照边区胜利花。

刚一落笔，机要秘书就高兴地说："好一个'请看塞上深秋月，朗照边区胜利花'！"

这时，朱德在诗作上方补了题目：《贺晋察冀军区歼蒋第三军》。

清风店战役成了华北战场上的转折点。在战役结束的当天，聂荣臻等便向中央军委和中央工委提出："现石门仅有三个正规团及一部杂牌军，我拟乘胜夺取石门"；希望"太行准许以有力部队抓住元氏敌人，以减弱石门防御力量"。

清风店大捷，使石家庄门户洞开。

石家庄又称石门，早年不过是河北获鹿县的一个小村庄。据说因为只有十来户人家，故名十家庄，又说这十来户人家都姓石，亦名石家庄。只是到了近代，由于交通的发展，它才渐渐变为城镇。后来铁路修通，这里成了交通枢纽。民国初年乱世，占据北方的奉军为了南扩，把石家庄镇与休门镇各取一字，定名石门市。

石家庄西临太行山，可以控守井陉、娘子关；北通京都，处于京畿左腋；南控华北几百里平原，素有"南北通衢，燕晋咽喉"之称。天然优越的地理条件与四通八达的交通枢纽结成一体，使其成了各派势力激烈争夺的兵家之地。

在正太战役以后，石家庄虽已陷于孤立，但仍像楔子横亘于晋察冀同晋冀鲁豫两大解放区之间。它的防御体系在日伪时期就已比较完善，蒋介石派重兵进驻后又不断加固，逐步形成周长三十公里的外市沟、二十公里的内市沟和市内坚固建筑群三道防线，碉堡达六千多个。它虽然没有城墙，但深沟层层，暗堡林立，电网、铁丝网交织，地雷密布，被称为"地下城墙"。

有了这样坚固稠密的工事，加上重兵把守，国民党自信可以高枕无忧了。然而，蒋介石还是放心不下，他对石家庄城防司令三十二师师长刘英说："石家庄乃华北之要冲，共军迟早会来偷袭的。你一定要严加防范，若共军来攻，兄当亲率陆空大军前来支援。"

刘英见蒋介石言辞恳切，且以兄相称，激动得浑身哆嗦。他向蒋介石拍着胸脯说："委座千万宽心，有我刘英在，共军休想越石城一步，有敌无我，有我无敌！"

悍匪守城，恶战在即。十分关心攻打石家庄状况的朱德连续发出两份电报：一份是建议中央军委批准晋察冀野战军打石家庄的作战计划；另一份是发给晋察冀野战军的，电报中提出"请你们预为准备各种补充，等军委批准后，用全力来进行此战役"。

十月二十七日上午，朱德从野战军司令部到达安国县西北的两伯章村炮兵旅驻地。一尊尊大炮整齐地排列着，炮口对着锋芒四射的太阳，像是要把它轰落，却又一声不响。朱德首先听取汇报，然后深入各炮团实地视察。又骑马，又步行，连续走了六个村庄，视察了两个团、两个营和四个连。

当天下午，朱德又给炮兵旅团以上干部讲话。他指出："炮兵很重要，为步兵开辟道路，可以减少伤亡。炮不打，口不开，打开缺口可以胜利向纵深推进，扩大战果。在战术上要注意，接近敌人要秘密，打炮时要猛、要突然，火力齐整集中，集中里面还要再集中，还要注意运用不同地形实施射击，不打则已，一打就打得猛、打得准、打得狠。步、炮协同好，胜仗不断打。"

接着几天，朱德还分别召集部分连、排、班干部战士座谈会。华野有不少俘虏过来的新战士，负责警卫工作的人员担心朱德的安全，便以健康为由劝朱德回去休息。朱德看出了他们的心思，就不以为然地说："不要怕嘛！不敢和自己的战士见面，就不配当总司令！"

朱德找来一些解放战士了解敌方的情况，没想到他们中间还有一些云南兵，朱德于从容间增加了几分欣喜。他一边给解放战士递烟一边用带有云南味的川音说："我是朱德，解放军的总司令，也是半个云南人，曾经当过滇军的旅长，今天能在这里遇上云南的弟兄，还真是挺高兴咧！请诸位来，就是想随便摆一摆石门城里的情况——工事啦，驻军啦，防务啦，重要的建筑啦，什么都可以摆……"

十月三十日，朱德来到安国县城外的舍二村，与炮兵、工兵一起研究如何打低堡、暗堡，如何实施迫近作业和坑道爆破，如何运用炮兵火力炸平防御沟，以及在巷战中炮兵、工兵如何配合等问题。他仔细地听大家发言，不时启发大家多设想几种情况，多研究几种打法和战术。会议上，朱德提出，释放清风店战役中的近千名俘虏，让其回石家庄以瓦解敌军心、动摇敌士气。

第二天，野战军司令部召开旅以上干部会，宣布攻打石家庄的命令和部署，朱德到会作了两个多小时的报告。他以严肃的神色凝视着大家，语气郑重地说："今天到会的都是旅以上干部，你们如何学会攻坚战术，对这次作战将起重要作用。要把石家庄当作一所难得的学校，从战争中学习战争。"

朱德从挎包里掏出两本书，一本是毛泽东写的《中国革命战争的战略问题》，另一本是刘伯承翻译的、苏联伏龙芝军事学院编印的《诸兵种合同战术》，要求大家好好学习这两本书。他说："马上就要打石家庄了，对这样坚固设防的城市，不讲究战术能行吗？战术是你们的补药。你们的作战经验很多，就像一大篓子钱，是散的，战术就是钱串子，可以把那些钱串起来。用的时候，要用哪个就拿哪个。不要把经验老是散着装在篓子里背着，成了包袱。有些经验，一千年前就有了，成了战术，成了理论。你们有的人还不知道，反而骄傲地说战术是教条。"

朱德端起那只布满茶垢的搪瓷缸子，喝了一口水，接着说："《诸兵种合同战术》关于进攻战讲了八条，你们要结合自己的经验，看看讲的有没有道理。石家庄战役打的是攻坚战，要勇敢加技术。有人也许会说，我打了一辈子仗，什么技术也没学过，还不照样打胜仗。持这种观点的人，迟早是要吃亏的！"

为了有把握地攻克石家庄，朱德同晋察冀野战军领导人一起进行了紧张的战前动员和攻坚准备，还共同拟定了周密的作战计划。为了能先期发现敌援军动向，朱德指示野战军组成一支骑兵快速侦察支队活动于保定附近。为了增强攻击石家庄的火力，他下令从华东野战军调一个机炮营来加强前线。为了隐蔽解放军的主攻方向，他又下令察哈尔军区部队积极向平汉路北平、保定段出击，钳制吸引平、保一带的国民党军队。

同时，地方党政军民也坚决贯彻朱德的指示，在不到十天的时间里，组织调动了近十万民兵、民工和万余副担架、万余头牲口、四千辆车的支前大军，把八万发各种炮弹、一百五十万发各种枪弹、六万斤炸药、二十万斤各种攻坚器材、二十四万斤主副食品送到了前线。

攻坚战就要开始了，朱德坐镇野战军司令部。一张地图摆在案头上，朱德戴着老花眼镜用红蓝铅笔在上面画来画去，边作记号边了解情况。这时，国民党的飞机不断过来轰炸，炸弹几次落在不远处的山坡上，震得房顶碎土哗哗落在地图上。

大家都在为总司令的安全担心，杨得志便和罗瑞卿商量，劝朱德暂时到冀中军分区司令员孙毅所在的河间去："那里通信方便，也很安全。"

朱德却摇头不肯："你们不都在这里吗？不用担心，敌机未必就专来找我朱德。"

杨得志说："您到河间，我们会随时向您报告战役发展情况的。"

就在这时，留在工委的刘少奇打来了电话。原来，远在陕北山沟里"东躲西藏"的毛泽东得知朱德到了前线，很不放心，专门致电刘少奇："朱总到杨得志、杨成武处帮助整训一时期很好，但杨、杨举行石门或他处作战时，请劝朱总回工委，不要亲临最前线。"

于是，朱德才笑着说："野战军司令向总司令下了逐客令，主席也下了劝客令，那好，我不加重你们的负担，就不到前面去了。我到冀中找孙胡子去，有什么事用电话联系吧！"

十一月一日，朱德离开安国，到了冀中军区所在地河间县。在这里，朱德每天都接到杨得志的电话汇报，同时不断给予具体指示。康克清则不时地到附近农村了解妇女工作和土改情况，或疏导群众、组织群众进防空壕。

十一月六日凌晨，晋察冀野战军以出其不意的动作突然包围了石家庄外围各据点。第二天拂晓，一颗耀眼的信号弹发出尖利的呼啸，撕裂了沉重的夜幕，把石家庄城区照得如同白昼。霎时，炮声撼天动地，震耳欲聋；子弹如暴风骤雨，泼向城头。

正当战斗激烈地进行时，朱德又拿起了电话。他问杨得志："仗打得怎么样呀？"

杨得志简要地报告了突破外市沟的好消息，朱德满意地说："打得好呀！祝贺你们。按你们的计划打下去。告诉大家，后方的同志可都在看着你们哪！"

十一月九日夜，初冬的石家庄寒风瑟瑟，细雨绵绵。晋察冀野战军在夜色掩护下，顶风冒雨开始了大规模的土工作业。第一梯队在敌前沿展开，先挖卧射掩体，再逐渐构成跪射和立射掩体，接着再把一些掩体加盖成地堡，然后再将各个掩体和地堡横向贯通，筑成堑壕。第二梯队构筑纵向交通壕，敌火力射程之外的交通壕则由民兵和民工构筑。

当晚，朱德又打电话给杨得志，指示："突破内市沟后，一定要猛推、深插、狠打，不让敌人有半分钟喘息，充分做好打巷战的准备，全歼一切敌人，包括还乡团在内。"

翌日，当晨雾被朝晖驱散的时候，放眼望去，昨天还是平展展的田野，一夜之间面目全非了，仿佛经历了一场神奇的变迁：数不清的掩体和纵横交错的堑壕、交通沟，遍布于内、外两道市沟之间纵深两公里的开阔地上。

十一月十日十六时，太阳西沉，红霞似火。杨得志见守敌异常疯狂，不觉豪气上涌，拍桌大吼："老子倒要看看这块石头到底有多硬。命令各部队向内市沟防线发动总攻！"

解放军的炮群突然咆哮起来，无数炮弹飞向各个攻击目标，纷纷迸发出震慑敌胆的巨响，四野的回声，更结成了轰隆不绝的雷阵。

按照各自的性能和分工的目标猛烈轰击：山野炮弹吼叫着射向敌人的高碉；战防炮、步兵炮的炮弹则呼啸着在敌人的低碉和火力点上爆炸；轻机枪封锁着敌人的碉堡射孔；迫击炮弹在敌人的野战散兵阵地上开花；重炮向敌纵深实施压制性射击。

内部爆破与外部爆破同进并举，石家庄在惊天动地的爆炸声中颤抖不已，到处闪着火光，到处冒着硝烟，到处飞着瓦砾。随着碉堡崩塌，瓦砾横飞，敌人统统葬身在他们自己建造的"坟墓"之中。

当解放军攻入市内同守军发生激烈的巷战时，朱德又打电话给杨成武询问战况，并强调道："一定要注意城市政策，特别要保护好几个大工厂。石家庄是我们占领的第一个大城市，要做出榜样。我们军事上要打胜仗，政治上也要打胜仗。"

十一月十二日十一时，"誓与石门共存亡"的敌人在抵抗无望的情况下，在最后固守的几个据点打出了白旗。于是，国民党吹嘘的"可坐守三年"的石家庄，六天六夜即告解放，号称钢甲坚兵的两万五千余守敌全部被歼。在全国战略反攻的形势图上，解放军的旗帜第一次插上了大城市。

在河间县黑马张庄冀中军区驻地，朱德听到战役胜利的消息后，兴奋得一夜未眠。他望着东方地平线上一轮冉冉升起的红日，浮想联翩，在一个六十四开大小的笔记本上仿杜甫《秋兴》诗韵赋诗八首，并发电祝贺："仅经一周作战，解放石门，歼灭守敌，这是很大的胜利，也是夺取大城市之创例，特嘉奖全军。"

与敌军同路而行

初冬的阳光把山坳照得一片灿烂，柿子树、核桃树、山枣树依然保持着旺盛的生命力，被冷霜打过不肯掉落的叶子变红了，闪着灵光。但时令一过小雪，北方的气温就骤然降了下来。华北的局势一如当地的气温急转直下，南京黄浦路总统府里的蒋介石慌了。

十一月二十六日，蒋介石匆匆飞往北平，撤销了保定绥靖公署主任孙连仲的职务，撤销了保定、张垣（张家口）两个绥靖公署，成立了华北"剿匪"总司令部，任命"华北王"傅作义为总司令，统揽华北五省军事指挥，加强平、津、保地区的防守。

戎马半生的傅作义自恃足智多谋，经验丰富，也很想露一手。他在接见中外记者时说："过去国军处于被动地位，今后改取主动，决定反守为攻，不仅要收复点线，而且要将'匪区'全部收复，消灭'共匪'主力！"

临危受命的傅作义并非说说而已，为了实现其"宏图大略"，随即采取了一系列措施，其中包括组织一个得心应手的地方行政机构，撤换一批地方行政官员。用他的话讲，这叫政局与战局相配合。

接着，傅作义提出打总体战的想法。所谓总体战，就是军事与政治相结合，正规军与地方军相结合，向解放区展开全面进攻。他大力扩编地方部队，以代替主力部队进行地方防备。在兵力部署上也作了一系列调整，成立了平汉、津浦、平绥三个机动兵团。在作战方法上，实行以主力对主力的机动灵活新战法。

一九四八年春节刚过，正当傅作义积极备战踌躇满志之时，朱德和刘少奇向晋察冀野战军提出了新的作战方针，要求他们按照中央军委预定计划，向平绥、冀东方向行动，并学会大踏步进退、进行大的战略机动的一套本领，改变某些不适宜于大踏步进退的组织形式，以便在大的战略范围内适时地调动敌人，在运动中歼灭敌人，并各个孤立敌人，打通华北解放军各部的战略联系，以取得最后的胜利。

由于正确的作战方针和作战方法得到贯彻实施，华北军区部队先后在察南、绥东、热西、平北、冀东、保北广大区域内周旋，轮番进攻，共歼灭国民党军队五万余人。这样，就拖住了华北的国民党军队，使它无力出关，从而保证了日后辽沈战役的顺利进行。

当时，晋察冀地区的军事工业分散，管理不统一，远远不能适应战争发展的需要。朱德经过调查研究，提出要把分散的军工生产统一起来，要大规模发展炸药和炮弹的生产。他要求实行企业化管理，提高生产效率，降低产品成本；要动员各地保证军工原料的供应；要搞好运输线，保证军工产品及时送到前线。

这是一个冰消雪融的早春，朱德视察兵工厂回来，小吉普颠簸在那亘古以来从未走过汽车的山路上。车子破旧，山路不平，时不时的要停下来修修。翻山越岭都开过来了，不料车子却被说宽不宽说窄不窄的滹沱河给拦住了。

没有桥梁，水浅又行不得船，吉普车只得蹚水了。新来不久的警卫员刘万帮，正好扶在吉普车的后窗处向前推车。他不经意地往车窗里看了一眼，顿时大吃一惊，车子里没有了首长！

这还了得！三个警卫员保护总司令去视察兵工厂，竟然把总司令丢了！他们到河边时，还看到首长在车上呢！难道他在过河前下了车？刘万帮扭回头来，望望南岸，岸边没有一个人影。离岸边不远处，有一小块芦苇，莫非首长到苇地里解手了？不管怎么说，把首长一个人丢在南岸太危险了！

看了看左右，警卫战士都在用力推车。刘万帮心想，车子冲走了也是小事一桩，人才是大事，何况还是总司令。他也顾不得打一声招呼，扔下车子就往南岸跑。

"小刘，你要干什么？"背后传来一声问话。

"我，我……我们丢了……" 刘万帮想说"我们丢了总司令"，话到嘴边忽然想起了他们的纪律，在外面不能喊"总司令"，可一时又不知该怎么表达，就这么吞吞吐吐地说了个半截话。别人还当他真的丢了什么东西，也就由着他去找。

刘万帮上了南岸，又急忙奔向那块芦苇地，围着芦苇转了几圈，也没找着朱德。向远处望了望，连个人影儿也没有，身上顿时冒出了冷汗。他心里可真是着急了，如果丢了总司令，再有个好歹，他们这几个小兵掉了脑袋不要紧，这么大的损失如何挽回？

刘万帮快快不乐地重返北岸，看到大家都不急不慌、安然自在地坐在岸上休息，都和没事儿人一样。其中有人问："小刘，什么丢了？"

"你们看看，车里的人还缺谁？" 刘万帮没好气地问。

"没缺谁呀，大家都在！" 大家不约而同地说。

"首长呢？" 刘万帮急了，直到现在他还没有认出坐在战士中间的朱德。边说又边数了一下人数，数来数去还是缺一个人，因为他点人数时竟忘了数自己。

这时，大家"轰"的一声笑了，像春风鼓浪。有人给了他一句："你的眼睛长到头顶上去啦！"

大家这么一笑，又这么一说，刘万帮才如梦初醒，那个"老兵"不就是总司令吗？他见朱德正微微地笑着，看他那憨厚慈祥的面容，不是总司令还能是谁？

原来，朱德和战士们一起下水推车了，只不过是在车的另一侧而已。可是，刘万帮没想到总司令也会和战士们一起推车，加之总司令也太像一名普通士兵了——穿的服装，戴的帽子，跟战士的完全相同，也是老粗布的、褪了色的浅灰色军装。在一起，若不仔细辨认，还真区分不出来，完全像个老兵。更何况刘万帮来到朱德身边不久，了解不深。他虽然跟着出来过几次，早见过面了，朱德给他的印象只是和蔼可亲，没有架子。但他心目中的总司令是一位了不起的大人物，无论如何是跟普通战士连不到一起的。

刘万帮愧悔自己太粗心了，竟然闹出这样低级的笑话！于是，低着头红着脸，一言不发，任凭大家说三道四。

朱德这时说话了："你们都不要说了，小刘给我一个最高评价与最好帮助呢！他不把我朱德当总司令，而把我当普通一兵看待。那不是对我的最高评价嘛！他还批评帮助了我，不要动不动就带几个警卫员，没这必要。你们想，连警卫员都认不出我，谁还能认得出我是总司令？我如不带警卫，就更是普通一兵了。"

上车以后，朱德又给他们讲了当年老马夫的故事，并说老乡给了个"老马夫"的评价使他心里非常高兴，说这是对他的最高褒奖。他还说："这些年来，我还真担心是不是由'老马夫'变成'总司令'了？今天小刘同志给我作了个鉴定，认定我仍然是普通一兵，打消了我的顾虑，心里特别高兴。希望你们今后仍把我当成普通一兵，不要把我放到高高在上的位置，我们都是当兵的，一个样。小刘同志，你说对不对？"

刘万帮想说"对"，又觉得不对；想说"不对"，又觉得对。他也不知该如何回答，于是脸就更红了。

不管对与不对，反正"警卫员丢了总司令"这件事还是不胫而走，传得不少人都知道了。

春风吹遍了华北平原，到处洋溢着春天的气息。河流、田埂、山坡，在艳阳的照耀下泛起金光。绿油油的小麦、黄灿灿的油菜长势喜人，丰收在望。

四月十二日，中共中央机关经山西到达河北阜平县。毛泽东考虑到自己将要秘密出访苏联与苏共中央商谈有关建立新中国的重大问题，就暂时住在阜平晋察冀军区驻地城南庄。结果不但苏联没有去成，还发生一起敌机偷袭事件，毛泽东险些丧生。

四月二十三日，周恩来、任弼时等率领中共中央机关前往西柏坡，同中央工委会合。随之，中央工委撤销，以加强中央的一元化领导。从此，西柏坡就成为全国解放战争的大本营。同时朱德作为中央书记处和中央军委主要领导成员之一，协助毛泽东指挥全国的解放战争。

四月三十日，中共中央在城南庄召开由毛泽东主持的书记处扩大会议，研究如何发展战略进攻，加强华北、中原解放区的领导及夺取全国胜利的各项准备工作。朱德出席了这次会议，听取了华东野战军负责人陈毅、粟裕的汇报，同意粟裕提出的华野三个纵队暂不渡江南下，集中兵力在中原黄淮地区大量歼敌的建议。

会后，朱德和陈毅、粟裕一同乘车回到西柏坡。晚饭，他们吃了总司令种的新鲜西红柿，然后长谈至深夜。按照这次会议的决定，朱德代表党中央和毛主席准备去孤悬敌后的濮阳视察华东野战军，研究作战计划，进行战前动员。

第二天一早，朱德在陈毅、粟裕陪同下，分乘两辆吉普车和一辆卡车出发了。第一辆吉普车上坐着陈毅、粟裕，在前面开道；第二辆吉普车上坐着朱德；后面大卡车上坐着十七位荷枪实弹的警卫人员，都是跟随朱德多年南征北伐的老战士。

濮阳地处黄河北岸冀、鲁、豫三省交界的三角地带，是南北要津、中原屏障，为兵家必争之地。自古以来，在这片土地上留下了众多美好的传说和金戈铁马的风云，如仓颉造字、晋文公退避三舍、柳下惠坐怀不乱等历史佳话，春秋时期诸侯十四次会盟、晋楚"城濮之战"、齐魏"马陵之战"、宋辽"澶渊之盟"等历史遗迹。许多历史名人如兵家之祖吴起、一代名相商鞅、天文大师僧一行、治黄名师高超等均诞生于此。

透过吉普车的挡风玻璃，朱德的双眸凝视着前面凹凸不平、伸向远方的土路。这是一条直通南北的京汉大道，由于年久失修，再加上战争的破坏，早已千疮百孔，坎坷不平。偏偏老天不作美，又下了一场雨，满路泥泞，走走停停，还得边修路边前进，一路颠簸，行进速度很慢。

过邢台后道路更不好走，不时遇到炸弹坑、封锁沟、界限沟，汽车拐来拐去，颠颠簸簸，时走时停。大卡车曾陷进一个泥坑开不出来，朱德和陈毅都下来跟战士们一起推车。卡车刚往前移动半个轮子，又猛地滑了回来，朱德的身上和脸上溅满了泥浆。

突然，天空传来一阵轰鸣声。抬头一看，是印着青天白日徽标的国民党飞机。一名警卫着急地喊了起来："首长，敌机来了，赶快隐蔽！"

朱德手搭凉棚看了看低空飞行的敌机，风趣地说："飞机在空中，我们在地上，别理它。来，大伙儿一块用力推！"

"一、二……"随着朱德那响亮的号子，汽车终于被推出泥坑。敌机在朱德的头顶上绕了好几圈，看到是几辆愣头愣脑的"美制蒋记"汽车，以为是自己人就飞走了。

一过邯郸，就算进入了敌占区。为了安全起见，陈毅建议："车队由白天行驶改为夜间行驶，在敌人不知不觉中通过封锁线。"

"要得，这是个好主意！"朱德赞成道。

一天晚上，汽车刚发动，还未上路，地方干部就急如星火地跑来报告："前面约三十里处，发现有敌人的散兵。公路离敌人的据点也只有一二里路。"

走，还是不走？是绕开敌人，还是照直前进？几个参谋犹豫了。警卫参谋去请示朱德："总司令，前面发现敌人的散兵，走不走？"

"几个散兵怕啥子？"朱德毫不犹豫地说，"走，不能耽误我们行程！"

夜幕遮掩下的山脉，形同一个个怪兽狰狞恐怖地俯卧在眼前。汽车行驶在山间小道上，疙疙瘩瘩的路，把人的五脏六腑都要颠出来了。为了隐蔽，汽车没有开灯，借着朦胧的月光向前移动着。大家都睁大眼睛，注视着前后左右的动静。

赶了约三十里路，第一辆吉普车突然停了下来，陈毅和粟裕跳下车，快步走上一个土岗，警惕地观察着前方，后面的车一到，陈毅向朱德报告："前面的确有敌人，大约二百人左右。"

"朝什么方向运动？"朱德问。

"正沿着公路向东南方向步行。"陈毅建议，"我们是不是稍停一下，等敌人过去了再走？"

还没等朱德回答，后面乘坐大卡车的警卫人员也来报告："后面发现敌人，有多少，还未搞清。几辆汽车正朝我方开来。我们是不是先到旁边避一避？"

"前后的敌人都不要去管它，我们走我们的就是了！"朱德见大家有些提心吊胆，又说，"你们知道三十六计中有一计叫'浑水摸鱼'吗？我看今晚天黑月暗，倒是个浑水摸鱼的大好时机。继续前进，提高警惕，随时准备战斗。注意，没有我的命令，任何人不准开枪！"

汽车又启动了。朱德对司机说："把大灯打开，放心大胆地开吧！"

司机老于是个老同志，一直为中央首长开车。当年在重庆八路军办事处时，曾为周恩来开过车，后来回到延安为朱德开车。他不仅会开车，还会修车，技术熟练，不管什么车，不管什么路，他都能开得起来。

大灯打开了，两束利剑般的白光把路面照得通明雪亮。汽车开足马力向前快速行驶着，隐隐约约看到有人影在公路上晃动，渐渐清晰了，确实是国民党的散兵，稀稀拉拉，倒背着枪的，歪戴着帽的，横不成伍，竖不成队，像是刚刚败下阵的公鸡。在汽车大灯的照射下，他们闪到路边，站在草丛里，傻乎乎地看着驶过来的车队。有几个还在那里用手比比画画乱指一气。

车队离国民党兵越来越近，警卫战士们站着的坐着的都端起枪，手指扣在扳机上，密切注视着对方的动静。

突然，一个小头目一声令下，两百来个国民党兵齐刷刷地立正站在路边。当车队将要从他们面前经过时，突然飞出一声口令："敬礼！"

国民党兵为之一振，马上挺胸收腹，双脚并拢，瞪大双眼目送着车队通过。

"这是玩的什么把戏？"车上的警卫战士说。

原来，国民党兵发现车队时，起初以为是碰上了解放军，吓得都躲在草丛里，以防万一。后来一看只有三辆车，而且是两辆吉普，一辆大卡车，都是美国造，车上还有国民党军车的标志，认定上面坐的一定是国民党军大官，所以就赶快列队迎送，免得惹出麻烦来。

说来也凑巧，没有多久，后面国民党的那几辆军车也赶上来了。看着前面部队这般迎送的架势，认定车上的长官准小不了。所以，总是保持一段五六百米的距离，不敢超越前面的车队。他们做梦也没想到，这一闪而过的车队里正坐着中国人民解放军的总司令。

就这样，在晨光剖开天肚之前，朱德的车队顺利通过了敌占区。一进入解放区，车队便飞速前进，终于在五月十一日安全抵达华野前线指挥部所在地——濮阳孙王庄。

朱德的到来使华野部队受到极大鼓舞，许多从井冈山下来的老红军见朱老总不顾安危深入前线而热泪盈眶。大家都觉得这次总司令驱车南下濮阳，真是一部历险记。朱德却风趣地说："这就叫大路朝天，各走一边。

黑暗中同行一条道，天亮时就分道扬镳了！"

朱德在濮阳听取了汇报后，向华野一兵团的团以上干部和连、排、班长及士兵代表分别作了报告。他讲了全国战场的形势，正向着有利于人民的方面发展。中国人民解放军由内线作战转为外线作战，由战略防御转入战略进攻，扭转了整个战争形势，为夺取全国胜利创造了极为有利的条件。

朱德用生动的语言形象地譬喻道："我替你们想了一个办法，就是钓大鱼的办法。钓了一条大鱼你不要性急，不要一下子就拉上来，因为拼命拉往往会把钓索弄断。可以慢慢同它摆，在水里摆一会儿，把它弄疲劳了再拉上来。对第五军就要用这个办法，要用'引'的办法，它来攻，我就退，有条件就阻击一下，没有条件就不阻击，把它拖得很疲劳，弹药也消耗得差不多时，再用大部队去奔袭歼灭它。"

朱德操着浓重的四川口音说："蒋家王朝快要倒塌了，人民当家做主坐江山的日子眼看就要来到了。这次战役关系重大，同志们，毛主席已经为我们摆好了决战决胜的歼敌阵，现在就看你们的了！"

朱德的讲话，如春风化雨，点点滴滴浸入干部战士的心田；又像奔腾的黄河水，一泻千里，引来阵阵掌声和欢呼声，大家仿佛听到了胜利的进军号角。

朱德在华野前线部队住了七天，看了七天，走了七天，也讲了七天。这些情景、这些场面、这些讲话，都异常感人。直到五月十八日，他才在战士们"消灭整五军，活捉邱清泉"的口号声中离开濮阳，并安全地回到西柏坡。

西柏坡退敌

阵阵南风，把浓郁的麦香吹进了山村。柳絮飞了，榆钱落了，蝴蝶和落英依依惜别，这是春天向夏天告别的最后一幕。

五月二十七日，毛泽东由花山南下来到西柏坡，与先后到达的朱德、刘少奇、周恩来、任弼时会合。西柏坡又恢复了当年延安山坳里的景象，而且似乎比延安更加忙碌更加热闹。中共中央五大书记齐聚一堂，当时中央机关有一个口头语："五个茶杯子摆在一起，老蒋就要倒霉了！"

经毛泽东提议，中共中央书记处书记实行集体办公，所以五大书记如北极星分散住在几个相邻的农家小院里。为了方便指挥，军委作战室就设在书记处成员的居住区。这样，全国战场指挥者的生活、工作就在这方圆百米的天地里，难怪敌人错把这里当成一个团的指挥所。

这是一个袖珍、精干、高效的机构。根据分工，大家在毛泽东的主持下，领导全国解放战争和解放区的土改、接管城市以及敌占区的工作。朱德、周恩来主要协助毛泽东指挥全国战场，在这个世界上最小的司令部里导演了规模宏大的战略决战。

夜幕降临了，打谷场上灯火通明，四周挂着五颜六色的彩旗，乐队也轻轻地拨弄着琴弦，一片欢欣喜悦的景象。朱德第一个到达舞场，毛泽东跟脚而至。他们二人都极喜欢跳舞，在延安的时候也是如此。

跳舞前，朱德对毛泽东说："经过东北野战军的连续作战，东北敌军已被分割、压缩在长春、沈阳、锦州三个孤立城市及其周围的狭小地区。华北野战军主力已在平绥线和冀东地区展开，切断了东北敌军与华北敌军的联系，造成了封闭蒋军在东北加以各个歼灭的态势。"

"整个形势的发展比我们预料的要来得快，彻底打垮蒋介石不需要五年时间啦！"已被音乐感染的毛泽东掐灭烟头准备跳舞，忽然又止住脚步，回头说，"抗战后，蒋介石不要和平，硬是搬起了内战这块石头，想砸烂共产党。结果呢？把自己的脚砸得鲜血直流。我看了，他最终会砸破自己的光头的……"

六月一日，华北地区的气温突然高了起来。身着白衬衫的朱德看完地图后，坐回办公桌起草电报。他向东北野战军的林彪、罗荣桓、刘亚楼介绍了华北部队攻占临汾的经验：临汾作战，我军九个旅都取得攻打坚城的经验，是一个很有意义的大胜利。

朱德喝了一口水，略作思忖，又在电报中写道："如果我军不惜伤亡，以两个月时间夺取长春，你们估计是否有此可能？局势将会怎样？"

林彪、罗荣桓、刘亚楼当日复电："我们对此战局无最后的确定见解。"并转去了李天佑、黄永胜两纵队反映打长春存在困难的电报。

六月三日，朱德写信给毛泽东，认为"长春还是可能打下的条件多"。为此，他列举了九种考虑，并提出："打长春要看家底大小来决定。"

毛泽东在西柏坡的一棵大杨树下读了朱德的信，马上召集周恩来等人，指着手里的信说："朱老总想得很周到，我看下一步棋就是要将一将东北这几位诸侯了！"

"老总深谋远虑！"周恩来赞赏道，"说一千道一万，不管哪种形式，目的在于东北要下决心，出'车'动'炮'，实现我们先机东北的战略意图。"

"马上致电林彪、罗荣桓、刘亚楼，请对朱总司令所提意见中下列给以回答——"毛泽东吸了一口烟接着说，"（一）以两个或三个纵队及几个独立师攻城，以七个至八个纵队准备打援，是否可能。（二）两种打法是否可能：甲、能强攻，则用强攻办法；乙、不能强攻，即攻占一半或三分之一以后，改用长围，构筑坚阵，以一部围困该敌，主力休整待机。（三）你们弹药方面是否经得一次大消耗。"

六月五日，林彪、罗荣桓、刘亚楼在反复权衡后，决定采取朱德提出的第二种攻法：对长春实施较长期的围城打援然后攻城的办法，时间准备两个月至四个月。经中央军委批准，东北野战军于二十五日对长春正式实行"久困长围"。

后来，由于全国战局和东北战场出现了更为有利的局势，中央军委命令东北野战军除留一部分兵力继续围困长春外，主力迅速南下北宁线作战，积极准备攻打锦州。长春的解放虽然推后了半年，但朱德对攻打长春所作的分析和提出的办法——"强攻"或"长围"对各大战役都具有普遍指导意义。

军委作战室里的全国作战地图上，大片的区域都插上了红旗。那些日子里，主持全局的毛泽东根据朱德和周恩来判断的情况，进行全面分析，然后提出作战方针和作战部署，写下电文由叶子龙送给朱德和周恩来修改。有时在电报上标上四个"A"字，注明"发后送朱、刘、周、任"。朱德每每认真从兵力、弹药和战术上补充意见，督促实施。

进入八月份，局势发展更为有利。国民党军队在解放军的强大攻势下，已由"全面防御"转为"重点防御"。在战术上采取"以集中对集中"的方针，将其长江以北兵力收缩为若干大的重兵集团，据守于大中城市，企图凭借城防工事做最后挣扎。

在东北，卫立煌集团约五十五万人集中于长春、沈阳、锦州地区；在华北，傅作义集团约六十万人集中于天津、北平、张家口一线；在华东和中原一带，刘峙集团约六十万人和白崇禧集团约三十五万人集中于徐州、郑州至武汉一带；在西北，胡宗南集团约三十万人集中于西安、宝鸡一带。

八月中旬，国民党政府犹如坐在热锅上召开军事会议。会上，有人提出应撤出东北，将卫立煌集团调入华北、华中，以利于两地的固守。心急火燎的蒋介石犹豫不决，一方面表示要坚守沈阳，以观时局变化；另一方面又让东北守军做好撤退的准备。

九月八日，中共中央政治局会议在西柏坡召开。这是继五月城南庄会议后的又一次重要会议，也是抗战结束以来到会人数最多的一次中央会议，毛泽东在会上作了报告和结论。

朱德在这次会议上强调："一年来，我们的部队大有进步，战斗力大大提高了，但不能满足于现状。要经常整训，要不断提高部队的技术装备，加强人员和物资的补充，搞好军工生产，统一兵站运输，统一医疗卫生工作，使部队能连续作战。"

朱德分析战役的形势时说，"就是攻城打援"，并判断"大会战最可能在徐州一带进行"。为此他提出要增加生产，加强纪律，扩大军队至五百万，要准备打前所未有的大歼灭战。力争在新的一年里再歼敌正规军一百二十八个旅。

九月十二日，会议结束的前一天，东北野战军发起辽沈战役。与此同时，华东野战军发起的济南战役正在鏖战，经八昼夜激战，于十六日攻克山东省城济南，歼敌十余万人，沉重打击了国民党军的重点防御计划，使华北、华东解放区连成一片，为解放战争的战略决战揭开了序幕。

北方的十月，秋风瑟瑟，凉气微微。在东北战场上，势不可当的人民解放军如秋风扫落叶所向披靡，国民党军主力之一廖耀湘兵团十万人马全军覆没，把坐镇北平的蒋介石气得口喷鲜血。为了阻止解放军进攻，挽救每况愈下的败局，蒋介石不得不把华北地区五十多万军队交给华北"剿总"司令傅作义统领。

十月二十一日，为了维护风雨飘摇的国民党反动统治，蒋介石与傅作义几经密谋后，决定利用冀中解放区兵力空虚之机组织一支快速机动部队，以闪击、奇袭的战术一举夺回早已被人民解放了的石家庄市，并乘机包抄中共中央和解放军总部所在地西柏坡。

傅作义按照蒋介石的面谕，立即召开军事会议制定偷袭方案。他喜不自禁地说："老头子要我们去端中共的老窝，此举一旦成功不仅是'剿共'史上的一大奇迹，而且还能重振国军的雄风，到那时军威必将为之大振，美援也会源源而来。"

敌人异常的军事活动引起了中共北平地下党的注意，为了摸清底细，华北局城工部便派人四下打探情况。当天晚上，参加军事会议的国民党军整编骑兵第十二旅旅长鄂友三刚进家门，卫兵就向他报告有位姓刘的先生前来拜访。鄂友三出门一看，原来是多日不见的老同学刘时平。

刘时平是中共地下党员，他的公开身份是国民党《益世报》的采访部主任。由于有特殊的职业作掩护，刘时平便有了与国民党上层人物交往的便利条件。刘时平与鄂友三既是绥远老乡，又是中学同窗，平时交往甚密，说话也比较随便。

这天上午，刘时平接到了华北局城工部部长刘仁的指示，令其尽快搞清傅作义召开紧急会议的内容。就这样，他肩负着特殊使命来到了鄂友三家。

同学相聚，免不了开怀畅饮。席间，刘时平借鄂友三醉意蒙眬之机，对他婉转地进行试探。此时的鄂友三早已把傅作义训示的保密纪律抛到脑后，一字一句地炫耀道："老头子这次来，是命令老傅趁共军后方空虚的大好时机，搞一次突然袭击，端中共的老窝。这不，老傅又开会布置任务了……"

听到这里，刘时平暗吃一惊，趁鄂友三沉醉不醒之机彬彬有礼地告别鄂夫人，迅速将这一重要情报传给在北平的地下党组织。

十月二十四日上午，中央军委接到中共华北局城工部的一个特急电报：蒋介石与傅作义正在密谋策划，决定派遣第九十四军、新编骑兵第四师、整编骑兵第十二旅、新编第二军所属暂编第三十二师，配备四百辆汽车、一百吨炸药，组成一支约两个军兵力的快速机动部队，从北平、保定出发南进，企图夺回石家庄、阜平、平山等地，袭击中共中央机关和解放军总部所在地西柏坡。

这是一个十万火急的情况。石家庄距离西柏坡只有九十公里，一旦敌人的大军袭来，不仅石家庄人民的生命财产蒙受损失，而且直接威胁到中共中央的安全，威胁到毛泽东、朱德、周恩来等中央领导人的安全。

战争局势瞬息万变，本来蒋家王朝行将垮台，北平解放指日可待，没想到中共中央机关差一点儿被北平守敌暗算。令人欣慰的是，蒋介石和傅作义费尽心机炮制出来的偷袭计划很快被中共掌握了，这是蒋介石和傅作义始料未及的。

清凉的晓风送来许多秋意，树叶上留着露珠，被风一滴一滴摇落下来。太阳从东方冉冉升起，给远山撒上一层金辉。村子里的屋顶上飘着缕缕炊烟，空气中弥漫着轻纱似的薄雾。

已经起床的毛泽东刚洗好脸，正要吃早饭，小圆桌上已摆好一碗小米粥，两个窝窝头，一碟酱咸菜，一碟红辣椒。毛泽东见周恩来快步如飞地闯进门来，便一边挂毛巾一边问："恩来，有事吗？"

周恩来点了一下头，顺手把特急电报递过去。毛泽东看完电报，不由得眉头一皱。他点着一支烟，叫卫士去请朱德、刘少奇、任弼时到作战室开会。

在总参作战室里，那盏瓦数不大的电灯彻夜不熄。为了防空，桌子上的电灯罩着一个蚊帐似的黑色围帘，各司其位的参谋人员正在忙着调兵遣将。中央军委的几位领导传阅蒋介石要偷袭西柏坡的情报后，脸上都露出了惊恐的神色。

毛泽东看了一会儿地图，然后慢悠悠地转过身来。他是老虎追到身后也不着急的人，反而乐呵呵地表扬起蒋介石来了，"你别看不起蒋委员长，他下的这步棋还是蛮厉害的嘛！"

"不愧是交易所出身的人，会钻空子。" 笑眯眯的朱德指着地图说，"我们华北的两个兵团正在北线作战，他是想乘虚直捣黄龙！"

"这一带正是我们兵力最薄弱的地方，即使调兵也来不及，至少得五六天才能赶到。" 不无担忧的任弼时和刘少奇交换了一下眼神。

"水来土掩，兵来将挡，没什么了不起的。"毛泽东说完把大手一挥，好像早已胸有成竹。

经研究，决定由周恩来替中央军委起草一份致华北军区的电报，向聂荣臻、薄一波、滕代远、杨得志等人通报敌情。军委要求：华北野战军第七纵队主力立即开到保定以南地区，阻击国民党军南下；第三纵队要不顾疲劳以五天的行程赶到望都地区协同作战；杨得志、罗瑞卿、耿飚率领野战军主力相机行动。

西柏坡村里，事实上已很难集结一支像样的队伍，就像《三国演义》里所说的"空城"那样兵力空虚。在西柏坡附近方圆几百里也没有解放军的作战主力，华北野战军的两个兵团为配合东北野战军进行辽沈战役，远在数百里外的察哈尔和绥远地区；华东、华中野战军正云集于江淮之滨，为即将发起的淮海战役进行着各项准备工作，这些部队即使赶来增援最快也得四五天时间。

蒋介石在四处挨打、战局逆转的情况下，敢于冒险发动这次突然袭击，或许正是瞅准了解放军主力远在千里、中央驻地兵力空虚的这样一个机会。

夜幕降落，繁星满天。毛泽东在他的院子里与周恩来、朱德、任弼时等人一起分析敌情，研究对策。面对强大的军事压力，毛泽东却像平时一样不慌不忙，语调轻松而诙谐，情绪自然而活跃，不时爆发出一阵阵爽朗的笑声。

朱德笑着说："蒋介石近来也跟我们学放弃城市，进行机动作战，也不要后方了，也搞大队行进。可是他忽略了一个问题，他没有群众呀，没有饭吃，而且这样做也太迟了。"

周恩来见毛泽东情绪很好，就赶紧提出压在心头多时的建议："我们考虑，中央机关也要撤一下，主席这里也要有所准备。"

任弼时瞟了一眼毛泽东，没有说话。但从表情上看得出来，他也是赞同周恩来这个意见的。

其实那个时候，大家都希望中央首长赶快往后撤。这不是因为惧怕敌人或是缺乏信心，而是考虑到在保卫党中央、毛主席的安全上是不能发生任何问题的，务必做到万无一失。洪子店后边有个不大不小的集镇，那里的地理条件很好，中央机关准备撤到那里。

毛泽东听说要撤离西柏坡，连忙摆手说："你们谁想走谁走，我是不走的。"

"这是大家的意见。"周恩来坚持道，"西柏坡这里作战部队不多，大家都担心中央的安全，中央转移了更有利于打仗，不怕敌人偷袭，也不怕敌机轰炸。"

"谁要走，谁就走好了，我是不走的。"固执己见的毛泽东一脸愠色，一边大口大口地吞云吐雾，一边在思考着退敌之策。

在敌我兵力严重悬殊的情况下，毛泽东处变不惊，气定神闲，充满着一股胜者王师的英勇气概。他续燃一支烟，两眼盯着墙上那些标绘着解放军向全国进军的示意图，决定用空城计退敌。他命令卫士备好笔墨纸砚，将情报要点加以综合伪装，写成了一篇题为《蒋傅军妄图突击石家庄》的电讯稿，送交新华社播发：

> 新华社华北十月二十五日电：当我解放军在华北和全国各战场连获巨大胜利之际，在北平的蒋介石和傅作义，妄想以突击石家庄，破坏人民的生命财产。据前线消息，蒋傅决定集中九十四军三个师及新二军两个师，经保定向石家庄进袭。其中九十四军已在涿县定兴间地区开始行动。消息又称，该部配有汽车，并带炸药，准备进行破坏。但是蒋傅此种穷极无聊的举动是注定要失败的。华北党政军各首长正在号召人民动员起来，配合解放军，坚决、彻底、干净、全部地歼灭敢于冒险的敌军。

十月二十七日和三十一日，毛泽东根据最新情报又发表了《华北各首长号召保石沿线人民准备迎击蒋傅军进扰》和《评蒋傅军梦想偷袭石家庄》的两篇通讯稿。

在这些像一串机枪子弹插入几个重磅炮弹充满着才智和激情的报道中，毛泽东不仅揭露了蒋介石、傅作义相互勾结偷袭冀西的罪恶阴谋，还公布了他们的具体部署和各路军师长官的大名。

新华社播发的关于"蒋傅军妄图突击石家庄"的消息产生了预期的效果。傅作义收听到这条消息后大为吃惊，他万万没有想到一个精心策划的作战计划还没来得及实施就大白于天下了，甚至连偷袭行动的部队番号、兵力部署、武器装备、出动时间和指挥官员的姓名都被解放军掌握得一清二楚。

毫无疑问，石家庄地区的共军已经做好了充分的迎战准备。战略企图暴露已无偷袭可言，若再冒险进攻无异于自投罗网。

傅作义的嫡系骑四师师长刘春方，几次提醒其上司，说解放区军民防守严密，现援兵已到，突击冀西一举是否稳妥"谏请军座考虑"，傅作义在飞机上所看到的也是一片未战而败的惨象。万般无奈，为保存仅有的一点实力，傅作义只好放弃偷袭计划，草率收兵。

蒋介石精心策划的偷袭石家庄、包抄中共中央的行动就这样不战自退了，蒋介石还很庆幸地惊呼"差点儿又上了毛泽东'诱敌深入'的当"。为了这次半途而废的"偷袭"，国民党军队竟然损失兵员三千七百余人、战马两百四十余匹、汽车九十余辆，以及其他许多作战物资，真是"偷鸡不成蚀把米"！

第九章 立国兴邦

朱德：我命令中国人民解放军全体指战员、工作员，坚决执行中央人民政府和伟大的人民领袖毛主席的一切命令，迅速肃清国民党反动军队的残余，解放一切尚未解放的国土，同时肃清土匪和其他一切反革命匪徒，镇压他们的一切反抗和捣乱行为。

朱老总失踪了

一九四九年十月一日，初升的太阳用玫瑰色的朝霞把千年古都打扮一新。天安门广场欢声雷动，红旗、花束、彩带卷起了层层波澜。下午二时五十分，容光焕发的朱德向着那个巨大广场的最高处走去。这真是座高高的城楼啊！面对成千上万欢呼的人群，他思绪万千。

二十七年前，为了寻求救国救民的真理，为了寻找中国共产党，朱德抛弃高官厚禄，第一次来北京同他最可敬、最可亲、最可爱的同仁孙炳文会合。他不顾一路舟车劳顿，放下行李便迫不及待地要老友作向导，看一看慕名已久的京城。

"一进正阳门，穿过瓮城就是大清门，天安门坐北朝南，东西两边各有一座长安门，围成中央一块开阔的禁地。" 孙炳文一路走一路讲，"广场两侧的千步廊周围分布着封建王朝的中央衙署，而面前这座巍峨雄伟的天安门就是中央皇权宣告天下的所在。'天安'之意就是受命于天，安邦治民。"

朱德仰望高高的城楼，若有所思地说："或许某一天，中国的新时代还要从这里开始……"

如今，朱德放眼那广场上欢乐的人群，心中忆及往事。弹指一挥间，二十多年前的预言成真了。当初，中央有人提出在北平定都，朱德首先想到的便是那高高的城楼、厚厚的城墙，想到"天安"二字。作为一个从战火中走出来的老将，他知道"天安"对这个民族的意义，于是带头投了赞成票。

若是炳文还健在，那该多好啊！为了信念，无数的英烈像流星一样照亮了中华大地，而自己则在黎明前的黑暗中只留下淡得无法辨清的一抹印痕。若是他们天上有灵，能够看看这属于自己的胜利该有多好啊！

岁月如梦，历史无情地淹没了两位巴蜀青年的对话。而今天，历史又不得不正视他们二十七年前那段简短的对话……

"总司令，这边站！"毛泽东亲切地招呼比他整整大七岁的长者朱德。

下午三时整，毛泽东、朱德、刘少奇、周恩来等站在天安门城楼上，也是站在中华民族新时代的起点上。新中国在这里诞生，新的一切从这里开始。

在象征中国共产党二十八年艰苦卓绝斗争的二十八响礼炮声中，凝结着千百万革命先烈鲜血的五星红旗在天安门广场冉冉升起。首都三十万军民在此聚会，全中国四万万人民的心向往着这里。

毛泽东神情肃穆，目光扫过了天空和大地，看了看身旁的朱德和周恩来，而后上前一步，就在那个历代王朝昭告天下的位置上，向全世界庄严宣告："中华人民共和国中央人民政府今天成立了！"

此时，一位摄影记者为了拍到毛泽东宣布这一壮举的全景，竟然冒险把身子探出汉白玉护栏外，朱德赶紧跑过去抓住记者的两条腿，帮助记者完成了这一重要使命，而他却把自己留在了历史镜头的外面。

《义勇军进行曲》浑厚而雄壮的乐曲缓缓奏起，广场上欢声雷动，朱德在聂荣臻的陪同下检阅了人民解放军部队。正义之师、威武之师、胜利之师，一张张年轻刚毅的面孔在阳光照耀下洋溢着胜利的喜悦。眼前这支由他和毛泽东缔造的军队历经二十余载血与火的凝铸，已成为一支强大的钢铁长城，他无限欣慰。

朱德庄严地发布《中国人民解放军总部命令》：

全体战斗员、指挥员、政治工作人员和后勤工作人员同志们：

中华人民共和国的武装部队，今天和全体人民在一起，共同来庆祝中华人民共和国中央人民政府的成立。

我们中华人民共和国的武装部队，在反对美国帝国主义所援助的蒋介石反动政府的革命战争中，已经取得了伟大的胜利。敌人的大部分已经被歼灭，全国的大部分国土已经解放。这是我们全体战斗员、指挥员、政治工作人员和后勤工作人员的一致努力英勇奋斗的结果。我向你们表示热烈的庆祝和感谢。

但是现在我们的战斗任务还没有最后完成。残余的敌人还在继续勾结外国侵略者，进行反抗中华人民共和国的反革命活动。我们必须继续努力，实现人民解放战争的最后目的。

我命令中国人民解放军全体指战员、工作员，坚决执行中央人民政府和伟大的人民领袖毛主席的一切命令，迅速肃清国民党反动军队的残余，解放一切尚未解放的国土，同时肃清土匪和其他一切反革命匪徒，镇压他们的一切反抗和捣乱行为。

几万名解放军将士的方阵在八一军旗引导下从天安门前通过。

几百万人民子弟兵在朱德总司令的命令声中向东南、向西南、向西北全面出击。

广场上的口号声、欢呼声和飞机的轰鸣声，远方山谷、海岛、领空上的冲锋号声、枪炮声和胜利的欢呼声，构成了新中国诞生气势恢宏的奏鸣曲……

然而此时，在"黎明静悄悄"的广州梅花村，蒋介石一夜未眠，充满着孤家寡人、形影相吊之感。这个在中国大地上曾经要风得风、要雨得雨的独裁者，如今圈在沙发里像一只泄了气的皮球，塌出一片黑暗。南唐后主"问君能有几多愁？恰似一江春水向东流"的意境，或许最能概括他此时的心情。

蒋介石猛然抬头瞅了一眼墙上的挂图，那是彩色的中国：碧绿的是平原，金黄的是沙漠，长长的是长江，弯弯的是黄河，还有一个桑叶形状的海岛……

国民党空军司令周至柔已经来过几次电话了，请求蒋介石下令轰炸天安门，但蒋介石的回答仍然是"再等等"。

"校长，再不起飞，我们就不能按时到达了……"

正在收听中华人民共和国开国大典实况转播的蒋介石又一次被周至柔的电话打断，他猛地站起身对着话筒不耐烦地说："任务取消！"

"任务取消？"大惑不解的周至柔斗胆直陈，"校长，请再考虑考虑，我们准备得很充分，保证完成任务！"

"任务取消！"蒋介石看了看窗外明朗的快要成为"解放区的天"，再一次更加坚定地重复一句，语气中饱含着"大江东去"的伤感。

在儒家典籍里浸泡了几十年，对曾文正公心仪几十年的蒋介石，脑袋里装的不仅仅是文韬武略，还有一点点仁义道德。他此时确实作出了一个正确的决策：取消用空袭破坏中华人民共和国开国大典的计划。

蒋介石为何要取消这个与周至柔密谋多时的计划呢？也许他最后认识到，即使把天安门炸平了，他们所能得到的也只是全国人民的更多愤怒和美国对蒋介石黔驴技穷的蔑视。还有，天安门广场与故宫相连，把故宫炸了，把北京的古建筑毁了，蒋介石不就成了火烧阿房宫的项羽和火烧圆明园的千古罪人了！

也正是出于对蒋介石冒险的防备，在中华人民共和国开国大典的阅兵式上，南苑机场仅有的十七架P—51战斗机和蚊式战斗机都是带弹受阅，这在中外阅兵史上还是极为少见的。

是夜，北京饭店灯火辉煌，朱德宴请受阅部队的海、陆、空军代表。席间，他依次向海军、空军的将领们祝酒，当他看到开国大典受阅机群的机长、三年前驾机起义飞抵延安的空军上尉刘善本时，便兴奋地说："你们飞得好啊！从现在起，我才真正是海陆空三军的总司令……"

朱德进北京以后，院子小了，不像在延安，可以打打篮球或排球。别的地方他也不去，他不像毛泽东那样酷爱游泳，凡是有水的地方，无论大江大海还是游泳池，总要兴致勃勃地去击水一番。朱德不然，连风平浪静的游泳池也不沾边。除了夏天到北戴河避暑时，他在蓝莹莹的海水里游上两圈，平时在北京几乎没有游泳的记录。他的体育运动就是下象棋、打扑克，再就是爬山了。

与毛泽东爱水一样，朱德爱山。他太爱山了，尤其是香山，那是他常去的地方。他每个星期日都去香山，与香山为伴。朱德的专车停在山脚下，后来才往上开了开，停在玉华山庄。剩下的路，朱德就用他那两只经历过万水千山的脚板一步一步地丈量了。

爬香山，玩就玩到累，而朱德就喜欢这个累。路上走累了，一般就坐在台阶上休息，有时在玉华山庄歇歇脚，提提神，然后从双清别墅那里下来，顺山路走一圈。因此人们摸到了规律，星期日一早，在朱德这两个经常休息的地方，就会自发地聚起一群人，等着观看总司令的风采。

每次上香山，朱德只带郭仁等三四个工作人员，他们都着便衣。朱德的孩子们有时去有时不去，夫人康克清几乎每次必去。

路上，朱德像一个望云识得天气、看地识得收成的农民，不时跟老百姓打打招呼，谈谈气候，问问收成。他一路走，一路跟警卫们摆龙门阵，内容也是谈天说地，吃饭穿衣。

有一天，朱德上香山。虽然都是缴获的美式吉普，但朱德的车快，后面的警卫车一路追赶，可朱德的车早已没影了！问路线警卫，都说"没见过来"。总司令丢了，这下警卫可慌了，急忙打电话问"家"里，才知道朱德此时正坐在西苑机场纠察总队的一个办公室里悠然地喝水呢！

实际上，朱德在有意无意地躲避警卫。有一次，他上卢沟桥那边打野鸭，路线警卫从中南海一直撒到卢沟桥，气得朱德不打了，又坐汽车原路返回，把当时负责警卫的罗文坊狠批了一顿。

"为什么这样？"朱德十分生气，"你这不是等于告诉敌人我朱德来了嘛！"

职责所系，罗文坊又能说什么呢？

路过西安门，看到有卖炸羊肚的，慕名已久的朱德早已馋涎欲滴。于是，找了张桌子坐下，也不管卫生不卫生，大喊一声："来一碗！"

"好嘞，这就来！"老板很快端上一碗炸羊肚。他望着这位顾客，觉得面熟，但又看到穿着一般，就没往大人物身上想。

"这个人我见过，印象熟……"一时忘了招待客人的老板望着朱德，猛然想起家里挂的和毛泽东并列的大画像，"想起来了，这不是朱总司令吗？"

但是这位老板沉得住气，没吭声，又精心炸了一碗羊肚。还没等他送去，早已风卷残云的朱德就喊道："再来一碗！"

老板恭恭敬敬地用双手端上去："请总司令品尝！"

老板的话音还没落，左右前后的人一听是总司令，一下子都围了上来。顿时，观者如堵，道为之塞。在同一张很糟糕的桌子上吃羊肚的顾客也不吃了，上下左右地看着朱德。

警卫部队在接到朱德被围在西安门一百多米处的炸羊肚摊铺时，立即出动。两路纵队，整整两个连开道，边往里挤边说："请大家让一让，首长需要休息！"

好不容易挤进几百人的密密包围圈，警卫战士就在桌后边站着，而朱德什么也不知道，还在有滋有味地吃着炸羊肚，身后的风啊雨啊根本没有影响他的胃口。

品尝了炸羊肚，朱德又想起了北京的风味食品烤鸭。这一天，朱德的汽车通过前门的全聚德，他明知故问地问汪东兴："这是烤鸭子店吧！"

"是！"汪东兴实话实说。

"那就去尝一尝烤鸭子吧！"朱德兴致勃勃。

汪东兴没法反对，只好陪朱德进去吃。随身警卫立即把"四号"到全聚德的电话打回去，北京市公安局副局长张明河立即赶到前门。

那时全聚德烤鸭店的楼房很窄，朱德坐在西南角吃，闻讯赶来的张明河守在东南角，呼呼喘着粗气。他问汪东兴："谁带四号来的？"

"四号自己找来的。"

"自己找来的？"张明河与汪东兴那时并不熟悉，"住在圈里的由你负责，圈外由我负责，这中央有规定呀，你为什么事先不告诉我？"

由于张明河声音很大，朱德听见了，便插嘴说："不怨他，是我想来吃，你也来和我一起吃吧！"

张明河哭笑不得，说："不是我想吃烤鸭，你在中南海外面的行动应该告诉我。"

以后，朱德再去全聚德吃烤鸭，事先都告诉警卫部门。便衣大队布置内部调查，知道全聚德没有什么重大政治方面的问题，就提前在全聚德作了准备，尤其是门口的秩序，搞好了以后才叫朱德来。

尽管烤鸭是北京的名产，比炸羊肚卫生多了。但是无论如何，朱德仍然觉得炸羊肚好吃，大概是吃炸羊肚时无拘无束吧！

中华人民共和国成立以后，垂死挣扎的蒋介石集团对中共领导人的暗杀活动是煞费苦心的。他们把暗害中共领导人的得手喻为"可与军事胜利相比拟",不惜以"杀一部长级干部奖十条黄金"来鼓励其走卒卖命。他们还开列了一大张暗杀名单,其中有毛泽东、朱德、刘少奇、周恩来等二十余人。

为了对新生的共和国进行捣乱和破坏,台湾保密局一边指使潜伏在北京的特务组织刺探中共领导人的家庭住址、汽车号牌和外出活动的情况,一边向北京秘派"精干勇敢的行动人员",对中共领导人进行暗杀活动。

一个名叫程立云的特务通过认识中南海的花匠,了解到中央人民政府办公厅、会议厅和毛泽东、朱德、周恩来等中央领导人的办公地址,甚至还搞到了他们的汽车牌号。程立云根据他了解到的情况,还绘制出一张中央人民政府位置图。

国民党特务段云鹏听完程立云的汇报后,便喜不自禁地说:"这情报太重要了,望你再了解一下中南海里面的警卫部署情况,等我向保密局汇报后再付诸行动。"

一般人认为,在中南海工作的人都生活在一个院子里,低头不见抬头见,个个都能接近中央首长,其实不然。中南海分为三个区,区与区之间防守严密,能够出入首长区的人很少。花匠虽然能借换花之机去首长区,但他们也只能把花盆放在门口,长着火眼金睛的哨兵绝不允许他们踏进大门半步。

段云鹏原以为立功领赏的时候就要到了,没料到连中南海的花匠也挨不到中共领导人身边,于是大失所望。能不能让那个花匠躲在树上开枪射杀中共领导人?他设身处地地一想,觉得这个主意也很蠢。在戒备森严的中南海内搞暗杀确实不易,于是他又制定了其他暗杀办法,而且不分时间地点,打响就行。

"一定不能让敌人打响!一定要把间谍特务的活动完全置于视线之内!"周恩来经常提醒保卫人员,"我们要接受教训,不能出现苏联一九一八年那样的情况。"

朱德喜欢外出视察,差不多北京的工厂他都去过。在中央首长中,朱德的活动最多,因此他经历的危险也就比别人多一些。但是,他总是能化险为夷,有惊无险。

　　有一次，朱德的车出了中南海往东南方向开去。那时路旁有不少青纱帐，有情报说特务要搞伏击，准备向朱德的汽车扔手榴弹。公安局极为重视，很快在特务下手之前破了案。

　　八九月间，朱德去东便门的一个修配厂。当时这个修配厂正在建设，东便门还不通汽车，必须步行。这种情况对警卫很不利。偏偏朱德爱去看，屡看不厌，去了一趟又一趟。

　　那个时候，枪基本上都从民间收上来了，但是谁敢保证那么彻底，没留下几支？如果有亡命徒，一命换一命怎么办？好在那时各个工厂从五一前的电车失火案后，都成立了经济保卫处，负责厂子的内保。修配厂的经保处主任叫王林，有人向他举报厂里有个工人在修一支坏了的枪。

　　王林把这个情况向张明河汇报了。

　　"抓起来。"张明河毫不犹豫地说。因为他知道，枪械是被管制的，个人不能私藏枪支，修枪的一定不是好人，尤其是在朱德经常出入的厂子，更应该提高警惕。

坐镇剿匪

时间过得真快，中华人民共和国诞生的喜庆气氛还未消散，便迎来了虎气生生的一九五〇年。然而，残花殆尽恨春短，不知不觉夏日来临了，季节的变换总是在无声无息中完成。

一般建立新政权后，都有一个军人治国的过程。这些上马带兵、下马治民的将帅们用指导战争的"孙子兵法"游刃有余地治理贫穷落后、混乱无序的国务，倒也颇见成效。"王者伐道，政者伐交，兵者伐谋"，集党政军大权于一身的朱德，比过去更加忙碌了。

六月二十五日，朝鲜战争爆发。紧接着，美国下令第七舰队侵入我国台湾海峡。朱德抱病出席了中央军委一系列会议，对保卫国防作出必要的部署。

八月一日，朱德在首都军民庆祝中国人民解放军建军节和反对美国侵略台湾、朝鲜的大会上对侵略者发出严正警告，并郑重指出：无论中国的经验和外国的经验，都证明了一个真理，这就是胜利一定是属于人民的。

十月初，美国侵略军不顾中国的警告，悍然越过三八线向北推进，直逼中朝边境。中国政府应朝鲜政府请求，决定派遣中国人民志愿军抗美援朝。在这个重要的历史时刻，朱德几次远离北京，到东北、山东等地对即将奔赴朝鲜的部队作战前动员和行动部署。

孔夫子曰："有文事者必有武备。"两千多年后，朱德在他的"府上"曲阜孔林的享殿天井里，向第九兵团团以上干部作了动员报告。他在兵团司令员宋时轮陪同下步入会场，向大家招手致意，会场顿时响起热烈的掌声。

朱德握着兵团副司令员的手说："你就是陶勇，久闻大名，我这次来是为你们出征送行的啊！"

"欢迎您亲临部队视察，请总司令作指示！"

看着这些充满着武松打虎勇气的战士们，朱德用洪亮的川音说："同志们，我们又要打仗了！这次打仗不同于以往，不是在国内打，而是要到国外打。美帝国主义侵占了朝鲜，把战火烧到了我国东北边境鸭绿江边。我们要抗美援朝，保家卫国。我们过去已经打败了日本帝国主义和蒋介石，我相信，这次出国作战，你们也一定能打败美帝国主义……"

十二月中旬正是三九严寒，只闻其声不见其形的西北风刀子一般削人的脸，炒面一般噎得人喘不过气来。为十九兵团战前动员的朱德住在山东兖州的一个普通平房里，连取暖的炉子都没有，兵团领导特地在房间添置了一个木炭火盆。

朱德穿着臃肿的大衣，不顾天寒地冻，看望了几个步兵连队和炮兵连队。考虑到朱德年纪大易受风寒，随行医生建议他在生着木炭火的房子里分批接见指战员代表。朱德却不同意，他转过脸来对部队领导说："毛主席要我到十九兵团来，可不是只看看杨得志、李志民你们几个人啊！"

朱德在没有任何取暖设施的大教堂给团以上干部作报告，要求大家认清抗美援朝的意义和兵团担负的任务，要充分估计困难，找到解决办法，做到和敌人交手有胜利的把握。然后，他又在冷风横扫的室外和大家合影留念。

这次山东回来，一向身体很好的朱德大病一场。他毕竟是六十四岁的人了，由于寒冷加劳累，他得了多年未有的重感冒，发烧咳嗽，引起支气管炎，来势凶猛，休养了好几个月才康复。

一九五一年，正是朝鲜战火犹酣的时候，大病初愈的朱德对部队装备现代化建设和军事训练尤为重视。当年九月，中央军委军训部召开各兵种司令员、参谋长及各军区参谋长、军训处长集训会议，朱德到会讲话。

"我们建立了海军、空军和坦克部队、工兵部队、防空部队和铁道兵部队以及大量的炮兵部队，有了这样复杂的军兵种和大量使用复杂的战斗器材，这就是现代化的标志。我们所使用的现代武器，是世界上较好的武器，有的是相当先进的。由于各军兵种的武器及战斗器材复杂，为了能掌握技术和学会诸军兵种的联合作战，就必须有正规、统一的训练计划。"朱德强调说，"我们现在所处的环境和所进行的战争，从各方面来说，都和过去不同了。如果不进行现代化、正规化的训练，那么就是有现代的装备，也不能达到真正的现代化。"

几天后，在庆祝中华人民共和国成立一周年的阅兵式上，朱德发布命令，号召全军指战员要"毫不满足地认真学习、熟练掌握新的技术，学会诸兵种联合作战的本领，提高现代化军事科学和指挥艺术的水平，加强各种工作的计划性、组织性和准确性，巩固和提高军事纪律，为建设一支强大的现代化国防军而奋斗"。

在现代战争中，没有一支强大的现代化的空军就没有制空权。朱德认为，没有制空权的军队就要被动挨打，没有制空权的国家必然遭受侵略。他大声疾呼："建设空军是刻不容缓的事情，不管家务大小，困难多少，我们非好好办不可。"

朱德向广大空军官兵发出号召："建成一支完全新式的、强大的人民空军。这支空军，要在我们所有的领海和领空上初步取得制空权，能够击退任何侵略者的进攻。空军里的每一个人员，都要清楚地了解这个任务，并想种种办法，尽一切可能去完成这个任务。"

朱德对空军建设十分关心，在百忙之中抽出身来，出席空军召开的一些业务会议，参加空军航校开学、毕业典礼，参观空军的飞行表演和教学展览，利用一切机会直接给部队指战员做思想工作，勉励大家要在陆军的基础上加强训练，努力掌握技术，按照毛泽东思想加速建设起一支新式的人民空军。

朱德对空军的建设，大到建军路线小到伙食改善，都有详尽的指示。我国第一批女飞行员开飞典礼，就是朱德和邓颖超亲自主持的。空军部队飞赴朝鲜战场前夕，朱德顶风冒雪到前线机场检阅部队，勉励指战员们要打出中国人民的威风。

一九五二年，春天像一个饱经世故的老人，来得不紧不慢。当日子接近五月，北方的风也柔和得像十八姑娘的手。此时，已能隐约看见夏天的影子了。

六月二日夜，北京中南海菊香书屋。毛泽东望着面对而坐的西南军区司令员贺龙、政委邓小平，突然问道："中国有几个台湾？"

没等贺龙开口，毛泽东便自问自答："福建省以南有个台湾省，叫大台湾；四川省西北有个黑水，叫'小台湾'。要解决大台湾的问题，你们要首先解决'小台湾'的问题，'小台湾'是通向大台湾的。"

几天前，美联社和香港报纸报道了《陆上台湾——傅秉勋和他的黑水根据地》的文章。其中说："短短几个月内，四方义士风聚云涌，如今傅的大旗下已拥兵十万，且多为国军正规军人……"

虽说"陆上台湾"和"十万大军"是小杯子里的小风暴，掀不起大浪，但却引起了毛泽东的关注。

六月十五日，毛泽东指示返回重庆的贺龙："就全国的军事大事来说，在本年度是抗美援朝第一，进军西藏第二，黑水剿匪第三。"

黑水剿匪作战预案报到北京，中央军委复电指示：宜集不宜赶，对黑水用兵要慎重，兵力不足不要贸然进攻，切忌再把集结黑水的土匪赶往其他地区。这个复电既是任务布置又是婉转的批评。川西军区派兵三进懋功，虽平定了匪患，但用赶羊的办法把懋功两万余匪徒赶到了四周，特别是匪首傅秉勋的漏网，使相邻的黑水聚成了西南最大一股土匪。

随后，西南军区抽调二十一万人的兵力，同时命令空九师战斗机四架、空八师轰炸机五架、空十三师运输机一架配合地面作战，从西南公安部队司政机关和川西军区司政机关抽调人员，组织"川西军区黑水前线指挥部"，西南军区公安部队副政委郭林祥为前指总指挥兼政委，茂县军分区司令员张行忠为副总指挥，川西军区参谋长唐健伯为参谋长，分别组成西、东、北三个指挥所。朱德由北京飞抵重庆，坐镇总揽全局。

重庆原是国民党的特务基地，驻有中美特种技术合作所等特务机关。重庆解放时国民党特务潜伏下来不少，活动比较猖獗，多数以暗杀中共政要为目的。近年来，虽然进行了清剿和镇压，但难免有漏网分子。因此，重庆市内的社会治安情况也不是太好，随时可能出现意外。

一贯置危险于度外的朱德一到重庆就忙于查看地图，翻阅资料，制定剿匪方案。黑水是当年中央红军路过的地方，朱德对这一地区的情况非常熟悉。

十七年前，红军北上路过黑水，为了减少不必要的伤亡，朱德曾派人拜见黑水头人苏永和并同他协商：红军只是路过这里，并不想停留，不伤这里的一兵一卒，也不动这里的一草一木，希望苏永和让红军从这里经过。苏永和接见了红军代表并当场承诺不进行阻挡。可就在红军开始过黑水时，苏永和接到蒋介石一封密电，要他不惜一切代价阻击北上的红军。由于突遇苏永和的袭击，红军在没有任何准备的情况下仓促应战，损失不小。

朱德从文件上了解了黑水头号匪首傅秉勋的基本情况：傅秉勋是四川仁寿人，毕业于黄埔军校第五期，曾加入中共左翼组织。蒋介石"四一二"政变后脱离共产党，后被选送国民党中央陆军大学及日本士官学校深造。毕业后，曾任胡宗南部排长、连长、营长直至升任少将师长，后转赴四川军阀杨森部出任军长。他眼见时局维艰，又与杨森交恶，一气之下将军费席卷一空，不告而别。蒋介石震怒，开除其黄埔学籍和国民党党籍，国民政府也以"携款潜逃罪"予以通缉。

两年前，傅秉勋窜逃到川西，策划国民党夏斗枢两个业已起义的师叛乱后不久，即被川西军区剿灭，傅秉勋逃出。后与军统成都站站长周迅予等三人结拜为兄弟。经周迅予向毛人凤疏通，台湾不但撤销了对傅秉勋的通缉令，恢复其黄埔学籍和国民党党籍，还来电加封他为"中华人民反共突击军二四九路中将副总指挥"，成了周迅予的"得力助手"。

面对解放军的强劲攻势，周迅予打算长期潜伏下来，傅秉勋却坚决反对。周迅予认为黑水地区民风强悍，道路艰险，加之地处甘青川三省边界，是一块进可攻、退可守的天然"游击根据地"。

两人矛盾无法弥合，傅秉勋用武力胁迫绑架了周迅予的报务组长袁正宏，窃走电台，带着一些残部制造了"马尔康血案"后，径奔黑水而去。傅秉勋窜到黑水后致电台湾，还自我转正并打出"中将总指挥"的叛旗，扩充实力，很快聚集到三千残匪，对外号称拥兵十万。

且说因攻打红军受到蒋介石嘉奖的苏永和经过十几年的亡命拼搏，最终成了黑水地区藏族最有势力的大头人。清乾隆皇帝颁给原黑水最高统治者梭磨土司的金印虽已落入苏永和手中三十余年，但国民党中央政府一直未予承认。大西南解放后，这个黑水头人怀揣金印，取悦两端，一面收容傅秉勋叛匪，一面接待中共茂县地委派往黑水的工作组人员。

六月十六日，傅秉勋在芦花官寨收到蒋介石的册封电报后，立即向苏永和宣读、祝贺。次日，决心跟随傅秉勋叛乱的苏永和扣押了以戈一为组长的茂县地委驻黑水工作组，查封了工作组的电台和武器，彻底投向了国民党残匪的怀抱。

七月二十日早晨七时，朱德总司令下达了围剿黑水叛匪的命令。东、西、北三线解放军按预定部署同时出击。

傅秉勋看到大势已去，带着自己的人马溜之大吉。苏永和走投无路，最终下山投诚。

八月十六日，傅秉勋虽被解放军独四团的一个连发现，但在其卫士陈万林的掩护下又脱网而逃。

随后，傅秉勋和陈万林在安曲独马寨被几个牧民活捉。第二天，独马寨的土司下令将二人绑送查理寺贡汤活佛处。贡汤活佛是个爱国的上层头人，傅秉勋刚到黑水时曾想谋刺他。

九月二十六日上午，在距离查理寺还有几公里时，傅秉勋从押送自己的藏民交谈中发现，是要把他交给贡汤活佛。傅秉勋知道小命难保，便一头栽进路边的小溪里。溪水只有齐腰深，只要拉他一把便可得救，他自己也完全可以站起来。但傅秉勋选择了自绝之路，不一会儿就淹死了。

当时，傅秉勋化名"唐有余"，陈万林化名"陈志先"。傅秉勋淹死后，陈万林被转押到了阿坝。剿匪部队得知这一情况，一面打捞尸体，一面电告前指。情报参谋都爱国见电报后，沉思良久，土匪名单上并无"唐有余"这个人。后据陈万林交代，证件是伪造的，"唐有余"就是傅秉勋。为了保险起见，都爱国又反复对比照片，最后综合各种情况，认定"唐有余"就是傅秉勋。

九月二十三日十六时，黑水剿匪前指正式向川西军区、西南军区、中央军委、党中央发出黑水剿匪战役取得胜利的总结电报。在朱德的亲自领导下，此役共歼匪三千六百余人，缴获枪支四千五百余支、六〇炮九门。蒋介石建立"陆上台湾"的美梦彻底破灭了。

一九五三年的春天似乎比往年来得早，此时严冬尚未褪尽，北京却已春意盎然了。飘飘洒洒的春雨，轻柔地滋润着古都的每一条马路、每一片树叶、每一个人的心。

这一年，中国开始实施第一个规模巨大的五年建设计划，中共中央提出了由新民主主义向社会主义转变的过渡时期总路线。朱德为配合党的方针政策的落实，提出了党的纪律检查工作要保证总路线顺利执行，防止并克服一切破坏总路线的行为或倾向。

这年十一月，朱德主持召开了第二次全国纪律检查工作会议。会上，他作了《过渡时期党的纪律检查工作的任务》的报告，阐述了过渡时期党的纪律检查工作的意义和四项基本任务：第一，保护生产，保证国家计划的切实执行；第二，防止并反对资产阶级和资本主义思想对党的腐蚀，进一步巩固和纯洁党的组织；第三，巩固党同群众的联系；第四，保证党的集中统一领导。

中华人民共和国成立时，高岗担任中央人民政府副主席，又是中共中央政治局的十三位委员之一。此外，他担任中共中央东北局第一书记、东北人民政府主席、东北军区司令员兼政治委员等职，集东北的党政军大权于一身，是名副其实的"东北王"。

高岗调北京工作，中央安排他以中央人民政府副主席兼任国家计划委员会主席的职务。计划委员会有陈云、邓小平、彭德怀、林彪、彭真、薄一波、饶漱石等十多人，这些人都是当时中央政府高层中声名显赫的人物。因此，高岗担任主席的国家计委有"经济内阁"之称。高岗在抽调进京的五人中所得到的新职位是最高的，当时有"五马进京，一马当先"之说。

饶漱石也是进京的"五马"之一。这个曾经是中共中央华东局第一书记、华东军政委员会主席、中共七届中央委员的"临川才子"，进京后被安排为中共中央组织部部长。在党管干部的体制下，他掌握了中央人事大权。

一位哲人说过：被统治者对统治者的权力，要么因鄙视而抗拒或排斥，要么因渴慕而追逐。随着地位、职务的升高，政治权欲和野心急剧膨胀的高岗、饶漱石显然属于后者，尤其是高岗，他对其职位处于刘少奇之下一直耿耿于怀，处心积虑地搜集刘少奇的"黑材料"，私下或公开地攻击刘少奇。饶漱石见高岗活动能量大，也主动投靠高岗，进行政治投机。

在全国胜利后不久，党和国家的高层领导中出现这样严重的斗争，这是朱德原来没有想到的。他后来说："直到党的七届四中全会，我才认识了高岗、饶漱石的反党面目，认识了反对高饶斗争的严重意义，并坚决地拥护这一斗争。"

高岗、饶漱石为了搞垮刘少奇、周恩来，达到其分裂党的目的，利用各种场合散布所谓"军党论"。他把中国共产党分为"根据地和军队的党"与"白区的党"两部分，说"党是军队创造的"，并且自封为"根据地和军队的党"的代表人物，公然颠倒毛泽东关于党指挥枪的原则。高岗指出，党中央和国家领导机关现在掌握在以刘少奇为首的"白区的党"手里，因此，应当改组中央和政务院。

一九五四年二月，党的七届四中全会在北京召开。会上，刘少奇代表中央政治局作了报告，朱德、周恩来、陈云、邓小平等四十四人作了重要发言。在大家的报告和发言中，一致强调了全党团结的重要性，揭露了高、饶破坏党的团结和统一，进行篡党夺权的阴谋活动，要求全党对野心家、阴谋家提高警惕。会议一致通过了《关于增强党的团结的决议（草案）》。

在七届四中全会上，朱德对高岗、饶漱石的错误进行了严肃的批评，并说："党内要大大提倡团结。历史一再证明，当党在政治上、思想上、组织上都团结一致的时候，党的政治领导作用就能充分地得到发挥，革命事业就大大地向前发展；反之，党的政治领导作用就削弱，革命事业的发展就受到损失，受到挫折，以至于失败。我们应当在《关于增强党的团结的决议》的指示下，提高阶级觉悟，清除那些不健康的现象，增强党的团结。"

为了肃清"军党论"的错误影响，朱德多次在军队干部中讲话，强调军队是在党的领导之下建设和发展起来的，是在党的领导之下战胜了敌人的。党是军队的领导者，军队是党发展革命和巩固革命胜利的工具。没有党的领导就没有军队。全军每一个同志特别是高级干部，都要忠实地服从党的领导，成为党和人民的工具。

一九五五年三月下旬，中国共产党全国代表会议在北京召开。朱德在会上再次作了揭发批判高岗、饶漱石反党分裂活动的发言，要求全党同志团结在以毛泽东同志为首的党中央周围，为社会主义事业奋斗。会议通过了《关于高岗、饶漱石反党联盟的报告》，并决定将高、饶开除出党，撤销其党内外一切职务。至此，这场中华人民共和国成立以来第一次党内斗争取得了完全的胜利，全党的团结和统一得到了维护和加强。

作为中共中央纪律检查委员会书记，朱德处处以身作则，坚持党的优良传统，身体力行，为处在执政地位的中国共产党人做出了表率。

飞机降落有惊无险

光阴如箭，日月如梭。眼看着又到年底，北京又有了过年的气氛。大街小巷不时有鞭炮炸响，空气中飘浮着一股熏人的火药味。爆竹声声除旧岁，春天跟脚就来啦！

毛泽东说：一九五六年的春天是一个科学的春天。这一年，中国的经济形势也像春天一样蒸蒸日上。在改造生产资料私有制、建立社会主义制度、提前完成经济建设的第一个五年计划后，这年九月召开了中共八届一中全会，朱德被选为中央政治局委员和中央委员会副主席。

朱德在大会上作了《加强团结，建设社会主义》的发言，指出：目前的国内条件和国际条件，对于我们的社会主义建设事业是十分有利的。只要我们党能够保证正确领导而不犯重大的错误，只要我们党能够保持自己队伍的统一和团结，就一定能够团结六亿人民胜利地实现社会主义建设的任务。

八大以后，朱德对我国社会主义经济建设的道路继续进行孜孜不倦的探索，并一再提出一定要改变那种过分强调中央集权的经济管理体制。他更多地到全国各地进行实际考察，并在视察时特别注意根据各省、市、自治区的不同特点和实际情况，提出切实可行的发展当地经济的具体主张。

海南是我国仅次于台湾的第二大岛，面积为三万三千平方公里，海水清澈、沙滩洁净、椰林婆娑，一派热带风光，北隔琼州海峡同雷州半岛相望，无愧于镶嵌在南海上的一颗"明珠"。朱德是较早提出开发海南的人，他认为蒋介石不可能反攻大陆，第三次世界大战可以防止，海南岛必须而且也能够很好地开发。

一九五七年一月十六日，朱德带上行李——还是战争年代使用的绿色被褥、绿色挎包、绿色搪瓷缸，乘坐一架小型飞机来到海南岛最北边的城市海口，开始了他的海南之行。

这是中华人民共和国成立后第一个到海南岛视察的中央高层领导人。由于当时世界局势动荡，中国周边的国际局势趋于紧张。盘踞在台湾岛的国民党当局倚仗"山姆大叔"的支持，经常对大陆进行骚扰和破坏，地区性战争随时可能爆发。

由于海峡两岸还处在交战状态，随时都可能枪来弹往，因此朱德这个时候去海南岛是有一定风险的。再说，飞机低空飞行也有一定危险。当时有关领导都纷纷劝阻，但朱德坚持要去，这才完成了海南之行。

在海口市，朱德参观了海南工农业生产成就展览会。他对展出的热带、亚热带经济作物非常感兴趣，展览会上还展出了二三十斤重的大番薯，令这位出身农村、当过农民、关心农业的总司令驻足良久。

次日，在中共海南区委书记萧焕辉陪同下，朱德乘坐吉普车由北向南开始考察。一路上，朱德对海南岛的武装斗争问得很多，萧焕辉向他详细讲述了琼崖纵队坚持斗争的事迹。琼崖纵队自一九二七年建立，发展到三个总队十个团，约有两万兵力。

"是啊，琼崖纵队当时与党中央隔绝，能够坚持二十三年红旗不倒，是非常不简单的！"朱德感慨地说。

"一靠广大群众，二靠正确政策。"曾担任琼崖特委常委和琼崖纵队五总队政委的萧焕辉说，"海南有几百万人，只要有正确的政策，扩大一两万武装是不成问题的。海南的武装部队得以扩大，是靠主席和您的榜样搞起来的。我们认为完全可以武装斗争。"

"你们坚持是对的。"朱德赞许后又鼓励道，"海南有平原，有大山，有广大群众的支持，政策搞对了，就能够坚持下来。"

朱德一路风尘，一路欢欣。进入通什地界，萧焕辉向他介绍了勤劳勇敢、民风淳朴和历史悠久的自治州少数民族情况。沿路看到奇峰矗立、形同锯齿的一座高山，萧焕辉介绍说："这就是五指山，主峰高达1867米，是海南的最高峰。登五指山，可以亲自体验到晨凉、午热、夕暖、夜寒'一年四季'的气候。"

朱德听了以后诗兴大作，遂写下了《过五指山》一首。

几天的视察，使朱德确认海南是个"宝岛"。他致电中央建议说："所谈所见，说明了海南岛的地上和地下资源十分丰富，许多物资都便于出口，极有发展价值和发展前途……这样好的地方，我以为只要财力所及，即应积极组织力量从速进行开发工作。"

朱德关于开发海南的意见得到中央的重视，将开发海南岛列为国家社会主义建设宏伟计划的组成部分。

这年年初，中央政治局在广州召开会议，一架专机上同时坐着林彪、董必武、陈毅、贺龙四位政治局委员。其中，陈毅带着夫人张茜，林彪身边守候着叶群。事后，心有余悸的机长王进忠才意识到这次飞行的冒险性，万一飞机出了事，那损失就不堪设想了。

平安到达广州之后，机组人员便像往常一样在那里待命返航。可当会议接近尾声时，他们却领受了新的任务：送朱德和董必武去四川。

一接到任务，大家便分头作地面准备。王进忠画好航线计算飞行时间时，领航员和副驾驶都不约而同地来到他面前。领航员晃了晃手中的地图："你注意到没有？这条航线几乎是当年的长征路线。"

王进忠仔细看了看铺在桌面上的地图，知道领航员并非夸大其词。在这条航线上，途经红军二万五千里长征曾走过的许多重要地点。它跨过广西、湖南边沿，穿越整个贵州，再横飞大半个四川，最后降落在成都附近的双流机场。

"这下可糟了，偏偏是送总司令。怎么办呢？"领航员不无紧张地拍着手里的地图，把这次偶然的巧合当作很大的负担。

"从现在起，每个人抓紧时间研究地图。航线两侧二十五公里以内的地形地貌，大小城市，有特点有名气的村庄，标有地名的山头、河流、桥梁等等，凡是总司令有可能问到的地方，都要记熟背下来，保证到时候有问必答。"这是王进忠对领航员的回答，也是对全体机组人员的命令。

为首长开专机，不仅仅是简单地起飞降落就算完成任务。他们总是想方设法尽最大努力为首长服务，使首长对机组的工作满意。另外，那时三十四师也在有意无意地同民航竞争。每次执行专机任务，他们都注意观察各位首长的喜好和生活习惯，以便下一次再飞时能"投其所好"地作必要的准备工作。

毛泽东在飞机上的特点是不停地工作或学习，他人还没上飞机，桌面上已经摆满了文件和书籍。当时毛泽东在专机上读得最多的是英语课本，这可能与他乘坐飞机那几年正在攻读英文有关。

另外大家还有一个一致看法，那就是毛泽东从不躺下休息。开始，毛泽东专机上只有一张床，而江青晕机，床让江青用，毛泽东当然无处可睡。后来又增加了一张床，可他们白费了心思，新增加的这张床也始终是空着的，毛泽东没有使用过一次。

周恩来是个众所周知的大忙人，自然总是批阅文件，与人谈话，抓紧点滴时间工作。他即使躺下来睡一会，那也是工作的一部分，下飞机后必定有长时间的会议或会谈在等着他。因此，他忙里偷闲赶紧在机舱里眯上一会儿。

刘少奇坐飞机外出时，也经常把王光美带在身边。王光美在很大程度上充当了刘少奇秘书的角色，为了使刘少奇能够得到充分的休息，她让刘少奇倚靠在床上，自己亲自给刘少奇读文件。刘少奇闭目静静地听着，当听到重要段落时，他会睁开眼把文件拿在手里，认认真真地阅读。

朱德的习惯与众不同，有他特别的地方。他总是喜欢同飞行人员挤在又窄又小的驾驶舱里，不愿意留在舒适宽敞的客舱。飞机常常还没有改平飞，他就抱着一个大枕头进来了，和大家一起摆龙门阵，嘘寒问暖、问长问短，当然也会问一些飞行员回答不上来的问题，这就是领航员见航线与长征路线巧合而紧张的原因。因为年轻，他们对长征的具体历史了解得不多。

长征是举世闻名的英雄壮举，作为中国共产党的辉煌业绩而永远载入史册。在那些经历过这场生死搏斗的前辈们心目中，尤其在朱德的心里，肯定留下了不可磨灭的记忆。那么，他将会向他们提问些什么呢？

面对这样一条特殊航线，他们准备得格外细致、格外认真，三个人凑在一起，整整准备了一天，恨不能把沿途的一草一木都记下来。

飞机从广州的白云机场起飞，很快爬升到预定的飞行高度，刚由上升状态改为平飞，驾驶舱门外突然传来一声："到什么地方啦？"

不用问，也无须回头，大家就知道是朱德来驾驶舱了。最为敏感的是机械师，听到朱德的话音如同接到了紧急命令，腾的从座位上站起来："总司令，您这里坐！"

朱德也不推辞，很熟练地侧身进到机械师的位置，稳稳当当坐下来。然后扭头吩咐身边搀扶他的服务员："你去把我的喝水杯子端到这里来。"

机械师的座位在正副驾驶员之间，空间很小，只能勉强放一张折叠椅，坐在上面并不舒服，尤其是身体肥胖的人，更是憋屈得难受。可是朱德满不在乎，他在屁股下垫一个枕头，便和机组人员摆起了龙门阵。

"我可是要搞点子特殊化，坐坐软席。你们没有意见吧！"朱德坐稳后便向王进忠打听飞行航线，"今天我们怎么个走法呀？"

鉴于多次坐飞机的经验，朱德知道王进忠是执行这次任务的机长。王进忠当然也明白怎么个走法，即航线如何飞法，就把地图铺在他两条并拢的大腿上，指点着上面航线通过的地点。

"这里是广州的白云机场，起飞后我们经过这、这、这，最后到成都的双流机场降落。"王进忠故意不说那些地点的名字，让朱德自己去发现。

朱德双手把地图从腿上拿起来，佯装生气地说："什么这这这那那那的，这是什么地方？那又是什么地方嘛？"

王进忠同副驾驶对视着笑笑，朱德看他们神秘兮兮的样子，回头喊一声："拿我的眼镜来！"

服务员应声返回客舱。

"这条河上面是不是标着'乌江'两个字。"朱德把地图伸到王进忠面前，指着上面一条弯弯曲曲代表河流的蓝色长线问。尽管朱德戴着眼镜，但花花绿绿的地图上那细小的字他看起来仍费劲。

"是的，就是乌江！"

"真是乌江啊！"听到王进忠肯定的回答，朱德的两只眼睛顿时显得格外明亮，"乌江，乌江！它可是我们长征路上渡过的最艰险的一条河啊！唉，提起长征，不堪回首，那个时候才真叫苦呢！牺牲我们多少好同志哟！损失太大、付出的代价太大啰，这都是党内错误路线造成的罪过。

博古、李德等人无理取消了毛主席对红军的指挥权，自己在那里瞎指挥。搞什么堡垒战、阵地战，那怎么行呢！蒋介石调集了几十万军队包围我们，跟他们硬打硬拼，不是拿鸡蛋往石头上撞吗？结果，为了保存革命的种子，我们不得不丢掉苏区进行大撤退，最后被迫长征！"

几十年过去了，朱德回想起当初红军的损失，回想起那些为革命献出宝贵生命的烈士，仍抑制不住满腔悲愤，仍难消心头怒火。为平静一下激动的情绪，朱德扶了扶眼镜，又仔细地埋头查看地图。

"嗨，这些地方我可是太熟悉了，我来给你们领航。"过了好一会儿，朱德又兴奋地开了腔。

"总司令啊，空中领航与地面带路可不是一码事，您老可干不了。"

"那有什么不同嘛！不管是天上还是地上，都得认识路，是不是？不然的话怎么走？那就会绕圈子的。"朱德对王进忠说他干不了领航大为不满，又看到大家都哈哈地笑起来，便满脸疑色地问，"怎么？是我说错了？"

"不，不，您说的这个道理是没有错的。"王进忠忍住笑，忙作解释。

"那你们笑什么？"

"我们执行飞行任务并不是认识某个地方，才去某个地方，而是首长需要去哪个地方就得去哪个地方呀！所以，空中领航员与地面的向导是不同的。"领航员进一步解释，"向导是依靠记忆带路，而领航员是依靠计算领航。"

看到朱德听得认真，而且颇感兴趣，领航员就如何空中寻找、判断、确定地面上的城市、村庄、河流、湖泊，如何计算领航数据引导飞机前进等问题作了简要介绍。可是，这些领航员在航校学了几年的学问，三言两语又如何讲得清楚。

似懂非懂的朱德歪着脑袋冲着领航员不置可否地说："照你这么说，天上地下还是有区别的啰？"

不等有人回答，也无须别人回答，朱德便自顾自地将视线重又落在地图上，在上面搜寻了一阵之后，他发现了古城遵义。

"你们看，遵义！我们还正好飞过它的头顶呢！"

不用看他们也知道，但王进忠还是装模作样地把头朝他伸过去。

"你们知道吗？遵义这个城市虽不大，可它却是个具有历史意义的地方。长征的时候，为了牵住蒋介石的牛鼻子，我们曾两次经过这里。第一次在城里住了些日子，开了几个晚上的重要会议，把瞎指挥的博古、李德批了一通，对他们的错误进行了清算。可气的是他们俩居然谁也不肯承认自己有错误。

"李德是第三国际派到中国的顾问，他一句中国话也不会讲，怎么可能把中国的事情'顾问'好。在批评他的会议上，他叽里咕噜地用德语发言，除了翻译之外谁也不明白他在说些什么。看他的表情好像是在同谁吵架一样，非常生气，我们猜想他可能对批评不服。经过伍修权翻译，我们终于弄明白，他是在极力推脱责任，说他作为一个顾问，并没有领导权，中国的事情都是中国人自己搞糟的，他不负任何责任。

"但遵义会议最终结束了错误路线对党和军队的领导。总结了经验，重新确立了毛主席的领导权。从此，长征才节节胜利，直至最后的全国解放。"

中国共产党的这段重要历史，机组人员都学习过，但朱德给他们讲得既生动又具体。他们听故事一样被深深地打动了，连风云也屏住了呼吸，静静的没有一丝气流。王进忠打开自动驾驶仪，倾听朱德满怀激情地讲述那峥嵘岁月。朱德的表情随着起伏的思绪时喜时忧，大家的情绪也跟着他的面部变化时高时低。

娄山关位于遵义城西北，路途不足百里，也正好是飞机的所经之地。二万五千里长征的伟大壮举，在这里首开胜利的纪录，写下了光辉灿烂的一页，朱德一定有更动人的故事。

王进忠正暗自思忖，果然朱德一拍大腿："嘿，娄山关！我们在这里可打了一个漂亮仗。那是毛主席掌舵后打的第一仗。

"娄山关是个咽喉要塞，你们一会儿就可以亲眼看到：它地形险峻，山高坡陡，只有一个关口可以通行。真是一夫当关，万夫莫开之地。蒋介石也看中了这个要塞，企图利用这里险峻的地形，把红军截在娄山关一带彻底消灭。可是蒋介石得跟着毛主席的指挥棒转，我们不仅没有被消灭，还补充了不少枪支弹药呢！

"娄山关一仗，国民党的两条腿没有赛过我们的两条腿，彭大将军率

415

领三军团，以比敌人快五分钟的时间差，首先抢占了娄山关主峰。结果以弱势兵力消灭强敌两个师零八个团，缴获枪支一千多条，子弹十万多发。这次胜利是长征路上的第一个大胜仗，彭大将军是有功的，使红军上下士气高涨，受到很大的鼓舞。精神面貌发生很大的变化。记得毛主席也受到鼓舞，专门为娄山关的胜利填了一首词‘雄关漫道真如铁，而今迈步从头越……’。”

一城一池，一村一镇，朱德的心里都保存了或悲壮或美丽或辉煌的故事。不知不觉中，便到了目的地双流机场。

这个机场倒是具备一条又长又宽的水泥跑道，所有大型飞机都可以在这里起降，但唯有一个缺点让飞行员很害怕：那就是它的跑道表面不太光滑，飞机接地的瞬间，容易被粗糙的地面弹起来，机上的人自然会像皮球那样被从座位上抛起。尤其是执行接送首长任务的飞行员，更害怕坐飞机的首长不知底细、不明情由而主观判断是飞行员的技术不好，从而甭想再执行这位首长的专机任务。

这班机组人员也有同样的顾虑，便趁朱德坐在他们身边的有利条件，向他报告了跑道的情况，并劝他赶快到后面床上躺好，免得撞着了。朱德似乎也害怕被当皮球滚，二话没说，很顺从地扶着服务员的肩膀到后舱去了。

事先，机组人员已经研究了一套方案，可以尽量让飞机轻些着地。

按规定，飞机进入跑道后，应该把飞机拉得与地面成水平线，用飞行术语讲，叫作“一米拉平”，即在距地面一米的高度上平飞一段距离，然后三个轮子同时接地，可这种标准的着陆方法使轮子接触地面的面积大，与之冲撞的后座力也大，飞机会马上被弹起来，再重新摔在地面上。有时候目测偏高，飞机还会连跳几下才能控制住。

为避免出现这种尴尬的局面，也为让朱德感觉舒适些，同时为机组能在朱德心里留下一个好的印象，他们采用了在训练中禁止使用的方法：把机头拉得偏高一点，使飞机有一个小小的仰角，让两个主轮用很小的面积接触地面后，另一个轮子才接地。这样，飞机就如燕子般轻盈地飘落在地面上，后舱的人甚至毫无觉察。

下了飞机，朱德用手指点着机组人员：“不是很好吗？我倒是准备从床上滚到地板上，结果上了你们的当。走吧，一起去金牛坝。你们玩几天就回北京，我回老家啦，得住些日子……"

朱德在飞行中还遇到过一次有惊无险的事。那是一九五八年九月三日，他从北京出发，到新疆视察。此次是乘空军的伊尔14型专机，经包头上空飞往预定的中间休息地酒泉。

当时的气象预报能力有限，飞机飞过包头就遇到了强大的逆风气流。飞机在空中像一叶孤舟般飘荡，忽上忽下，剧烈颠簸，而且每次向下掉的幅度都很大，颠簸持续的时间很长。又由于阻力很大，飞机飞得很慢。

飞机从上午八时十五分起飞，六个小时以后才到达嘉峪关的酒泉机场。那时，机上所有人员，包括飞行员、服务员，除三个人未发生呕吐外，其他人都吐得一塌糊涂。朱德虽然起初没有事，但最后也呕吐了。可想而知，这次飞行对一位七十二岁的老人来说，不但非常辛苦，而且非常危险。

在酒泉机场住了一夜，第二天早晨七时二十分又匆匆起飞，经过三小时二十分钟飞抵乌鲁木齐。到达新疆以后，朱德不顾旅途劳顿，立即"四面出击"，几乎跑遍了整个新疆。他热爱国家、热爱边疆、热爱民族兄弟的炽热感情，是非常真挚动人的。

受到林彪的恶毒攻击

时值深秋，北方已经天寒草衰，江城武汉还是一派风和日煦、绿意浓浓的景象。在满城翡翠般的绿色中，间杂着金子般的黄、玛瑙般的红，宛如版画家精心绘制的色块，把武汉三镇装扮得分外妖娆。

这年十一月，中共八届六中全会在武昌召开了。毛泽东在会上再一次提出不再担任下一届国家主席职务，拟退出国家一线领导工作。会议接受毛泽东的这个提议后，中央开始考虑国家主席新的人选。

这时，第二届全国人民代表大会召开在即，中央有关部门正在紧张地进行准备工作。担任中共中央总书记的邓小平广泛征求了各个方面的意见后，对新的一届国家领导人的人选拟出初步方案，其中刘少奇仍作为全国人大常委会委员长人选列入。这就透露出一个明显的信息：刘少奇留任全国人大常委会委员长，国家主席候选人肯定是朱德。

朱德看完第二届全国人大常委会候选人名单之后，明白了中央的考虑。但他认为作为国家主席人选，刘少奇更为合适，他对刘少奇的人品和能力一直很钦佩，就像十年前他在刘少奇五十寿辰所题的诗文那样：

> 少奇老亦奇，天命早已知。
> 幼年学马列，辩证启新思。
> 献身于革命，群运见英姿。
> 人山人海里，从容作导师。
> ……

经过再三考虑，从国家利益的大局出发，朱德认为理论深厚、思想缜密、颇具经纬之才的刘少奇担任国家主席更为适合。于是他将自己的想法写了一封言辞恳切的信，提交给邓小平和书记处。其中写道：

> 小平同志转书记处同志们：
>
> 你给我组织部、统战部对二届人大常委会提名候选人名单一份，我同意。我提议以刘少奇同志作为国家主席候选人，更为适当。他的威望、能力、忠诚于人民革命事业，为党内党外、国内国外的革命人民所敬仰，是一致赞同的。因此，名单中委员长一席可再考虑，以便整体安排。至于我的工作，历来听党安排，派什么，做什么，祈无顾虑。

短短的几句话，可以看出一位伟人的博大胸怀和"超凡入圣"的淡泊境界。朱德考虑问题总是时时处处从党和人民的利益出发，以党的事业和人民的利益为重，从不计较个人得失。正如他所说的"（党）派什么，（他）做什么"，真正做到了一切听从党安排。

邓小平和中央书记处接受了朱德的建议，提名刘少奇为国家主席，朱德为委员长，供中央政治局讨论后向全国正式推荐。

一九五九年四月五日，邓小平在八届七中全会上代表政治局常委作了关于国家机构人事配备方案的报告。对于决定提名刘少奇为国家主席候选人，他作了这样的说明："国家主席有好几位同志可作，如朱德同志，如党内几位老同志，都可以作，但是大家考虑的结果，以刘少奇同志担任这个职务比较更为适当些。国家主席不单是一个很高的荣誉职务，而是有一些相当具体麻烦的事要做，例如出国、会谈、接待等等。所以，以刘少奇同志的能力和资望，以他现在在党内所负的责任，出而兼任国家主席职务，是比较好的。"

毛泽东在会上没有专门谈论这个话题，但在之后召开的第十六次最高国务会议上，却亲自向参加会议的党外民主人士解释了国家主席人选方案。他说："为什么国家主席候选人提的是刘少奇同志，而不是朱德同志？朱德同志是很有威望的，刘少奇同志也是很有威望的，为什么是这个，而不是那个？因为我们共产党内主持工作的，我算一个，但我是不管日常事务的，有时候管一点，有时候不管，经常管的是谁呢？是少奇同志。我一离开北京，都是他代理我的工作，这已经是多年了，从延安开始就是如此，现在到北京又已经十年了。以他担任国家主席比较适合。同时朱德同志极力推荐少奇同志。"

四月二十七日晚上，北京中南海怀仁堂里灯火辉煌，第二届全国人民代表大会第一次会议正在这里选举国家领导人。九时三十分，大会宣布：朱德当选为第二届全国人民代表大会常务委员会委员长，刘少奇当选为中华人民共和国主席。

朱德求仁得仁，自然无怨无悔。此后，他又连续当选为第三届、第四届全国人大常委会委员长，前后共十七年。在这个岗位上，他一直兢兢业业地为党和人民工作到生命的最后一刻。

天空飘着几朵白云，太阳洒下和煦的光芒，把中南海照耀得一片灿烂。

朱德就住在中南海西楼的乙楼，也叫四楼。这栋只有四层的小楼是中华人民共和国成立后中南海里新建的一组楼群——包括朱德和刘少奇各一座住宅，一栋里面有会议厅、电影厅、厨房和餐厅的公用大楼，两栋中央机关单位的办公楼。

保健医生顾英奇看到朱德拄着拐杖出去很长时间没有回来，就有些担心地问老同志："总司令步行这么长时间，他的身体行吗？他到哪里去了？"

老同志回答："这是总司令外出前的程式，看起来我们又要跟总司令外出了，他这是到主席家里请假去了！总司令非常遵守纪律，每次外出前必先去看望主席，同时说明自己外出的打算，并向主席请假。"

五月二十七日，朱德和国家副主席董必武、全国人大常委会副委员长林枫一起离开北京赴东北视察。沿途他们了解到在"大跃进"和人民公社化运动中刮起的"共产风"，出现了许多"左"的错误，给群众生活带来困难。在与当地领导的交谈中，朱德反复强调要纠正出现的错误。

在辽宁省，针对各地严重的"共产风"，朱德对抚顺和旅大的市委负责人讲，人们没有了家庭，生活资料不归个人所有，就没有劲头搞生产。比如房子，如果归个人所有，就可以鼓励群众自己盖房子。他强调说，还是要有家庭，要考虑衣食住行问题。秋后要把粮食分给社员，愿意吃食堂的自愿参加实行饭票制，自己拿钱；不愿吃食堂的可以回家吃，完全自由。

在吉林省，朱德对省委负责人谈话时说："吃饭不要钱不行。要把粮食分给个人，由个人负责调剂，加点菜和薯。过去我们说粮食问题不大，是因为把粮食分到社员家里，自己掌握。一办食堂，就会造成很大的浪费。不吃大锅饭，可以节省很多东西出口，换回来更多的钢铁、机器。只有生活资料归个人所有，归个人支配，才能调动社员的积极性。有些人怕因此发展了资本主义，这种顾虑是多余的，因为生产资料掌握在集体和国家手中，群众的生活应该是越富越好。"

六月二十日，朱德与董必武、林枫三人联名给中央和毛泽东写报告，反映视察辽宁、吉林两省时看到的情况。其中提到，当前最突出的问题是农业大大落后于工业。

在这个报告中，还谈到了农村公共食堂的问题："这里大部分群众不愿意参加常年食堂，原因是：（一）东北冬季时间长，各家都需要烧炕取暖，如果食堂和家里立两炉火，浪费很多煤火；（二）食堂设备条件差，不能做到家里那样饭热炕暖；（三）自留地分下去后，在家里做饭可与饲养家畜家禽结合起来；（四）群众感到在食堂吃饭，对来人待客、婚丧嫁娶有诸多不便。"

他们在报告中建议："在今年的夏秋分配中，应该强调把粮食分到户，允许社员自己在家里做饭。愿意入食堂者，可以自由结伙，重新集中粮食。"

六月三十日，在晨光熹微中，几辆小轿车咬着尾巴一头扎进了云雾深锁的庐山，朱德和他的工作人员住进了绿荫笼罩下的牯岭中八路359号别墅。

七月二日，位于庐山牯岭东谷长冲河畔的庐山大礼堂，彩旗招展，人声鼎沸，中共中央政治局扩大会议在这里召开。由于会议气氛轻松，大家畅所欲言；庐山又是天下名山，历史古迹多，神仙故事多，加之与会者像神仙似的游山吟诗，看戏跳舞，于是便将初期的庐山会议称为"神仙会"。

七月六日上午，朱德在中南组会上发言，语气非常平和，但内容却很尖锐："去年成绩是伟大的。但对农民是劳动者又是私有者这一点估计不足，共产搞早了一些。供给制是共产制，工人还得发工资，农民就那样愿意共产吗？食堂要坚持自愿参加的原则，还要搞经济核算，吃饭不要钱，那一套行不通嘛！食堂自负盈亏，公家吃总亏，办不起来不要硬办，食堂即使全部垮掉也不一定是坏事。家庭制度应巩固起来，否则有钱就花光。原则上应回到家庭过日子，如不退回到家庭，粮食够不够？……我们应当让群众致富，而不是让他们致穷。农民富了怕什么？反正成不了富农。不会成'富农路线'，这是有关五亿人口安定的问题。"

会议期间，朱德多次和一些省的负责人谈话，了解情况，发表了很多意见。这些意见，大多是针对"大跃进"和人民公社化运动中"左"的错误提出来的。

七月八日，朱德对中共江西省委书记刘俊秀说："究竟是让农民富还是让农民穷？许多干部看不清这个问题。我看应当让他们富，起码应该超过过去的富农。应该让他们一家一家的富，一县一县的富。不要怕他们变成资本主义，不会的。"

七月九日，朱德向中共广东省委第一书记陶铸说："去年最大的是两件事：一是大炼钢铁；一是公社化。结果该搞的未能搞成。私人的坛坛罐罐归了公，农民的家务被搞掉了，使国家也受到了很大损失。现在应退回去，首先要把农民的家务恢复起来。"

在谈到对外贸易问题时，把"浪费"和"出口"连在一起思考的朱德说："如果去年不发那阵疯，不知要多拿出多少东西来出口。但是，现在还有人思想不通，责备外贸部外销太多，而外贸部也居然承认错误。我这个人就是想多搞点国际市场。还有一个问题现在对有些人还说不服，就是买回原料制成成品出口，比如进口橡胶、棉花，出口胶鞋、棉布等。这样的事不让搞是不合理的。"

对价格政策，朱德主张应该根据实际情况有升有降。他说："限制价格的办法值得研究。有些东西价钱给少了，生产也就少了。一提价生产就能发展，涨一点价没有什么可怕的，东西多了再降价。"

七月十一日，朱德对湖南省委第一书记周小舟说："农民是劳动者又是私有者，他们知道在家吃饭比在公共食堂吃好，可以把粮食节省下来，把猪、鸡、鸭喂起来。这样看起来是保留了私有制，实际上是对公有制的补充。保留一点私有制，把家庭副业发展起来，农民才会有积极性，才会多生产出一些东西来供应市场，否则他就不生产。"

七月十三日，朱德又对外贸部部长叶季壮说："我认为，对外贸易还是要做得大一点。出口额下降是去年吃'大锅饭'的结果，这是许多省都承认了的。但是，四川、河南还不承认，还要吃'大锅饭'。"

七月十六日，朱德向河南省委第一书记吴芝圃了解河南省的"大跃进"情况。吴芝圃汇报说："河南省现在只有百分之五的人不愿吃食堂，大多数人仍然愿意吃食堂，这是历史形成的。"

"还是要实行自愿原则，吃好吃坏自己负责，不要实行包的办法。"朱德又说，"你们省有百分之五的社员愿意回家吃要允许，不要戴帽子，不要歧视。去年出现的一些问题不怪下面，问题在于'跃进'的速度和时间，没有条件办的也硬去办，如大炼钢铁。去年是拿钱买经验。如果去年不是吃'大锅饭'，像高级社那样再维持几年，农业就会皆大欢喜了。至少肉、鸡、蛋会有的吃。公共食堂建立时靠党团员带头，退出去也要靠党团员带头。要认真研究一下农民的心理，要向农民讲清楚，并让其讨论，否则没有人敢讲话。"

正当大家对纠正"左"倾错误讨论得热火朝天的时候，一件意想不到的事情发生了。中共中央政治局委员、国务院副总理兼国防部长彭德怀在七月十四日给毛泽东写了一封信，对去年"大跃进"以来的"左"倾错误提出了批评。这封信开门见山地反映了客观实际和群众的要求，基本内容是正确的。

七月十六日，毛泽东批示将彭德怀的信印发给大家讨论。

七月二十三日，毛泽东在全体会议上作了长篇发言，严厉批评彭德怀等人，同时也点了朱德一下。他说："食堂是个好东西，无可厚非。我赞成积极办好，自愿参加，粮食到户，节约归己。总司令，我赞成你的说法，但又跟你有区别，不可不散，不可多散，我是个中间派。科学院昌黎调查组说食堂没有一点好处，攻其一点，不及其余，是学《徒登子好色赋》的办法。"

朱德不是那种见风使舵、随波逐流、用艺术语言开脱自己的人，他不顾毛泽东对他的提醒，在当天下午的小组会上仍然谈论"大跃进"、人民公社化运动中的问题，说："去年农业收成好，粮食为什么还紧？主要是吃大锅饭吃掉了。好的，吃了；坏的，烂了。农民对私有制习惯了，分散消费可能节约一些。"

七月二十五日，朱德在第四小组会上说："彭总的信起了好作用，但是彭总的看法是错误的。……彭总在生活方面注意节约，艰苦卓绝，谁也比不过他。彭总也是很关心经济建设的，只要纠正错误认识，是可以把工作做得更好的。"

七月二十六日，讲话最直、脾气最大、唯一敢把毛泽东从床上叫起来的彭德怀，这一回却在大会上作了"检讨"。当天，在分组讨论彭德怀的"检讨"时，朱德在小组会上善意地说："彭总发言的态度是好的，我相信他是畅快的。我相信，经过这次会议，统一了思想，统一了认识，就不会把错误当包袱背起来了。"

然而，朱德没有想到会议还在升温，更大的风暴还在后面。七月二十九日，长期不问政事、托言养病的林彪突然如"援兵"一样斗志昂扬地登上了乱云飞渡的庐山，成了批斗彭德怀的急先锋。

随后接连两天开了中央政治局常委会，每次开六七个小时。批斗的调子越来越高。第一天，朱德没有发言。第二天，他第一个发言，内容比较温和，还没讲完，毛泽东就翘起自己的腿，用手指搔了几下鞋面说："未抓到痒处。"

在会议最紧张的时候，朱德和毛泽东谈过一次话。他对毛泽东直言指出了会议的不足之处："我觉得这次会议发言民主风气不够。"

毛泽东听朱德如是说，先是一愣，想了一会儿，就说："你对一半儿，我对一半儿。"

毛泽东的各对一半，是指会议前期还是发扬了民主，大家都发言很充分，这是毛泽东对的一半；会议后期，大家都开始沉默，没有民主风气了，这是朱德对的一半。

听出了毛泽东的弦外之音，阅尽沧桑的朱德不再说什么了。竹可焚不可毁其节，玉可碎不可抹其白。他知道他无法改变毛泽东的决定，但他也不可以改变自己为人的原则。所以在会议后期，他基本保持缄默，用无言来表达他满腹的意见。

会议期间据说还出现了一个小插曲：在表决投票时，按照惯例，大家都要高举臂膀，便于统计。朱德尽管也举手了，但他弯曲着胳膊，手举到别人一半高的位置。那动作，一看就知道他是在极不情愿的情况下举的手。会后，毛泽东在一次散步时对朱德说："你啊老总，举手举了半票。"

朱德笑道："反正我举了手，至于手是怎么举的，我就不知道了。"

八月二日，八届八中全会在庐山举行。会议进一步开展对所谓"彭德怀、黄克诚、张闻天、周小舟反党集团"的斗争，并把这场斗争说成是"一场阶级斗争"。

八月十六日，会议通过了《为保卫党的总路线、反对右倾机会主义而斗争》的决议和《关于以彭德怀同志为首的反党集团的错误的决议》。

八月十八日至九月十二日，中央军委扩大会议在北京京西宾馆召开。会议的主要议题是继续揭发批判彭德怀、黄克诚的所谓"反党罪行"和"资产阶级军事路线"。因为朱德在庐山会议之前和会议期间曾严肃地批评过"大跃进"和公社化运动中的"左"的错误，在这次会上也被视为"右倾"而受到错误批判，并被迫作了"检讨"。

在批判朱德时，曾被朱德带上井冈山，一同吃过红米饭、喝过南瓜汤，并跟在朱德身后亦步亦趋茁壮成长的林彪表现得异乎寻常的积极。

九月十一日，平时深藏不露、工于谋人、善于度势的林彪竟然不顾事实，全面否定朱德的历史功绩，攻击朱德"什么总司令，假的，没有当过一天总司令""是老野心家""想当领袖"等等。

会后，根据中共中央政治局的决定，对中央军委作了重新调整，并于九月二十六日发出通知：毛泽东为主席，林彪、贺龙、聂荣臻为副主席，朱德被降为中央军委常委。军委的日常工作由林彪主持。

毛泽东很欣赏林彪的才干，曾对他作过这样的评价："林彪不仅有能力，而且是一位天才。像他这样的人，能把整个局势装在脑子里，将来我们的军队就需要这样的人来指挥。"不过毛泽东对林彪还是怀有一些轻蔑，认为他的智慧有限。毛泽东曾开玩笑说："林彪一天吃一斤多肉，还是没有长胖，看来就是十年后他也不会胖。"

十月，中共中央将朱德在这次会议上的"检讨"下发党内。庐山会议和军委扩大会议以后，党中央在全党和全国范围内发动了"反右倾"斗争。对林彪的诽谤，朱德泰然处之。他平静地说："总司令不是我要当的。我当没当过总司令，毛主席最清楚。"

尽管青史的颜色有时可能被一些人任意涂抹，好像她是一个可以任人打扮的小姑娘，然而史实终究像泰山一样不可摇撼，想推倒它的人必然自折手臂，到头来还是要还历史的本来面目。

这场错误的斗争，打断了原已开始的在经济建设领域内纠正"左"倾错误的积极进程，严重损害了党内的民主生活，使"左"倾错误变本加厉地泛滥起来：提出要在全国掀起比上年更好的"大跃进"；否认国民经济比例失调的客观事实；再度确定钢铁和粮食产量的高指标；把"包工""包产到户"等正确做法当作"走资本主义道路"加以批判；提出在三到八年内，实现人民公社由基本队有制到基本社有制的过渡；要求在全国农村大办公共食堂，认为这是有助于由社会主义向共产主义过渡的大事。

朱德对这种严重脱离实际的"左"的指导思想和做法虽仍持有不同意见，但由于已受到错误的批判，使他难以继续公开表示。然而，朱德的态度依然是积极的，并没有因此而停止对中国社会主义建设道路的探索。

此后，朱德花更多的时间到全国各地视察，进行调查研究，认真听取基层干部和广大群众的意见。仅在这年秋天的两个月内，他在北京就视察了石景山钢铁厂等三十多个工厂企业。

养兰惹是非

庐山会议后，朱德手上多了一根拐杖，心里多了一份惆怅。"故乡何处是，忘了除非醉。"此时，他想起了生于斯养于斯的故乡。离开仪陇整整五十年了，几次过家门而不进，现在他决意回故乡一趟。人老思乡嘛！顿感"廉颇老矣"的朱德担心过些年走不动了，再也回不去了……

一九六〇年三月，朱德从贵阳来到重庆，然后准备乘飞机回仪陇。由于南充机场只能降落小型飞机，四川省民航局派出苏制客机承担这一任务。但按当时有关规定，为了保证安全，派给党和国家一级领导人的专机，其发动机飞行时数不得超过规定，而当时四川拥有的这类飞机不符合这一要求。

四川省民航局领导感到事关重大，怕万一出事不好交代。而朱德却说："既然是这种情况，南充又只能去这种飞机，而且李井泉他们都坐过，那我为什么不能坐？什么事情都要从实际出发，这次就搞点低标准嘛！"

经总参谋长罗瑞卿批准，就按朱德的"低标准"要求，用小型飞机由重庆飞往南充。

朱德、毛泽东、刘少奇都是农民的儿子，他们对农村的情况了如指掌，乡下生活的熏陶在他们身上打下了深刻的烙印。尽管他们很早就离开了处于封闭状态的山村，步入一个更为广阔的社会，却依然保持着质朴、爽直和勤劳的农民秉性。

抵达南充后，朱德提出第二天去仪陇，并准备在老家马鞍乡住宿。陪同前往的省委书记廖志高动员道："还是住县城吧，乡下条件差些，而且保卫工作也不好办。"

"什么事情都要从实际出发嘛！" 朱德满不在乎地说，"乡下就是那样的条件，只要有碗饭吃，有张床睡就行了。保卫工作有什么不好办？我又不是国民党，又没有压迫过老百姓，怕什么？"

结果仍按朱德的要求，因陋就简，在马鞍乡中学住了一宿。饭桌上，全是他喜欢吃的魔芋、红薯、豌豆尖、鱼腥草、豆腐脑等家常菜。

"几十年不吃了，别有风味啊！还是粗茶淡饭最相宜。"朱德边吃边兴味盎然地问，"如今还有马豆尖吗？"

"有，现在就有。"工作人员一听朱德很喜欢当地的土菜，就说，"你过去吃过苦刺花吗？"

"吃过，吃过！"朱德兴奋地说，"要放昭通酱炒才好吃……"

春江水暖，草木葱翠，生机勃勃的山野洒满了阳光。举目望去，林海绿浪无边，河流清澈蜿蜒。朱德踏着这条熟悉的乡间小道，来到当年塾师席聘三教书的地方。席老先生人走了，但他的事迹还在，都活在这座普普通通的房子里。朱德瞻仰了席聘三的故居，与先生的亲属合影留念。之后又来到先生的墓前，向那个没有墓碑的小土堆默立悼念。

朱德来到他养父母的旧居，就像清晨出门，日暮还家一样，他回来了。家门未改，故园仍在，只见院子的大门上挂着一块匾额，上面题写"人民之光"四个鎏金大字，这是中华人民共和国成立初期胡耀邦以川北区党委名义赠送的。这里为接待外宾参观做过简单的维修，用三间房陈列了一些朱德少年时代用过的劳动工具和学习用品。朱德看到后立刻说："不要搞这个了，现在国家有困难，把这些房子空着干什么，在这里办一个学校，让娃娃们念书，好不好？现在就改！"

层峦叠嶂的琳琅山四季葱茏，玉带般的河水把李家湾染上了一层翠绿。朱德一路春风地来到他的诞生地，在他的生身父母墓前凭吊。他将几枝松柏、柳枝插在墓前，深深地鞠了三个躬，伫立良久，泣声说道："母亲，你的孩儿回来了！"

二十五年前，国民党反动政府曾派人挖过朱德父亲的坟墓，意在破坏朱家的"风水"。他们带来的风水大师看了看坟墓周围的地形，端详了一番罗盘，最后慢条斯理地说："这块墓地是个卧虎形，朱德是白虎星下凡，挖了后就等于放虎归山，朱德还会大大发迹。"没想到这句故弄玄虚的鬼话倒起了保护作用，朱德父亲的坟墓就这样完整地保存了下来。

夕阳西下，彩霞像熔掉的黄金从天上缓慢而黏稠地滴落，奇异而灿烂的光芒笼罩着树梢、房顶和山野，仿佛在给朱德的家乡镀金。

这天，县委在晚餐上备了点酒，炖了一只鸡，外加猪肝、腰花几样荤菜。饭后，朱德的秘书交代：总司令打了招呼，以后吃饭不要摆酒，多搞蔬菜少吃肉。随行的王医生从保健角度提出了动物的内脏也不能吃。

县委书记康智盛很是想不通："总司令那么大年纪了，又是几十年第一次回老家，昨天在马鞍乡吃住那么简单，到县里给改善一下生活，总是应当的嘛！如果这样不能吃，那样又不让搞，整得过分寒酸，我们心里硬是过意不去！"

康克清马上出来做工作，找接待的同志说："多给朱总搞新鲜蔬菜比给他吃什么都好。我告诉你们一个小秘密，朱总平时最喜欢你们四川三样东西，一是豌豆尖，二是青菜脑壳，三是临江寺豆瓣。"

第二天，县委按多搞蔬菜的要求照办了，结果朱德吃得非常满意，康书记既高兴又敬佩，心情十分激动。此后，无论朱德到南充或其他什么地区，接待人员都注意提前打招呼：不备酒，多搞蔬菜，少吃肉。

朱德的生活非常简朴，多次来川都穿着同一套褪了色的军便服，给人的感觉好像是从南泥湾来的。用餐也从来不提什么特殊要求，唯一的一次提出要吃豆渣。当时一般群众特别是城里人都很少把这种东西当菜吃，负责接待的人员到处打听，几经周折才在市内一家豆腐店搞到，满足了朱德的心愿。

朱德廉洁自律，不收受礼品，也是他一贯的作风。他在南充参观了缫丝、织绸等厂的生产，非常高兴。事后，厂里的人送给他一些丝绸，康克清知道后马上出面制止："朱总对家乡的产品确实喜欢，大家的心意我们领了，但绝对不准下面给他送礼。如果我们需要可以按市价购买……"

一九六一年春夏之交，成都金牛坝招待所被绿色包围了。篱笆上的爬山虎，伸着绿色的卷须在一天天爬高；不知名的鲜花，争先恐后地绽开一朵朵笑容；竹林的颜色更青翠了，一枚枚光亮的叶子似乎要滴下水来。

"李师傅，我报到来了。"朱德每次住进金牛坝招待所都要去花工组打个招呼，看望花工，观赏兰花。他到了兰花坪，见花工李奕云正在忙着，就热情地喊："要得，要得。"

"总司令辛苦了！"李奕云热情地说。

于是，他们就蹲在那里，像庄稼汉一样随便地聊了起来，话题当然还是兰花。朱德不仅喜爱兰花，而且精研《兰谱》。说起兰花，如数家珍，他经常给大家讲有关兰花的知识。他说："兰花在我国有悠久的历史，种类也很多，有秋素、剑蕙、雪兰、蝉兰、朱砂兰、线兰、送春等，四季都有花开，栽培学问也很深。"

朱德不抽烟，不喝酒，最大的嗜好就是种兰。早年他在泸州任护国军旅长时，就在宅院内辟出兰园，并亲自动手栽植兰花。战争年代，经常东奔西走，他没有条件自己种兰花；革命胜利后，种兰花便成了他的一种高雅情趣。他在北京寓所的院子里种了很多盆品种不同的兰花，都是他长时间搜集来的，并经常亲自培养。他的客厅、卧室、办公室常有兰香飘逸。有时，他到外地视察，专列上也要带着兰花。

中华人民共和国成立后，朱德每次来成都，都要在工作之余抽出时间到杜甫草堂等公园参观兰花。

四月三十日，即抵达成都的第二天，朱德就参观了该市举办的花会，并在日记中写道："十一年来，成都建设得真可称为花园，特别是高山峻岭中的兰花，均集中于成都花市。过去盆景之花，现已移植成为花林，无奇不有，可喜之至。"

朱德住处的阳台和花架上摆满了兰花。他总是清早起来看，午觉起来看，晚上还要看，对兰花达到了酷爱的程度。

这一年，朱德已是七十五岁高龄了。他在视察之余，提出要去四季常青、状若城郭的青城山采集兰花，并规定："轻车简从，一不要人背，二不要人抬，三不要麻烦地方，带点干粮就行了。"

工作人员知道朱德是说一不二的，只好按照他的要求做准备。考虑到他年纪大了，为了便于爬山途中随时休息，就做了一个可以折叠的皮面凳备用。

汽车进入上山的沙石路，路面顿时变得凹凸不平、狭窄险峻起来，一边是高耸入云的险峰，一边是陡如峭壁的悬崖，中间夹着一条终年不息的小溪。小车穿行在青山绿水林间，山谷里蒸腾着雾气，一会儿丝丝缕缕，缠缠绵绵，依依不舍地似与溪水告别；一会儿几缕升上去了，又频频回首，随风飘落，萦萦绕绕地生出几多柔情。

登山时，山花香气扑鼻，鸟啼虫鸣入耳，蒸腾云雾拂面，令人感到无比惬意。朱德始终坚持步行，而且比随同人员都走得快。他一路兴致很高，边走边看，有说有笑。他很风趣地说："山高，没有我的脚腿高。步行，就是我最好的休息。"

爬到山上，朱德离开用石块铺就的山间小径来到山连山的一块洼地，大片大片的灌木刺得人疼痛难忍，最让人为难的是没路可走，而且山势越来越陡峭。朱德以稳健的步履，终于攀登到青城山名景"天然图画"附近。

天然图画位于龙居山牌坊岗的山脊上，是清光绪年间建造的一座画坊，这里苍岩壁立，绿树交映，游人至此，如置身画中。天然图画坊贵在天然，放眼望去，远处龙居、天仓、乾元诸峰堆绿叠翠，葱葱茏茏，近边白鹭戏水，云雀翻飞。卢光表在《游青城》一诗中曾这样写道："孤峰峻极插苍穹，出处惟余一径通，树色万重山四面，游人都在画图中。"

古稀之年的朱德兴致勃勃地爬到山坡上，走到崖壁下，不怕山高路险，寻找兰花，辨认哪些是春剑，哪些是秋素，哪些是九子兰……在辨认兰花过程中，他发现了一个稀有品种——送春归。他和康克清都非常高兴，精心挖掘，挖出来就轻轻地放在一旁。

朱德一边挖兰花，一边给大家讲兰花："兰花生长在深山幽谷里，它有自己的脾气、个性，一定要顺着它。否则，轻则不开花，重则枯黄而死。兰花的生性是高洁、倔强的，它讨厌浓肥大水，讨厌狎昵拨弄，讨厌喧嚣烟尘的纠缠。"

经过几个小时的摔爬和有惊无险的折腾，大家收获颇丰，各种兰花足有一小汽车。

他们在山上吃了自备的干粮，然后带着一身植物和泥土的清香一鼓作气地走下山来。回到招待所，随行人员都感到疲惫不堪，两条腿也不听使唤了，可是朱德却毫无倦意，晚饭后照常去散步。服务员蒋富全出于对他的关心，劝道："总司令，今天累了，就不要去散步了。"

"我不累，我爬山、走路习惯了，人老骨头硬嘛！" 看到累累硕果，收获的喜悦早已把劳累冲得一干二净，朱德乐得不知怎么好了。

第二天早饭后，朱德系上围腰，戴起袖套，和李奕云、叶世惠等几个花工一起对采集来的兰花进行分类、选苗、整根，然后就一把干粪一铲土地精心栽培起来。他边劳动边和大家讲兰花，其爱兰之情溢于言表。

"兰花是一种很娇贵的花卉，既怕烈日，也怕强光，水、肥、土都要恰到好处，多了少了都不行，所以管起来比较麻烦，有'春不入，夏不出，秋不干，冬不湿'的四大戒律，而且每年春季必须换一次土，否则它是不会开花的。"朱德以赞誉的口气说，"所以兰花的香味清雅幽远，无与伦比，古人称它为'香祖''王者之香'。"

"喜欢兰花的人不少，但善于种兰的人却不多。"李师傅插话。

"你要是喜欢它的香味，首先得尊重它的个性。要像朋友那样，而不是像主人那样对待它。否则，它就不给你吐芳吁芬。" 朱德以兰喻人深有感触地说。

大家全神贯注地听着，深受启迪，感到朱德不仅是在讲兰，更是在教大家如何做人。

朱德在栽种兰花过程中，不论是分类、选苗、整根，还是垫盆、植株、浇水，都娴熟得像一个经验丰富的老花工，种得既快且好。花工们异口同声地称赞道："总司令种兰比我们专业人员还内行啊！不仅经验丰富，而且还有理论。"

"比不上，比不上！我是来向你们学习的。" 然后朱德对蒋富全说，"师傅们辛苦了，你把我带来的烟和茶拿来招待他们，茶要用鲜开水泡。"

兰花是一种风格独特的花卉，它有着美妙的花形、丰富的色彩、优美的叶态和清幽的香味，这些是兰花外在的美。在爱兰者的心目中，兰花还具备内在的美。驰骋疆场、运筹帷幄达半个世纪的朱德具有高洁、清远的儒雅风度，和兰花的品质相映成趣，他像兰花一样深深地根植于人民群众这片深厚的土壤中，不断为人们散发出清新的芬芳。

这一次回仪陇，朱德在南充地区前后住了七天，除在老家短暂停留外，先后听取了南充地委和途经的七个县委、两个区委、三个公社党委的汇报，还参观考察了南充石油学院和丝绸、农机、炼油等五个厂矿及一所小学。

八届十中全会结束后，朱德继续深入实际调查研究，为进一步调整国民经济进行不懈的努力。他在一九六二年十二月至一九六三年二月的近两个月里，先后在大江南北、黄河两岸视察了十二个省市自治区，看了不少工厂、农场、矿区和人民公社，听取各级党政负责人的汇报，对经济工作发表了许多重要讲话。

朱德在乐山地区视察时，来到峨眉山下，当地群众听说总司令要上山，特意为他准备了一副滑竿。可是朱德说什么也不坐，说坐滑竿上山，就失去了爬山的意义。接待人员劝他说："你已是快八十岁的老人了，又不常来，偶尔坐一次不算过分。"

"偶尔坐一次也不行，哪有共产党人坐滑竿的？"此时，朱德想起了小时候发生过的一件事：

那是一个夏收繁忙的日子，朱德的父亲和叔伯丢下自家的活儿去送"丁阎王"一家人上山庄避暑，朱德帮着提水壶。抬滑竿的人累得汗水从光着的脊梁上直往下流，裤子都湿透了，可是肥头大耳的"丁阎王"却懒洋洋地半仰半侧地睡在滑竿上，怀里搂着小少爷，一边摇着蒲扇一边吆喝着"走快点"。小少爷听到他老子这么一吼，便扬起手中的柳条抽打朱德的父亲。

跟在后面的朱德看到父亲艰难的步履，面对狠心的"丁阎王"父子，早就忍不住内心的反抗怒火，于是大喊一声："不许打我爸爸！"

"我打了，你能怎么样！"小少爷傲慢无礼。

"我看你打，我看你打？"朱德一把夺掉小少爷手中的柳条。

"你找死呀，滚开！"历尽风霜、饱尝忧患的朱世林朝儿子吼道。

如牛犊一般倔强的朱德扔掉水壶，一赌气跑回家去了。他不明白，为啥父亲这样害怕他们。听了妈妈深入浅出地讲完一番道理后，这个有棱有角的山里娃感到世道太不公平了，从而萌发了他幼年时期反抗压迫追求光明的思想……

朱德硬是沿着陡峭崎岖的山间小路，一步一步攀登到万年寺。在山上稍微休息后，又一步一步返回原地。

一九六四年一月四日至四月六日，作为党中央副主席、全国人大常委会委员长的朱德，又在近一百天的时间里行程万里，连续视察了山东、江苏、上海、浙江、福建、江西、广东、广西、贵州、湖南、湖北、河南、河北等十三个省市自治区。朱德每到一地，都注意从各地的实际情况出发，因地制宜地提出具体的指导意见。

一九六五年五月十一日，中央政治局讨论调整国家预算问题时，朱德在会上提出："供销社要到农村去换东西，不拿票子把农村的东西收起来，是最大的损失。要合理合法地把生意做活，生意做活了，财富就有了。农民手里有了钱，就可以购买他们所需要的东西。"

十二月三十日，朱德在第三届全国人大常委会第二十四次会议上讲话时指出：建设社会主义的根本目的是为了改善人民的生活。过去我们是学习苏联的经验，现在我们要建设"中国式的社会主义"。

然而，就在建设"中国式的社会主义"的理想尚未启动时，一场"中国式的阶级斗争"悄然兴起，就像刮台风似的，随之而来的便是海啸。持续了几年并取得了一定成效的经济调整工作，被这场"史无前例"的政治运动所打断。朱德在探索我国社会主义建设道路过程中的一些正确主张和意见，也被视为"右倾"而受到错误的批判。

打从庐山回来后，养兰花便成了朱德的嗜好。他经常到中南海的花圃里，一蹲就是半天，沉浸在万花丛中，这或许是他最为舒心的时刻。没想到，有人却给他戴上一顶大帽子，说种养兰花是玩物丧志，是小资产阶级情调，是一种革命意志衰退的表现！

"文革"的一把火烧毁了朱德的兰花梦，以兰花打发时光寄托心志的朱德知道后，只是很平静地对康克清说："种兰草有这个事。种兰草一可以美化环境，二可以调剂老人的业余生活，三可以出口为国家挣外汇！"

第十章
动乱岁月

　　朱德："文革"以来，军队里虽然出了几个败类，但从整个军队来说，他们是拉不走的。干部中有少数人被拉了过去，但广大干部是不会跟他们跑的。江青的本事有多大，你不知道吗？去问问工人、农民、战士和知识分子，谁愿回到那种半封建半殖民地的社会中去？

被大字报诬为"黑司令"

一九六六年的开年，似乎与往年没有什么不同。一样的天寒地冻，一样的北风凛冽。早春的阳光普照大地，还是给万物带来了生机和活力。在经历了三年困难时期后，由于从中央到地方的多方努力，自然灾害及其他原因带来的巨大困难得到克服，全国的形势大为好转。

就在人们心中那沉重的负担有所减轻，紧锁的眉头开始舒展之时，中共中央政治局扩大会议通过了《中国共产党中央委员会通知》，即"五一六通知"。以此为标志，史无前例的"无产阶级文化大革命"开始了。不久，北京乱了，全国乱了，人心乱了。

然而，这场运动的爆发，绝不是晴天霹雳，而是党内"左"倾错误发展到极端的一个必然产物。"文化大革命"将要开始的前夜，国内的政治生活中早已处处可以感觉到那种"山雨欲来风满楼"的紧张气氛了。

去年十二月在上海召开的中共中央政治局常委扩大会上，海军政委李作鹏、空军司令员吴法宪秉承林彪的旨意，发动突然袭击，制造伪证，诬陷中国人民解放军总参谋长罗瑞卿借林彪身体不好逼林"让贤"。同时，还对罗瑞卿不赞成林彪关于"毛泽东思想是当代马克思列宁主义的顶峰"等提法进行了批判。

在会上，朱德仗义执言实事求是地表示："同意罗瑞卿同志反对'顶峰'的提法。本来，马列主义、毛泽东思想还会发展的，不能讲顶峰，到了顶峰就不会发展了。"他没有料到，这次发言竟给林彪、康生等人提供了对自己杀伤力极大的炮弹。

对于罗瑞卿的所谓"篡军反党的问题"，朱德同刘少奇、周恩来、邓小平等人一样，事先一无所知。在上海参加中央紧急会议后不久，朱德到了杭州。他终日闷闷不乐，脸色如岩石一般冷峻，常常暗自叹气。

当时，在江西搞"四清"的康克清赶来看望朱德。朱德的情绪也传染给了她，那忧虑不仅爬满了她的脸庞，还爬满了她的心。吃饭时发现朱德常常停住筷子沉思摇头，她就很担心地问："你怎么了，哪里不舒服？"

"没有什么。"朱德摇摇头。

"不会没有什么吧？"相濡以沫几十年，康克清对自己的丈夫已十分了解，"究竟发生了什么事？"

"你就不要问了。"然后朱德又自言自语道，"如果这样搞下去，面就宽了，要涉及很多人，怎么得了呀！"

朱德没头没脑的话，康克清感到莫名其妙。后来，朱德的秘书告诉康克清是因为罗瑞卿的"问题"让他忧心忡忡……

从五月四日起，中央政治局扩大会议在北京召开。会议以"反党集团"骇人听闻的罪名对彭真、罗瑞卿、陆定一、杨尚昆进行了错误的批判。

五月十二日，朱德在第一小组会上的发言中强调，要认真学习马列著作，学习唯物辩证法。他说："孔夫子讲：'朝闻道，夕死可矣。'我也有时间读书了，读毛主席指定的三十二本书，非读不可。准备花一两年的时间读完，连下来读就通了。毛主席也是接受了马列主义的东西的……"

平时深藏不露的林彪，对其深藏不露的感情也失去了控制。他不等朱德把话讲完，便拖着如古装戏里的长调粗暴地说："毛主席岂止是接受，是发展到了最高峰！你不要拿外国的东西吓唬人！对毛主席思想的态度是当代区别真假马列主义的标准……"

朱德感到有些茫然，难道马列主义过时了吗？难道谈马列著作的学习就是反对毛主席吗？他申辩道："对马列的书，我还是要读；对主席的书，我也要读。要提高觉悟还是要学唯物辩证法。"

朱德的话被打断了，接踵而来的又是一通不着边际的攻击，那情形如大雨倾盆，如冰雹横飞，如大炮齐射，还伴随着雷鸣闪电。

几天后，分组会对朱德的"批判"愈加升级。有人在发言中把朱德说成是"党内最危险的人物"。大搞"活学活用""立竿见影"的林彪重新提起去年十二月中央政治局会议上朱德说过的话："朱德讲'不能说毛泽东思想是当代马列主义的顶峰，顶峰还会发展吗'，你们看，他对毛泽东思想是怎么评价的？"

康生在一旁阴阳怪气地插话道："朱德同志反对林总提出的毛泽东思想是最高最活的马列主义，是当代马列主义的顶峰，他是反对毛主席思想的，在这方面和彭真等人是一样的。"

"我不会反对毛主席的，毛主席的书要读，马列的书也要读……"朱德重复着前些天讲过的话。

"我希望你学学林总的这些讲话，比你学三十本书要好得多。我看你虽然组织上入了党，思想上还没有入党，还是党外人士。"眼镜里闪着寒光的康生在批判朱德的同时，没有忘记把林彪往死里捧。

朱德不愿意再作什么解释了，因为他十分了解康生的为人。

这次会议除了通过"五一六通知"外，还决定由陈伯达、康生、江青、张春桥、姚文元、王力、关锋、戚本禹等组成的中央文化革命小组取代以彭真为组长的文化革命小组，并掌握了中央的很大一部分权力。

八月一日，中共八届十一中全会在暑气蒸腾的北京召开了。这次会议与以前历次中央全会不同的是：与会的不仅有中央委员、候补委员，各中央局和各省、市、自治区党委的负责人，而且有中央文革小组的成员(大多数不是中央委员)和首都大专院校"革命师生"的代表。

八月五日，毛泽东在六月二日《北京日报》头版转载的《人民日报》社论《横扫一切牛鬼蛇神》的左面，用铅笔写下了一大段文字，并加上标题《炮打司令部——我的一张大字报》，以八届十一中全会文件的形式于八月七日下发。

八月八日，全会通过了《中共中央关于无产阶级文化大革命的决定》（即《十六条》）。

八月十二日，根据毛泽东的提议，全会改组了中共中央领导机构，重新选举了政治局常委，由原来的七人增加到十一人。朱德原本是党的八大选举的中共中央副主席，这个职务被不明不白地取消了，在政治局常委中排名由原来的第四降到了第九。林彪则扶摇直上，排位升至第二，成为唯一的党中央副主席，并且取代刘少奇站到了接班人的位置上。

于是，中共八届十一中全会为"文化大革命"搞乱全国加了一把油，一场全面内乱开始降临神州大地……

"文化大革命"会那样发展，是朱德始料未及的。这一年，他已经八十岁了。当他看到中央和地方许多党政领导干部被作为"反革命修正主义分子""黑帮分子""叛徒""走资派"批斗、抄家，看到工厂农村的生产秩序受到严重冲击、整个社会陷入极端混乱时，他的心情十分沉重，常常一个人仰靠在沙发上闭目沉思。

有一次，朱德在秘书走近时突然开幕似的掀开了眼皮，像是对秘书说又像是自言自语："看来这次要打倒一大批人了，连老的也保不住了。"

朱德神情凝重，忧心忡忡，经常好久不说一句话。沉默，就是无声的抗议，是不妥协的语言！但他在参加中央会议时，还是多次坦陈自己的看法。

十二月六日，朱德在中央政治局扩大会议上说："在这次运动中我觉得我们不能放松生产，要保证工农业生产大幅度增长。现在群众已经起来了，我有点怕出乱子，特别是怕生产上出乱子。"

九天后，朱德在另一次政治局扩大会议上说："现在有一个问题，就是把你也打成反革命，把他也打成反革命。我看，只要不是反革命，错误再严重，还是可以改正的。一打成反革命就没有路可走了，这个问题要解决。"

朱德言之成理，持之有故。尽管他不搞事、不混事、不坏事，一门心思做正事，但和"中央文革小组"对着干的结果，也只能是把自己往老虎嘴里送。

没过多久，在江青一伙的指使下，数十人闯进中南海，在朱德的门前和墙上贴满诬蔑朱德是"老军阀""黑司令""老右派"的大字报，喊出"打倒朱德""炮轰朱德"的口号，并且扬言要把朱德及其家属"轰出中南海"。

朱德当时在玉泉山上，这是周恩来特意安排的。当造反派要在中南海张贴攻击朱德的大字报时，周恩来闻讯赶到朱德家，一面安慰他要保重身体，一面劝他到玉泉山休息，以躲避即将来临的风雨。玉泉山风景好，也比较平静，朱德听从了。

"两耳不闻窗外事"的朱德本来想在玉泉山上平静地生活，而生活却偏偏不肯让他平静。冬天的阳光妖娆得像个女巫，穿过玻璃躺在地板上，不情愿地慢慢移动着。正当朱德站在越来越小的光区里做着自编的体操时，突然接到康克清的一个电话，知道大火已烧到了自己头上。

面对大祸降临，朱德沉着地对身边工作人员说："大字报已经贴到家门口，造反派都找上门来了。现在就下山回城去看大字报！"

为朱德的安全与健康考虑，工作人员纷纷劝道："现在是群众运动的风头上，还是暂不回去好。大字报让他们贴去！"

"北洋军、国民党、日本兵，哪个我怕过？我从来还没怕过群众！"

大有赴汤蹈火之慨的朱德乘坐小汽车穿街过巷，只见车窗外的一个个行人脚步是匆忙的，目光是焦虑的，身影是慌张的。汽车避开那些从天而降的"神兵"，缓缓地开进了中南海的西门。

中南海变样了，白花花的大字报贴得到处都是，红墙白纸黑字，在惨白的阳光下格外扎眼，像张牙舞爪的手臂把老帅的心揪了起来。这是中国的政治中心啊！哪儿乱都不能乱到中南海！

车子开进西楼大院，康克清早已站在门口等候。她的心里也一片凌乱，像秋天刮起的树叶，纷飞乱舞，使她无法宁静。看见朱德的汽车，便急忙迎了上去。

朱德下车后，不急不慌地走向家门。现在他脚下踩的不再是红地毯，而是大标语，两边不再是鲜花和彩旗，而是铺天盖地的大字报。家人的眼神里不再是团聚时应有的喜悦，而是惊恐和不安。

康克清极其愤怒地向朱德讲述了傍晚发生的一切。朱德若有所思地说："这些造反派的背后肯定有人指使。不然，他们是不敢如此胡作非为的。"

朱德前脚进家，造反派后脚就送来了《勒令》，"勒令"朱德必须去看批判他的大字报，并要他"老实交代反毛主席、反党、反社会主义的罪行"。朱德看到造反派为他捏造出来的十几条"三反罪状"，不停地摇头叹气。

党内高层对朱德的宽宏大量早已有口皆碑，称他是能容天下之事的

"大肚弥勒"，毛泽东也曾说他是"度量大如海"。但今天，他对那些跟随多年的人背叛自己，同造反派搞到一起编造事实，搞所谓"揭发"，十分痛心。

"老总，不要看了，夜里太冷。"康克清搀扶着朱德说。

"冷什么，再冷，比得过大雪山？"挂着拐杖的朱德显现出军人的威严、刚毅与冷静。

"有什么好看的，纯粹是造谣！"

"是造谣，但毕竟还有一点是真的。"朱德冷笑道，"只有两个字是真的——"

"哪两个字？"身边的秘书一怔。

"那就是'朱德'两个字是真的，其他内容不知是从什么地方编造出来的。"朱德用手中的拐杖敲打着地面大声说，"我和毛主席在一起四十多年，几乎天天在一起，把我说成是'三反分子'，是不符合实际的。"

康克清和秘书相顾无语。

此时，朱德真正感到了舌头底下压死人的世事险恶。他边掉头而去，边气愤地说："心怀叵测，心怀叵测呀！不看了，没必要看啦……"

"文革"在吵吵嚷嚷、打打闹闹中进入了一九六七年。

此时的北京天和地都是灰色的，砖和瓦也是灰色的。临街的墙几经风化，几经修补，刷过黑灰、白灰，涂过红漆，书写过不同内容的标语，又终于被覆盖。风雨再把覆盖层胡乱地揭下来，形成一片斑驳的杂色，融汇于灰色的笼罩之中。

这年一月，从上海扩展到全国，掀起了一场由造反派夺取党和政府各级领导权的"全面夺权"的狂潮。"打倒一切"和"全面内战"，造成比以前更严重的社会动荡和社会灾难。

一月十一日，朱德在中央政治局扩大会议上说："现在'文化大革命'运动搞到破坏生产的程度，忘记了'抓革命，促生产'，这是新出现的问题，要注意解决。……我们制止武斗这么久了，可是有些人还在武斗，甚至还有砸烂机器、烧毁房屋的，这里面有反革命分子在捣乱，要注意。"

这自然使朱德更被林彪、江青等视为眼中钉、肉中刺。

很快，在江青指使下，中央文革小组成员、中央办公厅负责人戚本禹在"中央文革"办公驻地钓鱼台约集中央办公厅的造反派，鼓动他们在中南海里对刘少奇、邓小平、陶铸、朱德等人进行批斗。

一月二十一日晚，戚本禹在全国政协小礼堂会见中国人民大学的红卫兵时，煽动红卫兵们起来造反。他说："你们要把矛头对准党内走资本主义道路的当权派，不要以为打倒刘少奇、邓小平、陶铸就完了，还有呢！"

戚本禹说到这里，故意停顿下来。此刻，原本乱哄哄的会场立刻变得鸦雀无声了，红卫兵们瞪大眼睛，等待着戚本禹的下文。

"还有朱德！"戚本禹站起身，挥舞着手臂。

"朱德有什么问题？"有人站起来提问。

"他是大野心家，是一个大军阀。他一贯反对毛主席，你们要把他揪出来，批倒，批臭！"戚本禹对着话筒声嘶力竭。

"怎么个批法？"有人又问。

"这还用我说吗？你们人大不是有个走资派叫孙泱吗？他给朱德当过秘书，你们可以通过搞孙泱的问题，把朱德的问题搞清楚嘛！"

戚本禹的话的确在红卫兵中发生了作用。会后，他们立即返回学校，组织人员上街。一夜之间，从城外到城里，到处贴满了"打倒朱德""炮轰朱德"的标语。从此，朱德的所谓"问题"在戚本禹的煽动和唆使下被推向社会。一时之间，社会上掀起了一股"批朱"的浊浪。

与此同时，坐落在北京西北郊的北京大学也在策划着一场"批朱行动"。

自从"文化大革命"以来，北京大学的红卫兵组织"新北大公社"一直冲在前面，它的头头聂元梓等因为写了"第一张马列主义大字报"而名声大噪，北京大学因此成为全国学生"革命造反"的中心。当听说人民大学"批朱"的消息后，不甘落后的聂元梓立即下决心借机大干一场，不遗余力地"再立新功"。

此刻，在未名湖畔的"临湖轩"里，聂元梓正在部署一场新的攻势："目前，阶级斗争越来越激烈、尖锐，清华大学揪出了刘少奇，在社会上打响了，我们'新北大公社'也要搞一个大的。"聂元梓的语气咄咄逼人。

"我们搞谁呢？"有人问。

"朱德！他是混进党内的大野心家、大军阀……"

关于朱德历史上的情况，聂元梓听康生讲过。但是，聂元梓毕竟经历过多次政治运动，凭她的直觉，动手之前还是先摸摸上边的意思。于是，这天晚上，她拨通了康生家的电话。

"康老吗？我是聂元梓！"聂元梓娇声娇气地自报家门。

"哦，小聂啊！"话筒里传来一口浓重的胶东腔，"你还好吧？"

"谢谢您！"聂元梓听到康生的问候，颇有些受宠若惊，"有一件事想向您老汇报。"

"说吧，又遇到什么麻烦了？"康生摆出一副长者的口吻关心道。

"人大红卫兵批判朱德，是不是党中央和中央文革的精神？"聂元梓用试探的口气问。

"这个问题我不是早就和你讲过嘛，现在怎么说呢！形势在发展嘛，问题越来越清楚了，这是不是党中央的精神你还不知道吗？"老奸巨猾的康生向来不轻易直接表达自己的态度。

"那我们就准备和作家协会造反团联合起来批判朱德。"聂元梓似乎已经揣摸到康生的意思，于是把北大造反派的行动计划又作了一番详细汇报。

"当然可以。像这样的事情主要靠你们自己分析认识，你们自己就可以决定嘛！我给你们说多了不好。"

于是，中南海这片令大多数中国人仰慕和神往的地方也响起了一阵阵"打倒""炮轰"的口号。傍晚时分，康克清乘坐的轿车驶进中南海，看见墙上贴着"炮轰朱德""朱德是黑司令"之类的标语和大字报，看见楼前围了很多人，不禁心头"突"的一紧，眼前闪出一个大问号。原来，造反派在这里捣乱。

这年二月，正是"文化大革命"炉火正红之际。康克清被妇联的造反派揪出去批斗，江青一伙把她说成是"走资派"，"十七年执行的是修正主义路线"。还逼着康克清交代朱德反党、反毛主席的"罪行"。康克清理直气壮地说："我不是'走资派'，我和老总都没有反党、反毛主席。"

"那你说，是不是毛主席和林副主席在井冈山会师的？"这些乳臭未干的红卫兵"小将"竟提出如此离奇可笑的问题，甚至还把朱德挑粮的那根扁担说成是林彪的专利。

"这不是事实！"康克清以知夫莫如妻的口气摇头大声说，"朱德同志和陈毅同志带领湘南起义的部队上井冈山和毛主席会师的。历史在那里摆着，不是谁想改就改得了的。"

这一回答像一把明光锃亮的利剑，刺得造反派们喊喊喳喳地乱叫起来："她还不老实呀！还不老实呀！"

宁为玉碎不为瓦全的康克清被关在一间屋子里写检查，之后又被十多人推推搡搡地戴上一顶纸糊的写有"走资派"三个大字的高帽子，站在一辆大卡车上游街。卡车在北京市区的街道上绕了一圈，那十多个押运的人沿途高呼"打倒康克清！"当卡车路过中南海西门时，口号声喊得更响。

开国元勋的夫人就这样被翻来覆去地审问了许多次，而每次都是以问号开始又以问号结束。回到家里，康克清望了一眼背靠在沙发上的朱德，自言自语道："这倒好，你堂堂一位开国元帅、全国人大常委会委员长成了'黑司令'，我一个穷苦的'望郎媳'出身的老革命也成了'走资派'。"

"你想想看，如果大家都成了'走资派'，还有什么'走资派'呢？"朱德望一眼相伴多年的好战友、好妻子，满脸神圣地说，"历史是公正的，主席和恩来最了解我，有他们在，我担心什么？你不要怕他们批斗，要每天到机关去，群众是通情达理的，和群众在一起，他们就不会天天斗你了。"

周恩来听说造反派要召开"万人批朱大会"，在征求毛泽东的意见后，于开会的前一天要秘书通知戚本禹，必须立即取消批判朱德的大会，并指出这将造成"国际影响"，如果一定要开，总理将前往陪斗。由于周恩来的干预，造反派的批斗大会才偃旗息鼓，草草收场。

于是，这帮人又从北京派出所谓"揪朱兵团"去四川仪陇朱德的家乡，公然召开声讨朱德大会，打烂了朱德旧居陈列室，煽动群众反对朱德。

在春寒料峭的二月，政治局势也像当时的气候一样恶劣。谭震林、陈毅、叶剑英、李富春、李先念、徐向前、聂荣臻等政治局和军委的领导人，在不同的会议上对"文化大革命"的错误做法提出了强烈的批评，结果被诬为"二月逆流"受到压制和打击。

凭着自己丰富的军事斗争和政治斗争经验，朱德看清了林彪、江青一伙人究竟想干什么。这一段时间，朱德一直很郁闷。他想去找毛泽东谈谈，可是得到的答复是"主席很忙，没有时间"。朱德又去找周恩来，可是到了西花厅门前，他又犹豫了，最终还是没有进去。

是啊，周恩来作为一个大国的总理，什么事都要管，每天工作二十多个小时，实在太忙太累了，怎么好再去增加他的负担呢？

被软禁从化

一九六八年的夏天，多晴少雨，气温居高不下。明晃晃的太阳像一团火，燃烧着大地，燃烧着万物，燃烧着人心。

这年七月，阴险歹毒的康生将党的第八届中央委员、候补中央委员列了"分类名单"，把刘少奇、邓小平等八十九人列为"特务""叛徒""里通外国分子""反党分子"，把朱德、陈云等二十九人列为"有错误的或历史上须考查的"；此外还有"靠边站的"七人，有病的三人，去世的二十八人，只剩下三十七人。

与此同时，公安部部长谢富治按照江青、康生的指示，抽调七百多人在公安部"清理历史档案"。他非常明确地对参加清查的人说："清档，是从档案中查党内最大的一小撮死不改悔的走资派的反革命罪行。"他们先后整理出诬陷朱德等十四位党和国家领导人的材料，还整理出四十四位中央和地方党政军负责人的四百余份材料。

十月十三日至三十一日，在北京召开了中共八届十二中全会，朱德自然在参加之列。当看到主席台上坐着江青、叶群之流时，朱德的表情立刻凝重了起来。进入分组讨论后，朱德很快便成为"左派"围攻的对象。

"朱总司令，你在井冈山是怎么反毛主席的？说给我们听听，让我们也受受教育。"已担任军委办事组副组长的吴法宪带头发难，"你当了一辈子的总司令，实际上指挥打仗的都是毛主席。你是黑司令，不是红司令吧！"

见朱德不屑一顾，已窃取军委办事组组长的黄永胜不失时机地开了腔："有些人不服气，就看看刘少奇的下场吧！在党的历史上，真正跟毛主席走的，只有林副主席！"

"这次'文化大革命'，无论如何我是站在毛主席一边的。过去几十年我也是站在毛主席一边的。犯错误是个别的，每次都改正了！"朱德微微一笑，那是经历了无数大风大浪、藐似一切艰难险阻的一笑。

"改正了？"吴法宪挤了挤那双快被横肉活埋的眼睛，"恰恰相反，你是一贯反对毛主席，一贯反对毛泽东思想！"

"辩证法没学通，主席天天讲，我也学不通。但是，我从来不搞别人的鬼！"

朱德的这句话显然击中了吴法宪的痛处，令这位肥头大耳的空军司令血脉贲张，满脸涨红。当年打倒罗瑞卿，就是他诱使刘亚楼的夫人在他写好的诬陷材料上签字。见朱德不硬不软地回击，他气急败坏："你现在就说你和'二月逆流'有什么关系？"

"一切问题都要弄清楚。怎么处理？主席有一整套政策，批评从严，处理按主席路线。"朱德针锋相对地说，"谭震林，还有这些老帅，是否真正反毛主席？"

"你说，你和刘少奇是怎么划清界限的？你有什么要揭发的？"

"审查报告上写的事，我从来没听说过，不晓得。说他是内奸、叛徒，让人想不到。"朱德挺起了正义的胸膛，"我没有和他在一起，不晓得。我知道的，毛主席都知道，我揭发不出啥子！"

吴法宪奈何不了朱德，张春桥、李作鹏、邱会作便轮番攻击。朱德一直沉着应对。最后，朱德讲了这样一番语重心长的话：

"说我有包袱，我是有包袱。说我不是总司令，总司令是毛主席，我同意，包袱不就卸下来了！现在我不顾这些了，有什么用呢？说我过去一贯反毛主席，我过去有几次检讨了，我想法作解释了。刘少奇当国家主席，不是哪一个个人受骗，难道大家都会受骗吗？彭、罗、陆、杨谁不沾边了，一起工作了几十年嘛……"

朱德一板一眼地讲道理，说得会场一片肃静。会议主持人见不但没有"制服"朱德，反而给了他"散布流毒"的机会，于是赶紧草草收场，让朱德继续反省。

这年年底，中国科学院经济研究所实习研究员周慈敖在主管中央专案三办赵登程等人的诱逼下，制造了一起所谓"中国（马列）共产党"假案，诬陷朱德是这个党的"总书记"，陈毅是"副书记兼国防部长"，李富春是"总理"，"常委"有朱德、陈毅、李富春、徐向前、叶剑英、贺龙、廖承志、杨成武等，"委员"有王震、萧华、余立金、伍修权、王炳南、刘伯承、谭震林等。而且，这个"中国（马列）共产党"早在去年七月就秘密召开过"代表大会"。还说朱德等签署了一份给蒋介石的电报，希望蒋配合"制止危险局势的发展"，等等。

就是这样一份荒诞不经的供词，却引起执掌政法大权的谢富治的极大兴趣。这位在人们眼中曾经是"诚实谦虚"的开国上将，如今竟然制造了大批的冤、假、错案。当他看到汇报后说："情况很重要，不能不信，不能全信，要是准的话就是个大成绩。"

在南京军区党委扩大会议上，反动文痞张春桥别有用心地说："朱德有两本很厚的《朱德传》，自己吹自己。一九二二年，他到上海去找当时的总书记陈独秀，要求入党，连陈独秀这个机会主义者都觉得朱德是个军阀。"

阴险狡诈的张春桥不是出于对历史的无知，而是想加害朱德。其实，陈独秀当年出于对党负责，对为了国家民族前途而弃旧图新的朱德提出的入党要求没有接受，是有一定道理的。最终朱德完全经受住了党的考验，并以一生的奋斗证明他是真正的共产党人，而不是像某些人带着野心投机革命的。

至于张春桥所说的两本《朱德传》，一本是指刘白羽抗日战争时期写的《朱德将军传》，可是当时还只是个未成书的复写稿；另一本是指美国作家史沫特莱写的《伟大的道路——朱德的生平和时代》，这本书在一九五〇年五月作者去世前完稿。张春桥讲这话时，还一直没有中文译本出版，还没有在中国产生什么影响。没有想到，这一切竟被张春桥用来作为诋毁朱德的口实。

几阵和风，数番细雨，洗去冬日的沉重，时令进入了一九六九年春季。然而，中国的政治形势一如泥沙俱下的黄河春汛，仍然难以看得分明。

四月一日，中共第九次全国代表大会在各地党组织处于瘫痪的状态下召开了，八十三岁的朱德抱病参加了会议。那几天，他正患气管炎，喘得厉害。林彪、江青一伙仍然不肯放过他，在会上多次对他进行围攻，逼他作检讨。

毛泽东主张朱德等老同志进中央，他一直认为朱毛是连在一起的，总司令毕竟是总司令，不能离开中央委员会，他坚持朱德应选入政治局。尽管林彪、江青一伙百般阻挠，朱德还是以八百零九票、得票率为百分之五十三点六进入了中央委员会，并在九届一中全会上继续当选为中央政治局委员。

权力可以使人崇高，也可以使人疯狂。林彪在"九大"当上"副统帅"不久，便背着党中央和毛泽东以"加强战备，防止敌人突然袭击"为由擅自发布了"林副主席指示第一个号令"。其实，林彪发布"一号命令"的用心是险恶的。

十月十八日，毛泽东乘火车从北京出发，沿京广线南下，到武汉住进了东湖宾馆。第二天，在北京的林彪以电话记录的方式向毛泽东作工作报告，说什么为了加强战备，防止敌人突然袭击而发布紧急指示，调动全军进入紧急战备状态，内容包括迅速抓紧布置反坦克武器的生产；立即组织精干的指挥班子进入战时指挥位置；各级司令部要加强首长值班，及时掌握情况，迅速报告等。

这个被称作"一号命令"的文件，是通过总参谋长黄永胜等下达全军贯彻执行的。他们采取这种先下达后报告的方式，其目的在于形成既成事实，迫使毛主席同意，也是他破例私自向全军发号施令的第一次试探。

毛泽东看了这个"先斩后奏"的电话记录稿之后非常生气，当即说："烧掉！"

这意思是显而易见的，根本就没有敌情那么一回事，因而要烧掉。可是，林彪、黄永胜等为了掩盖事实真相竟篡改毛泽东指示为："很好，烧掉。"

这个"号令"，关系到全军总动员、准备打大仗的事，不经党中央研究，不经中央军委批准，竟敢号令全党全军全国执行，这真是瞒天过海，犯下了"欺君之罪"。

战备手令下达后，戎马半生的康克清陷入了困惑之中。性格耿直的她有疑必问，而且直来直去："老总，真的要打仗了吗？"

"这里面有鬼啊！"朱德冷静地说，"现在毫无战争迹象，战争又不是小孩子打架，凭空就能打起来的，打仗之前会有很多预兆和迹象。"

康克清问："估计会有什么鬼？"

"醉翁之意不在酒……"

早在今年三月发生"珍宝岛事件"时，朱德以自己丰富的知识和深刻的见解曾对国际形势和战争的危险进行了全面的研究，认为大仗一时打不起来。

朱德与康克清谈话没过两小时，一个紧急电话打到了朱德办公室，叫朱德二十四小时之内离开北京，疏散到遥远的广东。时间的紧迫，大大超过了朱德当年在德国留学时遭到德国当局的驱逐离境。

朱德接完电话，哭笑不得，谁人听说过战争在即，却让身经百战的将帅马放南山，远离战争的指挥中心？其实，随着和平钟声的敲响，有些人已把这些为战争而生的人当成了食之无味弃之可惜的"鸡肋"。这正契合了一位西方名将留下的话：战神儿子的悲剧是没有在最后的一场战役中被最后一颗子弹带走。

在接到去外地的通知后，朱德对康克清说："你得跟我一起走，一来我有人照应，再说我不放心将你一个人留在北京。以后他们会对你怎样，很难保证。"

"按理说我应该跟你一起走，可是我在妇联被监督劳动，怎么去呢？"康克清面带难色。

"有什么不好办的，这是中央的决定嘛！"朱德显得有些不悦。

"那也得请示妇联的军代表，没有他们的批准，我想走也走不了呀！"

"难道军代表就不听中央的吗？我找恩来去说。"朱德说罢便给总理办公室打电话。

就这样，在周恩来给全国妇联方面做了工作后，康克清才得以与朱德同行。

十月二十日中午，两架大型客机在广州白云机场平稳地降落。朱德被人搀扶着，同董必武、李富春、滕代远、张鼎丞、张云逸、陈奇涵及他们的家属先后走下舷梯。

白云机场，朱德来过许多次了，这一次却有点"萧瑟秋风今又是，换了人间"的感觉。以前，他下飞机时总有那么多热烈的欢迎、热情的问候。今天，机场上没有微笑，没有鲜花，迎面走过来的是几个态度冷漠的人……

原来是安排朱德住在广州市内的珠岛宾馆，后来有人说朱德住在市内不合适，就临时决定让他和董必武去从化"疗养"。到了从化后，房间很久才收拾妥当，朱德住进松园五号，董必武住进松园四号。

远离城市的喧嚣，疏散到僻静、冷清的山林里安享"最美不过夕阳红"的晚年。静极思动，朱德想散散步，于是有人说："不准超过桥头的警戒线。"朱德想找个服务员来帮助念念报纸，有人说："他自己不会看？"朱德想到附近的工厂、农村搞点调查研究，有人又说："不行，平时只能在划定的区域内活动，离开宾馆需要经过广州军区主管领导批准。"

与其说是"疗养"，毋宁说是"软禁"！康克清愤愤不平地说："不管怎么说，我们在北京还是自由的。来到这里，规定了那么多限制。"

"平常工作忙，难得有机会休息一下。身体搞好了，回去不是可以更好地工作嘛！"有着大海一般度量的朱德非但不生气，反而面带微笑。

"你还没有被罢官，他们就这样无法无天地对待你，像什么话！"康克清仍怨气难平地说。

"这里不是很好嘛！不进城就不进城，我们也一样生活。"朱德对此不以为然。

"唉……"康克清的一声叹息飘落在夜色里，一如窗外渐露败迹的紫薇花。

一九七〇年七月，那是一个溽暑难熬的晚上，朱德突然接到周恩来的电话，说是为了筹备召开四届人大，要他这个委员长即刻返京主持全国人大常委会讨论宪法。朱德回京后，住进西郊万寿路"新六所"五号楼，没有再回到他居住过二十年平凡而不平静的中南海。

　　新六所，曾是傅作义将军在北平的指挥所。朱德和康克清一回到北京，孩子们就纷纷来到这里团聚。第一次见面，康克清对朱和平说："这次我们不回中南海了，就在这里安家了，你也可以回家住了。"

　　听到这里，朱和平的眼泪一下子流了出来——不是因为不回中南海了，那个正经历着"文革"风雨的中南海已没有了昔日的欢声笑语，是个不再让他留恋的伤心之地，孙辈激动的是终于结束了无家可归的日子，又能生活在爷爷奶奶身边了……

　　八月二十三日至九月六日，中共九届二中全会在庐山举行。那些被疏散到外地的老帅们陆续相逢在"一览众山小"的庐山上。会上，林彪一伙发动突然袭击，准备夺取更多的权力。

　　为了敲山震虎，毛泽东写了《我的一点意见》，严厉批评了在这次突然袭击中打头阵的陈伯达。朱德高兴地说："这次庐山会议解决了陈伯达的问题，很好！他不是什么理论家，是造反派，是政治骗子。"

　　庐山会议后，随着批陈整风的进展，毛泽东又采取了一系列措施，削弱林彪一伙的权势。"权权权，命相连。"林彪决不满足，决不放弃，决不言败。从此，这位倡导"听毛主席的话"的接班人不再把毛主席的话奉若金科玉律了，他决心铤而走险，策划武装政变。

　　一九七一年夏天，朱德去了北戴河。正当他和夫人站在海滩享受着海风轻柔、海浪细语时，陈毅来到了他们身边。朱德与陈毅之间，一生都保持了清纯如水的交往。在这个多事之秋、危难之际，老友见面分外高兴，尽管当时仍处在红卫兵造反派的围攻之中，但陈毅风采不减，热情依旧。

　　"我说陈老总，"康克清笑着问陈毅，"红卫兵贴了你那么多大字报和打倒你的大标语，你真的一点不在意吗？"

　　"怕个啥子哟，大不了就是我这一百五六十斤！我已经死过好多次，是马克思他老人家有眼，不接收我，现在我随时准备到他老人家那里去报到。可是叫我背叛真理，那是永远做不到的！"陈毅乐观地说，"这次是总理叫我来看望你们！现在总理出国去了，叫我代表他向朱老总问好，希望你们多多保重！"

　　听了陈毅的话，不争名、不争利、不争权、不争位的朱德沉吟良久，然后语调深沉地说："我们这些人为革命干了一辈子，现在为了顾全大局，能做出这样的容忍和个人牺牲，在国际共产主义运动史上也是少有的，将来许多问题都会清楚的。"

自南昌起义以后，陈毅与年长自己十五岁的朱德有着四十五年的情谊。当他听说林彪一伙诬蔑朱德是"大军阀"时，曾怒斥道："朱德同志怎么成了大军阀？这不是给我们党脸上抹黑吗？一揪就是祖宗三代，人家会说你们共产党连八十岁的老人都容不下……"

九月十三日凌晨，深谙兵法"善用兵者隐其形"的林彪，因发动武装政变阴谋败露，与叶群、林立果等人乘坐256号专机仓皇出逃，叛国投敌。二时三十分，这架飞机在蒙古的温都尔汗附近坠毁，机上人员全部摔死，史称"九一三事件"。

第二天，在人民大会堂的会议室，朱德和军队的数十位高级将领知道了这个消息，大家先是一阵沉默，后来有人反应过来，就大叫一声："听见没有？林秃子摔死了！"已被林彪整到生死边缘的朱德激动得许久说不出一句完整话来，只是用手杖指指天，又戳戳地，连声说："老天有眼！老天有眼……"

林彪叛逃自绝于人民，这一事件大快人心，也使一些被他欺骗蒙蔽的人醒悟过来。原来这个装得最"忠于毛主席"的人，却是一个阴谋杀害毛泽东的野心家。朱德怀着激愤的心情，给党中央、毛泽东写了一封信，说："当我从文件中看到林彪及其一伙妄图谋害毛主席时，我感到异常愤慨。他们真是恶贯满盈，十恶不赦。林彪这颗埋藏在毛主席身边最危险的'定时炸弹'自我爆炸是一件好事，因为这使我们党更加纯洁、更加伟大了。"

"九一三事件"后，朱德的心情舒畅多了。他参加中央召开的批林整风汇报会议时，在军委直属组说："我好几年没有和军队同志在一起开会了。现在我还能看到大家，看到我们的军队还是好军队，心情很愉快，很高兴！"

人无论怎样强大，都斗不过小小的疾病。在疾病面前，人显得太弱小太易碎了。朱德听说一向心宽体胖的陈毅病倒了，便马上去医院看望他。浑身插满管子的陈毅，再没有发出他那豪迈激昂、富有诗人浪漫的声音，只是很艰难地点着头。朱德握住他瘦骨嶙峋的手，许久没有松开。最后，陈毅露出安详的微笑，这是老战友在愉快时才会有的表情。

一九七二年一月六日，刚刚跨过古稀之年的陈毅终于走了，正在发高烧的朱德执意要向老战友的遗体告别。意志如钢的朱德竟然老泪纵横，呜咽出声，他颤抖着向这位豪爽耿直、才华横溢的元帅行了一个庄严的军礼。在回来的路上，他仍泪流不止，极其沉痛地叹息道："陈毅同志好啊，他死得太早了！"

朱德没能参加陈毅的追悼会，因为当时中央将国务院副总理的追悼会规格定在了军队元老一级上，使得中央和国务院许多高层人士都不能参加。可是谁也没有想到毛泽东穿着睡衣突然赶到八宝山，参加了和他有井冈山同吃红米饭渊源的陈毅的追悼会。周恩来知道后，马上赶到追悼会现场。等朱德知道后，时间已经来不及了。

周恩来含泪为这位亲密战友主持了追悼会，而重病缠身的毛泽东则喃喃自语："陈毅同志对中国革命和世界革命是作出贡献、立了大功劳的。"可惜的是毛泽东的这句一锤定音说得太晚了，陈毅永远也听不到这位老上级对他的最终评价了。

朱德在家里，怀着悲伤的心情，题诗《悼陈毅同志》，称赞陈毅"重道又亲师，路线根端正"。放下笔，他长叹一声："陈老总九泉之下可以瞑目了……"

一九七三年八月，中共十大在北京召开。朱德当选为中央委员、中央政治局委员和中央政治局常委。

这年十二月二十一日，毛泽东在他居住的"游泳池"会见参加中央军委会议的人员。这天，朱德身着深色的中山装，手拄拐杖，从郊外住所赶来参加会议。

当毛泽东看到许久不见的这位老战友，立刻欠身迎接。还没等他起身，朱德已来到跟前。毛泽东动情地说："老总啊，红司令啊，你可好啊？"

"很好，我很好！"朱德操着浓重的川音高兴地回答。

"红司令，现在没人骂你了吧？"毛泽东急切地问。

"没有了！"朱德兴奋地说。

两位老战友的手又紧紧地握在一起了。

毛泽东拍着身边的沙发请朱德挨着自己坐下，习惯地从小茶几上拿起一支雪茄，若有所思地划着火柴点燃吸了一口，吐出缕缕轻烟。他对造反派把共和国的奠基石砸成两半，一块涂上红，一块涂上黑，很有意见："过去国民党要杀朱拔毛，现在有人说你是黑司令，我不高兴。我说是红司令，红司令……"

寥寥数语，令朱德数年来郁闷的心境为之一扫。朱德笑了，他那张蛛丝满布的脸好像也舒展开了。

"没有朱，哪有毛？" 毛泽东重复着，看着朱德慈祥的面容，又说，"朱毛，朱毛，朱在先嘛！如果司令都黑了，我这个当政委的还红得了吗？"

在这次谈话中，毛泽东对"文化大革命"中处理贺龙、罗瑞卿、杨成武、余立金、傅崇碧等人的问题作了自我批评。他说："我看贺龙同志搞错了，我要负责呢！杨、余、傅也要翻案呢，都是林彪搞的。我是听了林彪的一面之词，所以我犯了错误。小平讲，在上海的时候，对罗瑞卿搞突然袭击，他不满意，我赞成他。也是听了林彪的话，整了罗瑞卿呢！有几次听一面之词，就是不好呢，向同志们作点自我批评呢！self-criticism，自我批评。"

林彪事件的发生，对毛泽东不能不说是一个重大打击。他在陷入痛苦与失望的同时，也吸取了某些教训，正像他引用的一首古诗："周公恐惧流言日，王莽谦恭未篡时。向使当初身便死，一生真伪有谁知？"

从此，毛泽东开始起用一些被林彪迫害的老干部。但是，他并没有从根本上认识到他所发动的"赞成的不多，反对的不少"的"文化大革命"的错误，仍然让江青等人把持着党和国家的重要权力。正因为如此，江青一伙利用毛泽东的信任和支持，仍在发号施令，继续他们篡党夺权、祸国殃民的罪恶行径。

两腿瘫软站不起来

岁月沧桑，历史的书页被无情地翻到一九七四年。这一年是夏历的虎年，中国就像老虎发疯似的从一开始就不平静。元旦那天，《人民日报》《解放军报》和《红旗》杂志联合发表社论提出："要继续开展对尊孔反法思想的批判"，"批孔是批林的一个组成部分"。

一月十八日，中共中央转发了由江青等主持选编的只有"之一"没有"之二"的《林彪与孔孟之道》，全国开展了"批林批孔"运动。江青一伙想把"批林批孔"运动搞成"第二次'文化大革命'"，可毛泽东已不想再像"文革"初期那样"放手发动群众"了，也不让再搞"打倒一切""全面内战"，他要把"运动"置于各级党委的领导之下。

一月二十五日，康克清参加了中直机关、国家机关组织的"批林批孔"动员大会。政界无小事，任何平常人完全可以忽略不计的一个细节，都有可能耐人寻味，都有可能在传递一个重要信息。康克清回家后对朱德说："听了江青、迟群的讲话，我一个突出的印象，就是他们向军队送'材料'，把手伸进了军队，我很担心他们要把军队搞乱。"

朱德没有马上接话，似乎在思考着什么。半晌，他才胸有成竹地说："你不要着急，军队的大多数是好的，地方干部大多数是好的，群众也是好的。你想想，群众会同意受二茬罪吗？你到农村去问问农民，地主回来他们赞成不赞成？你到工厂去问问工人，资本家回来他们赞成不赞成？你再去问问知识分子，做亡国奴他们赞成不赞成？他们一定都不会赞成的。"

经朱德这么一分析，康克清如释重负，心里感到踏实了许多。她也相信，人民的力量是最强大的。

六月初的一个星期六，康克清到天津探望朱德一个得重病的侄子，顺便也看看朱琦夫妇。康克清嘱咐朱琦多注意身体，和他们吃完饭就返回了北京。

朱琦原名保柱，是朱德唯一的儿子，为萧菊芳所生。他是在四川老家长大，直到二十岁才回到父亲身边。中华人民共和国成立后已经是团级干部的他，转业到铁路部门工作，听从父亲的话从底层做起，由实习生开始，慢慢从火车司炉做到司机，一九五五年仍然是一名普通工人。直到"文革"前，才在天津铁路分局担负了一定的领导责任。

二十世纪五十年代中期，中央在北戴河建立避暑区。此后每逢夏季，中央领导人就常到那里工作和避暑。在北京与北戴河之间的往返中，火车常常会在朱琦工作的天津铁路分局换车头，而乘车的领导人有时也会在天津站下车停留。

一次，朱琦从北戴河开车回到天津，还未离开气喘吁吁的机车就接到通知，说是坐车的首长要接见他。因为乘车首长的身份是保密的，朱琦不知这位首长是谁，来不及拾掇就匆匆赶到会客室。

当时开的是蒸汽机车，烧的又是煤，朱琦手上、脸上和身上都是黑的，雪白的沙发套都被他蹭上了灰。这时会客室的门开了，走进来一个他熟悉的身影。朱琦这才知道，他今天拉的这位首长原来是自己的父亲。

朱德看见全身黑乎乎的朱琦，心里也就明白了。他在经过朱琦身边时说："哦，没想到，今天坐上你开的车了。"

"爹爹，怎么不先打个招呼呢？"朱琦略带责怪地问。

"打啥子招呼？"朱德笑着说，"正好考考你，看你平时工作是个啥样子嘛！"

离开时，朱德又走近儿子身旁，脸上露出满意的神色："不错，你真学会了一门技术。这对你是有好处的，不懂技术也搞不好管理嘛……"

六月十日，朱琦的妻子赵力平和往常一样上班去了，朱琦和单位一位老同志在家里谈话，他突然感到身体不适，那位同志扶他上床休息，随后打电话通知了赵力平。可是等赵力平赶回家，朱琦已无声无息地离开了世界。

　　全家人都沉浸在失去亲人的悲痛中，但他们对朱德是保密的，怕他经受不住这个噩耗的打击，为了不引起他的怀疑，便把"假戏"当作"真戏"唱。朱琦的追悼会是在天津水上公园举行的，天津市很多部门都来人了，仅花圈就有好几百个，有些群众把对朱德的崇敬爱戴之情转移到他的孩子这一代，很多老百姓都自发地前来给朱琦送行。

　　这时，康克清才准备把朱琦病逝的事透露给朱德。在讲之前，为了给朱德一个心理上的缓冲余地，康克清说："朱琦的病比较重，还在抢救。"

　　听说儿子病了，在医院抢救，朱德很担心，整整一周都睡不好觉，总是问情况怎么样，还需要什么药，得到的答复也总是"还在抢救"。父子连心，特有的灵犀，让朱德预感到了不幸，但他还是抱有一线希望。

　　六月二十日，孙辈们回北京看望朱德。考虑到朱德年纪大了不能再受刺激，赵力平嘱咐孩子们都要坚强些，不要哭。那天，朱德的身体显得有些虚弱。看到朱德拄着拐杖步履蹒跚地来到客厅，赵力平忍不住还是哭出了声，孩子们也跟着流了眼泪。

　　朱德对儿子的病故早有猜测，但真正得到了证实还是感到震惊。他看着赵力平，喉结动了几下好像要说什么，但一时没有说出声。这时，康克清轻轻地拍了拍儿媳，示意别再哭了。

　　等大家都止住了眼泪，朱德把孙辈一个个细细地看了一遍，沉重地说："你们刚开始不告诉我，这是不对的。人总是要死的，这是自然规律，是不可抗拒的。当然，对我来讲就这么一个儿子，还年轻就去世了，是有些惋惜。但是人已经死了，就不要搞那么多不必要的手续了，后事要节俭，要符合党的政策，给后代留下好的影响。"

　　说着，朱德又慈祥地望着儿媳缓缓地说："力平是个好同志、好党员、好干部、好媳妇，在这个问题上要坚强，还有那么多孩子，要把这个家当好！"

　　晚年丧子，白发人送黑发人，对朱德来说，这是一次多么沉痛的打击！

　　党的九大以后，毛泽东就开始考虑把工作重点放到政府工作方面，提出召开第四届全国人民代表大会和修改宪法等问题。这年十月十一日，中共中央在通知中传达了毛泽东的意见："无产阶级'文化大革命'已经八年了，现在以安定为好。全党全军要团结。"

毛泽东欲将"文化大革命"结束，这是朱德再高兴不过的事情了。然而，新的问题又让他担忧不已：一则毛泽东的确老了，已无力收拾残局，所以他期盼这一运动的结束，以安定团结为好；二则他已获得消息，在危局中力挽狂澜的周恩来得了癌症，同时江青一伙抢班夺权正在加剧。一场新的斗争在即，朱德已发白的浓眉又拧在了一起。

召开四届人大，在江青一伙看来是巩固和扩大其在"文化大革命"中既得权势的时机。他们更加紧了宗派活动，企图利用筹备四届人大由他们出面"组阁"。毛泽东对江青等另搞一套的图谋有所察觉，对他们进行多次批评，重申由周恩来主持党中央和政府的日常工作，对重新出来工作的邓小平委以重任。这一系列的重要举措，挫败了江青一伙的"组阁"阴谋，保证了四届人大的顺利召开。

一九七五年一月十三日至十七日，第四届全国人民代表大会第一次会议在北京举行。朱德主持了开幕式。周恩来带着重病在会上作了《政府工作报告》，重申发展我国国民经济的两步设想。这是他生前留给我们最重要的政治遗言。

从三届人大到四届人大，中间相隔十年，又重新提出实现四个现代化的宏伟目标，并决定以周恩来、邓小平为核心的国务院领导人选，使经受多年"文化大革命"磨难的中国人心中又燃起了希望之火。

朱德在这次会上继续当选为人大常委会委员长。这时，他已是八十九岁高龄的老人了。他在人大常委会第一次会议上说："在庄严的四届人大一次会议上，我们被选为人大常委会委员，党和人民委托我们贯彻执行宪法规定的职权，责任重大，任务很艰巨。我们一定要刻苦学习马克思列宁主义、毛泽东思想，勤勤恳恳地努力工作，完成党和人民赋予我们的光荣而艰巨的任务。"

骨子里有着农民的执着和较真的朱德是这样说的，也是这样做的。他把纷扰和压力丢在身后，竭尽全力地与毛泽东、周恩来、邓小平等党和国家领导人一起打理着这个世界上人口最多的国家。

随着我国在国际政治舞台上作用的不断显现，在世界范围内我国同一大批第三世界国家建立了友好合作关系，频繁的外交往来，使朱德的工作更加繁忙了。朱德知道毛泽东和周恩来的身体都不好，只有自己多承担些工作，才能减轻老战友的重负。他责无旁贷地承担了大量的外事活动，频繁地会见外国国家元首、政府首脑、议会领导人以及友好代表团。

以四届人大常委会委员长的身份领导全国人民向四个现代化目标迈进的朱德，精神更加振奋了，好像年轻了十几岁。为了表达自己坚定的革命意志，不负党和人民的重托，朱德多次提笔写下了"革命到底"的条幅以铭志。

七月十一日，朱德正准备去北戴河休养，突然接到周恩来卫士高振普打来的电话："总理让朱总在去北戴河之前来见见他。"

前几天，朱德曾想去看望周恩来，因为周恩来当时的身体不太好，不愿让年近九旬的朱德看到他在病榻上的样子，就没有同意他去。当时，朱德也不想影响周恩来的正常治疗。当得知朱德去北戴河需两个多月才能回来，周恩来担心到那时自己的身体状况，于是热情地向朱德发出了邀请。

下午五时五十分，朱德走进医院的会客厅时，看见周恩来已经换下了病号服，依然是一身整齐的中山装，面带微笑远远地迎了过来。朱德紧紧握住周恩来枯柴一般的手，声音有些颤抖："你好吗？"

"还好，咱们坐下来谈吧！"周恩来指着沙发说。

朱德的动作有些迟缓，当卫士走过来扶他坐到沙发上时，周恩来关切地问："要不要换一个高一点的椅子？"

朱德说："这个可以！"

周恩来示意卫士关上客厅的门，大家都退了出来，客厅里开始了两位老战友的谈话，他们交谈了二十多分钟。

周恩来知道患有糖尿病的朱德有按时进餐的习惯，为了不耽误朱德吃饭，两位老人在六时十五分依依不舍地握手告别。朱德边上车边说："下次我来看你，你一定要好起来！"

周恩来一直目送着朱德的汽车远去，他们有着半个多世纪的深厚情谊。一九二二年，朱德在德国由周恩来和张申府介绍入党。从此以后，他们曾一起度过了无数个生死与共的日日夜夜。朱德万万没有想到，这次竟是他同周恩来的最后相见。

周恩来的病情不断恶化，毛泽东的病情也在加重。邓小平受毛泽东的委托，主持党中央和国务院的日常工作，对工业、农业、科技、国防、教育、文化等各方面进行了大刀阔斧的整顿。在短短九个月里，形势有了明显好转，各个领域的工作都取得了显著的成效。对邓小平取得的成就，朱德是十分欣慰的，他称赞道："在毛主席的领导下，由邓小平同志主持中央的日常领导工作，很好！"

然而，邓小平雷厉风行的整顿工作从一开始就受到"四人帮"的阻挠和破坏。同时，由于毛泽东不能容忍邓小平系统地纠正"文化大革命"的错误，又发动了所谓"批邓、反击右倾翻案风"运动，全国再度陷入混乱。

一九七六年一月八日上午，中央政治局又在举行"帮助"邓小平会议。与会者有的神情严肃，正襟危坐；有的仰身而靠，闭目养神；有的品茶吸烟，悠然自得。张春桥在发言，他有条不紊地说："这几天我又反复学习了主席近一时期的重要讲话，备感亲切，很受启发。我认为主席的讲话主要有三个内容：一是关于邓小平，二是关于教育和科技革命，三是关于对当前运动的意见。而这三条都是针对小平同志的错误所言的，既有特殊性，又有普遍性。为了挽救更多的犯错误的同志，也为了使广大干部从中吸取教训，引以为戒，我建议将主席的这些谈话整理成文件，适当的时候向全党印发，进行广泛深入的学习。"

面容姣好但神情狠戾的江青晃了晃拳头说："主席的这些话，不亚于一九六六年《我的一张大字报》，这一炮打得好！"

"我有个想法。"姚文元慢声细语地补充，"是不是把小平同志的检查附在文件后面？小平同志对主席的批评、对自己的错误，是不是要有一个比较正确的认识？是不是对全党要有一个交代？请大家考虑。"

"你们讲的，我都拥护。"邓小平阴沉着脸，粗声硬气地说，"如果主席同意，我的检查当然也可以印发全党。"

"主席的谈话精神可以向全党传达，至于小平同志的检查先不要急于印发。"陈锡联和善地笑笑，婉言道，"主席的有些批评是针对一种倾向，不是指的具体某个人、某件事，这样做容易造成混乱……"

双方交锋正酣，突然汪东兴推门进来，神色木然地站在一旁。主持会议的王洪文惊愕地望着他："东兴同志，有事吗？"

汪东兴两眼缓缓地扫视着众人，声音低沉地说："周恩来同志于今天上午九时五十七分逝世了。"

犹如风停雨住，古老的大殿内一阵沉默。

邓小平忽地站起身，就要朝外走。张春桥冷冷地说："洪文同志，还没有散会吧？"

主持会议的王洪文一时茫然无措："哦，总理逝世，大家说怎么办？"

走到门口的邓小平猛然转身，冷硬的语气中带着一股慑人的威严："一、立即向主席报告，组成治丧委员会；二、以中央名义发讣告，通知各驻外使馆降半旗；三、命令海边防部队，进入一级战备。"

这时，叶剑英起身道："我去通知作战部……"

昨夜，毛泽东几乎未眠，好像已预感到将要发生什么不幸。上午十时，侧卧于病榻上的毛泽东看完昨晚送来的周恩来病危通知书和抢救方案后，顺手拿起一本《鲁迅全集》。这时，负责中央首长保卫工作的张耀祠匆匆走进，他带来的是周恩来逝世的噩耗。

这突如其来的消息令在场的所有人目瞪口呆，空气凝固了，就像南海水面上的冰封状态，屋里寂静得连一根针掉在地上都能听见。面无表情的毛泽东一言未发，只是点点头。对他来说，周恩来的逝世已在意料之中。几个月来，从医生一次又一次的诊断报告中，他已预感到情况不妙。

"走了，他也走了……"毛泽东仰视着天花板，不禁潸然泪下，唏嘘不已。

考虑到出院不久的朱德身体不好，组织上怕朱德悲伤过度，就没有立即告诉他有关周恩来病逝的消息。

当天下午，朱德还在接见外宾，接受比利时新任驻华大使舒马克递交国书。回来后，康克清想让他对周恩来的逝世有个思想准备，就压着悲情缓缓地说："总理病情最近又有恶化。"

"不会吧！"朱德沉默了一会儿，"他的手术做得很成功，怎么会这么快就恶化了呢？"

"反正情况不是很好。"

朱德没有听懂康克清的深意，更想不到周恩来已经逝世了。他认为有那么多的好医生给总理治病，病情不至于恶化得那么快！

到了晚上八时，收音机里播出周恩来逝世的讣告，朱德惊呆了。尽管他已经知道周恩来病情恶化了，但他还是无法接受周恩来逝世的事实。听着收音机里不断传出的哀乐，看到家人个个泪流满面的样子，他才肯定这一切是真的。很少流泪的朱德从他那饱经风霜的脸上滚下了泪珠，滴落在衣襟上。他坐在沙发上，沉默了很久……

工作人员告诉朱德，周恩来临终遗言要把骨灰撒在祖国的大地和江河里。朱德感慨道："过去人们死后要用棺材埋在地里，后来进步了，死后火化，这是一次革命。总理为党、为国家、为人民鞠躬尽瘁，死而后已，他是一个真正的彻底的革命家……"

朱德一边说，一边流泪，还问："你们知道总理的革命历史吗？"

大家说："知道一点，看了一些别人的回忆。"

"你们应该了解总理的革命历史！"说着，朱德陷入了深深的回忆之中。他开始讲述周恩来革命的一生。当时，家人怕他伤心过度，身体受不了，就没有让他讲太多，但他还是不时喃喃，"你们知道总理的革命历史吗？"

一月十一日上午，北京医院太平间大厅。哀乐低回，哭声起伏。周恩来神态安详地仰卧在一张白布平台上，直挺的躯体覆盖着一面鲜红的党旗，四周摆着一簇簇洁白的马蹄莲，两名手持钢枪的战士肃立左右。佩戴黑纱的政治局委员们依次走进来，每个人都在周恩来的遗体前肃立默哀，鞠躬诀别，然后绕灵床半周，从侧门退出去。

身着军装的朱德拄着手杖站在灵床前，老泪横流，低声呼唤："恩来！恩来！"他鞠罢躬，又挺直身，以军人的姿势缓缓抬起颤抖的右臂，庄严地向他五十三年前的入党介绍人致最后一个军礼。此时此刻，他像是有许多话要向周恩来倾诉，久久不愿离去……

朱德在女儿的搀扶下蹒跚离开后，一路上都流泪不止，在车上还要脱掉军帽。回到家，他一句话也不说，不思茶饭。

周恩来的追悼会就要举行了，秘书见朱德十分悲伤，连续几天彻夜不眠，身体特别虚弱，怕他撑不住，就征求他的意见："去不去参加追悼会？"

"去!"朱德根本没有考虑自己的身体状况,马上做出肯定的回答。

可是,就在要上车出发的时候,朱德的两腿软得厉害,怎么也站不起来。这使他非常不安,坐在沙发上难过地叹气:"去不成了!这怎么对得起恩来哟?唉,恩来,你先走一步了,放心地去吧……"

猛然,朱德像是想起了什么,急忙吩咐道:"快把电视机打开!就是坐在家里,我也要参加这个追悼会。"

电视机打开了,随着揪扯人心的哀乐,朱德怀着对老战友的哀思,送走了那缠着黑纱的灵车。他艰难地合上了眼睛,两行浊泪涌出了他那干枯的眼眶……

老骥伏枥壮心不已

春寒料峭,天气阴沉。北京上空满是厚厚的、低低的、灰黄色的浊云,巍峨挺拔的人民英雄纪念碑淹没在雾霭中。在纪念碑南侧避风向阳的砖缝里,几棵小草却挺起腰,昂起头,在嗖嗖的寒风中摇绿闪翠。寒气、浊云、雾霭,使天安门广场上的人们越发觉得凄冷、沉闷和压抑。

周恩来的逝世,在全党全军和全国各族人民中引起了强烈的震动。清明节前后,北京市上百万人自发地聚集于天安门广场,在人民英雄纪念碑前献花篮、送花圈、贴标语。这不仅表达了广大人民群众对失去这位党和国家卓越领导人的悲痛与怀念,而且也反映了人们对中国前途命运的关切与担心。

四月四日,华国锋召集在京的中央政治局委员开会,认定天安门广场的群众行动属于"反革命"性质,并在当晚开始清理广场上的花圈和标语,抓走许多坚持在广场进行悼念活动的群众。当时,作为毛泽东同中央政治局之间"联络员"的毛远新把中央政治局会议情况向毛泽东作了书面报告,毛泽东圈阅批准了这个报告。

四月五日,大规模的群众抗议运动同民兵、警察和战士发生了严重冲突,导致车辆和治安岗亭被烧。当晚七时半,北京市委第一书记吴德在广播讲话中说,天安门广场有坏人"进行反革命破坏活动""要认清这一政治事件的反动性"。九时半,出动一万名民兵、三千名警察和五个营的卫戍部队,带着木棍,包围了天安门广场,对留在广场的群众进行了血腥镇压,并逮捕了一些人。

四月六日,中央政治局在京的委员听取了北京市委的汇报,肯定天安门事件是"反革命暴乱"，并要北京市委写成材料通报全国。毛泽东又根据毛远新的书面报告同意中央政治局的决定。

四月七日，《人民日报》发表了吴德的广播讲话和本报记者关于天安门事件的"现场报道"。姚文元组织炮制的文章颠倒是非，把群众的革命行动说成是"反革命"活动，是"反革命"政治事件，并诬陷邓小平是天安门事件的"总后台"。

当天晚上，中央新闻联播报道：中央政治局根据毛泽东的提议，任命华国锋为中共中央第一副主席、中华人民共和国国务院总理。同时，认定邓小平问题的性质已经变为对抗性的矛盾，并作出撤销邓小平党内外一切职务，保留党籍，以观后效的决议。

听完广播后，朱德忧心忡忡地问康克清："你知道小平同志住在哪里吗？"

"不知道。"康克清摇摇头。

"现在，他连自由都没有了，他出得来吗？"朱德气愤地说，"说他是天安门事件的总指挥，碰到鬼了！"

朱德有一次同江西省委常委刘俊秀谈话，针对江青一伙的倒行逆施，愤慨地说："别听他们革命口号喊得比谁都响，实际上就是他们在破坏革命，破坏生产。不讲劳动，不搞生产，能行吗？粮食不会从天上掉下来，没有粮食，让他们去喝西北风！"

这期间，朱德与子女们谈过几次话。他说："'文化大革命'涉及许多人，也涉及了我。这里面有林彪搞的，也有群众搞的。我们自己并不是没有问题，历史上的已经做了结论，现在的还没有做结论……"

稍停了一会，朱德又缓缓地说："天安门事件，不是正常的现象，你们不要参与，群众的心情可以理解。反对周总理是不对的，中央要处理，要追查，王、关、戚式的人物还有，群众有觉悟，他们就是上台，日子也不会好过的，靠骗人过日子是不行的……"

一天晚饭后，朱德又对子女们说："我是一九二二年才加入我们党的，到现在五十多年了。我们党是伟大的，我对党是有深厚感情的，没有党和主席的领导，就不会有今天。但现在我们党的情况不好，主席身体也不好，我们党内还有野心家，还有王、关、戚，他们很阴险呀！不要把斗争看得很简单，这些人不是真心搞马列的，他们和林彪一样，对别人是马列主义，对自己是修正主义。"

过去，朱德每天都要在大院里转上三大圈，然后才休息。除了这种散步活动，他几十年来自己发明的那套健身操也天天做，几乎风雨无阻。可是现在，健身操渐渐不做了，散步也由三大圈变成了三小圈，后来又变成了一小圈，直到最后除了那做操的口哨之外，其他的一切都大大简化了。

"天安门事件"后，"四人帮"借机大肆镇压革命群众，使国家局势变得极为复杂，国民经济遭到更严重的破坏，朱德看在眼里，急在心上。他不顾身体虚弱，带病坚持工作，每天早起晚睡，自己给自己加大了工作量。康克清多次劝他注意身体，但他总是说："主席的身体不好，恩来也不在了。现在，我要尽最大努力支持华国锋维持局面。"

时者，金也。知道自己的时间不多了，年过九旬的朱德像上足发条超负荷运转的机器一样，仍在不听劝告地拼命工作。这是人类绝无仅有的先例，也是人类最高境界和信仰促成的责任。

五月十八日，成仿吾将新译的《共产党宣言》送给朱德征求意见。朱德收到这本非常熟悉的马克思主义经典著作后，第二天就把大字逐字逐句认真地看了一遍，小字由秘书念着听。然后，他提出要去党校看看成仿吾。

"您老人家这么大年纪了，还是把成仿吾同志接过来谈谈吧！"工作人员劝道。

"为什么要让人家来看我呢？"朱德不同意，"他的年纪和我差不多，还是我去看他吧！"

五月二十一日早晨，成仿吾接到朱德秘书的电话，说是朱委员长要来看他。成仿吾推辞说不行，应该他去看望委员长，但朱德坚持要自己去。就这样，九十高龄的朱德专程来到中央党校成仿吾的宿舍。

朱德鼓励成仿吾："这个新译本很好，没有倒装句，好懂。这对学习普及马克思主义很重要，这个工作很有意义。"

朱德还详细了解了成仿吾的工作情况。当成仿吾问到朱德的健康情况时，他很高兴地答道："中央对我照顾得很好，身体也很好，消化情况不坏。"

临别，朱德嘱咐成仿吾："工作一定要跟上形势，要保重身体。我们队伍中老同志不多了……"

六月二十一日上午，按照有关方面的安排，朱德要会见澳大利亚联邦总理马尔科姆·弗雷泽。这天早晨，朱德起床后感到身体不适，家人都劝他赶快休息，不要再工作了。朱德却摇头说："这是党安排的工作，我怎么能因为身体不好而随便不去呢？"

吃完了药，朱德按时乘车前往人民大会堂。他来到预定的会见地点迎宾厅时，却没有往日那种迎宾的气氛，原来马尔科姆·弗雷泽总理的时间推迟了。堂堂全国人大常委会委员长、共和国元帅，竟被冷落在大会堂休息室里，会见推迟竟无人告知！

这是一个无法原谅的错误。国务和外事安排，都有严格的程序，时间都在分秒控制。但在那特殊的年代，"四人帮"忙着争权夺利，全国上下都在"反击右倾翻案风"，刚刚开始的整顿又在回落，外交部门形成的一套严谨制度也受到了影响。

朱德在一间有冷气的房间里等候了一个多小时，迎宾厅才开始热闹起来。接见完马尔科姆·弗雷泽总理后，朱德开始发烧，并伴随咳嗽。经医生诊断，他患了感冒。

几天后，朱德又出现了腹泻，医生建议立即住院治疗。想到次日还要会见外宾，朱德执拗地说："不要紧，等明天我会见完外宾，再去住院也不晚。"

医生们急了，都纷纷劝道："委员长，你毕竟年事已高，就是一声咳嗽、一次感冒都会危及生命的。还是去住院吧！"

六月二十六日，朱德感觉全身无力，连起身的力气都没有了。在医生们的强烈要求下，朱德才住进了北京医院。

到了医院，躺在病床上的朱德根本无法入睡，他那颗热爱事业的心一直在顽强地跳动着，跳得那么有力！他想抬起头来向医生提出按约定时间去接见外宾，可是头颈无力，说话也不利索。医生们坚决地阻止他："委员长，你不能再活动了，一切要服从治疗！"

无可奈何的朱德还是不时用眼睛扫一下房门，希望有人来接他去会见外宾。可是，进来的秘书俯在他耳畔小声说："外事部门已有了妥善安排，你就安心养病吧！"

朱德这才翻过身去，闭上眼睛休息。

从此，朱德再也没有起来。人生从床上开始，最后又回到了床上。在这生命的最后日子里，他只要稍微清醒，就还在念叨着他的工作："我在医院还可以做事；我出院以后，还要工作……"

在朱德住院期间，秘书尹庆民与朱家商量，想利用这个机会把朱德的浴室改造一下。原来新六所的卧室没有卫生间，进进出出很不方便，中办知道后曾想把这里改造一下，可是朱德说什么也不同意："我们一进城，盖了一些高大的楼房，但现在好多老百姓都还没有房子住，人口发展比房子发展快得多。像我这样的干部，你们不能光说照顾我年岁大了不方便，还要看到我岁数大了做不了多少事。这样的房子对我来说就不错了，我们国家还很穷，为我，就不要花过多的钱了！"

中办管理局副局长李维信见朱德不同意，就反复解释说只作一次正常的维修，不是改造，如果不及时维修，将来坏了损失就更大了。

听李维信这么一说，朱德才勉强同意。于是，利用他去北戴河的机会，中办管理局把房子给"维修"了一下，将朱德的办公室改成了卫生间与卧室相连，又将餐厅改成了办公室，并在院子里扩建一个新餐厅及一个理发室。

朱德一回家，看到自己的"生活"彻底变了样，非常生气，反复批评秘书和工作人员："这是维修吗？你们这是跟我搞策略，这是非常不好的做法！"

然而生气归生气，木已成舟，也只得勉强接受。但这一次改造留下的唯一遗憾就是卫生间的澡盆是按当时市场的标准尺寸做成的，盆的边沿比较高，而且地面的瓷砖也比较滑，没有考虑到一个老人使用它的实际情况，以致在以后的几年中，朱德每次洗澡便成了一件非常危险的事，必须在两三个人的帮助下才能顺利完成洗浴。

这次朱德住院后，秘书抓住这个时机赶紧与中办管理局协商加班加点地将浴室进行了改造，还做好了等朱德出院后挨批评的准备呢！可是谁也没有想到，这个新改造的浴室，朱德却一次也没能享受过。

时值盛夏，天气热得难受，病房里没有空调。工作人员把房门、窗户都打开了也不行，里外一样热。康克清想调换一下病房，但朱德坚决不同意。他说："进到医院来，一切听从医院安排。他们这样安排自有他们的道理，不能再给他们添麻烦。"

当时为朱德专门成立了医疗组，组长是中央军委副秘书长苏振华，副组长是李素文，成员有姚连蔚、吴桂贤、刘湘屏……刘湘屏当时是卫生部长，同江青的关系比较密切，她对朱德缺少真诚的关心。有一次，康克清听见她问主治医生："还能拖多久？"

朱德的病情再次加重，多种病症并发，心脏衰竭，糖尿病严重，心肌也有问题，又增加了肠胃炎，高烧一直不退，但他的神志还比较清醒。

就在朱德的病情日益严重时，在中南海的毛泽东也因心脏病发作处于昏迷状态，守候在房间里的高级领导人焦急等待着。当重病缠身的朱德获知毛泽东的病情后，特别嘱咐医疗组的医生们快到毛主席那里去。医生们尽力劝慰着他，因为他的病情也很令人担忧。

中共中央副主席叶剑英得知朱德住院后，便委托女儿几乎每天都打电话到医院，询问朱老总的病情。邓颖超、聂荣臻、李先念等纷纷前往医院探望。在病榻上，朱德同看望他的李先念作了最后一次谈话。

这时，朱德想到的还是国家和人民，关心的还是国家的生产建设。听说国务院副总理李先念来了，他紧闭的双眼立即睁开，两人紧紧地握手，朱德语重心长地说："生产要抓，不抓生产，将来不可收拾。生产为什么不能抓？哪有社会主义不抓生产的道理？要抓好！"

朱德说得很慢，李先念听得真切。李先念看着身体一直很健壮的总司令如今病成这个样子，心里如针扎的一样难受。

朱德长期患有糖尿病，要少食多餐。冬天，家人和厨师经常把馒头切成薄片放在暖气上烘干，朱德饿了的时候就拿点干馒头片吃。医生对他的饮食控制很严，每顿基本上都是"保健菜"。他平时喜欢吃四川泡菜和回锅肉，但这个简单的要求早已被无情地"剥夺"了。

有一次，廖承志来看望朱德。他们虽然年龄相差二十多岁，但这位在长征中被朱德从张国焘刀下救过一命的"小廖"竟成了朱德的忘年至交好友。康克清留他吃饭，问他想吃点什么。廖承志一听，便借机提出一个在家里不敢提的要求："我想吃回锅肉！"

其实，廖承志和朱德一样，都被医生严管着，在家里又被夫人监督着，和猪肉无缘。这时，同病相怜的朱德就投了廖承志一票："廖公就这么个小小的要求，克清你就满足他吧！"

康克清吩咐厨房炒了一盘回锅肉，又怕朱德也加入这个开戒的行列，便指着他的孙子朱和平对廖承志说："正好，我们家也有一个吃肉的。"

吃饭的时候，朱德边吃自己没滋没味的"保健菜"，边贪婪地看着色香味俱全的回锅肉。康克清就得不时地打岔，以引开朱德的注意力，防止他也浑水摸鱼偷吃肉。

朱和平见爷爷实在馋得慌，趁奶奶招呼客人的空当儿，猛然夹起一块肉塞进爷爷嘴里，朱德配合得极其完美，用最快的速度吃了下去。等康克清反应过来想制止，朱德已经品尝了回锅肉的鲜美，心满意足地埋头吃自己碗里的"保健菜"了。

康克清对朱德苦笑道："你今天可是沾了廖公的光了！"

廖承志却连连摆手："不对不对，我今天是沾了老总的光！"

他们就这样相互掩护，相互沾光，总算在严厉的夫人面前开了一次荤。

朱德临终时曾对康克清调侃道："我这辈子没有什么遗憾的，就是没吃饱过。"

朱德身高一米六九，却非常壮实，背很宽厚，虽然胖，但是肌肉量大。这么多年在前线作战，连个伤疤也没有。尽管糖尿病、冠心病一直缠绕着他，在人们的心目中，朱德比许多同龄人硬朗得多。他不吸烟不喝酒，喜欢运动，每天都在做自己发明的体操，还自己吹着口哨掌握节奏。

前几年，朱德曾和董必武开过一次玩笑。董必武晚年不大运动，基本上是将自己关在书房里，甚至整天足不出户。听说董比武不愿到户外活动，朱德非常担心，就去看望他。

两位老人见了面，没有多余的客套话，朱德"开拳便打"："老进士，你不行啊，生命在于运动！"

"老总，你怎么知道我不运动？"董必武举了举手中的毛笔，"我一刻也没闲着。"

其实，朱德也爱好书法，先学颜真卿，后学黄庭坚。朱德练书法的本意，一是艺术爱好，二是休息脑子，三是活动筋骨。

"写字和运动怎能一样？" 朱德摇了摇头，"这样吧，你不是不愿出门吗？我教你一个在家便能做的运动，肯定能助你长寿。"

朱德放下手杖，开始吹口哨，演练自编的那套体操。练完后问董必武："怎么样，老进士？"

"嘿嘿嘿……"董必武笑了，"我看戏可以，演戏不行！"

"唉……"朱德无奈地摇摇头，"我担心你活不到九十岁哟！"

"我们比一比嘛！"

"不比不比，横竖你活不过我。"朱德摆摆手告辞了。

朱德每天做他的保健操，董必武每天练他的毛笔字，各自持之以恒。

没想到，与朱德同龄的董必武在今年四月二日逝世了，虽然活到了九十岁，却走在了朱德的前面。

七月二日，朱德的病情加重，几乎连说话也困难了。这天，他那刚刚毕业的孙女赶来看他。朱德见心爱的孙女来了，精神似乎好多了。见孙女顺从地坐在自己身旁，他的脸上顿时出现一丝光彩。他努力显得轻松些，甚至还说了句笑话："我们的大学生来啦……"刚说了第二句"要做……无产阶级"，就再也没有力气把话说完了。他显然要嘱咐孙女做无产阶级革命事业的接班人。这是朱德一生中说的最后一句话，也是他留给子孙后代的最宝贵的遗训。

七月四日，朱敏突然听到父亲在大声呼喊自己的名字，便从隔壁房间跑过来。朱德紧紧拉着女儿的手，瞪大眼睛望着女儿，张了好几次嘴想说什么可就是说不出来。

眼泪簌簌的朱敏俯下身子在父亲的耳边轻轻地说："爹爹，您别讲了，我明白您的意思，要我们听党的话，全心全意为人民服务，您放心好了。"

听到朱敏这些话，朱德露出了欣慰的神色。这是聚少离多的父女俩最后一次见面。

朱德一生廉洁奉公，全心全意为人民服务，鞠躬尽瘁为党工作，没有丝毫的私心杂念。晚年，他曾多次对自己的子女说，人总是要死的，不能永远活着。我是无产阶级，我死后你们没有什么可继承的，房子、家具都是公家的。我所用的东西，都要上交给国家。我最珍贵的就是屋里挂的那张毛主席像，你们可以继承。我的那些藏书，你们可以拿去学习。

"革命的遗产不是金钱，而是革命精神。"这是朱德教育子孙的一句名言。他在病危时嘱咐康克清，把他们实行工资制以来的存款，全部上交党组织，不给子女后代留下分文。康克清含泪点头请丈夫放心，她一定照办。

七月五日，朱德的病情急剧恶化。他看到站在病床前的李先念、聂荣臻、王震、邓颖超、蔡畅等这些风雨同舟几十年的老战友时，嘴唇翕动着，想和他们说说话，但张了张嘴却没有发出声来。他努力地要抬起右臂和他们握手，却始终没有抬起来。看着当年驰骋疆场、威震敌胆的总司令被病魔折磨得如此虚弱，在场的老将帅、大姐们都难过地流下了眼泪。

此时，朱德的肾功能急剧恶化，尿毒症引起胃肠道和皮下出血，呼吸功能衰竭，很快便进入了昏迷状态。当时，叶剑英打电话表示想看看朱老总，极度悲痛的康克清说："他已经神志不清了……"

七月六日下午三时一分，朱德那颗跳动了近九十年的心脏永远停止了跳动，他带着对党和人民的无限忠诚永远离开了家人，离开了为之奋斗一生的救国强国的伟大事业。他的政治胸怀，他的指挥才能，他的高尚情操，如江河行地，如日月经天，名垂千古！